张志胜◎著

商业秘密

分类保护与案例评析

法律出版社 LAW PRESS · CHINA | 北京

图书在版编目(CIP)数据

商业秘密分类保护与案例评析 / 张志胜著. -- 北京:
法律出版社, 2022
ISBN 978 -7 -5197 -6631 -3

Ⅰ. ①商… Ⅱ. ①张… Ⅲ. ①商业秘密—法律保护—
研究—中国 Ⅳ. ①D923.404

中国版本图书馆 CIP 数据核字(2022)第 058807 号

商业秘密分类保护与案例评析
SHANGYE MIMI FENLEI BAOHU YU ANLI PINGXI

张志胜 著

责任编辑 李 群 陈昱希
装帧设计 汪奇峰

出版发行 法律出版社
编辑统筹 法规出版分社
责任校对 张红蕊
责任印制 耿润瑜
经　　销 新华书店

开本 710 毫米×1000 毫米 1/16
印张 21.5 **字数** 320 千
版本 2022 年 6 月第 1 版
印次 2022 年 6 月第 1 次印刷
印刷 三河市兴达印务有限公司

地址:北京市丰台区莲花池西里 7 号(100073)
网址:www.lawpress.com.cn
投稿邮箱:info@lawpress.com.cn
举报盗版邮箱:jbwq@lawpress.com.cn

销售电话:010 - 83938349
客服电话:010 - 83938350
咨询电话:010 - 63939796

书号:ISBN 978 -7 -5197 -6631 -3
定价:78.00 元

PREFACE 序　言

商业秘密保护规则是保护公司、企业和其他单位商业竞争力的基本制度之一，是市场主体保持竞争优势的核心要素。与其他法律规范一样，立法机关在制度设计层面的良好初衷，在司法实践中往往受制于各种实际情况而无法完全实现。围绕商业秘密保护的一般规则，结合相关实务观点，厘清相关概念并力图形成相对统一的观点，从而使商业秘密保护制度在保护市场主体竞争优势、维护良好的市场竞争秩序等方面发挥实际功效，亦是本书作者的写作初衷之一。

理论分析与论证是正确适用法律规范的前提，但是，律师工作的核心是在法律适用过程中正确识别、甄选、运用法律规则，从而有效地保护当事人的合法权益。对商业秘密领域生效裁判文书的研究，实际上是对法官裁判思路、双方当事人控辩策略、相关法律规定要旨的归纳和整理，能够对律师在将来办理同类案件时提供最有效、最直接的指引。这就是本书摘选商业秘密领域经典案例进行分析和研讨的主要目的。

本书在逻辑上分为商业秘密法律理论和商业秘密司法实务两个部分，在理论研究部分引用最高人民法院部分判决书的观点以作证相关论点，在司法实务研讨部分亦会延伸到相关理论的高度，二者相辅相成。尤其是针对理论和实务中存在分歧的问题评价后所作出的观点取舍，不仅最突出地体现作者在相关问题上所秉持的观点，更能清晰地展示相关法院在该等问题上所坚持的观点，这些内容不仅为法官裁判类似案件提供参考，还能为律师或公司法律事务管理者办理或管理相关案件提供预案和办案思路。

本书系北京商理律师事务所资助出版的第二部专业著作，同时，书中部分案例直接选自北京商理律师事务所所承办的案件。在此，作者对北京商理律师事务所全体同仁表示深深的感谢。

张志胜

二〇二二年四月写于北京

CONTENTS 目　录

第三章　医药行业商业秘密保护典型案例解析

第四章 互联网技术领域商业秘密保护典型案例解析

第五章 餐饮行业商业秘密保护典型案例解析

第一章

商业秘密保护的一般规则

第一节　商业秘密保护规则发展历程概要

中国法律有关商业秘密的保护规则之发展，植根于中国经济与世界经济融合共生的大背景中，各国经济的发展催生了各自的市场规则，国与国之间经济合作与竞争加速了各国市场规则的协调与统一。作为市场主体获得并保持竞争优势的核心要素，商业秘密逐渐为各国法律所重视，并最终在世界范围内达成了保护商业秘密的共识，制定了相对统一的保护规则。

一、国际公约中商业秘密保护规则的发展

1967 年 7 月 14 日，相关成员方在斯德哥尔摩修订《保护工业产权巴黎公约》（又称《巴黎公约》），该公约第 10 条之二第 2 款规定，“凡在工商业事务中违反诚实的习惯做法的竞争行为构成不正当竞争的行为”，概括性地将侵犯商业秘密的行为作为“违反诚实”的行为予以禁止。虽然该公约并未在第 10 条之二第 3 款将“商业秘密”作为“特别禁止事项”予以保护，但是，这并不影响各成员方应制止侵犯商业秘密行为的公约义务。

1995 年 1 月 1 日《与贸易有关的知识产权协定》生效，国际公约首次定义了商业秘密并将其作为知识产权加以保护，于商业秘密保护的全球规则而言，具有里程碑式的意义。该协定将“对未披露信息的保护”纳入第 2 部分“关于知识产权效力、范围和使用的标准”，与版权、商标、地理标识、工业设计、专

利、集成电路布图设计并列，作为该协定明确保护的七类知识产权之一。

该协定第2部分第7节第39条第1款规定，“在保证针对《巴黎公约》（1967年）第十条之二规定的不公平竞争而采取有效保护的过程中，各成员应依照第二款对未披露信息和依照第三款提交政府或政府机构的数据进行保护”，这一方面完成了对《巴黎公约》（1967年）第10条之二有关商业秘密保护规则衔接与重申，另一方面对商业秘密的定义和提交数据的保护作出了指引。

该协定第2部分第7节第39条第2款对商业秘密进行了定义，“自然人和法人应有可能防止其合法控制的信息在未经其同意的情况下以违反诚实商业行为的方式向他人披露或被他人取得或使用，只要此类信息：（一）具有秘密性，即作为一个整体或就其各部分的精确排列和组合而言，该信息不为通常处理该信息所涉范围内的人所普遍知悉或不易被他们获得；（二）因其秘密性而具有商业价值；并且（三）由该信息的合法控制人，在此种情况下采取合理的步骤以保持其秘密性质”。该款规定明确界定了构成商业秘密的三项要素，即具有秘密性、商业价值，且权利人采取了合理的保密措施；同时，该款规定明确了侵犯商业秘密行为的构成要件，即“以违反诚实商业行为”的方式向他人披露或被他人取得或使用他人商业秘密。

该协定第2部分第7节第39条第3款专门规定了成员方对特定医药或农化产品试验数据的保护问题，如成员方为了获准推销使用新型化学元素的医药或农化产品而需要提交未经披露的实验数据或其他数据，而该数据的获得需要付出大量的劳动，则应保护该数据而不被不公平的商业性利用。此外，除非为了保护公共利益或已采取必要措施确保不被不公平的商业性利用，成员方不得泄露该类数据。

二、我国法律有关商业秘密保护规则的发展

我国法律有关商业秘密保护规则的发展，具有鲜明的时代特色和社会主义制度优势特点。从部门法协同保护的角度来看，刑法、行政法和民法（包括经济法、社会法）“三位一体”保护商业秘密。从党政方针等政策角度来看，党的十九届四中全会专门提出商业秘密保护问题，中共中央办公厅和国务院办公厅还专门印发《关于强化知识产权保护的意见》，将保护商业秘密提到前所

未有的高度。

1986 年 4 月 12 日通过的《民法通则》(已失效)第 118 条关于侵害知识产权民事责任中,规定了对科技成果的保护,“公民、法人的著作权(版权)、专利权、商标专用权、发现权、发明权和其他科技成果权受到剽窃、篡改、假冒等侵害的,有权要求停止侵害,消除影响,赔偿损失”。其中,“剽窃其他科技成果”本质上属于通过不正当手段获取并使用他人技术信息的行为,只是该法制定于我国改革开放初期,市场经济处于萌芽阶段,市场主体对其持有的商业秘密并作为权益寻求保护缺乏必要的自觉意识,因而该法并未明确规定商业秘密保护问题,但是,对技术成果的保护已经成为题中之义。

1992 年 5 月 19 日,最高人民法院研究室印发《关于利用职务上的便利条件窃取技术资料转让获利是否构成犯罪问题的电话答复》(已失效),称“同意你院意见,即科技人员参与单位科研项目,在未取得研制单位同意的情况下,擅自以个人设计的名义与其他单位签订技术转让协议,获取转让费的,可以作为民事侵权行为处理”。邓小平同志南方谈话唤醒了整个国家的市场经济意识,市场主体对私有财产及相关权利的争取和保护意识渐渐复苏,不当获取并转入技术成果获利的行为大量涌现,引起了最高人民法院的重视,并决定将其作为民事案件处理。

1993 年 9 月 2 日,第八届全国人民代表大会常务委员会第三次会议通过了《反不正当竞争法》,该法第 10 条规定,“经营者不得采用下列手段侵犯商业秘密:(一)以盗窃、利诱、胁迫或者其他不正当手段获取权利人的商业秘密;(二)披露、使用或者允许他人使用以前项手段获取的权利人的商业秘密;(三)违反约定或者违反权利人有关保守商业秘密的要求,披露、使用或者允许他人使用其所掌握的商业秘密。第三人明知或者应知前款所列违法行为,获取、使用或者披露他人的商业秘密,视为侵犯商业秘密。本条所称的商业秘密,是指不为公众所知悉、能为权利人带来经济利益、具有实用性并经权利人采取保密措施的技术信息和经营信息”。第 25 条规定,“违反本法第十条规定侵犯商业秘密的,监督检查部门应当责令停止违法行为,可以根据情节处以一万元以上二十万元以下的罚款”。第一次以法律形式定义商业秘密并规定了保护措施,不仅如此,这也是我国法律第一次将“经营信息”纳入商业秘密保护范畴,此前,对商业秘密的保护均局限于技术信息(成果)的保护。

1995 年 11 月 23 日国家工商行政管理局颁布《关于禁止侵犯商业秘密行为的若干规定》，这是我国部门规章第一次对商业秘密保护进行规定，其时代背景特色鲜明：1992 年我国市场经济体制深化改革，市场活力逐步复苏，商业交易日趋频繁，侵犯商业秘密的行为开始增多，1993 年制定的《反不正当竞争法》实施后，因私法救济之局限，尚不足以“震慑”侵犯他人商业秘密的行为人，引入行政调查和处罚手段，有助于进一步加强对侵犯商业秘密行为的打击力度。

1997 年《刑法》第 219 条规定，“有下列侵犯商业秘密行为之一，给商业秘密的权利人造成重大损失的，处三年以下有期徒刑或者拘役，并处或者单处罚金；造成特别严重后果的，处三年以上七年以下有期徒刑，并处罚金：（一）以盗窃、利诱、胁迫或者其他不正当手段获取权利人的商业秘密的；（二）披露、使用或者允许他人使用以前项手段获取的权利人的商业秘密的；（三）违反约定或者违反权利人有关保守商业秘密的要求，披露、使用或者允许他人使用其所掌握的商业秘密的。明知或者应知前款所列行为，获取、使用或者披露他人的商业秘密的，以侵犯商业秘密论。本条所称商业秘密，是指不为公众所知悉，能为权利人带来经济利益，具有实用性并经权利人采取保密措施的技术信息和经营信息。本条所称权利人，是指商业秘密的所有人和经商业秘密所有人许可的商业秘密使用人”。这是我国《刑法》第一次将侵犯商业秘密行为纳入刑事制裁范畴，其主要原因是尽管《反不正当竞争法》和《关于禁止侵犯商业秘密行为的若干规定》在民事和行政层面制止侵犯商业秘密行为，但出现了部分严重侵犯商业秘密的行为，其危害性超越了民事责任和行政责任规制范畴，需要刑事制裁。

1998 年 12 月 3 日国家工商行政管理局修订《关于禁止侵犯商业秘密行为的若干规定》，此次修订主要是针对该规定中超越《行政处罚法》规定的处罚权限的内容进行修改。

1998 年 3 月 17 日起施行的最高人民法院《关于审理盗窃案件具体应用法律若干问题的解释》（已失效）规定，“盗窃技术成果等商业秘密等，按照刑法第二百一十九条的规定定罪处罚”。

1999 年 10 月 1 日起施行的《合同法》（已失效）第 43 条规定，“当事人在订立合同过程中知悉的商业秘密，无论合同是否成立，不得泄露或者不正当地使用。泄露或者不正当地使用该商业秘密给对方造成损失的，应当承担损害赔偿责任”。

2004 年 12 月 22 日起施行的最高人民法院、最高人民检察院《关于办理侵犯知识产权刑事案件具体应用法律若干问题的解释》规定，“实施刑法第二百一十九条规定的行为之一，给商业秘密的权利人造成损失数额在五十万元以上的，属于‘给商业秘密的权利人造成重大损失’，应当以侵犯商业秘密罪判处三年以下有期徒刑或者拘役，并处或者单处罚金。给商业秘密的权利人造成损失数额在二百五十万元以上的，属于刑法第二百一十九条规定的‘造成特别严重后果’，应当以侵犯商业秘密罪判处三年以上七年以下有期徒刑，并处罚金”。

2007 年 2 月 1 日起施行的最高人民法院《关于审理不正当竞争民事案件应用法律若干问题的解释》（已于 2020 年修正）共 19 条，其中第 9 ~ 17 条规定商业秘密及其保护问题，足见最高人民法院对商业秘密保护的重视程度。

2007 年 4 月 5 日起施行的最高人民法院、最高人民检察院《关于办理侵犯知识产权刑事案件具体应用法律若干问题的解释（二）》规定，单位实施刑法第 219 条规定的行为，按照最高人民法院、最高人民检察院《关于办理侵犯知识产权刑事案件具体应用法律若干问题的解释》和本解释规定的相应个人犯罪的定罪量刑标准定罪量刑。

2017 年 11 月 4 日修订的《反不正当竞争法》，将商业秘密的定义修改为“本法所称的商业秘密，是指不为公众所知悉、具有商业价值并经权利人采取相应保密措施的技术信息和经营信息”；第 15 条增加规定监督检查部门及其工作人员的保密义务，规定“监督检查部门及其工作人员对调查过程中知悉的商业秘密负有保密义务”；第 21 条提高对侵犯商业秘密行为的处罚标准，规定“经营者违反本法第九条规定侵犯商业秘密的，由监督检查部门责令停止违法行为，处十万元以上五十万元以下的罚款；情节严重的，处五十万元以上三百万元以下的罚款”。

2019 年 4 月 23 日修订的《反不正当竞争法》，专门针对商业秘密保护进行了全面修改，将该法第 9 条修改为：“经营者不得实施下列侵犯商业秘密的行为：（一）以盗窃、贿赂、欺诈、胁迫、电子侵入或者其他不正当手段获取权利人的商业秘密；（二）披露、使用或者允许他人使用以前项手段获取的权利人的商业秘密；（三）违反保密义务或者违反权利人有关保守商业秘密的要求，披露、使用或者允许他人使用其所掌握的商业秘密；（四）教唆、引诱、帮助他人违反保密义务或者违反权利人有关保守商业秘密的要求，获取、披露、使用或者允许他人使用权利人的商业秘密。经营者以外的其他自然人、法人和非法人组织实施前款所列违法行为的，视为侵犯商业秘密。第三人明知或者应知商业秘密权利人的员工、前员工或者其他单位、个人实施本条第一款所列违法行为，仍获取、披露、使用或者允许他人使用该商业秘密的，视为侵犯商业秘密。本法所称的商业秘密，是指不为公众所知悉、具有商业价值并经权利人采取相应保密措施的技术信息、经营信息等商业信息。”第 17 条增加规定，“因不正当竞争行为受到损害的经营者的赔偿数额，按照其因被侵权所受到的实际损失确定；实际损失难以计算的，按照侵权人因侵权所获得的利益确定。经营者恶意实施侵犯商业秘密行为，情节严重的，可以在按照上述方法确定数额的一倍以上五倍以下确定赔偿数额。赔偿数额还应当包括经营者为制止侵权行为所支付的合理开支。经营者违反本法第六条、第九条规定，权利人因被侵权所受到的实际损失、侵权人因侵权所获得的利益难以确定的，由人民法院根据侵权行为的情节判决给予权利人五百万元以下的赔偿”。

2019 年 10 月 28 日党的十九届四中全会召开，提出“加强企业商业秘密保护”；中共中央办公厅、国务院办公厅印发《关于强化知识产权保护的意见》，提出“探索加强对商业秘密、保密商务信息及其源代码等的有效保护”；《2020－2021 年贯彻落实〈关于强化知识产权保护的意见〉推进计划》第 29 项任务明确提出修订《关于禁止侵犯商业秘密行为的若干规定》。

2020 年 9 月 10 日发布的最高人民法院《关于审理侵犯商业秘密民事案件适用法律若干问题的规定》（共 29 条），主要内容包括：商业秘密保护客体、商业秘密构成要件、保密义务、侵权判断、民事责任、民刑交叉以及相关程序的规定。

2020 年 12 月 26 日，《刑法修正案（十一）》通过，其第 22 条将《刑法》原第 219 条中有关商业秘密定义的内容删除。

2021 年 1 月 1 日，《民法典》施行，其第 501 条规定，“当事人在订立合同过程中知悉的商业秘密或者其他应当保密的信息，无论合同是否成立，不得泄露或者不正当地使用；泄露、不正当地使用该商业秘密或者信息，造成对方损失的，应当承担赔偿责任”。

第二节 商业秘密构成要素及判断标准的一般规则

与《与贸易有关的知识产权协定》第2部分第7节第39条第2款对商业秘密的定义一致，我国法律也将秘密性、商业价值和采取保密措施定义为商业秘密的三要素，而且，不仅《反不正当竞争法》采纳该种定义，前述部门规章[1]也采纳该定义，《刑法》第219条同样采纳该定义直到《刑法修正案（十一）》将商业秘密定义删除[2]。因此，有关商业秘密的构成要素，在理论和实践中已不存在争议和分歧，唯判断其各要素及其组合是否满足商业秘密保护条件时，存在不同观点和做法。

一、商业秘密构成要素

2019年《反不正当竞争法》第9条第4款规定，“本法所称的商业秘密，是指不为公众所知悉、具有商业价值并经权利人采取相应保密措施的技术信息、经营信息等商业信息”。这是有关“商业秘密”定义的最新法律规定，该定义明确指出了商业秘密的构成要素：“不为公众所知悉”、“具有商业价值”和“采取相应的保密措施”。其中，“不为公众所知悉”是指商业信息不为其所属领域的相关人员普遍知悉和容易获得。一般来说，普遍知悉或者容易获得均不要求商业秘密已必然为某个具体的人所知悉或获得，只要该商业秘密处于所属领域相关人员想知悉就能知悉或者想获得就能获得的状态，或者所属领域相关人员不用付出过多劳动就能够知悉或者获得该商业秘密，就可以认定其为所属领域的相关人员普遍知悉或者容易获得。“具有商业价值”是指商业信息具有现实的或潜在的商业价值，能够为权利人带来竞争优势。商业秘密具有的商业价值并不限于其已经实际产生的价值，还包括其可能带来的价值。同时，商业秘密的价值既包括使用该商业秘密给其带来的价值增长，也包括使

---

〔1〕 国家工商行政管理局《关于禁止侵犯商业秘密行为的若干规定》第2条。

〔2〕 《刑法》第219条删除商业秘密定义并非否定此前的定义内容，而是更进一步扩大该定义刑法适用的自由度。

用该商业秘密为其避免的价值减损或者成本付出。“保密措施”一般是指权利人为防止信息泄漏所采取的与其商业价值等具体情况相适应的合理保护措施，通常应当根据商业秘密及其载体的性质、商业秘密的商业价值、保密措施的可识别程度、保密措施与商业秘密的对应程度以及权利人的保密意愿等因素，认定权利人是否采取了相应保密措施。[1]

根据国家工商行政管理局《关于禁止侵犯商业秘密行为的若干规定》的规定，“经营信息”是指管理诀窍、客户名单、货源情报、产销策略、招投标中的标底及标书内容等信息。根据《反不正当竞争法》的有关解读，经营信息包括：(1)新产品的市场占有情况及如何开辟新市场。(2)产品的社会购买力情况。(3)产品的区域性分布情况。(4)产品长期的、中期的、短期的发展方向和趋势。(5)经营战略。(6)流通渠道和机构等。技术信息是指相关技术所承载的信息，主要包括表达型技术信息和非表达型技术信息：表达型技术信息是指可以用文字、图形、符号等为载体表达的信息；非表达型技术信息是指存在于头脑里中表现为技能、技巧和经验的信息。

有关商业秘密的定义以及构成要素，我国法律规定经历了一个逐渐完善和改良的过程。1993 年施行的《反不正当竞争法》第 10 条规定，“本条所称的商业秘密，是指不为公众所知悉、能为权利人带来经济利益、具有实用性并经权利人采取保密措施的技术信息和经营信息”。2017 年修订的《反不正当竞争法》第 10 条规定，“本条所称的商业秘密，是指不为公众所知悉、具有商业价值并经权利人采取保密措施的技术信息和经营信息”。相较而言，2017 年修订的《反不正当竞争法》用“具有商业价值”取代了 1993 年施行的《反不正当竞争法》“能为权利人带来经济利益、具有实用性”的内容，这一修改具有重大意义。

首先，将商业秘密真正纳入竞争法意义范畴考量，而不是从经济学角度界定商业秘密。所谓“经济利益”，是指可以用货币来衡量的物质利益，是经济价值的一种；所谓“实用性”，是指能在工业上制造或使用并产生积极效果。无论是“经济利益”还是“实用性”，都是从事物的使用价值本身出发界定其经济属性，并不涉及权利人竞争优势问题。“商业价值”，是指事物在生产、消

---

[1] 参见最高人民法院(2020)最高法知民终 1667 号民事判决书。

费、交易中的经济价值,该种经济价值不仅包括经济利益,而且包括其他竞争优势;同时,该种经济价值不仅包括具有实用性的价值,而且包括不具有实用性但能带来竞争优势的价值。

其次,将商业秘密限定于商业范畴,所谓商业,是指以货币为媒介进行交换从而实现商品流通的经济活动。与商品流通无关的秘密,并不能被认定为商业秘密。当然,商品流通必然包括商品生产、消费过程,商品交换只是商品流通的一个核心环节。商业秘密的核心价值也集中在商品交换环节得以体现。

最后,"具有商业价值"并不一定"能为权利人带来经济利益"。"具有商业价值"是从事物价值本身出发进行描述的,而"能为权利人带来经济利益"是从权利人的获益可能性角度出发进行描述的,前者包含了给权利人带来经济利益的可能性,后者要求必须为权利人带来经济利益。

2019 年《反不正当竞争法》再次修改,在第 9 条第 4 款定义商业秘密时,用"技术信息、经营信息等商业信息"取代了 2017 年《反不正当竞争法》商业秘密定义中的"技术信息、经营信息"。2019 年以前,我国法律关于商业秘密的定义中,将商业秘密严格限定在"技术信息"和"经营信息"两类中。随着新经济形态和新商品类型的不断涌现,"技术信息"和"经营信息"已经很难囊括所有的商业秘密了,于是,《反不正当竞争法》顺应时代要求,及时调整。这种修改的重大意义体现在以下几个方面:

首先,为新经济形态下新商品种类可能附载的新的商业秘密类型被纳入法律保护范畴预留了制度空间。与 2017 年《反不正当竞争法》僵化地将商业秘密限定在"技术信息"和"经营信息"两类的立法模式相比,2019 年《反不正当竞争法》有关商业秘密定义中信息种类规定显著提升了制度弹性。这种制度弹性将未来可能出现但现在尚处于未知状态的新的商业秘密类型纳入了现行法律规定中,具有先进性。

其次,扩大商业秘密保护范围,将"技术信息"和"经营信息"之外、既存的需要法律保护的其他商业信息纳入《反不正当竞争法》保护范畴,解决司法实践中应受保护但不属于"技术信息"和"经营信息"的现实难题。

最后,将"商业秘密"界定为"商业信息",比"技术信息"和"经营信息"更加准确。商业信息是指能反映经济活动情况,与商品流通相关的消息、数据、情报等资讯的统称,商业信息不局限于技术信息和经营信息;同时,“技术信息”和“经营信息”如缺乏商业元素,也不能构成商业秘密。

2020 年 9 月 12 日起施行的最高人民法院《关于审理侵犯商业秘密民事案件适用法律若干问题的规定》中,第 1 条专门对“技术信息”、“经营信息”和“客户信息”进行了界定,“与技术有关的结构、原料、组分、配方、材料、样品、样式、植物新品种繁殖材料、工艺、方法或其步骤、算法、数据、计算机程序及其有关文档等信息,人民法院可以认定构成反不正当竞争法第九条第四款所称的技术信息。与经营活动有关的创意、管理、销售、财务、计划、样本、招投标材料、客户信息、数据等信息,人民法院可以认定构成反不正当竞争法第九条第四款所称的经营信息。前款所称的客户信息,包括客户的名称、地址、联系方式以及交易习惯、意向、内容等信息”。

二、“不为公众所知悉”的认定标准

最高人民法院《关于审理侵犯商业秘密民事案件适用法律若干问题的规定》第 3 条规定,“权利人请求保护的信息在被诉侵权行为发生时不为所属领域的相关人员普遍知悉和容易获得的,人民法院应当认定为反不正当竞争法第九条第四款所称的不为公众所知悉”。第 4 条规定,“具有下列情形之一的,人民法院可以认定有关信息为公众所知悉:(一)该信息在所属领域属于一般常识或者行业惯例的;(二)该信息仅涉及产品的尺寸、结构、材料、部件的简单组合等内容,所属领域的相关人员通过观察上市产品即可直接获得的;(三)该信息已经在公开出版物或者其他媒体上公开披露的;(四)该信息已通过公开的报告会、展览等方式公开的;(五)所属领域的相关人员从其他公开渠道可以获得该信息的。将为公众所知悉的信息进行整理、改进、加工后形成的新信息,符合本规定第三条规定的,应当认定该新信息不为公众所知悉”。

如前所述,“不为公众所知悉”是指商业信息不为其所属领域的相关人员普遍知悉和容易获得。一般来说,普遍知悉或者容易获得均不要求商业秘密已必然为某个具体的人所知悉或获得,只要该商业秘密处于所属领域相关人员想知悉就能知悉或者想获得就能获得的状态,或者所属领域相关人员不用付出过多劳动就能够知悉或者获得该商业秘密,就可以认定其为所属领域的相关人员普遍知悉或者容易获得。

判断商业信息是否为公众所知悉，首先要确定商业信息所属领域范围，这是《反不正当竞争法》将商业信息纳入竞争法范畴考察的基本要求，该法所称竞争关系主要是同一领域不同主体之间的竞争，商业秘密作为竞争法保护对象，同样需要在相同领域考察对其保护的必要性和可行性。如何确定商业秘密所属领域？因商业信息的种类不同且特点各异，不能简单地以行业属性代替领域属性，需要区分不同的类别进行讨论。对于“技术信息”而言，确定其所属领域时，应基于其技术内容、功用、特点的相同或相似性，将相同或相似的技术归类为同一个领域，而不论该技术适用于何种行业。对于“经营信息”而言，其所属领域主要为其所在行业。对于“其他商业信息”而言，要根据信息内容、功用、特点确定其相关领域，同时，如涉及行业竞争关系，还需要考察所属行业领域。需要注意的是，作为确定商业信息是否为公众所知悉的领域范围，与确定实施不正当竞争行为主体竞争关系的领域范围之间存在差异，简言之，从保护权利人商业秘密利益的角度出发，用以确定商业信息是否为公众所知悉的领域范围要小于确定不正当竞争行为人竞争关系的领域范围。

判断商业信息是否为公众所知悉，要确定“相关人员”群体，该相关人员只能是商业信息所属领域内的从业人员、参与人员或其他与该领域相关的人士，而不能是无关人员。此处所称“相关人员”并不要求指向具体的某一个人员，而是泛指该领域的相关人员；并不要求权利人举证证实每一个相关人员均不知悉，而是根据常理推定所有相关人员均不知悉。何为与该领域相关？笔者认为，在某行业或领域内从业或参与该领域工作或事务，或者虽然不在该行业或领域从业或参与其工作或事务但是具备该行业或领域专业知识或技能，该等人士与该行业或领域均具有商业秘密意义上的相关性。如何框定“相关人员”群体？在有关商业秘密案件的代理和审理过程中，实际上并不需要明确列出“相关人员”群体，多由权利人完成初步举证后再由被告举证证实商业秘密已为公众所知悉，最终由审判人员根据自由心证规则“代入”“理性相关人员”的认知标准，判断商业信息是否为公众所知悉。但是，这只是审判和代理中的方法论，而并未实际解决“相关人员”群体问题，笔者认为，应当以涉案商业信息内容、性质、功用和特点为中心，以该商业信息与相关领域交互和关联程度为纽带，确定其所能“辐射”范围内的所有人员为“相关人员”。

商业秘密领域中的“普遍知悉”是一种一般性描述，而不是具体描述，更不是数字指标。因此,从知悉者与全部相关人员人数的比例角度判断商业信息是否为公众所"普遍知悉",仅存在理论上的可能性,而明显缺乏现实的可操作性。一方面,全部相关人员人数本身就难以精确计算出来;另一方面,知悉者人数同样难以精确计算出来。另外,根据《专利审查指南》的规定,"只要通过上述方式使有关技术内容处于公众想知就能知的状态,就构成使用公开,而不取决于是否有公众得知","非公知性"所指向的是商业信息是否为公众所知悉的应然状态,因此,并不能根据商业信息已为公众得知的实然状态作为判断其"非公知性"的依据和标准。那么,如何准确判断相关人员是否"普遍知悉"?当前司法实践中,最常见的方法是人民法院主持的有关商业信息"公知性"问题的司法鉴定,由相关领域的专家学者等鉴定人员通过对公开文献资料的检索来判断该商业信息是否已为公众所知悉。对于技术信息类商业秘密而言,该司法鉴定方式因其专业性而具有科学性和合理性;但是,对于经营信息等其他类型的商业秘密而言,如客户名单,运用"公知性"司法鉴定方法则稍显不妥:一方面,客户名单中的一般信息无须专业人士运用专业知识进行判断,审判人员、当事人及其代理人均可根据常识进行判断,客户名单中的深度信息虽然包含了客户交易习惯、特殊需求等内容,较一般信息难以甄别,但是,尚未达到需要专门人员利用专业知识进行判断的程度;另一方面,客户名单具有独特性的特点,除通过窃取等手段获得他人客户名单外,不同的主体之间几乎不可能存在完全相同两份客户名单,客户名单不可能通过"研发"过程取得,尽管通过市场开拓手段能形成客户名单,但是,市场开拓所获客户名单并不会像技术研发那样指向特定成果,市场开拓所指向的客户名单内容具有不确定性和未知性,因此,除权利人自己泄露或被侵权行为人泄露外,客户名单不可能被公开,而一旦在公开领域出现权利人的客户名单,则无须任何专门知识即可甄别,"公知性"鉴定缺乏必要性。

除"公知性"鉴定的方法外,还有没有其他可用于判断商业信息是否为相关人员"普遍知悉"的方法?首先,要确定判断"非公知性"的主要考量因素,包括是否发表或出版公开、是否使用公开以及是否存在其他方式公开的情形。其次,针对可能存在的不同公开形式采取不同的判断方法,针对发表或出版公开的可能性,采取文献检索法;针对使用公开的可能性,采取对比法,当然可以借助专业鉴定机构完成,根据《专利审查指南》的规定,"使用公开的方式包括能够使公众得知其技术内容的制造、使用、销售、进口、交换、馈赠、演示、展出等方式。只要通过上述方式使有关技术内容处于公众想知就能知的状态，就构成使用公开，而不取决于是否有公众得知"，虽然，专利审查与商业秘密认定分属不同领域，但是，当前司法审判实践中，参照上述审查指南确定的标准判断商业秘密"非公知性"已经达成共识。针对"其他形式为公众所知悉"的可能性，应当由主张商业信息被公开的一方举证证实公开的事实，审判人员根据证据采信规则来判断相关商业信息是否被公开。笔者认为，这种"三位一体"的判断方式比"一刀切"的司法鉴定方式要更加合理。最后，判断商业信息是否"普遍知悉"，还需要充分考察相关行业人员普遍的认知水平和相关商业信息所处的状态。将商业信息所处状态以及其内容本身的难易程度与相关人员普遍的认知水平相对比，相关人员普遍的认知水平超过了相关商业信息内容的难度，则可以判定该商业信息被"普遍知悉"。"相关人员普遍的认知水平"应该是商业信息所属领域全部相关人员的一般认知水平。另外，判断是否"普遍知悉"时，还应重点关注商业秘密本身的性质，尤其是区分商业秘密及其载体属于非标产品还是标准产品，一般而言，只有非标产品或标准产品的创新组合才可能具有"非公知性"特征，也才存在是否为相关领域人员"普遍知悉"的问题。

商业秘密领域的"容易获得"，是指商业秘密所属领域的相关人员想得到就能得到，显然，此处的"容易获得"描述的依然是一种应然状态。"容易获得"是对商业秘密"非公知性"的否定，与商业秘密被"使用公开"否定"公知性"相辅相成，只是"使用公开"是商业秘密丧失"非公知性"的实然状态。判断商业信息是否"容易获得"，首先要判断其是否已经被"使用公开"，如是则丧失"非公知性"；相反则需要结合其他因素考察商业信息是否已丧失"非公知性"。与《专利审查指南》所规定"使用公开"包括"破坏性使用公开"的判断标准不同，商业秘密"使用公开"的判断标准是："进入市场" +"观察产品可直接获得信息"[1]。"观察产品可直接获得信息"不仅包括通过肉眼观察即可获得的"产品尺寸"等外部信息，还包括产品"几何形状、尺寸数据的组合""产品结构合同尺寸组合"等通过简单的拆卸、测绘、分析手段即可获得的信

〔1〕 最高人民法院《关于审理不正当竞争民事案件应用法律若干问题的解释》第 9 条第 2 款第 2 项。

息。基于相关人员的认知水平、获得技术的难易程度等实质要素判断商业信息是否“容易获得”，具有科学性和合理性。

需要指出的是，通过“反向工程”获得商业秘密构成对商业秘密“非公知性”特点否定，如何准确把握“反向工程”的“豁免尺度”？根据最高人民法院《关于审理不正当竞争民事案件应用法律若干问题的解释》第 12 条之规定，“通过自行开发研制或者反向工程等方式获得的商业秘密，不认定为反不正当竞争法第十条第（一）、（二）项规定的侵犯商业秘密行为。前款所称‘反向工程’，是指通过技术手段对从公开渠道取得的产品进行拆卸、测绘、分析等而获得该产品的有关技术信息。当事人以不正当手段知悉了他人的商业秘密之后，又以反向工程为由主张获取行为合法的，不予支持”。首先，要准确判断涉案行为是否符合“反向工程”构成要件：是否通过公开渠道获得产品，是否通过技术手段而非其他手段获得信息，技术手段是否仅限于拆卸、测绘、分析范围，是否采取了不正当手段。如果不符合“反向工程”条件，则不能据此“豁免”侵犯商业秘密的责任。其次，需要谨慎审查主张“反向工程”一方当事人所举示的证据，尤其是正式的拆卸、测绘、分析等技术手段实施的过程以及通过该等手段获得信息的结果。不只如此，“反向工程豁免”问题判断最难的地方在于准确把握“反向工程”尺度。从理论上讲，任何一个技术类商业秘密，都有可能被他人通过“反向工程”的方式“破解”，如果法律“豁免”所有的“反向工程”行为，势必导致商业秘密实质上失去保护机制的后果。而“简单的反向工程”受“豁免”，“复杂的反向工程”应担责，这样的区分标准和方式显然过于粗糙。究竟哪些“反向工程”及何种程度的“反向工程”属于不构成不正当竞争的情形？目前，法律并没有明确的区分标准，笔者认为，可以从以下几个方面考虑“反向工程豁免”尺度问题。

第一，“反向工程”难易程度。如果行为人经过简单的拆卸、测绘、分析等方式即可获取信息，则显然属于“豁免”范围内的“反向工程”。如果行为人经过近似于新产品研发甚至更难的付出方能获得信息，则不宜直接认定为可“豁免”的“反向工程”，而应当结合其他因素考察。

第二，权利人是否实施了防“反向工程”的保护措施，如果实施了诸如完全密封装置等措施，则行为人通过破坏性手段实施的“反向工程”不能纳入“豁免”范畴。

第三,"反向工程"行为人是否指出了必要成本和费用。如前所述,如果行为人不能证实其合理支出,应进一步考察行为人是否存在其他不正当手段获取信息的可能性。

第四,"反向工程豁免"与"以公开换保护"的专利技术保护之边界划定。除专利技术本身作为权利人的商业秘密外,商业秘密的新颖性一般达不到专利技术新颖性的程度,但是,商业秘密较容易达到"简单反向工程"的标准,而"反向工程"又将导致该类商业秘密不受法律保护,此种情况下,权利人就应当充分考虑并选择适用《专利法》还是《反不正当竞争法》保护相关商业信息。

"非公知性"鉴定是当前人民法院判断商业信息是否为公众所知悉时最主要的证据。我国商业秘密领域"非公知性"鉴定方法"脱胎"于专利鉴定方法,甚至,在2007年之前,商业秘密中技术信息对比结果判断标准都是采用专利技术特征比对结果所使用的"相同或等同"的标准,2007年最高人民法院《关于审理不正当竞争民事案件应用法律若干问题的解释》施行后,改为"相同或者实质相同"的标准。具体而言,我国商业秘密领域"非公知性"鉴定方法发展可分为以下三个阶段[1]:

2007年2月之前,即2007年最高人民法院《关于审理不正当竞争民事案件应用法律若干问题的解释》施行之前,用专利技术鉴定方法代替商业秘密"非公知性"鉴定。主要原因是:一方面,当时商业秘密鉴定机构中的鉴定人主要由专利审查人员、专利代理人担任,基于专业知识和专业习惯直接将专利技术鉴定方法移植到商业秘密鉴定程序中;另一方面,当时立法及司法解释中,对商业秘密中不为公众所知悉的技术信息没有明确规定,参照专利技术鉴定的有关规定,是最适宜的选择。

2007年2月至2020年9月,即最高人民法院《关于审理不正当竞争民事案件适用法律若干问题的规定》施行以后至最高人民法院《关于审理侵犯商业秘密民事案件适用法律若干问题的规定》施行之前。因最高人民法院《关于审理不正当竞争民事案件应用法律若干问题的解释》明确将商业秘密中不为公众所知悉的技术信息定义为"有关信息不为其所属领域的相关人员普遍

---

〔1〕 曾德国:《新规下商业秘密案件非公知性鉴定方法的变革》,载微信公众号"西知鉴知识产权"2020年10月11日。

知悉和容易获得”,并列举了“不构成不为公众所知悉”的六种情形,标志着商业秘密案件技术信息鉴定方法从专利技术鉴定方法中分离,且信息比对结果判断标准改变为“相同或实质相同”。此阶段形成了商业秘密“非公知性”鉴定通行的流程:第一步,核实委托人自述的技术密点和其提供的技术支撑材料;第二步,针对自述密点进行技术查新;第三步,对当时司法解释规定的“不构成不为公众所知悉”的六种情形逐一分析说明;第四步,认定委托人所提交的技术密点是否构成不为公众所知悉。

2020 年 9 月最高人民法院《关于审理侵犯商业秘密民事案件应用法律若干问题的规定》施行以后,因该司法解释删除了“该信息无需付出一定的代价而容易获得”,商业秘密“非公知性”鉴定流程发生了相应的变化,在原鉴定流程基础上增加一步:针对相关信息“在被诉侵权行为发生时不为所属领域的相关人员普遍知悉”和“容易获得”进行分析说明。增加此项步骤的主要原因是新的司法解释删除了“无需付出一定的代价而容易获得”后,原步骤中第三项针对司法解释所列六种情形分析说明时不包括对“普遍知悉”和“容易取得”的说明,而此项说明又事关商业秘密是否具备秘密性的本质。需要注意的是,相关信息“在被诉侵权行为发生时不为所属领域的相关人员普遍知悉”和“容易获得”,一方面,要确定技术秘密形成的时间节点,即被诉侵权行为发生时,在“查新”阶段,既可以以查新时间作为技术秘密的时间节点,也可以在具体文件比对分析说明时选定一个时间节点;另一方面,“在被诉侵权行为发生时不为所属领域的相关人员普遍知悉”和“容易获得”必须同时具备才能认定商业秘密具有“非公知性”。

商业秘密密点确定是整个诉讼程序的核心工作之一,也是判断商业秘密是否应受法律保护以及被诉侵权行为是否成立的基础工作。与权利人自述密点不同,人民法院审判过程中确定商业秘密的密点,就是要精准甄别出商业秘密载体中所包含的公知信息和非公知信息。商业秘密的种类不同,其密点以及密点确定方法不同。技术信息秘密的密点主要是该技术中所包含的“与众不同”的方案;而经营信息秘密的密点主要是“经营诀窍”。当然,两类商业秘密的密点都应当是能够为权利人带来竞争优势的商业信息。当事人或其代理人撰写自述技术密点文件时,技术单元所涵盖的内容不宜过宽,否则在“查新”环节极容易被认定为现有技术;技术单元所涵盖的内容又不宜过窄,否则，被诉侵权技术只需稍加改进便很难构成“同一”关系，使“非公知性”鉴定意见在“同一性”对比环节失去作用。当事人或其代理人在撰写自述技术秘密的密点时，应选择适当数量的密点，不宜过多或过少，如果所用密点数量过多，势必增加鉴定费用，同时，当构成相同或实质相同的密点数量占所提交全部密点数量的比例过小时，会影响相关裁判人员尤其公安机关办案人员对被诉侵权技术整体上构成相同或实质相同的“怀疑态度”。另外，所用技术密点数量太多而构成相同或实质相同的密点数量过小，对于人民法院确定损害赔偿计算范围产生直接影响，进而影响最终的赔偿金额；相反，如果所用密点数量过小，极易使被诉侵权技术没有可供比对的技术密点而“逃脱”相同或实质相同检验。当事人或其代理人撰写技术密点文件时，还需要注意，选用的技术密点所瞄准的被诉侵权技术能否收集到充分的证据材料，如果很难收集被诉侵权技术的证据材料，则无法进行同一性对比，很难“锁定”被诉侵权技术构成侵权并应承担法律责任。

经营信息，是指与权利人经营活动有关的各类信息，包括但不限于管理诀窍、客户名单、员工信息、货源情报、营销策略、财务数据、库存数据、采购价格、利润模式、招投标中的标底及标书内容、经营方案和发展计划等〔1〕。根据2020年最高人民法院《关于审理侵犯商业秘密民事案件适用法律若干问题的规定》第1条第2～3款之规定，“与经营活动有关的创意、管理、销售、财务、计划、样本、招投标材料、客户信息、数据等信息，人民法院可以认定构成反不正当竞争法第九条第四款所称的经营信息。前款所称的客户信息，包括客户的名称、地址、联系方式以及交易习惯、意向、内容等信息”，经营信息的密点源自其中“创意、管理、销售、财务、计划、样本、招投标材料、客户信息、数据”和“交易习惯、意向、内容”。

对于客户名单而言，其密点主要在于其中所包含的深度信息，包括交易习惯、交易价格、交易品类、特殊交易方式、客户特殊需求等；对于经营方案而言，其密点主要在于商业计划书、公司决议、经营性合同等文件中所包含的独特经营方针、营销策略、商业模式、管理方式、盈利计划等；对于发展计划而言，其密点主要在于权利人决定实施的能够带来竞争优势的发展方案。

〔1〕 国家市场监督管理总局《商业秘密保护规定（征求意见稿）》第5条。

技术信息，是指利用科学技术知识、信息和经验，凭借经验或技能获得的技术方案，包括但不限于设计、程序、公式、产品配方、制作工艺、制作方法、研发记录、实验数据、技术诀窍、技术图纸、编程规范、计算机软件源代码和有关文档等信息。[1] 根据2020年最高人民法院《关于审理侵犯商业秘密民事案件适用法律若干问题的规定》第1条第1款的规定，“与技术有关的结构、原料、组分、配方、材料、样品、样式、植物新品种繁殖材料、工艺、方法或其步骤、算法、数据、计算机程序及其有关文档等信息，人民法院可以认定构成反不正当竞争法第九条第四款所称的技术信息”，技术信息的密点源自其中的“结构、原料、组分、配方、材料、样品、样式、植物新品种繁殖材料、工艺、方法或其步骤、算法、数据、计算机程序及其有关文档等信息”。工艺流程又称生产流程，是指通过一定的生产设备或管道，从原材料投入到成品产出，按顺序连续进行加工的全过程，相应地，工艺流程的密点主要包括所用设备或管道、流程各环节以及环节之间的协同关系、控制环节、工序、材料配比及数值、输出结果等。配方，是指各种物质或成分组合的方法和配比，配方的密点集中在所使用的原料及原料之间配比数字和关系。设计秘密，是指权利人为生产或改良某产品或服务而进行的独特构思并将其外化为智力成果，其密点主要集中在生产或改良的具体内容上。图纸，是指标有尺寸、方位和技术参数等施工所需细节和实物的图示表达，其密点主要集中在尺寸、方位和技术参数上。实验数据和记录，是指实验中控制实验对象而收集到的变量的数据及相应的记录，其密点集中在试验方法、流程、控制方法、各变量及相互之间的关系以及其与实验结果之间的关系、相应的实验记录。计算机程序又称计算机软件，是指为了得到某种结果而由计算机等具有信息处理能力的装置执行代码化指令序列，或者可以被自动转换成代码化指令序列的符号化质量序列或语句序列，其密点集中在源代码上。

技术方案，是指对要解决的技术问题所采用的利用了自然规律的技术手段集合，从这个意义上讲，技术方案的密点就是技术手段，不同行业的技术方案各异，常见的技术方案包括科研方案、生产方案、管理方案、规划方案、建设方案、设计方案、施工方案、施工组织设计、招投标程序中的技术文件、大型吊

---

〔1〕 国家市场监督管理总局《商业秘密保护规定（征求意见稿）》第5条。

装作业方案、技术改革方案等。

有关商业秘密“不为公众所知悉”的判断标准问题，在司法实践中基本上达成了共识。最高人民法院在(2020)最高法知民终1667号民事判决书中指出，“不为公众所知悉”是指有关信息不为其所属领域的相关人员普遍知悉和容易获得。一般来说，普遍知悉或者容易获得均不要求商业秘密已必然为某个具体的人所知悉或获得，只要该商业秘密处于所属领域相关人员想知悉就能知悉或者想获得就能获得的状态，或者所属领域相关人员不用付出过多劳动就能够知悉或者获得该商业秘密，就可以认定其为所属领域的相关人员普遍知悉或者容易获得。同时，对于引入非标设备和工艺流程、企业因规模或技术实力及实践经验而具有不同特点、技术秘密时间节点等概念用语判定技术秘密“不为公众所知悉”等问题，该判决指出，嘉兴中华化工公司和上海欣晨公司的设备图和工艺管道及仪表流程图属于不为公众所知悉的技术信息。首先，涉案技术信息是企业自行设计的非标设备及工艺流程参数信息，主要为计算机应用软件绘制、表达的工程图形信息，现有证据不能证明其已经在先公开。其次，对于不同香兰素生产企业而言，其使用的生产设备及连接方式、工艺流程的步骤和控制方法往往基于企业的规模、技术实力、实践经验等具有各自的特点。嘉兴中华化工公司的设备图、工艺管道及仪表流程图的尺寸、结构、材料信息是根据自身生产工艺对参数优选数值的有机组合，需要经过大量技术研发、检验筛选才能够获得。市场上并不存在标准化的成套香兰素工业化生产设备技术图纸以及工艺流程图，涉案技术信息无法从公开渠道获取，也无法通过观察香兰素产品直接获得。最后，根据〔2017〕沪科咨知鉴字第48－1号《知识产权司法鉴定意见书》的鉴定意见，涉案香兰素生产设备技术图纸在2015年5月30日和2017年8月21日之前分别构成不为公众所知的技术信息。

在最高人民法院审判的另外一起商业秘密案件中，严格按照2007年最高人民法院《关于审理不正当竞争民事案件应用法律若干问题的解释》第9条规定的除外情况逐一论证并排除进而确定涉案商业秘密的“非公知性”[1]，具体而言，通过涉案生产工艺的独有特点及非标产品特点确定其并非一般常识或行业惯例；生产工艺在技术原理、相关专利基础上将最佳数据、流程图、设备

〔1〕 最高人民法院(2016)最高法民申2206号民事裁定书。

尺寸、各种技术信息配比配套，而阅读理论知识不能得到确定数值无法制造出统一标准的产品，故仅将书中具有变化幅度的数据简单组合不可能进入实际量产，据此，判定涉案工艺并非简单组合进入市场后相关公众通过观察或阅读理论知识即可获得；权利人进行了专门的保密安排，没有证据证明其在公开出版物或其他媒体公开披露过；权利人耗费了大量的人力、财力、物力获得涉案工艺，并非无须付出一定代价而容易获得。

三、“具有商业价值”的认定标准

2007 年最高人民法院《关于审理不正当竞争民事案件应用法律若干问题的解释》第 10 条规定，“有关信息具有现实的或者潜在的商业价值，能为权利人带来竞争优势的，应当认定为反不正当竞争法第十条第三款规定的‘能为权利人带来经济利益、具有实用性’”。该规定将能够为权利人带来竞争优势作为认定商业秘密具有商业价值的标准，是人民法院对在审判实践中探索并总结出来的经验的规范化。需要注意的是，关于“具有商业价值”的定义，最高人民法院 2020 年出台的司法解释较 2007 年的司法解释删去了有关“为权利人带来竞争优势”的内容。

根据 2020 年最高人民法院《关于审理侵犯商业秘密民事案件适用法律若干问题的规定》第 7 条的规定，“权利人请求保护的信息因不为公众所知悉而具有现实的或者潜在的商业价值的，人民法院经审查可以认定为反不正当竞争法第九条第四款所称的具有商业价值。生产经营活动中形成的阶段性成果符合前款规定的，人民法院经审查可以认定该成果具有商业价值”。这是当前司法实务中，判断商业信息是否具有商业价值最常用的规范性依据。该条司法解释仅概括性地指明了商业信息具有商业价值的两种类型，即现实的商业价值和潜在的商业价值。至于何为现实的商业价值及潜在的商业价值，该司法解释并未指明认定标准。笔者认为，就商业秘密“商业价值”的定义而言，该司法解释删除“为权利人带来竞争优势”这样的内核特征，是值得商榷的。一方面，将“竞争优势”作为商业秘密具有“商业价值”的内核标准，是长期以来司法实践形成的共识并持续至今，删除该内核特征并不符合司法实践的实际情况，将导致本已达成共识的审判尺度因此产生分歧；另一方面，作为商业价值的定义，删除其内核特征，使该定义本身逻辑不周延，且因此缺乏可适用性。笔者建议,立法机关或司法机关在修改相关法律或文件时,应对此作出适当调整。

2020年9月4日,国家市场监督管理总局发布《商业秘密保护规定(征求意见稿)》,首次以部门规章的形式明确了商业价值的"竞争优势"要素并明确了认定商业价值的具体标准[1]。根据《商业秘密保护规定(征求意见稿)》第7条的规定,"具有商业价值"是指该信息因其秘密性而具有现实的或者潜在的商业价值,能为权利人带来商业利益或竞争优势。符合下列情形之一的,可以认定该信息能为权利人带来商业利益或竞争优势,但有相反证据证明该信息不具有商业价值的除外:(1)该信息给权利人带来经济收益的;(2)该信息对其生产经营产生重大影响的;(3)权利人为了获得该信息,付出了相应的价款、研发成本或者经营成本以及其他物质投入的;(4)涉嫌侵权人以不正当手段获取或者试图获取权利人商业秘密的;(5)其他能证明该信息能为权利人带来商业利益或者竞争优势的情形。

诚然,作为部门规章,《商业秘密保护规定(征求意见稿)》将来正式施行后主要是用于规范和指导行政机关查处侵犯商业秘密行为的依据,并不能直接作为人民法院判决商业秘密案件的法律依据,但是,该部门规章中所确定商业价值的定义以及明确具体的认定标准,既可以作为立法机关立法参考,也可以作为修改司法解释的参考,还可以作为立法或司法解释修改前人民法院认定商业价值的参考依据。与现行立法和司法解释相比,《商业秘密保护规定(征求意见稿)》所确定的认定标准具有如下先进性:

首先,在"具有商业价值"的定义中首次明确了"能为权利人带来商业利益或竞争优势",这是对过往司法实践经验的总结,并将其纳入制度规范。较之现行的"具有商业价值"的定义,更加突出了给权利人带来"商业利益"和"竞争优势"的内核特征,为将不能带来"商业利益"和"竞争优势"的信息排除在保护范围之外提供了规范依据。同时,这样的定义更具可执行性,此前定义仅仅从"现实的"和"潜在的"两种价值类别对商业价值进行描述,实际上并未触及商业价值的内核,而该种外延性的描述直接导致该定义因缺少内核而不具有可执行性和可适用性。

---

[1] 国家市场监督管理总局《商业秘密保护规定(征求意见稿)》第7条。

其次，运用“列举加兜底”的方法，将“具有商业价值”的情形明确规定，并指出除外情形，在逻辑上较为周延，且具有极强的可操作性。在《商业秘密保护规定（征求意见稿）》所列明的物种具体情形中，除了沿袭司法实践中已形成的主流观点外，还进行了适度突破。具体而言，其第2款第4项将“涉嫌侵权人以不正当手段获取或者试图获取权利人的商业秘密”作为认定该信息具有商业价值的直接依据，改变了司法实践中将不当手段作为认定侵权人构成侵权的要件而不作为判断信息具有商业价值依据的做法，这样的改变对于加大惩治侵权力度具有科学性，甚至，从某种意义上讲，侵权以不正当手段获取或试图获取某信息，这个行为本身就足以证明该信息具有商业价值，否则，侵权人没有必要冒着运用不当手段之违法风险而获取相关信息。

最后，《商业秘密保护规定（征求意见稿）》坚持了将“实用性”排除在认定商业价值标准之外的做法，与此前的司法实践以及相关立法现状保持一致，本身就承袭了相应的先进性。

在司法实践中，从最高人民法院到各基层人民法院，有关商业秘密“具有商业价值”的裁判尺度基本一致，虽然，某些法院在某些具体问题上出现了比较新颖的结果，但是，尚未发现针对同一问题而作出不同处理的情形。

根据最高人民法院（2020）最高法知民终1667号民事判决书的精神，判断商业信息是否“具有商业价值”的基本原则是，“‘具有商业价值’一般是指有关信息具有现实的或者潜在的商业价值，能为权利人带来竞争优势。商业秘密具有的商业价值并不限于其已经实际产生的价值，还包括其可能带来的价值。同时，商业秘密的价值既包括使用该商业秘密给其带来的价值增长，也包括使用该商业秘密为其避免的价值减损或者成本付出”。在其后续论证中，该判决书进一步指出，“嘉兴中华化工公司和上海欣晨公司的涉案技术信息具有极高的商业价值。嘉兴中华化工公司系香兰素行业的龙头企业，其投入大量时间和成本研发的生产设备和工艺流程已经实际投入生产，提高了其香兰素产品的生产效率，并为企业形成市场优势、创造可观利润，从而为企业带来经济利益和竞争优势，故涉案技术信息明显具有极高的商业价值”。由此可见，权利人研发生产设备和工艺流程所投入的时间和成本、提高生产效率等效果、企业市场优势、所得利润等均可作为判断“商业价值”的指标。

北京知识产权法院(2017)京73民初19号民事判决书认为,判断商业信息是否具有"商业价值",应当从该商业信息在商业运行中所起的作用、对相关产品或服务的价值贡献度、能否带来竞争优势等方面考量,指出"理正公司主张的技术信息系数据库表和存储过程/函数,由于不同的数据库表和存储过程/函数所呈现的是不同的数据库结构,对于依赖数据库运行的软件,不同的数据库结构会较大程度地影响软件运行的质量和效率,其在依赖数据库运行的软件中起到相当重要的作用。理正公司的经营业务包括涉及数据库运行的软件开发,企业的商业价值和竞争优势主要依赖于其所开发软件的质量,其中,数据库结构对软件质量是具有贡献性价值的。因此,其主张的数据库表和存储过程/函数是具有商业价值的,同时亦可对其带来竞争优势,属于能为权利人带来经济利益、具有实用性的技术信息"。

司法实践中,部分判决将"员工信息"、"客户银行信息"、特定"邮件记录"等信息以其不具有"商业价值"而将其排除在商业秘密保护范畴之外。北京知识产权法院(2020)京73民终356号民事判决书指出,"关某在微信朋友圈发布的上述三人的单月工资或试用期工资属于'不为公众所知悉'、'经权利人采取保密措施'的信息,对此本院予以认可。但是,商业秘密的构成要件还包括'能为权利人带来经济利益'、'具有实用性'、'技术信息和经营信息',健康有益公司未提交证据证明上述信息属'能为权利人带来经济利益'的商业价值,亦未提交证据证明上述信息为与健康有益公司经营相关的经营信息,故上述信息不属于商业秘密,关某的涉案行为不构成侵犯健康有益公司商业秘密的行为"。

北京知识产权法院(2016)京73民终965号民事判决书认为,权利人所持有的客户的银行信息不属于权利人的商业秘密,指出"对于波智公司主张的第三项明珠公司银行账号信息,该信息为明珠公司信息,正如明珠公司可将该信息用于与波智公司所签订《采购合同》中,明珠公司也有权将该信息用于与其他合作方所签订的合同中,明珠公司与鼎烽公司所签订的《多媒体智能终端采购合同》即是如此。因此,一审法院认为,就本案情形,波智公司无权对明珠公司的银行账号采取保密措施,明珠公司的银行账号非波智公司的经营信息,不属于波智公司的商业秘密"。

北京知识产权法院(2018)京73民终1834号民事判决书认为,公司员工与法定代表人之间有关高级管理人员及部分员工薪资待遇的聊天记录不能为公司带来经济利益，因而不具有商业价值，不属于商业秘密，指出"希珥瑞思公司明确表示无法确认该微信聊天内容可为其带来经济利益，亦未提交证据证明该微信记录存在现实或潜在的商业价值"。

四、"保密措施"相应性的认定标准

根据2020年最高人民法院《关于审理侵犯商业秘密民事案件适用法律若干问题的规定》第5条的规定，"权利人为防止商业秘密泄露，在被诉侵权行为发生以前所采取的合理保密措施，人民法院应当认定为反不正当竞争法第九条第四款所称的相应保密措施。人民法院应当根据商业秘密及其载体的性质、商业秘密的商业价值、保密措施的可识别程度、保密措施与商业秘密的对应程度以及权利人的保密意愿等因素，认定权利人是否采取了相应保密措施"。该条明确规定了有关保密措施相应性和合理性的两项认定原则：其一，权利人应当在被诉侵权行为发生前采取保密措施，事后所采取的措施不属于商业秘密构成要件的保密措施；其二，人民法院应当基于商业秘密及其载体性质、商业价值、措施的可识别程度、措施与秘密的对应度以及权利人的保密意愿来判断保密措施的相应性和合理性。

除保密措施相应性和合理性基本原则外，2020年最高人民法院《关于审理侵犯商业秘密民事案件适用法律若干问题的规定》第6条专门列举了应被认定采取了合理保护措施的七种情形，"具有下列情形之一，在正常情况下足以防止商业秘密泄露的，人民法院应当认定权利人采取了相应保密措施：（一）签订保密协议或者在合同中约定保密义务的；（二）通过章程、培训、规章制度、书面告知等方式，对能够接触、获取商业秘密的员工、前员工、供应商、客户、来访者等提出保密要求的；（三）对涉密的厂房、车间等生产经营场所限制来访者或者进行区分管理的；（四）以标记、分类、隔离、加密、封存、限制能够接触或者获取的人员范围等方式，对商业秘密及其载体进行区分和管理的；（五）对能够接触、获取商业秘密的计算机设备、电子设备、网络设备、存储设备、软件等，采取禁止或者限制使用、访问、存储、复制等措施的；（六）要求离职员工登记、返还、清除、销毁其接触或者获取的商业秘密及其载体，继续承担保密义务的；（七）采取其他合理保密措施的"。需要注意的是，根据上述七种情形,虽然权利人采取其中一种即应被认定采取了合理的保护措施,但是,司法实践中,人民法院审查权利人所采取的保密措施是否具有合理性时,依然考察权利人所采取的该种保密措施是否"在正常情况下足以防止商业秘密泄露",如果不能防止商业秘密泄露,人民法院将认定权利人所采取的措施不具有合理性,进而否定商业秘密的构成。这一点在最高人民法院(2020)最高法知民终538号民事判决书中表现得尤为明确。

在上述判决中,最高人民法院否定了权利人关于其已采取相应保密措施的主张,主要理由如下:其一,权利人所采取的"对内保密措施",如与员工签署的劳动合同保密条款、保密协议、保密制度,研发厂房、车间、机器等加设门锁、限制来访者进出、参观等措施,与权利人售出并进入流通市场的产品之间不具有对应性,因产品进入流通市场后,上述"对内保密措施"已经脱离涉案技术秘密的载体。其二,商业秘密权利人所采取的保密措施,不能是抽象的、宽泛的、可以脱离商业秘密及其载体而存在的保密措施,而应当是具体的、特定的、与商业秘密及其载体存在对应性的保密措施。其三,权利人所采取的"对外保密措施"因仅具有约束合同相对人的效力或未体现权利人保密意愿,则不构成法定"相应的保密措施",尽管权利人与客户签署的《设备购销合同》中约定了客户的保密义务且在相关产品上加贴"私拆担保无效"的标签,但是因合同相对性以及标签仅具安全提示意思,均不构成"相应保密措施"。其四,应区分商业秘密内部性载体和外部性载体特征,对于具有外部性载体特征的商业秘密,其权利人应当采取对抗不特定第三方通过反向工程获取商业秘密的保密措施,至少可采取以下两种方式:"一是根据技术秘密本身的性质,他人即使拆解了载有技术秘密的产品,亦无法通过分析获知该技术秘密;二是采取物理上的保密措施,以对抗他人的反向工程,如采取一体化结构,拆解将破坏技术秘密等。"否则,不构成"相应的保密措施"。

该判决书更进一步指出,"即使思克公司贴附在产品上的标签所载明的文字内容以保密为目的,如'内含商业秘密,严禁撕毁'等,此时该标签仍不能构成可以对抗他人反向工程的物理保密措施。一方面,通过市场流通取得相关产品的不特定第三人与思克公司并不具有合同关系,故无需承担不得拆解产品的合同义务。另一方面,不特定第三人基于所有权对相关产品行使处分行为,不受思克公司单方面声明的约束。《中华人民共和国物权法》(以下简称物权法）第四条规定：‘国家、集体、私人的物权和其他权利人的物权受法律保护，任何单位和个人不得侵犯。’该法第五条规定：‘物权的种类和内容由法律规定。’该法第三十九条规定：‘所有权人对自己的不动产或者动产，依法享有占有、使用、收益和处分的权利。’根据物权法的上述规定可知，通过市场流通取得 GTR－7001 气体透过率测试仪的不特定第三人，其对该产品享有的所有权的内容应由法律规定，包括占有、使用、收益和处分四项权能，而不受思克公司单方面声明的约束。这一点也正是商业秘密民事案件若干规定第十四条第一款、第二款关于‘通过反向工程获得被诉侵权信息不构成侵害商业秘密行为’规定的法理基础。权利人基于所有权得对所有物行使占有、使用、收益和处分行为，因而对所有物上承载的知识产权构成一定限制，这不仅体现在反向工程对商业秘密的限制，类似的还有画作的所有权对画作著作权人展览权的限制。因此，根据涉案技术秘密及其载体的性质，思克公司贴附在产品上的标签并不构成可对抗他人反向工程的物理保密措施，应认定思克公司未采取符合反不正当竞争法规定的‘相应保密措施’”。

根据《商业秘密保护规定（征求意见稿）》第 8 条的规定，本规定所称权利人采取相应保密措施，是指权利人为防止信息泄露所采取的与商业秘密的商业价值、独立获取难度等因素相适应、合理且具有针对性的保密措施。多个权利人共有商业秘密的，均应当采取相应保密措施。具有下列情形之一，足以防止涉密信息泄漏的，可以认定权利人采取了“相应保密措施”：（1）限定涉密信息的密级、保密期限和知悉范围，只对必须知悉的相关人员告知其内容；（2）任职离职面谈，提醒、告诫现职员工和离职员工履行其保密义务；（3）对该信息载体采取了加密、加锁、反编译等预防措施或在相关载体上加注保密标志或加密提示；（4）对于涉密信息采用密码或者代码等；（5）对于涉密的机器、厂房、车间等场所限制来访者，采取基本的物理隔离措施，如门禁、监控、权限控制等；（6）制定相应的保密管理制度并与相关人员签署保密协议；（7）在竞业禁止协议中对保密义务进行明确约定的；（8）权利人在劳动合同或保密协议中对商业秘密范围有明确界定且与其所主张的秘密范围相符的；（9）确保涉密信息他人轻易不能获得的其他合理措施。该规定将成为行政机关查处侵犯商业秘密行为的主要法律依据。需要指出的是，该规定所列举的 9 种情形与最高人民法院司法解释所列的 7 种情形并不完全相同，将导致行政执法尺度和司法裁判尺度不一致的情形，如何协调二者的关系，将成为商业秘密案件中的一个疑难问题。

第三节 侵犯商业秘密行为认定规则

侵犯商业秘密的行为，本质上是不当损害或掠夺了他人的竞争优势或商业利益的不法行为。根据该类行为社会危害严重性程度划分，可将其分为侵犯商业秘密的犯罪行为和侵犯商业秘密的民事侵权行为。本书仅围绕侵犯商业秘密民事侵权行为进行讨论。在民事侵权领域，判断侵犯商业秘密行为的常用方法是"接触 + 相同或实质相同 - 合理来源"，实际上这是一种推定方法，当被诉侵权行为人有接触涉案商业秘密的机会，被诉侵权信息与权利人主张的商业秘密相同或实质相同时，如果被诉侵权行为人不能证实被诉侵权信息合理来源，则推定侵权行为成立。

一、我国法律关于侵犯商业秘密行为举证责任规则的演变

1998 年，最高人民法院发布的《关于全国部分法院知识产权审判工作座谈会纪要》以侵犯专利和技术秘密案件为例，提倡在商业秘密案件中实施举证责任倒置规则，即特定情况下由被告举证证实其未侵犯原告商业秘密。

2001 年，最高人民法院在(2001)民三终字第 11 号案件中，对商业秘密案件中举证责任倒置规则进行修正，指出"根据反不正当竞争法第十条的规定，构成侵犯商业秘密必须同时具备以下三个条件：一是权利人合法掌握一项符合法律条件的商业秘密；二是行为人实施了获取、披露、使用或者允许他人使用该项商业秘密的行为；三是行为人获取、披露、使用或者允许他人使用该项商业秘密的行为违法。权利人指控他人侵犯其商业秘密，必须对上述三个条件成立的事实负有举证责任，其中任何条件不能证明成立的，被控侵权人都不构成侵犯商业秘密"。

2007 年最高人民法院《关于审理不正当竞争民事案件应用法律若干问题的解释》第 14 条规定，"当事人指称他人侵犯其商业秘密的，应当对其拥有的商业秘密符合法定条件、对方当事人的信息与其商业秘密相同或者实质相同

以及对方当事人采取不正当手段的事实负举证责任。其中,商业秘密符合法定条件的证据,包括商业秘密的载体、具体内容、商业价值和对该项商业秘密所采取的具体保密措施等”。

2020 年最高人民法院《关于审理侵犯商业秘密民事案件适用法律若干问题的规定》第 24 条规定,“权利人已经提供侵权人因侵权所获得的利益的初步证据,但与侵犯商业秘密行为相关的账簿、资料由侵权人掌握的,人民法院可以根据权利人的申请,责令侵权人提供该账簿、资料。侵权人无正当理由拒不提供或者不如实提供的,人民法院可以根据权利人的主张和提供的证据认定侵权人因侵权所获得的利益”,这是对完全由原告举证证实侵权行为成立之举证规则的适度调整。

二、“接触 + 相同或实质相同 - 合理来源”方法的运用

我国民事审判程序中,有关侵犯商业秘密行为“接触 + 相同或实质相同 - 合理来源”的认定方法发端于部门规章,普遍适用于商业秘密案件的司法实践,与最高人民法院司法解释及相关文件中不断发展变化的商业秘密案件举证责任分配规则“相伴相生”,始终担负着认定侵犯商业秘密行为的使命。但是,“接触 + 相同或实质相同 - 合理来源”只适用于“违反保密义务或者违反权利人有关保守秘密的要求,披露、使用或者允许他人使用其所掌握的商业秘密”和“教唆、引诱、帮助他人违反保密义务或者违反权利人有关保守商业秘密的要求,获取、披露、使用或者允许他人使用权利人的商业秘密”两种情形,而不适用于“以盗窃、贿赂、欺诈、胁迫、电子侵入或者其他不正当手段获取权利人的商业秘密”和“披露、使用或者允许他人使用以前项手段获取的权利人的商业秘密”两种情形,原因是后两种情形中,“不正当手段获取”他人商业秘密这个行为本身就足以排除“合理来源”。

1995 年国家工商行政管理局《关于禁止侵犯商业秘密行为的若干规定》第 5 条第 3 款指出,“权利人能证明被申请人所使用的信息与自己的商业秘密具有一致性或者相同性,同时能证明被申请人有获取其商业秘密的条件,而被申请人不能提供或者拒不提供其所使用的信息是合法获得或者使用的证据的,工商行政管理机关可以根据有关证据,认定被申请人有侵权行为”。这是我国认定侵犯商业秘密行为“接触 + 相同或实质相同 - 合理来源”方法的起

源，虽然该方法规定在部门规章中，但由于其合理性和科学性，一出台便为司法机关参照适用。同年，广东省佛山市中级人民法院在审理佛陶集团股份有限公司诉金昌陶瓷辊棒厂案中，通过被告所雇用原告前员工的事实认定被告实际接触原告商业秘密；通过被告所使用技术与原告主张的技术比对，确定二者相同；被告举证证实其自行研发证据不足且被告提出从公开渠道获得涉案技术的主张明显不成立，法院否定了被告提出的“合理来源”抗辩。

商业秘密领域的“接触”，包括“实际接触”和“接触可能性”两个层面。“实际接触”是指被诉侵权行为人实际上接触到了权利人的商业秘密，接触到方式包括但不限于：长期持有、短期接转、浏览、使用、控制。“接触可能性”是指被诉侵权行为人具有接触到权利人商业秘密的条件，是否实际接触在所不问，最常见的“接触可能性”是权利人作为用人单位时，其相关员工则具有接触秘密的可能性。人民法院在判断被诉侵权行为人是否“接触”权利人的商业秘密时，应根据涉案商业秘密的种类来选择适用恰当的判断标准和方法。对于经营信息而言，权利人的高级管理人员以及部分销售人员或市场人员均应推定为“接触”秘密的人员，除非有相反证据推翻该种推定；对于技术信息而言，确实需要深入考察被诉侵权行为人是否具备接触秘密的可能性，比如，前台接待人员一般不太可能接触公司的技术秘密，除非有相反证据证实其实际接触。

“接触”和“保密措施”实际上是一组相对的概念。“保密措施”实际上是作为“反接触”的保护措施而存在的。作为商业秘密的构成要件，“保密措施”的核心目标是防止他人“普遍知悉”或“容易获得”特定商业信息，只不过“保密措施”所“防范”的对象是不特定公众，而“接触”所指向的是实际知晓或控制商业秘密的特定主体，“保密措施的合理性”主要体现在权利人自愿选择特定商业信息被特定人知晓的范围，这种范围并没有扩大了公众普遍知悉的程度。侵犯商业秘密的案件中，“接触”商业秘密的主体，既包括权利人采取保密措施时允许其知晓该商业秘密的人士，如权利人的员工或权利人合作相对方，也包括权利人已采取保密措施的商品进入市场流通后，被诉侵权行为人破坏保密措施而接触商业秘密的主体。利用反向工程而接触商业秘密的主体，依法“豁免”侵权责任。

商业秘密领域的“相同或实质上相同”是指被诉侵权信息与商业秘密相

同或者不存在实质区别。“相同”包括完全相同和基本相同两种情形,完全相同是指被诉侵权信息等同于商业秘密本身,不存在任何差别;基本相同是指被诉侵权信息在表现形式上存在细微差异,但是内容完全相同。“实质上相同”中的“实质”即强调被诉侵权信息在非主要部分与商业秘密存在差异,但是在主要功能等核心内容上相同。《反不正当竞争法》第 32 条第 2 款第 1 项仅概括性地提出了“实质上相同”标准,并未对被诉侵权信息与权利人商业秘密之间的同一性及比对规则作出明确规定。2020 年最高人民法院《关于审理侵犯商业秘密民事案件适用法律若干问题的规定》第 13 条规定,“被诉侵权信息与商业秘密不存在实质性区别的,人民法院可以认定被诉侵权信息与商业秘密构成反不正当竞争法第三十二条第二款所称的实质上相同。人民法院认定是否构成前款所称的实质上相同,可以考虑下列因素:(一)被诉侵权信息与商业秘密的异同程度;(二)所属领域的相关人员在被诉侵权行为发生时是否容易想到被诉侵权信息与商业秘密的区别;(三)被诉侵权信息与商业秘密的用途、使用方式、目的、效果等是否具有实质性差异;(四)公有领域中与商业秘密相关信息的情况;(五)需要考虑的其他因素”。其中,“被诉侵权信息与商业秘密的异同程度”是核心要素,也是相关比对鉴定程序中主要鉴定对象;其他四项系辅助性因素,对“被诉侵权信息与商业秘密的异同程度”有增加或降低确信的作用。在 2019 年《反不正当竞争法》修正以及上述司法解释实施之前,人民法院通常参照专利法领域的“等同”标准和著作权法领域的“实质性相似”标准评价被诉侵权信息与商业秘密之间的异同关系;在 2019 年《反不正当竞争法》修正以及上述司法解释实施后,商业秘密领域异同关系评价标准明确为“实质上相同”标准,虽《反不正当竞争法》和上述司法解释均未明确区分“相同”和“实质上相同”,但是,根据举轻以明重基本规则,“实质上相同”当然包括“相同”。

在上述司法解释实施之前,正如最高人民法院在(2020)最高法知民终 1638 号民事判决书中所指出的那样,对于被诉侵权信息与权利人商业秘密不完全相同的情况,可以借鉴相近领域相对成熟的比对标准来定位商业秘密的比对标准和判断原则,与之相近的标准系专利领域比对中的“等同”标准和著作权领域比对中的“实质性相似”标准。较之“等同”标准,“实质性相似”的标准更适用于作为商业秘密实质上相同标准的参照。一方面,专利权覆盖对象的内容和范围具有法定性和明确性,这是“等同”标准适用的前提,而著作权覆盖对象的内容和范围则无此特点,商业秘密亦同。另一方面,由于专利的内容已经被公开,公众可以合法获取,因此,《专利法》规制的通常不是获取手段的非法性,而是基于公开换垄断的原则,要求公众在实施时对权利要求限定的内容进行避让,即未经许可时,其实施内容不得落入权利要求限定的范围内。所以,在对专利内容进行比对时,并不将来源的一致性作为判断标准,即使被诉侵权内容来源于主张权利的专利内容,只要部分内容实质不同,便不构成等同。对于商业秘密而言,《反不正当竞争法》所规制的主要是获取手段的不正当性,并限制以之为前提的后续行为。《著作权法》规制的路径与《反不正当竞争法》中商业秘密保护条款规制的路径十分类似,其规制的主要是剽窃行为以及基于剽窃而产生的后续行为。商业秘密和著作权领域比对被诉内容与主张权利内容的作用均在于推定来源一致,即被诉内容实际应属于相应的权利人。因此,“实质上相同”和“实质性相似”标准一样,均主要把来源的一致性作为判断标准,无论存在何种的转化,只要能基于某一层面的相同进而确信被诉内容来源于主张权利的内容,就可以满足上述标准。综上,无论从权利内容还是规制路径,商业秘密比对的“实质上相同”标准均更倾向于著作权比对的“实质性相似”标准……但需要注意的是,“实质性相似”的标准事实上更严格。由于立法价值取向不同,《著作权法》确立了“保护表达而非思想”的原则,而对于商业秘密,则无此方面的要求,因此,“实质性相似”排除了只在思想层面一致的情况。综上,原审法院适用“实质上相同”的判断标准为,只要能基于某一层面内容的一致进而确信被诉内容来源于主张权利的内容,相应内容与主张权利的内容便构成实质上相同,该层面越具体,越趋向于表达,确信度便越高。

司法实践中,人民法院在判断被诉侵权信息与商业秘密之间是否“相同或实质相同”时,通常采用密点“同一性”鉴定方法。商业秘密领域“同一性”鉴定,实际上既包括被诉侵权信息与权利人主张的各个密点是否具有“同一性”问题,又包括被诉侵权信息与权利人的商业秘密整体上是否具有“同一性”问题。当被诉侵权信息与权利人主张的各密点不具有“同一性”时,则可直接排除被诉侵权信息侵犯商业秘密的可能性;当被诉侵权信息与权利人主张的部分密点相同时,如何判断是否构成侵权?笔者认为,不能完全基于被诉侵权信息与权利人主张密点相同的数量所占权利人主张全部密点的数量之比来判断是否构成侵权，而应当充分考察与被诉侵权信息相同的权利人主张的密点在权利人商业秘密中所处的地位、功能、目的等重要性程度来判断，凡涉及权利人的主要密点或具有重要作用的密点，或者涉及权利人主张密点的主要部分的，均应认定为相同或实质相同。

商业秘密领域所称“合理来源”是指被诉侵权信息系被诉侵权行为人通过合法手段所获得，而不存在侵犯权利人商业秘密的情形。实践中，主要的“合理来源”包括被诉侵权行为人自主研发而获得相关技术、自主开拓市场获得客户信息、反向工程、公开渠道获得信息、合法受让或被许可获得信息、客户基于个人信赖而选择个人交易等。人民法院判断被诉侵权行为人所主张的“合理来源”是否合理时，应全面考量被诉侵权行为的具体情形：首先，应考察被诉侵权行为人是否采取了不正当手段，如盗窃、泄露等，被诉侵权行为人未采取不正当手段是“合理来源”的必备前提，如果被诉侵权行为人采取了不正当手段，则无论其后续措施如何，均不构成“合理来源”。其次，考察被诉侵权行为人为获得被诉信息所付出的努力程度和所耗费的成本，如果被诉侵权行为人并未实际付出，则不应认定为“合理来源”。再次，要考察权利人为获得商业秘密所付出的努力程度和所耗费的成本，并将其与被诉侵权行为人的付出比对，如果二者悬殊且权利人付出多于被诉侵权行为人，则需要结合其他因素来判断是否构成“合理来源”，但通常情况下，不应直接认定其构成“合理来源”。最后，“合理来源”能否足以排除被诉侵权行为人侵犯商业秘密的可能性，需要考察其与被诉侵权行为人所“接触”的“相同或实质相同”的商业秘密或其部分密点是否具有相应性。

“接触 + 相同或实质相同 - 合理来源”，在本质上是一种举证责任分配方式，权利人举证证实被诉侵权行为人存在“接触”情形且被诉侵权信息与涉案商业秘密相同或实质相同时，权利人完成举证责任，转由被诉侵权行为人举证证实其不存在侵权行为。当权利人举证证实被诉侵权行为人存在“接触”涉案商业秘密的情形，且被诉侵权信息与权利人商业秘密相同或实质相同，而被诉侵权行为人又无法举证证实被诉侵权信息存在侵权行为之外的其他合理来源时，人民法院推定被诉侵权行为人存在侵权行为。“接触 + 相同或实质相同 - 合理来源”在司法实践中被广泛运用。

最高人民法院(2019)最高法民再268号民事判决书详细解析并运用了“接触+相同或实质相同-合理来源”方法:“首先,王某、刘某、张某具有接触商业秘密的条件。王某于1996年入职华阳公司,曾任公司董事、销售副总经理、总经理、副总裁,并于2012年至2016年任华阳公司的法定代表人;张某于2001年入职华阳公司,曾任公司技术部经理、技术服务部经理;刘某于2010年入职华阳公司,曾任公司销售服务部经理。根据王某、刘某、张某三人在华阳公司的职务及工作内容,三人均存在接触客户名单的机会及便利条件。其次,麦达可尔公司成立于2015年10月30日,王某创立了该公司并现任公司的法定代表人和总经理;张某于2016年1月入职麦达可尔公司,任技术部经理;刘某于2015年年底入职麦达可尔公司,负责人事行政工作。麦达可尔公司主要经营工业清洗剂的生产和销售;华阳公司主要从事工业清洗维护产品研发、生产和销售,故两公司均生产和销售工业清洗剂产品,在生产经营范围上相同,属于同业竞争关系。最后,麦达可尔公司在2015年10月成立后的很短时间内,与华阳公司的上述43家客户进行了交易,且麦达可尔公司并未提交足以证明自行开发上述43家客户的证据,即麦达可尔公司没有证据证明其使用的客户名单具有合法来源。综上所述,王某、刘某、张某违反了与华阳公司法定的和约定的保守商业秘密义务,披露其所掌握的商业秘密经营信息,允许麦达可尔公司使用上述客户名单;麦达可尔公司在明知的前提下,未经华阳公司的许可使用了上述客户名单,根据商业秘密侵权判定的‘相同(实质性相似)+接触-合法来源’方法,一审法院认定麦达可尔公司、王某、刘某、张某共同实施了侵犯华阳公司商业秘密行为,并无不当。”

三、保密义务对侵犯商业秘密行为认定的影响

商业秘密究竟属于何种权利,学界一直存在分歧,至今并无定论,但将商业秘密归入知识产权,逐渐成为学界通说。商业秘密作为无形财产权利,与债权存在明显的区别,其义务主体具有不特定性,即不特定公众均负有不得侵犯他人商业秘密的义务。“不侵犯他人商业秘密”与“保密义务”二者之间存在关联,但是二者区别明显,“不侵犯他人商业秘密”作为一项消极义务,是每个不特定公众均应负担的,具有对世性;而“保密义务”是积极义务,是知悉秘密的部分特定人员所负有的义务,具有一定程度的相对性。在“违反保密义务

或者违反权利人有关保守秘密的要求,披露、使用或者允许他人使用其所掌握的商业秘密”和“教唆、引诱、帮助他人违反保密义务或者违反权利人有关保守商业秘密的要求,获取、披露、使用或者允许他人使用权利人的商业秘密”两种情形中,由于“接触”商业秘密是构成侵犯商业秘密行为的基本要件之一,而“接触”商业秘密者应负保密义务,因此,违反保密义务是判断该两类侵犯商业秘密行为的必要条件。

《反不正当竞争法》第 9 条规定,“经营者不得实施下列侵犯商业秘密的行为:……(三)违反保密义务或者违反权利人有关保守秘密的要求,披露、使用或者允许他人使用其所掌握的商业秘密;(四)教唆、引诱、帮助他人违反保密义务或者违反权利人有关保守商业秘密的要求,获取、披露、使用或者允许他人使用权利人的商业秘密”。这是《反不正当竞争法》关于保密义务或保密要求与侵犯商业秘密行为关系的规定,在上述两种情形下,将被诉侵权行为人违反保密义务或保密要求作为认定其侵犯商业秘密行为的前提条件。但是,该法并未明确规定何为商业秘密的保密义务,以及如何认定被诉侵权行为人违反保密义务,该问题在最高人民法院相关司法解释中方得以明确。

最高人民法院《关于审理侵犯商业秘密民事案件适用法律若干问题的规定》第 10 条规定,“当事人根据法律规定或者合同约定所承担的保密义务,人民法院应当认定属于反不正当竞争法第九条第一款所称的保密义务。当事人未在合同中约定保密义务,但根据诚信原则以及合同的性质、目的、缔约过程、交易习惯等,被诉侵权人知道或者应当知道其获取的信息属于权利人的商业秘密的,人民法院应当认定被诉侵权人对其获取的商业秘密承担保密义务”。根据该司法解释规定,商业秘密领域中保密义务包括以下三类:一是当事人根据法律规定所应承担的保密义务;二是当事人根据合同约定所应当承担的保密义务;三是当事人根据诚信原则以及合同的性质、目的、缔约过程、交易习惯等所获悉的商业秘密,应承担的保密义务。

有关法定保密义务,主要包括以下法律规定:

《劳动法》第 3 条第 2 款规定,“劳动者应当完成劳动任务,提高职业技能,执行劳动安全卫生规程,遵守劳动纪律和职业道德”,“劳动纪律和职业道德”当然包括保密义务;第 102 条在法律责任部分再次强调了保密义务,“劳动者违反本法规定的条件解除劳动合同或者违反劳动合同中约定的保密事项,对用人单位造成经济损失的,应当依法承担赔偿责任”。《劳动合同法》第24条规定,“竞业限制的人员限于用人单位的高级管理人员、高级技术人员和其他负有保密义务的人员”;第90条强调了保密义务对应的法律责任,“劳动者违反本法规定解除劳动合同,或者违反劳动合同中约定的保密义务或者竞业限制,给用人单位造成损失的,应当承担赔偿责任”。劳动者违反法定保密义务或约定保密义务,侵犯用人单位商业秘密的行为,是实践中出现频率最高的侵犯商业秘密行为。同时,劳动法和劳动合同法及相关法律法规有关劳动者的保密义务的规定,也是人民法院审查和判断劳动者是否通过不正当手段获取或使用用人单位商业秘密的主要依据之一。

《民法典》第501条规定,“当事人在订立合同过程中知悉的商业秘密或者其他应当保密的信息,无论合同是否成立,不得泄露或者不正当地使用;泄露、不正当地使用该商业秘密或者信息,造成对方损失的,应当承担赔偿责任”;第509条第2款规定,“当事人应当遵循诚信原则,根据合同的性质、目的和交易习惯履行通知、协助、保密等义务”;第558条规定,“债权债务终止后,当事人应当遵循诚信原则,根据交易习惯履行通知、协助、保密、旧物回收等义务”;第868条规定,“技术秘密转让合同等让与人和技术秘密使用许可合同的许可人应当按照约定提供技术资料,进行技术指导,保证技术的实用性、可靠性,承担保密义务”;第869条规定,“技术秘密转让合同的受让人和技术秘密使用许可合同的被许可人应当按照约定使用技术,支付转让费、使用费,承担保密义务”;第871条规定,“技术转让合同的受让人和技术许可合同的被许可人应当按照约定的范围和期限,对让与人、许可人提供的技术中尚未公开的秘密部分,承担保密义务”;第872条规定,“许可人……;实施专利或者使用技术秘密……;违反约定的保密义务的,应当承担违约责任”;第873条规定,“被许可人未按照约定……;实施专利或者使用技术……;违反约定的保密义务的,应当承担违约责任”。除上述规定外,我国《民法典》还在人格权等部分规定了保密义务,但是,与商业秘密或侵犯商业秘密等行为无关。我国《民法典》围绕合同行为所规定的保密义务,在商业秘密领域,主要是当交易一方因为合同行为获悉对方商业秘密后,无论在合同签订、履行、解除等任何环节,均应保守商业秘密,不得泄露或使用。

在交易过程中,当事人基于诚信义务而负担的保密义务,也是人民法院判断被诉侵权行为人是否存在侵犯商业秘密的故意以及是否采取不正当手段的依据。基于诚信义务而负担的保密义务，最常见的情形是根据《民法典》第509条第2款“当事人应当遵循诚信原则，根据合同的性质、目的和交易习惯履行通知、协助、保密等义务”之规定而负担的保密义务；另外，在劳动关系中，未签署保密协议但是能够接触或掌握用人单位商业秘密的员工，依据诚信义务也应当负有保密义务。

《商业秘密保护规定（征求意见稿）》从保密义务设立方式角度，将保密义务及保密要求分为双方约定、单方要求和规章制度三类。该规定第14条列举了保密义务和权利人有关保守商业秘密的要求，“经营者不得违反保密义务或者违反权利人有关保守商业秘密的要求，披露、使用或者允许他人使用其所掌握的商业秘密。本条所称‘保密义务’或者‘权利人有关保守商业秘密的要求’包括但不限于：（一）通过书面或口头的明示合同或默示合同等在劳动合同、保密协议、合作协议等中与权利人订立的关于保守商业秘密的约定；（二）权利人单方对知悉商业秘密的持有人提出的要求，包括但不限于对通过合同关系知悉该商业秘密的相对方提出的保密要求，或者对通过参与研发、生产、检验等知悉商业秘密的持有人提出的保密要求；（三）在没有签订保密协议、劳动合同、合作协议等情况下，权利人通过其他规章制度或合理的保密措施对员工、前员工、合作方等提出的其他保守商业秘密的要求”。

《商业秘密保护规定（征求意见稿）》还专门规定了限制性使用商业秘密所负担的保密义务。该规定第15条规定，“经营者违反限制性使用商业秘密的义务，未经授权予以披露或使用的行为，构成侵犯商业秘密的行为。本条所称‘限制性使用商业秘密’，包括但不限于在保密协议、劳动合同、合作协议、合同等中与权利人订立的法定或约定的对商业秘密的限制使用。员工或前员工在工作过程中所形成的自身知识、经验、技能除外”。

四、非法获取类侵权行为的认定

《反不正当竞争法》第9条规定：“经营者不得实施下列侵犯商业秘密的行为：（一）以盗窃、贿赂、欺诈、胁迫、电子侵入或者其他不正当手段获取权利人的商业秘密……”这是人民法院民事审判中认定非法获取商业秘密侵权行为的基本法律依据。非法获取商业秘密侵权行为方式包括盗窃、贿赂、欺诈、胁迫、电子侵入以及其他方式，其中，每一种方式的认定都需要考察其行为要素。

盗窃商业秘密，是指在权利人不知情的情况下通过秘密窃取的方式获取权利人的商业秘密的侵权行为。盗窃他人商业秘密既包括侵权行为人亲自实施盗窃行为，也包括雇用他人实施盗窃行为，但是不包括利诱权利人雇员实施窃取权利人商业秘密的行为。认定侵权行为人是否构成盗窃商业秘密行为，应考察如下因素：权利人是否知情，如果权利人知情则不构成盗窃行为，如果没有其他不正当因素，在权利人知情的情况下获取其商业秘密，并不构成侵权行为；侵权行为人所采取的方式是否属于秘密窃取，如果通过公开的方式获取他人商业秘密，如无其他不正当因素，也不应当认定为侵权行为，如具有其他不正当因素，则应按照相应的规则认定其行为性质，如通过胁迫的方式侵犯他人商业秘密；侵权行为人是否获得了权利人的商业秘密，如果行为人实施了秘密窃取手段，但并未获得权利人的商业秘密，则不应认定为侵犯商业秘密的行为，尽管行为人的秘密窃取行为违法也明显具备过错甚至危害性，但是，在民事审判领域，就商业秘密保护而言，应聚焦商业秘密所具有的竞争优势内核保护上，如果行为人并未获取商业秘密则其不可能获取相应的竞争优势，即便其行为有害，也应当基于其他相关规则进行规制，而不应认定侵犯商业秘密行为。另外，盗窃商业秘密行为的认定，还需要关注盗窃对象识别问题，区分盗窃的是商业秘密（信息）本身，还是盗窃商业秘密载体时一并完成了对商业信息的窃取，此类区分对刑事审判而言意义重大，对民事审判而言则并不起决定作用。

在刑事审判领域，针对《刑法》第 219 条规定的侵犯商业秘密罪是否包括犯罪未遂状态问题，理论界和实务界均存在分歧，支持侵犯商业秘密罪未遂状态的观点认为，《刑法》分则部分规定的故意犯罪模式为既遂模式，“给权利人造成重大损失”是区分侵犯商业秘密罪既遂和未遂的标准；否定侵犯商业秘密罪未遂状态的观点认为，“给权利人造成重大损失”是区分侵犯商业秘密罪罪与非罪的标准，未造成重大损失则不构成犯罪，并不是犯罪未遂状态。笔者赞同第二种观点，相应地，笔者认为，当行为人实施了秘密窃取等手段但并未获得权利人商业秘密时，不构成侵犯商业秘密罪；这与民事审判领域行为人采取了秘密窃取手段但未取得权利人商业秘密时不应认定为侵犯商业秘密行为的法律逻辑一脉相承。

贿赂方式获取商业秘密是指通过向特定人员给付金钱等利益引诱相关人员从而获取权利人商业秘密的侵权行为,所给付的利益包括金钱等有形财产利益,还包括高薪聘用等无形利益。《反不正当竞争法》第 9 条规定"贿赂"手段属于侵犯商业秘密的行为方式,与之相对应,《刑法》第 219 条规定"利诱"是行为人获取他人商业秘密的不正当手段。"利诱"的范围大于"贿赂","贿赂"是"利诱"方式之一。除"贿赂"外,行为人给相关人员提供美色或职务晋升便利以获取权利人商业秘密,也构成刑法上的"利诱"。侵权行为人通过给付财物的手段获取权利人的商业秘密,该类行为的认定相对简单且不存在理论和实务分歧;当行为人给付无形利益时,一旦认定存在无形利益交换,进而认定侵权行为人侵犯商业秘密,也无大碍;当侵权行为人通过高薪聘用等方式获取权利人商业秘密时,如何认定其行为是否构成侵犯商业秘密行为?首先要厘清的关系是劳动者就业权与权利人商业秘密保护二者价值位阶对比问题,如果被聘用人员高薪基于其劳动能力而获得且相匹配,则不应简单据此认定侵犯商业秘密;然后考察被聘用人员所获高薪与其所持或所知商业秘密关系问题,简言之,其所获高薪源于其所持或所知商业秘密,则应认定侵犯商业秘密,否则,除非举报其他要件,不应认定侵犯商业秘密行为。司法实践中,需要特别关注的问题是,侵权行为人向权利人法定代表人行贿后获取权利人的商业秘密,是否构成侵犯商业秘密行为?根据《民法典》第 61 条第 2 款之规定,"法定代表人以法人名义从事民事活动,其法律后果由法人承受",当权利人法定代表人以公司名义收受行为人财物时,应当认定为权利人对行为人实施了商业秘密许可使用;当权利人以自己名义收受行为人财物,应当认定为侵权行为侵犯了权利人商业秘密,对此,侵权行为人在获取商业秘密以及给付财物的过程中,负有更高的审慎义务,尤其是明知商业秘密归属于权利人依然通过向其法定代表人给付财物而不与权利人建立商业秘密许可使用关系的,应推定侵权行为人具有侵犯商业秘密的故意且构成侵犯商业秘密行为。总之,通过权利人之法定代表人获取商业秘密,行为人是否"善意"是判断其是否构成侵犯商业秘密行为的标尺。

欺诈方式获取商业秘密,是指通过虚构事实或隐瞒真相的方式非法获取权利人商业秘密的侵权行为,认定行为人是否侵犯商业秘密,需要考察以下因素:第一,行为人须有欺诈的故意,明知自己的行为会侵害权利人的商业秘密而希望或放任损害结果发生,笔者认为,通过欺诈方式获取权利人商业秘密,只存在直接故意,即明知损害权利人的商业秘密而希望这种结果发生,不包括间接故意,放任损害结果发生的情形,与行为人获取权利人的商业秘密这一根本目的不符。第二,行为人实施了欺诈行为,欺诈行为通常表现为"虚构事实"、"歪曲事实"、"隐瞒事实"和"将错就错"这四种情形。"虚构事实"是指行为人为了获取权利人商业秘密,编造完全不存在的事实的行为;"歪曲事实"是指行为人通过故意改变客观事实作虚假陈述的方式获取权利人商业秘密的行为;"隐瞒事实"是指行为人刻意隐瞒事实真相以获取权利人商业秘密的行为;"将错就错"是指权利人出现错误认识后,被行为人利用并获取权利人的商业秘密的行为。第三,权利人因欺诈陷入错误并交付商业秘密给侵权行为人,笔者认为,即使行为人为获取商业秘密实施了欺诈行为,但是权利人并没有陷入错误或没有交付商业秘密给行为人,就商业秘密侵权行为而言,行为人不构成欺诈,具体理由与行为人实施秘密窃取行为但并未取得商业秘密时不构成盗窃方式获取商业秘密的侵权行为一样。需要注意的问题是,行为人对权利人之外的第三方实施欺诈并获取权利人的商业秘密,是否属于以欺诈手段获取商业秘密的行为?如果该受欺诈的第三方系商业秘密的有权占有人,如权利人指派专门保管商业秘密的雇员,行为人对其实施欺诈后获取商业秘密,应当认定为通过欺诈手段获取商业秘密的侵权行为;如果该受欺诈方系商业秘密的无权占有人,如该占有人通过盗窃等不法手段占有权利人的商业秘密,行为人通过欺诈手段获取该商业秘密,不宜直接认定行为人以欺诈手段获取商业秘密,而应当认定为以"其他不正当手段"获取他人商业秘密的侵权行为。

胁迫方式获取商业秘密,是指行为人通过实施加害行为或同等威胁手段迫使权利人交付商业秘密的侵权行为,包括以对权利人名誉加害相威胁而实施的胁迫行为。认定行为人构成胁迫方式获取商业秘密,应考察如下要素:第一,行为人具有通过胁迫获取权利人商业秘密的故意,如果行为人实施胁迫行为时并无获取商业秘密之故意,即使权利人受胁迫后交付了商业秘密,也不能认定为胁迫手段侵犯商业秘密,而应以其他相关法律规则认定行为性质。第二,行为人实施了胁迫行为,不仅包括对权利人本人实施胁迫行为,而且包括对权利人的近亲属或其他关系人实施胁迫获取商业秘密的行为。第三，行为人实施的胁迫手段和胁迫内容违法，如果行为人以举报权利人违法犯罪相要挟而获取商业秘密，不宜认定为通过胁迫手段侵犯权利人商业秘密的行为。第四，权利人因行为人的胁迫陷入恐惧并因此交付了商业秘密，如果权利人并未陷入恐惧或其交付商业秘密并非因受迫而交付，亦不宜认定行为人通过胁迫手段获取商业秘密。

电子侵入方式获取商业秘密，是指行为人不具有商业秘密载体访问权限或超越访问权限，以电子手段侵入权利人相关系统或载体后获取商业秘密的侵权行为，电子侵入的对象涵盖所有存储商业秘密的电子载体，包括数字化办公系统、服务器、邮箱、云存储设备等；电子侵入手段包括黑客攻击、病毒植入、"爬虫"、"拖库撞库"、端口监测、非法链接等电子侵入方式。电子侵入既包括未经授权或无权访问时侵入权利人商业秘密载体，也包括虽经授权但超越权限侵入权利人商业秘密载体。电子侵入商业秘密中的侵入行为认定，应当具备两个前提条件：一是权利人保密措施中针对相关载体专门设置了"防火墙"，对访问者身份、权限进行管理和限制；二是行为人实施了积极的侵入行为，必须对权利人的保密措施进行了"外部攻击"。需要注意的是，行为人离职后利用原任职期间所掌握的权利人商业秘密载体的用户名和密码进入权利人商业秘密载体获取商业秘密的侵权行为如何认定？笔者认为，行为人的该种行为构成侵犯商业秘密的行为，不应存在争议，唯其属于何种侵权行为值得探讨，如果严格从授权角度来说，行为人离职后便再无权限，其再次进入权利人商业秘密载体，构成以电子侵入手段侵害商业秘密的行为，但是，从电子侵入的"电子手段"内核要件来说，行为人所使用的用户名和密码并不具备对权利人商业秘密载体"电子攻击性"特点，不符合电子侵入特点；此时，人民法院应当认定行为人以其他不正当手段侵犯商业秘密，而不能认定行为人不构成侵犯商业秘密行为。当然，上述离职员工的行为基本符合秘密窃取方式获取权利人商业秘密的特点，亦可认定其以盗窃手段侵犯商业秘密。

在行政执法领域，《商业秘密保护规定（征求意见稿）》所规定的非法获取商业秘密行为的认定标准与人民法院审查认定标准略有不同，但基本原则无异。该规定第 12 条规定，"经营者不得以盗窃、贿赂、欺诈、胁迫、电子侵入或者其他不正当手段获取权利人的商业秘密。包括但不限于：（一）派出商业间谍盗窃权利人或持有人的商业秘密；（二）通过提供财务、有形利益或无形利益、高薪聘请、人身威胁、设计陷阱等方式引诱、骗取、胁迫权利人的员工或他人为其获取商业秘密；（三）未经授权或超出授权范围进入权利人的电子信息系统获取商业秘密或者植入电脑病毒破坏其商业秘密的，其中，电子信息系统是指所有存储权利人商业秘密的电子载体，包括数字化办公系统、服务器、邮箱、云盘、应用账户等；（四）擅自接触、占有或复制由权利人控制下的，包含商业秘密或者能从中推导出商业秘密的文件、物品、材料、原料或电子数据，以获取权利人的商业秘密；（五）采取其他违反诚信原则或者商业道德的不正当手段获取权利人商业秘密的行为”。该规定正式施行后，对人民法院审查认定非法获取商业秘密行为的认定，具有极大的参考价值。

五、披露、使用类侵权行为的认定

根据《反不正当竞争法》第 9 条第 1 款第 2 ~ 3 项的规定，“经营者不得实施下列侵犯商业秘密的行为：……（二）披露、使用或者允许他人使用以前项手段获取的权利人的商业秘密；（三）违反保密义务或者违反权利人有关保守商业秘密的要求，披露、使用或者允许他人使用其所掌握的商业秘密……”该条规定了两种性质不同的“披露、使用”类侵犯商业秘密的行为：一种是“披露、使用”通过不正当手段获取权利人商业秘密的侵权行为；另一种是“披露、使用”其通过正当手段获取或合法方式掌握的权利人的商业秘密的侵权行为。两种侵权行为的共同之处是对外披露、自行使用或允许他人使用其已掌握的权利人的商业秘密；不同之处是二者所掌握的商业秘密的来源以及合法性不同：前者系行为人通过不正当手段获取并掌握权利人的商业秘密，来源和占有均不合法；后者系行为人合法掌握权利人的商业秘密，只是违反保密义务或违反权利人关于商业秘密的保密要求。因行为人通过不正当手段获取权利人的商业秘密行为已经由《反不正当竞争法》第 9 条第 1 款第 1 项单列为“非法获取商业秘密”侵权行为并加以规制，因此，该款第 2 ~ 3 项规定的“披露、使用”侵权行为不再对商业秘密的来源及占有权限问题进行重复评价，仅对已掌握（无论合法与否）商业秘密的披露和使用问题进行规制。《反不正当竞争法》第 9 条第 1 款将二者分开规定，其主要目的是：其一，侵权行为人法律地位不同，该款第 2 项规定的侵权行为人与权利人之间就商业秘密取得而言不存在任何合法关系，系纯粹的加害人，而该款第3项规定的侵权行为人与权利人就商业秘密取得而言存在合法关系，在其实施“披露、使用或允许他人使用”行为之前，该行为人并非加害方。其二，侵权行为形态不同，该款第2项规定的侵权行为人同时具备“不正当手段获取”和“披露、使用、允许他人使用”两个侵权行为，具有双重性，而该款第3项规定的侵权行为人只具有“披露、使用、允许他人使用”一个侵权行为。其三，过错程度不同，该款第2项规定的侵权行为人自始存在并追求对权利人商业秘密实施加害行为的故意，而该款第3项规定的侵权行为人仅在合法掌握权利人商业秘密后产生加害故意。其四，损害后果不同，该款第2项规定的侵权行为人通常以“突破”权利人所采取的保密措施为前提，而该款第3项规定的侵权行为人并不需要针对权利人保密措施采取“攻击”行动。

在行政执法领域，针对商业秘密侵权行为行政调查与处理行为，应当遵守《反不正当竞争法》的相关规定，但是国家市场监督管理总局制定的《商业秘密保护规定（征求意见稿）》所规定“披露、使用”商业秘密侵权行为与《反不正当竞争法》第9条第1款存在差异，该规定第13条规定，“经营者不得披露、使用或者允许他人使用以不正当手段获取的权利人的商业秘密”。本条所称“披露”，是指将权利人的商业秘密公开，足以破坏权利人的竞争优势或损害其经济利益的行为。笔者认为，将“披露”限定在“公开”范畴内是不妥当的，实践中，侵权行为人向特定人披露而不是向不特定人披露（公开）是常态，直接公开权利人商业秘密是少数；而且，公开商业秘密将导致其丧失秘密性，权利人从根本上失去商业秘密权，但“披露”行为却并不一定必然导致权利人丧失商业秘密权。该条所称“使用”，是指将权利人的商业秘密应用于产品设计、产品制造、市场营销及其改进工作、研究分析等。显然，该规定并未区分“披露、使用”侵权行为所指向的商业秘密来源及占有合法性，无论是“披露、使用”不正当手段获取的商业秘密，还是违反保密义务或权利人保密要求而“披露、使用”合法取得或掌握的商业秘密，均属“披露、使用”手段侵权权利人商业秘密的行为，并作为同一类侵权行为调查处理；另外，该规定并未针对“允许他人使用”行为作出规定，这一“缺陷”比较明显，当行为人基于合法方式取得权利人商业秘密后“允许他人使用”时，确系民事法律规制范畴而不应受到行政查处，但是，当行为人通过不正当手段获取商业秘密后“允许他人使用”时，应当接受行政查处。

“披露、使用和允许他人使用”分属三种不同的侵权手段，各自具备不同的特征和构成要件。“披露”，是指将权利人的商业秘密予以发表、公布，足以破坏权利人的竞争优势或损害其经济利益的行为。“使用”，是指将权利人的商业秘密应用于产品设计、产品制造、市场营销及其改进工作、研究分析等。“允许他人使用”，是指将权利人的商业秘密交付他人或其他方式允许他人应用于产品设计、产品制造、市场营销及其改进工作、研究分析等。行为人可能单独实施“披露、使用或允许他人使用”其中一种侵权行为，也可能同时实施其中两种或三种侵权行为，无论实施其中哪一种侵权行为，对权利人而言，均遭受商业秘密价值贬损和竞争优势减损，甚至在商业秘密被公开的情况下，因商业秘密丧失秘密性，权利人彻底丧失商业秘密权。

评价、认定“披露”权利人商业秘密侵权行为，需要注意以下几个方面的问题。首先，“披露”是对权利人商业秘密之秘密性的直接损害，因披露对象特定与否不同造成商业秘密受损程度各异。侵权行为人向特定对象披露权利人商业秘密时，如该特定对象并不再对外披露或使用，也不再实施其他任何侵犯商业秘密的行为，权利人仅在商业秘密保密措施利益上受损，而并不遭受商业秘密财产权益和竞争优势损害；如该特定对象再次披露或使用或进行其他侵犯商业秘密的行为，则权利人商业秘密所承载的财产权益和竞争优势均将遭受损失；侵权行为人向不特定对象披露权利人商业秘密时，将造成商业秘密彻底丧失秘密性，导致权利人彻底失去商业秘密权，是对权利人最严重的侵权行为之一，因此，人民法院在判定损害赔偿金额时，将权利人商业秘密公开的侵权行为所应负担的赔偿金额要远大于向特定对象披露商业秘密的一般披露行为；行为人向特定对象披露商业秘密后，该特定对象公开披露商业秘密造成商业秘密丧失秘密性的，该行为人应对该特定对象的公开披露行为承担全部赔偿责任。常见的公开披露行为包括通过书籍、杂志、报纸、广播电视、网络媒体等向社会公开商业秘密信息。其次，“披露”行为方式各异，但是，只要第三方知悉了商业秘密信息这个结果发生，“披露”行为即告成立，且无论行为人是否明确告知接受商业秘密信息的一方，该披露行为侵犯了他人商业秘密。再次，侵权行为人负有保密义务，是认定其“披露”商业秘密构成侵权的基础，如果行为人并不负有保密义务，即使其对外泄露了商业秘密信息，也不能认定为侵犯商业秘密的行为。就商业秘密“披露”行为而言，保密义务可以分为明示的保密义务和默示的保密义务，明示的保密义务是权利人和行为人之间基于合同约定、规章制度、工作纪律等要求而设立的保密义务，《反不正当竞争法》第 9 条第 1 款第 3 项所规定“披露”行为人所负担的主要是明示保密义务；默示的保密义务是行为人基于法律规定、行业管理或习惯、诚信原则等要求而负担的保密义务，《反不正当竞争法》第 9 条第 1 款第 2 项所规定“披露”行为人所负担的主要是默示保密义务，即使侵权行为人通过不正当手段获取权利人商业秘密本身已构成侵权行为，但是，这并不妨碍该侵权行为人不正当获取权利人商业秘密后掌握该商业秘密信息期间仍应负担保密义务，让该侵权行为人继续负担保密义务是对权利人商业秘密进行更加充分的保护之必要，否则，当侵权行为人通过不正当手段获取商业秘密后，反而解除其保密义务，将“激发”该侵权行为人更加“肆无忌惮”地对其掌握商业秘密实施加害行为。最后，准确把握并区分侵权行为人和第三人共同“披露”的侵权行为。当侵权行为人向第三人“披露”权利人的商业秘密时，如该第三人并不知晓也不应知晓侵权行为人侵犯他人商业秘密，则该第三人不应承担侵权责任；当该第三人在侵权行为人向其“披露”时或事后才知悉或应当知悉侵权行为人侵犯他人商业秘密，而该第三人并未进行其他侵犯商业秘密的行为，则该第三人不应承担侵权责任；当该第三人在侵权行为人向其“披露”前已经知晓或应当知晓侵权行为人侵犯他人商业秘密而不阻止其向自己“披露”他人商业秘密，人民法院应推定该第三人具有侵犯商业秘密之故意，应与向其“披露”商业秘密的侵权行为人共同承担侵权责任；当该第三人基于侵权行为人的“披露”行为而获取权利人的商业秘密后，继续实施“披露”或其他侵权行为，无论该第三人是否明知或应知侵权行为人侵犯他人商业秘密，均构成侵犯商业秘密的行为，均应承担侵权责任，如其与向其“披露”商业秘密的侵权行为人存在共同的侵权故意，应对全部损失承担连带责任。

评价、认定“使用”商业秘密侵权行为时，应紧扣核心要素，即使用人将他人商业秘密所承载的价值或竞争优势直接或间接转化为自己或相关方的价值或竞争优势。从这个意义上讲，“允许他人使用”权利人商业秘密本质上就是“使用”他人商业秘密的行为，无论有偿还是无偿，行为人允许他人使用权利人的商业秘密，对权利人而言，其商业秘密价值或竞争优势受损这个结果并无二致，而保护商业秘密的根本目标是避免、禁止他人对权利人商业秘密价值或竞争优势施加损害，因此，只要侵权行为人"使用"了权利人的商业秘密，无论其自身是否获益，均应追究其侵权责任。在此基础上，通过考察侵权行为人是否获益、获益程度，是自行使用还是允许他人使用，商业秘密受损程度及损害结果等因素，评价侵权行为人的过错程度并认定其应承担的赔偿责任大小。相较于"披露"行为而言，"使用"行为对权利人商业秘密的损害更加直接，是对商业秘密价值和竞争优势这个"内核"的"攻击"：一方面表现为侵权行为人可通过"使用"权利人商业秘密而获得经济价值；另一方面表现为侵权行为人可通过"使用"权利人商业秘密而获得竞争优势，进而获取经济价值。《反不正当竞争法》第 9 条第 1 款第 2～3 项区分了不正当手段获取权利人商业秘密后的"使用"行为和合法占有商业秘密但违反保密义务或要求的"使用"行为，该款第 2 项所规定的"使用"行为与其在先的"获取"行为具有同一个侵权故意，不为"使用"目的而通过不正当手段获取权利人商业秘密，实际上只是一种理论假设，实践中极其罕见；该款第 3 项所规定的"使用"行为与其在先的"获取"行为分属不同的法律关系以及不同的主观故意，换言之，侵权行为人在先的"获取"行为与事后的"使用"行为在意思上没有牵连。理论和实践中，存在将该款第 2 项规定的"披露、使用"行为称为"不当披露、使用商业秘密的行为"，将该款第 3 项规定的"披露、使用"行为称为"非法披露、使用商业秘密的行为"。笔者认为，该两种称谓并不能准确表征两种行为的本质和区别：一方面，"不当"和"非法"两者之间本身就存在交叉甚至含混之处；另一方面，该款第 3 项规定的"违反保密义务或要求"而实施的侵权行为显系"不当"行为，而该款第 2 项规定的通过"盗窃、贿赂、胁迫、欺诈等不正当手段"获取商业秘密后实施侵权行为多存"违法"之处。

六、教唆、引诱、帮助侵犯商业秘密行为的认定

根据《反不正当竞争法》第 9 条第 1 款第 4 项的规定："经营者不得实施下列侵犯商业秘密的行为：……（四）教唆、引诱、帮助他人违反保密义务或者违反权利人有关保守商业秘密的要求，获取、披露、使用或者允许他人使用权利人的商业秘密……"这是人民法院审查认定"教唆、引诱、帮助"侵犯商业秘密行为的基本法律依据。该项规定是 2019 年修正《反不正当竞争法》时增加

的规定,增加该项规定的主要目的是与同条第 3 款规定的第三人侵权制度互补,共同解决商业秘密领域的共同侵权问题。在商业秘密侵权领域,“教唆”是指以劝说、授意、怂恿、威胁等方法,将侵犯权利人商业秘密等意图传输给他人,致使他人实施侵犯商业秘密行为,就不正当手段获取商业秘密的侵权行为而言,“教唆”不包括“利诱”和“收买”方式,因“利诱”和“收买”方式属于《反不正当竞争法》第 9 条第 1 款第 1 项所规定的“贿赂”情形;就“披露、使用”商业秘密的侵权行为而言,除以劝说、授意、怂恿、威胁等方法外,“教唆”还包括“利诱”和“收买”方式。在商业秘密侵权领域,“引诱”是指通过诱惑、指引、引导等方式,将自己侵犯权利人商业秘密等意图传输给他人,导致他人实施侵犯商业秘密的行为,同样,就不正当手段获取商业秘密的侵权行为而言,“引诱”不包括“利诱”和“收买”方式,因“利诱”和“收买”方式属于《反不正当竞争法》第 9 条第 1 款第 1 项所规定的“贿赂”情形;就“披露、使用”商业秘密的侵权行为而言,除以诱惑、指引、引导等方法外,“引诱”还包括“利诱”和“收买”方式。在商业秘密侵权领域,“帮助”是指通过给他人提供资金、人力等物质支援或提供精神支持的方式,协助他人实施侵犯商业秘密的行为,“帮助”与“教唆”“引诱”的主要区别在于,“帮助”行为人并非为了实现自身的侵权意图而实施侵权行为,而“教唆”和“引诱”是为实现自身的侵权意图而将该意图传输给他人完成。“教唆”和“引诱”在有关商业秘密侵权行为的刑事法律规范中,并未专门加以区分。在民事司法实践中,对有关商业秘密侵权行为做“教唆”和“引诱”之区分,在立法和学理上具有重大意义,但是,在审判实践中,对二者加以区分,存在现实困难。

在行政执法领域,在遵守《反不正当竞争法》相关规定的基础上,国家市场监督管理总局制定的《商业秘密保护规定》还在征求意见,待出台后将会作为查处“教唆、引诱、帮助侵犯商业秘密”行为的重要依据。《商业秘密保护规定(征求意见稿)》第 16 条规定,“经营者不得教唆、引诱、帮助他人违反保密义务或者违反权利人有关保守商业秘密的要求,获取、披露、使用或者允许他人使用权利人的商业秘密。包括但不限于:(一)故意用言辞、行为或其他方法,以提供技术、物质支持,或者通过职位许诺、物质奖励等方式说服、劝告、鼓励他人违反保密义务或者违反权利人有关保守商业秘密的要求;(二)以各种方式为他人违反保密义务或者违反权利人有关保守商业秘密的要求提供便利条件,以获取、披露、使用或者允许他人使用权利人的商业秘密的行为”。

七、“视为”侵犯商业秘密行为的认定

《反不正当竞争法》第 9 条规定了两类“视为侵犯商业秘密”的行为,“经营者以外的其他自然人、法人和非法人组织实施前款所列违法行为的,视为侵犯商业秘密”,“第三人明知或者应知商业秘密权利人的员工、前员工或者其他单位、个人实施本条第一款所列违法行为,仍获取、披露、使用或者允许他人使用该商业秘密的,视为侵犯商业秘密”。第一类“视为侵犯商业秘密”的行为,是从侵权行为主体“经营者”和“非经营者”性质的角度作出区分,将已列明经营者的行为类型直接规定为侵犯商业秘密的行为,将非经营者存在已列明的经营者的行为时,规定为“视为侵犯商业秘密”的行为。第二类“视为侵犯商业秘密”的行为,是从第三人对侵权行为人既存侵权行为的善意程度角度出发,将“非善意”第三人基于他人侵犯商业秘密行为而采取的获取、披露、使用或允许他人使用权利人商业秘密的行为,规定为“视为侵犯商业秘密”的行为。《反不正当竞争法》增加规定两类“视为侵权”行为,主要目的是更加全面预防、惩治不同主体侵犯权利人商业秘密的行为,更加周延地保护权利人的商业秘密。关于第一类“视为侵犯商业秘密”的行为,不存在共同侵权以及连带责任问题;而第二类“视为侵犯商业秘密”的行为,主要是针对实践中最频繁的权利人员工或前员工利用职务便利与他人共同侵犯权利人商业秘密的行为,通过“视为侵权”行为来规定连带责任基础。

经营者与非经营者的区分,是《反不正当竞争法》立法根基之一,换言之,《反不正当竞争法》的主要规范对象是经营者,非经营者只是例外,该法第 9 条第 2 款将非经营者的特定行为规定为“视为”侵犯商业秘密的行为,实现了对特定“非经营者”的规范。《反不正当竞争法》为什么要区分经营者和非经营者?盖因市场竞争发生于经营行为和经营活动中,非经营行为或活动,并无竞争之必要,更无获取竞争优势之必需,即使非经营者之间存在之竞争,也非市场竞争之意,更无法律规范调整之必要。《反不正当竞争法》所称“经营者”,是指“从事商品生产、经营或者提供服务的自然人、法人和非法人组织”,据此,凡不从事商品生产、经营或提供服务的主体,均非竞争法意义上的经营者。在商业秘密领域,非经营者只有在法律明文规定的情形下程度法律责任,

最高人民法院《关于审理侵犯商业秘密民事案件适用法律若干问题的规定》第 16 条规定，“经营者以外的其他自然人、法人和非法人组织侵犯商业秘密，权利人依据反不正当竞争法第十七条的规定主张侵权人应当承担的民事责任的，人民法院应予支持”。如何认定非经营者实施了《反不正当竞争法》第 9 条第 1 款所列的行为，成为判断非经营者是否应的承担法律责任的关键，笔者认为，除侵权行为人主体身份和侵权行为目的外，对非经营者侵犯商业秘密行为的认定，与经营者侵犯商业秘密的行为并无二致，而侵权行为人的主体身份和侵权目的在侵犯商业秘密案件中，并不是《反不正当竞争法》规定的侵权行为构成要件，因此，所有关于经营者侵犯商业秘密行为认定的规则均适用于非经营者侵犯商业秘密行为的认定。

第三人侵犯商业秘密行为的构成要件包括：(1) 主观上明知或应知他人（其他第三人）的侵权行为；(2) 客观上实施了侵犯商业秘密的行为；(3) 该行为给权利人造成了损失；(4) 该行为与权利人所受损失存在因果关系。第三人“视为”侵犯商业秘密行为的认定，包含以下三个层面的要素：首先，权利人的员工、前员工或者其他单位、个人实施了侵犯商业秘密的行为，这是第三人“视为”侵犯商业秘密行为的基础。其次，第三人基于前述主体实施的侵权行为对所涉商业秘密实施了获取、披露、使用或允许他人使用的行为，这是第三人“视为”侵犯商业秘密行为的中心。最后，该第三人实施上述行为之前或当时并非善意，即明知或应知他人实施了侵犯商业秘密行为。第三人侵犯商业秘密的常见情形包括收买权利人的员工、兼职人员或前员工，通过权利人合作方获取商业秘密，通过特定国家机关如海关、工商、税务等工作人员获取商业秘密等。认定第三人“视为”侵犯商业秘密行为，需要厘清以下几个问题：其一，在他人实施教唆、引诱、帮助他人侵犯权利人商业秘密的情形下，无论第三人是明知或应知教唆、引诱或帮助侵权行为，还是明知或应知被教唆、引诱或帮助的主体实施侵权行为，二者居其一即可。其二，第三人所明知或应知他人侵犯商业秘密的情形，最常见的情形是权利人的员工、前员工所实施的侵犯商业秘密的行为以及竞争对手与他人串通后实施侵犯商业秘密行为，也是《反不正当竞争法》在共同侵犯商业秘密现象中所集中关注的行为，旨在重大打击权利人员工或前员工的失信行为，打击竞争对手与他人串通通过不正当手段谋求竞争优势的行为。其三，人民法院在认定员工或前员工是否有渠道或机会获取权利人商业秘密时，可从其职务、职责、权限、本职工作或任务的内容、参与和商业秘密有关的生产经营活动的具体情况以及是否保管、使用、存储、复制、控制或者以其他方式接触、获取商业秘密及其载体等方面进行评价[1]。其四，第三人"善意"之判断标准，笔者认为，美国法所施行的"持续性善意标准"具有较强的借鉴价值，如果该第三人采取不正当手段获得商业秘密或实施其他侵权行为，应认定该第三人存在恶意；如该第三人并未采取不正当手段，且不知或不应知晓他人侵权行为，则应认定其善意，直到该第三人接收通知或知悉自己侵权，此后，如该第三人继续保持或实施相关行为，则应认定为恶意；结合中国法有关善意取得制度之规定，对于第三人通过他人侵权行为获取权利人商业秘密行为，该第三人支付合理对价是构成善意的前提和基础。

在行政执法领域，有关第三人"视为"侵犯商业秘密行为的查处，其法律或规章依据与《反不正当竞争法》相关条文内容一致，国家市场监督管理总局制定的《商业秘密保护规定（征求意见稿）》第 17 条规定，"第三人明知或者应知商业秘密权利人的员工、前员工或者其他单位、个人实施本规定第十二条、第十三条、第十四条、第十五条、第十六条所列违法行为，仍获取、披露、使用或者允许他人使用该商业秘密的，视为侵犯商业秘密"，该条内容并未超出《反不正当竞争法》第 9 条规定的情形。

八、侵犯商业秘密行为的例外：自主研发与反向工程

法律保护反向工程利益，根本目的是充分挖掘竞争主体各自研发和创新能力，鼓励通过正当手段加速"破解"商业秘密，使原本专属于权利人的竞争优势逐步加速扩大权利主体范围，为更多的主体带来利益，从而使特定领域的竞争更加充分，同时节省研发成本，提高社会效率，打破不合理技术垄断，保护消费者权益。

《反不正当竞争法》并未明确规定"反向工程"问题。有关商业秘密领域的反向工程问题，由最高人民法院以司法解释的形式首次进行规定。2007 年最高人民法院《关于审理不正当竞争民事案件应用法律若干问题的解释》第 12 条规定，"通过自行开发研制或者反向工程等方式获得的商业秘密，不认定

---

〔1〕 最高人民法院《关于审理侵犯商业秘密民事案件适用法律若干问题的规定》第 12 条。

为反不正当竞争法第十条第(一)、(二)项规定的侵犯商业秘密行为。前款所称‘反向工程’,是指通过技术手段对从公开渠道取得的产品进行拆卸、测绘、分析等而获得该产品的有关技术信息。当事人以不正当手段知悉了他人的商业秘密之后,又以反向工程为由主张获取行为合法的,不予支持”。2020 年最高人民法院《关于审理侵犯商业秘密民事案件适用法律若干问题的规定》第 14 条规定,“通过自行开发研制或者反向工程获得被诉侵权信息的,人民法院应当认定不属于反不正当竞争法第九条规定的侵犯商业秘密行为。前款所称的反向工程,是指通过技术手段对从公开渠道取得的产品进行拆卸、测绘、分析等而获得该产品的有关技术信息。被诉侵权人以不正当手段获取权利人的商业秘密后,又以反向工程为由主张未侵犯商业秘密的,人民法院不予支持”。两部司法解释对商业秘密领域的自主研发和反向工程问题之规定,除援引法律条文序号不同外,其他内容完全一致。从上述司法解释条文内容可以看出,反向工程的合法性要件包括:第一,目的正当,行为人可以是为技术进步而为,也可以是为生产经营目的而为,但是,不得为实施不正当竞争行为而为反向工程。第二,不负有保密义务或未接触权利人商业秘密,如行为人对权利人商业秘密本身负有保密义务,或者行为人接触过或有机会接触权利人的商业秘密,则不能以反向工程为由主张其获取商业秘密的合法性。第三,智力付出,针对权利人的商业秘密,反向工程实施者必须通过智力付出实现对权利人商业秘密技术的获取。第四,手段合法性,并严格排斥不正当手段,而且只能通过技术手段获得权利人商业秘密的技术信息。第五,对相关商业秘密保密措施和载体的“突破”方式必须合理,如拆卸、测绘、分析等,不得采取无须智力付出而直达商业秘密信息本身的方式,否则,构成侵权行为而不是反向工程。第六,只能针对公开渠道能获得的产品实施反向工程,未公开的或不能从公开渠道获得的产品,不能成为反向工程的对象。第七,商业秘密的反向工程,仅限于获取商业秘密行为,而不包括使用行为,但是,行为人通过反向工程获取商业秘密后进行使用,《反不正当竞争法》和 2020 年最高人民法院《关于审理侵犯商业秘密民事案件适用法律若干问题的规定》并未禁止。

根据《专利法》第 11 条之规定,“发明和实用新型专利权被授予后,除本法另有规定的以外,任何单位或者个人未经专利权人许可,都不得实施其专利,即不得为生产经营目的制造、使用、许诺销售、销售、进口其专利产品,或者使用其专利方法以及使用、许诺销售、销售、进口依照该专利方法直接获得的产品。外观设计专利权被授予后，任何单位或者个人未经专利权人许可，都不得实施其专利，即不得为生产经营目的制造、许诺销售、销售、进口其外观设计专利产品”。当权利人的商业秘密系其持有的专利权时，他人通过自主研发或反向工程手段获得其专利技术后，如不以生产经营为目的使用该专利，并不违反《专利法》第 11 条之规定，也不违反《反不正当竞争法》第 9 条之规定；他人通过自主研发或反向工程手段获得他人专利技术后，以生产经营为目的而使用该专利，虽然不违反《反不正当竞争法》第 9 条之规定，甚至，根据 2020 年最高人民法院《关于审理侵犯商业秘密民事案件适用法律若干问题的规定》第 14 条的规定，反向工程行为受到保护，但是，显然违反了《专利法》第 11 条之规定，该类反向工程行为是不合法的。

如何理解 2020 年最高人民法院《关于审理侵犯商业秘密民事案件适用法律若干问题的规定》第 14 条与《专利法》第 11 条之间的冲突并正确衔接适用两条规则，是司法实践中的疑难问题之一。在现行法律框架内，充分发挥《专利法》第 56 条规定之精神，将自主研发和反向工程行为在技术革新程度上加以区分，然后区别对待，是适宜的。根据《专利法》第 56 条之规定，“一项取得专利权的发明或者实用新型比前已经取得专利权的发明或者实用新型具有显著经济意义的重大技术进步，其实施又有赖于前一发明或者实用新型的实施的，国务院专利行政部门根据后一专利权人的申请，可以给予实施前一发明或者实用新型的强制许可。在依照前款规定给予实施强制许可的情形下，国务院专利行政部门根据前一专利权人的申请，也可以给予实施后一发明或者实用新型的强制许可”，在专利技术商业秘密领域，当行为人自主研发或反向工程所获商业秘密相比于权利人在先的商业秘密具有“显著经济意义的重大技术进步”时，行为人为生产经营目的而实施的自主研发和反向工程行为及成果不仅具有竞争法意义上的合法性，还具有专利法意义上的合法性；当行为人自主研发或反向工程所获商业秘密不具备“显著经济意义的重大技术进步”时，行为人仅能为“非生产经营目的”而实施或使用，当其为生产经营目的时，应受《专利法》第 11 条之限制。

在行政执法领域，有关自主研发和反向工程的查处依据与民事审判领域相关法律依据不存在显著差异。国家市场监督管理总局制定的《商业秘密保护规定(征求意见稿)》第19条规定,“下列行为不属于侵犯商业秘密行为:(一)独立发现或者自行研发;(二)通过反向工程等类似方式获得商业秘密的,但商业秘密或者产品系通过不正当手段获得、或违反保密义务的反向工程除外……前款所称反向工程,是指通过技术手段对从公开渠道取得的产品进行拆卸、测绘、分析等而获得该产品的有关技术信息,但是接触、了解权利人或持有人技术秘密的人员通过回忆、拆解终端产品获取权利人技术秘密的行为,不构成反向工程……”

九、共同侵犯商业秘密行为的认定

综合当前有关共同侵权行为类型划分的观点,共同侵权行为包括典型的共同侵权行为(包含教唆或帮助共同侵权行为)、共同危险行为、叠加的共同侵权行为,其中,共同危险行为并不能构成共同侵犯商业秘密的行为,而其他两类共同侵权行为类型均可能出现在侵犯商业秘密的行为中,只是对于叠加的共同侵权行为类型而言,其仅仅可能出现在“披露”类侵犯商业秘密的行为中,“获取、使用或允许他人使用”的侵犯商业秘密的行为中,均不可能出现叠加的共同侵权行为。根据《民法典》第1168条的规定,“二人以上共同实施侵权行为,造成他人损害的,应当承担连带责任”,这是典型共同侵权行为的法律规定。《民法典》第1169条规定了教唆、帮助类侵权行为,“教唆、帮助他人实施侵权行为的,应当与行为人承担连带责任”,这是教唆、帮助类共同侵权行为的法律规定。《民法典》第1171条规定,“两人以上分别实施侵权行为造成同一损害,每个人的侵权行为都足以造成全部损害的,行为人承担连带责任”,这是叠加的共同侵权行为的法律规定。上述法律规定适用于商业秘密侵权领域,与之相对应的法律条文是《反不正当竞争法》第9条第1款第4项和第3款规定,至于该两款规定之外的情形,如符合《民法典》第1168条所规定构成要件且受害权益系商业秘密,则亦应认定为共同侵犯商业秘密行为。

判断商业秘密领域的典型的共同侵权行为时(《民法典》第1168条规定的典型共同侵权行为),其一般构成要件包括:(1)侵权行为人两人以上;(2)数人之间对于侵犯他人商业秘密存在共同故意或过失;(3)数人共同实施侵犯商业秘密的行为;(4)权利人的商业秘密受到损害;(5)侵权行为与商业秘密受损这个结果之间存在因果关系。显然,教唆、引诱或帮助他人实施侵犯商业秘密的行为，符合典型的共同侵权行为构成要件。针对《反不正当竞争法》第9条规定的各种侵犯商业秘密行为具体情形而言，除必须具备上述一般要件外，每一种具体的共同侵权类型还必须包括特定要件。针对通过不正当手段"获取"权利人商业秘密的侵权情形，侵权行为人构成共同侵权必须同时具备下列特定要件：(1)数人共同获取权利人商业秘密的故意，而不包括过失；(2)数人所实施之手段不正当，包括但不限于盗窃、贿赂、欺诈、胁迫、电子侵入手段；(3)数人实际取得了权利人的商业秘密。针对"披露"以不正当手段获取权利人商业秘密行为，共同侵权行为还必须同时具备下列特定要件：(1)数人共同向特定或不特定第三人披露商业秘密信息；(2)造成权利人商业秘密之秘密性受损；(3)非不正当手段实施者明知或应知该商业秘密系通过不正当手段获取[1]。针对"使用"以不正当手段获取权利人商业秘密行为，共同侵权行为还必须同时具备下列特定要件：(1)行为人一方或多方存在使用权利人商业秘密的目的，不具有使用目的的一方明知或应知其他人使用权利人商业秘密的非法性；(2)其他行为人协助一方或多方共同将权利人的商业秘密投入到研发、生产或经营活动中，获取其商业价值或竞争优势。有关"允许他人使用"不正当手段获取的商业秘密行为，除教唆、引诱等共同侵权行为外，一般不构成共同侵权行为，因针对权利人的商业秘密，由多个侵权行为人共同许可他人使用情形难以成立。

判断商业秘密领域叠加的共同侵权行为时(《民法典》第1171条[2])，首先应从商业秘密侵权行为类别上作出区分，因为就叠加的共同侵权行为性质而言，并非所有的侵犯商业秘密行为类别均存在叠加的共同侵权行为规则适用空间。所谓"叠加的共同侵权行为"，又称并发的侵权行为，是指无意思联络数人侵权在聚合(等价)因果关系情况下如何承担责任的规定。就商业秘密侵权行为而言，叠加的共同侵权行为的构成要件包括：(1)数人之间并无侵

---

〔1〕笔者认为，不正当手段实施者因其实施不正当手段获取权利人商业秘密的过错而负有保密义务，故其自行披露权利人商业秘密行为即构成侵权；非不正当手段实施者知晓权利人商业秘密信息，如无法定或约定保密义务，则其并不必然对该商业秘密负有保密义务，故当其不知晓或不应知晓该商业秘密系他人不正当的手段获取时，对外披露该商业秘密并不构成侵权。

〔2〕《民法典》第1171条规定："二人以上分别实施侵权行为造成同一损害，每个人的侵权行为都足以造成全部损害的，行为人承担连带责任。"

犯权利人商业秘密之意思联络;(2)数人分别实施了侵犯商业秘密的行为;(3)有关商业秘密的损害后果具有同一性;(4)各独立行为均足以造成相关商业秘密的全部损害,这要求:①各侵权人的行为均为引发商业秘密损害后果的直接原因;②每一独立的侵权行为均具有造成商业秘密全部损害后果的原因力;③各原因力可相互替代,而商业秘密损害后果的同一性并不因此发生改变。显然,对于"使用"权利人商业秘密的侵权行为而言,数人构成叠加的共同侵权行为则不可能,因若无意思联络,各侵权行为人为自己目的使用权利人商业秘密,因而各侵权人对权利人商业秘密所造成的损害后果不具有同一性;对于"披露"和"允许他人使用"类侵犯商业秘密的行为而言,如构成叠加的共同侵权行为,还需满足各类行为的特别要件:(1)数人向同一主体"披露"或"允许使用"权利人的商业秘密;(2)接受"披露"或"允许使用"的主体实际取得或使用了权利人的商业秘密。

第四节　侵犯商业秘密法律责任判定规则

针对侵犯商业秘密的违法行为,我国法律规定了民事法律责任、行政法律责任和刑事法律责任三大类法律责任。本书仅围绕侵犯商业秘密民事法律责任问题进行深入探讨,研究人民法院判定侵犯商业秘密法律责任的规则。《民法典》有关侵权责任的基本归责原则,适用于商业秘密领域的侵权行为,该法典规定了以过错责任为一般〔1〕,无过错责任为例外〔2〕的规则体系。总体上看,《反不正当竞争法》有关商业秘密侵权行为归责原则之规定,与《民法典》之规定相适应,是以过错责任为一般,无过错责任为例外的归责体系。有关侵权责任承担方式问题,《民法典》规定了停止侵害、排除妨害、消除危险、

〔1〕《民法典》第1165条规定:"行为人因过错侵害他人民事权益造成损害的,应当承担侵权责任。依照法律规定推定行为人有过错,其不能证明自己没有过错的,应当承担侵权责任。"笔者认为,过错推定原则仅仅是过错原则之一种,唯举证责任不同于过错原则之一般情形,本质依然是以过错为基础划定责任的原则。

〔2〕《民法典》第1166条规定:"行为人造成他人民事权益损害,不论行为人有无过错,法律规定应当承担侵权责任的,依照其规定。"

赔偿损失等责任方式,与之相对应,《反不正当竞争法》第 17 条也规定了相应的民事责任,但是,该法围绕“停止侵害”和“赔偿损失”构建起侵权责任方式体系,侵犯商业秘密行为所对应的主要责任方式是赔偿损失和停止侵害,其他责任方式并不多见。

一、侵害商业秘密行为之归责原则

《反不正当竞争法》并未针对全部商业秘密侵权行为的归责原则专门作出规定,但是,从其第 9 条所规定的侵权行为类型和其第 17 条有关不正当竞争民事责任的一般规定来看,该法所规定的归责原则以过错责任为一般,无过错责任为例外。其中,第 17 条第 1 款规定,“经营者违反本法规定,给他人造成损害的,应当依法承担民事责任”,界定了侵害商业秘密行为承担法律责任的要件:一是违反该法规定;二是给他人造成损害。该条规定作为侵害商业秘密行为归责原则的基本规定,从形式上看,完全符合《民法典》所规定无过错责任原则的要件。但是,显然不宜过于机械解读该条,该条所称“违反本法规定”不仅包括“一旦违反即应担责”的无过错责任情形,而且包括该法在侵犯商业秘密行为类型中所列的须以过错为担责前提的情形。需要指出的是,有观点认为,过错是侵犯商业秘密行为的成立要件,而不是侵犯商业秘密法律责任构成要件[1]。笔者不赞同该观点:一方面,按照此观点,过错不是侵犯商业秘密法律责任构成要件,实质上将侵犯商业秘密法律责任归责原则统统界定为无过错责任原则,即无论侵权行为人是否存在过错均承担侵权责任,显然,这是不妥当的;另一方面,侵权行为成立是承担侵权责任的核心要件,侵权行为的构成要件与侵权责任的构成要件并非互斥关系,而且,侵权行为与侵权责任之间本不存在天然鸿沟,毫无必要将二者完全割裂开来后分别考察其构成要件,侵权行为人的过错作为行为成立要件后,并不必然不能成为侵权责任构成要件。笔者赞同当前司法实践中判定侵犯商业秘密法律责任的主流做法,将侵犯商业秘密行为与相应的法律责任有机结合后,综合评价侵权行为人的行为特征、主观过错和损害结果等要素,进而确定侵权责任。

具体而言,《反不正当竞争法》第 9 条第 1 款第 1 项规定的不正当手段获

---

〔1〕 北京知识产权法院(2017)京73民初19号民事判决书。

取权利人商业秘密的行为，应适用过错责任原则，即只要行为人实施了“盗窃、贿赂、胁迫、电子侵入或者其他不正当手段获取权利人的商业秘密”之行为，就应承担侵权责任，侵权行为人的过错包含在其实施的不正当手段中，即上述各类不正当手段本身即构成了侵权行为人的过错元素，权利人无须对侵权行为人的过错另行举证。需要注意的是，此类侵犯商业秘密的行为，只要侵权行为人实施了上述不正当手段，则侵权行为人无法证明其不存在过错，因而依法必须承担侵权责任，从这个效果上讲，该种情形下，对侵权行为人的责任而言，过错责任原则与无过错责任原则的适用并无二致。但是，从归责原则内涵出发，此种情形并不属于无过错责任，因为侵权行为人依然是因为其存在过错而承担法律责任，并非不考虑其过错而依法律规定承担责任，只是其过错寓于其行为方式中，这种过错为法律所宣示，而无须权利人在诉讼中另行举证证实，也无须人民法院审查侵权行为人主观状态时专门考察其教唆、引诱、帮助行为是否存在过错。相应地，侵权行为人只能通过推翻其“盗窃、贿赂、胁迫、电子侵入或者其他不正当手段”行为认定才能实现不承担侵权责任的目的，而不能在被认定存在该不正当手段的前提下，通过举证证实其不存在过错的方式实现其不承担侵权责任的目的，而举证推翻其“盗窃、贿赂、胁迫、电子侵入或者其他不正当手段”行为认定，不仅包含对侵权行为人过错的否定，而且包含对侵权行为人侵权行为真实性的否定。

《反不正当竞争法》第 9 条第 1 款第 2 项规定的“披露、使用或者允许他人使用以前项手段获取的权利人商业秘密”的行为，应当适用过错推定原则归责，即当行为人实施了“披露、使用或者允许他人使用”行为，应推定其存在过错，除非其证明自己不存在过错，否则，应承担侵权责任，“善意”行为人不应承担侵权责任。从侵权行为人的恶意程度对比方面来看，与前述第 1 项所规定的不正当手段获取权利人商业秘密的行为人相比，通常情形下，该第 2 项所规定的侵权行为人恶意程度更轻，因而应适用更加“宽松”的规则原则，但为什么前述第 1 项规定的情形适用过错责任原则而该第 2 项规定的情形却适用更加“严格”的过错推定原则呢？一方面，前述第 1 项规定的情形中，权利人并不需要承担证明侵权行为人存在过错的举证责任，仅需证实其存在所规定的不正当手段即可，举证负担并不重于该第 2 项规定情形中权利人；另一方面，如前述第 1 项侵权行为人拟推翻其存在之过错，所负担的举证责任是推翻全部行为的真实性，而该第 2 项规定情形中的侵权行为人无须推翻其行为真实性，仅需证实其不存在过错，其负担实质上小于前述第 1 项规定情形中的侵权行为人。另外，前述第 1 项所规定情形的侵权行为人虽然承担过错责任，但是，如前所述，除非推翻全部行为的真实性，该侵权行为人实质上并没有“机会”通过举证其不存在过错实现不承担侵权责任的目的，而该第 2 项规定情形中的侵权行为人却存在通过否定其过错的方式实现不承担侵权责任的目的。

《反不正当竞争法》第 9 条第 1 款第 3 项所规定的“违反保密义务或者违反权利人有关保守商业秘密的要求”实施披露、使用或允许他人使用的情形，应适用过错推定原则，即负有前述保密义务的行为人，只要实施了披露、使用或允许他人使用等行为，就应推定其存在过错，其不能证明自己没有过错的，应当承担侵权责任；当然，从惩治失信、弘扬诚信的角度出发，针对该种情形，适用更加严格的无过错原则对侵权行为人归责，也并无不妥。从归责原则的内涵方面考察，该第 3 项规定情形中侵权行为人所负担的依然是过错责任，与前述第 1 项规定情形类似，侵权行为人“违反保密义务或者违反权利人有关保守商业秘密的要求”本身即具有过错，除非其推翻违反保密义务行为的真实性，否则，无法通过否定其过错来实现不承担侵权责任的目的。针对该第 3 项规定的情形适用过错推定原则，是为了减轻权利人的举证负担，尤其是避免权利人重复举证，即既要举证证实侵权行为人违反保密义务或保密要求的事实，又要举证证实侵权行为人存在过错的事实，而实际在过错方面，两种举证存在交叉重复。

《反不正当竞争法》第 9 条第 1 款第 4 项规定的教唆、引诱、帮助他人违反保密义务或者违反权利人有关保密要求，获取、披露、使用或允许他人使用权利人商业秘密的情形，应适用过错责任归责原则对侵权行为人进行归责。与前述第 1 项规定的情形类似，该第 4 项规定的情形中，侵权行为人所实施的教唆、引诱、帮助行为本身即具有违法性，其过错寓于其行为中，其承担侵权责任的基础依然是其具有过错，只是这种过错为法律所宣示，而无须权利人在诉讼中举证证实，也无须人民法院审查侵权行为人主观状态时专门考察其教唆、引诱、帮助行为是否存在过错。当其被认定实施了上述行为后，不得仅以其不存在过错为由不承担侵权责任，除非其举证推翻全部行为的真实性，因而，该第

4 项规定的情形不适用过错推定原则，并不赋予侵权行为人通过否定过错的途径达至不承担责任的权利和机会。

《反不正当竞争法》第 9 条第 2 款规定，非经营者实施前款所列违法行为的，视为侵犯商业秘密，该情形应严格适用过错责任原则，如果非经营者不具有过错，不应承担侵权责任。对被侵犯商业秘密权利人而言，非经营者与经营者所实施的侵权行为性质及后果并无差异；但是，对于侵权行为人而言，非经营者实施侵犯商业秘密的行为，因其非经营属性而并不参与市场竞争，其本身并不能成为被侵犯商业秘密的竞争优势的获益者；对于经营者而言，其本身则可能利用商业秘密参与市场竞争，成为被侵犯商业秘密竞争优势的直接获益者，因此，非经营者与经营者作为侵权行为人时，其通过不正当手段获取权利人商业秘密的目的不同，非经营者的侵权目的并不包含取得市场竞争优势的目的，但是，侵权目的方面的不同，并不带来二者在侵权过错方面的出现差异的结果，即目的不同，并不影响其故意或过失之过错状态。当非经营者实施《反不正当竞争法》第 9 条第 1 款第 1 项规定的“盗窃、贿赂、胁迫、电子侵入或者其他不正当手段”获取权利人商业秘密行为以及该款第 4 项规定的“教唆、引诱和帮助”类侵犯商业秘密的行为时，其过错寓于行为中，非经营者作为侵权行为人，基于该等过错承担侵权责任；除其举证证实不存在上述行为外，不因没有过错而不承担侵权责任；在此情形下，权利人无须另行举证证实非经营者存在过错。当非经营者实施《反不正当竞争法》第 9 条第 1 款第 2 项规定的“使用”以不正当手段获得商业秘密行为时，因其不具有经营目的，即其自身没有利用权利人商业秘密所载竞争优势的需求，因此，在过错程度和损害程度方面，应将其与经营者实施同类行为相区别，但依然不能作为判断其是否存在过错进而判断是否应当承担侵权责任的要素；当非经营者实施《反不正当竞争法》第 9 条第 1 款第 3 项规定的“披露”或“允许他人使用”以不正当手段获取的商业秘密时，其非经营者身份并不影响该类行为的性质、过错状态、损害程度等。当非经营者实施《反不正当竞争法》第 9 条第 1 款第 3 项规定的违反保密义务或保密要求而“获取、披露、使用或者允许他人使用”权利人商业秘密行为时，与经营者实施上述行为并不存在影响归责原则适用方面的差异。

《反不正当竞争法》第 9 条第 3 款所规定视为第三人侵犯商业秘密的情

形，以“明知或应知”且仍实施侵权行为为责任承担要件，完全符合法律关于故意和过失之过错的定义逻辑，应适用过错责任原则。这是《反不正当竞争法》第9条唯一一处明确以过错责任原则要素规定侵权行为人责任的内容，视为侵权行为人的第三人举证证实其不存在过错，则不承担侵权责任。此处第三人“明知”或“应知”的对象是商业秘密权利人的员工、前员工或者其他单位、个人实施《反不正当竞争法》第9条第1款规定的侵权行为。一方面，“明知”或“应知”对象主要集中在商业秘密权利人员工、前员工实施《反不正当竞争法》第9条第1款规定的侵权行为上，因权利人的员工或前员工侵犯权利人商业秘密的可能性远大于其他单位或个人，实践中，员工或前员工侵犯权利人商业秘密也确实是商业秘密案件中最常见的侵权行为人；另一方面，“明知”或“应知”权利人的商业秘密已经遭受了“第一轮”侵犯，第三人所实施的侵权行为是“第二轮”侵犯。

从《反不正当竞争法》第9条的立法逻辑来看，其前两款以无过错责任的形式规定了侵权行为承担责任的情形；第3款以过错责任原则的形式规定了侵权行为承担责任的情形。该法第17条在此以无过错责任的形式规定了侵犯商业秘密行为承担责任的要件，“无过错责任为主、过错责任为辅”的归责原则体系贯彻始终，更加符合保护商业秘密、惩治侵权行为、发挥市场竞争优势的目的。

二、侵犯商业秘密的责任类型解析

行为人因侵犯权利人商业秘密而应承担的侵权责任，包括停止侵害、返还财产、赔偿损失、消除影响、恢复原状等责任方式。司法实践中，侵犯商业秘密的侵权责任方式又以停止侵害和赔偿损失最为常见，返还财产和恢复原状比较少见，目前尚未发现《民法典》第179条规定的其他责任方式在司法实践中得以适用。值得探讨的是，如果侵犯商业秘密的行为造成了权利人商誉受损的损害结果，侵权行为人是否应当承担恢复名誉的法律责任？笔者认为，从《反不正当竞争法》第9条规定的侵权行为类型来看，侵犯商业秘密的行为本身并不以权利人的商誉为侵犯对象，故其侵权行为一般不会直接引发权利人商誉贬损的后果，因此，恢复名誉责任方式一般不适用于侵犯商业秘密行为。

（一）停止侵害

停止侵害是侵犯商业秘密行为最常见的责任方式之一。其中，“停止继续使用”又是停止侵害责任方式中最常见的表现形式。其他形式，如停止披露、停止获取、停止允许他人使用等，均不常见。考虑到商业秘密“保密而垄断”的特征，如果赋予权利人在其商业秘密范围内永久的“垄断”地位，则不利于技术成果等资源效用最大化；同时，作为商业秘密的核心，其所承载的竞争优势并非永远不被其他主体通过合法手段攻克，如自主研发和反向工程，因此，人民法院判决侵权行为人停止侵害时，确定停止侵害的时间是十分必要的。根据最高人民法院《关于审理侵犯商业秘密民事案件适用法律若干问题的规定》第 17 条的规定，“人民法院对于侵犯商业秘密行为判决停止侵害的民事责任时，停止侵害的时间一般应当持续到该商业秘密已为公众所知悉时为止。依照前款规定判决停止侵害的时间明显不合理的，人民法院可以在依法保护权利人的商业秘密竞争优势的情况下，判决侵权人在一定期限或者范围内停止使用该商业秘密”。本条规定了两种情形，一般情况下，人民法院判决侵权人停止侵害的时间持续到该商业秘密的秘密性丧失之日，换言之，如权利人的商业秘密永久未被公众所知悉，则侵权人永久不得继续使用该商业秘密，显然，此种做法过于缺乏必要的包容性；该条文规定了例外情况，当判决停止侵害的时间持续到商业秘密为公众所知悉时为止明显不合理时，人民法院可以在保证权利人竞争优势不受损的情况下，判决侵权人在权利人停止侵害时间持续到商业秘密为公众所知悉前的某一时间点，或者判决侵权人仅在权利人竞争优势范围内停止侵害而非全面停止使用。

最高人民法院《关于审理侵犯商业秘密民事案件适用法律若干问题的规定》第 17 条所规定的人民法院确定侵权人停止侵害时间的两种情形，其各自的要素特点不同，值得研究。针对一般情形，停止侵害的时间持续到案涉商业秘密已为公知所知悉时为止。“已为公众所知悉”成为判断持续时间节点的关键事实，而商业秘密“为公众所知悉”包括合法公开和非法公开两种情形，当权利人的商业秘密被合法公开时，侵权人停止侵害的时间截止，并无争议；但是，当权利人的商业秘密被非法公开时，换言之，针对权利人的商业秘密，存在另一个侵权行为时，人民法院针对在先侵权人所确定的停止侵害的持续时间,是否因商业秘密被另一个侵权人非法披露而截止?笔者认为,如果非法披露权利人商业秘密的侵权人已经对权利人实施了全面赔偿,即赔偿金额包含了权利人商业秘密的完整价值,此时,在先侵权人停止侵害的持续时间截止,因继续要求其停止侵害已无必要;当非法披露权利人商业秘密的侵权人并未完成对权利人的商业秘密的全面赔偿,此时,应当优先保护权利人商业秘密的价值,尤其是维持其竞争优势利益,在先侵权人停止侵害的持续时间不应截止,应持续至权利人就商业秘密获得全面赔偿之时或被合法公开之时,因该种情形下,在先侵权人仍有停止侵害的必要。

针对上述规定的例外情形,侵权人在一定期限或范围内停止使用该商业秘密,而并非持续至案涉商业秘密为公众所知悉时。人民法院在处理该情形时,需要考察并确定三个方面的问题。第一,如何判断停止侵害时间持续至权利人商业秘密已为公众所知悉时的合理性。笔者认为,应当以权利人商业秘密的类别、密点及其性质、商业价值、同业范围、垄断程度等要素为基础,结合侵权人过错程度、行为方式和特点、损害后果等情况,综合评价并确定停止侵害持续时间的合理性;相对于技术秘密而言,经营信息作为商业秘密被侵害时,更加适宜确定停止侵害持续的合理期间,而不直接确定其持续至案涉商业秘密已为公众所知悉时。第二,人民法院判决侵权人在一定期限或者范围内停止使用该商业秘密,应当以"足以保护权利人商业秘密竞争优势"为前提,如果无法确保权利人商业秘密竞争优势利益,不宜按前述方式处理:一种情形是人民法院所确定的停止使用期间或停止使用的部分范围,足以确保权利人的商业秘密竞争优势价值"用尽",再无保护的必要;另一种情形是人民法院所确定的停止使用期间或停止使用的部分范围,足以使权利人的竞争优势增长至侵权人无法与之形成有效竞争的程度,或侵权人竞争行为给权利人带来的竞争优势减损可以忽略不计;还有一种情形是,人民法院所确定的停止使用期间,权利人商业秘密已为公众所知悉。第三,人民法院应合理确定侵权人停止使用的期限和范围,使其与权利人商业秘密竞争优势保护的必要性相适应,该期限不得晚于权利人商业秘密为公众所知悉时,该范围不大超出商业秘密所在行业范围。当然,应当深刻认识到,最高人民法院《关于审理侵犯商业秘密民事案件适用法律若干问题的规定》第 17 条的规定,在规则适用层面的具体可执行性存在一定程度上的不足。

（二）赔偿损失

赔偿损失，是弥补权利人因商业秘密被侵犯所遭受损失的主要方式。确定侵权人赔偿金额，是人民法院审判侵犯商业秘密案件的难点之一。有关损害赔偿数额的确定规则，《民法典》第七编第二章分别针对人身损害赔偿、财产损害赔偿和知识产权损害赔偿进行了规定，商业秘密属于知识产权范畴，应当适用知识产权损害赔偿规则确定赔偿数额，但是，商业秘密与知识产权的其他类型又存在显著区别；因此，《民法典》第1185条所规定的惩罚性赔偿规则〔1〕，在商业秘密领域的适用问题，值得深入探讨。但从《反不正当竞争法》第17条规定惩罚性赔偿规则〔2〕来看，其立法要旨与《民法典》第1185条一脉相承，因此，《民法典》针对知识产权侵权行为所规定的惩罚性赔偿规则，应适用于商业秘密侵权行为。需要特别注意的是，《民法典》在第七编第二章损害赔偿中，并未专门针对知识产权侵权损害赔偿基本数额确定规则作出规定，仅在第1182条有关侵害他人人身权益造成财产损失时，针对损害赔偿基本数额的确定规则作出了规定〔3〕，即首先依据被侵权人受到的损失或侵权人获得利益确定，前述两项难以确定的，由双方协商，协商不成的由人民法院根据实际情况确定。该规则的适用范围是侵害人身权益造成财产损失的侵权行为，商业秘密并不属于人身权益，因此，侵犯商业秘密造成损失时，并不能直接适用该规则以确定赔偿数额，是否可以参照适用，值得商榷。根据《反不正当竞争法》第17条第3款之规定，“因不正当竞争行为受到损害的经营者的赔偿数额，按照其因被侵权所受到的实际损失确定；实际损失难以计算的，按照侵权

---

〔1〕《民法典》第1185条规定：“故意侵害他人知识产权，情节严重的，被侵权人有权请求相应的惩罚性赔偿。”

〔2〕《反不正当竞争法》第17条第3～4款规定：“经营者恶意实施侵犯商业秘密行为，情节严重的，可以在按照上述方法确定数额的一倍以上五倍以下确定赔偿数额。赔偿数额还应当包括经营者为制止侵权行为所支付的合理开支。经营者违反本法第六条、第九条规定，权利人因被侵权所受到的实际损失、侵权人因侵权所获得的利益难以确定的，由人民法院根据侵权行为的情节判决给予权利人五百万元以下的赔偿。”

〔3〕《民法典》第1182条规定：“侵害他人人身权益造成财产损失的，按照被侵权人因此受到的损失或者侵权人因此获得利益赔偿；被侵权人因此受到的损失以及侵权人因此获得利益难以确定，被侵权人和侵权人就赔偿数额协商不一致，向人民法院提起诉讼的，由人民法院根据实际情况确定赔偿数额。”

人因侵权所获得的利益确定”。侵犯商业秘密行为造成损害,应首先依据被侵权人所受到的损失确定赔偿数额,只有在实际损失难以确定时,才能按照侵权人因侵权所获得的利益确定,被侵权人所遭受的实际损失和侵权人所获得的利益,在确定损害赔偿数额时,居于先后顺位关系,而非并列关系或可选用其一的关系,这与前述《民法典》条文规定的规则存在显著差异。这也是侵犯商业秘密损害赔偿数额确定的基本规则,在此基本规则之下,根据商业秘密损害赔偿的特点,最高人民法院在其司法解释中专门规定了被侵权人所受损失的特别确定规则。

最高人民法院《关于审理侵犯商业秘密民事案件适用法律若干问题的规定》规定了三类被侵权人所受损失的确定规则:第一类是其第19条[1]针对权利人商业秘密因被侵犯而彻底丧失秘密性的情形,确定了由侵权人赔偿权利人商业秘密全部商业价值的规则;同时,还规定了商业价值的评价要素。该条规则适用的前提是权利人的商业秘密因侵权人的行为丧失其全部秘密性,成为公众知悉的信息,并不再符合商业秘密的基本构成要件,当然,权利人也无法继续保持其竞争优势,换言之,权利人的商业秘密遭受了最严重的损害;正因如此,侵权人才应当赔偿权利人商业秘密的全部商业价值。在评价权利人商业秘密的全部商业价值时,以该商业秘密的研发成本和实施该商业秘密的收益为基础,并考虑实施该商业秘密可获得利益和可保持的竞争优势的时间等因素,其中,研发成本和实施收益以及可得利益可量化性较强,而可保持竞争优势的时间较难量化为具体数额。有关实施商业秘密可得利益的确定问题,尤其是直接利益和间接利益的区分问题,需要深入研究,笔者认为,总体原则是该可得利益必然包括直接利益,如商业秘密的许可使用费,但是,并非所有间接利益均可作为可得利益计算其中,仅仅与实施商业秘密直接相关的间接利益可计入其中,其他间接利益不宜作为可得利益纳入其中。另外,关于可保持竞争优势的时间问题,就同一类商业秘密而言,可保持时间越长商业秘密价值越高,反之,商业价值越低;但是,如何将此类时间利益转化为可量化的收

---

〔1〕 最高人民法院《关于审理侵犯商业秘密民事案件适用法律若干问题的规定》第19条规定:“因侵权行为导致商业秘密为公众所知悉的,人民法院依法确定赔偿数额时,可以考虑商业秘密的商业价值。人民法院认定前款所称的商业价值,应当考虑研究开发成本、实施该项商业秘密的收益、可得利益、可保持竞争优势的时间等因素。”

益,尚无一以贯之的稳定规则。

最高人民法院《关于审理侵犯商业秘密民事案件适用法律若干问题的规定》规定的第二类被侵权人所受损害数额确定规则,是其第 20 条第 1 款针对参照适用商业秘密许可费的情形[1],权利人可以请求人民法院参照案涉商业秘密或其他同类商业秘密许可使用费数额确定其受到的实际损失数额,当案涉商业秘密存在可供参考的许可使用费交易记录时,人民法院可直接参考该交易价格;当案涉商业秘密并无许可使用之历史,或人民法院并不参考其许可使用费历史记录时,可以依据商业秘密的许可性质、内容、实际履行情况确定许可使用费,同时,还可结合侵权行为的性质、情节、后果等因素确定最终损害数额。需要注意的是,参照许可使用费确定被侵权人受到的实际损失,通常适用于侵权行为尚不足以造成权利人商业秘密完全丧失秘密性的情形,但是,并不局限于此,如果权利人商业秘密因被侵权而完全丧失秘密性后,权利人仍选择请求人民法院参照许可使用费来确定其损失时,人民法院可充分尊重当事人自治意思和处分权利。

最高人民法院《关于审理侵犯商业秘密民事案件适用法律若干问题的规定》规定的第三类被侵权人所受损害数额确定规则,是其第 20 条第 2 款[2]针对被侵权人所受损失和侵权人所获利益均无法确定情形所规定的惩罚性赔偿规则。首先,该规则是惩罚性赔偿规则,并不是损害赔偿基本数额(补偿性数额)的确定规则,只有在侵权人恶意实施侵权行为并情节严重时才能适用。其次,惩罚性赔偿数额上限是人民币 500 万元,人民法院确定赔偿数额时不得超过该数额,即使权利人所遭受的实际损失远远大于 500 万元,只要其难以确定,赔偿数额就不得超过 500 万元,在一定程度上讲,该条规定存在不合理性。最后,该规定并不考虑或者并不以权利人的实际损失或侵权人所获收益作为确定赔偿数额的依据,而是全面考察商业秘密的性质、商业价值、研发成本、创

---

〔1〕 最高人民法院《关于审理侵犯商业秘密民事案件适用法律若干问题的规定》第 20 条第 1 款规定:"权利人请求参照商业秘密许可使用费确定因被侵权所受到的实际损失的,人民法院可以根据许可的性质、内容、实际履行情况以及侵权行为的性质、情节、后果等因素确定。"

〔2〕 最高人民法院《关于审理侵犯商业秘密民事案件适用法律若干问题的规定》第 20 条第 2 款规定:"人民法院依照反不正当竞争法第十条第四款确定赔偿数额的,可以考虑商业秘密的性质、商业价值、研究开发成本、创新程度、能带来的竞争优势以及侵权人的主观过错、侵权行为的性质、情节、后果等因素。"

新程度、竞争优势以及侵权人的主观过错、行为性质、情节、损害后果等因素，最终确定赔偿金额。

此外，最高人民法院《关于审理侵犯商业秘密民事案件适用法律若干问题的规定》第 24 条还专门规定了侵权人所获利益的证明规则以及拒不提供相关资料的后果，"权利人已经提供侵权人因侵权所获得的利益的初步证据，但与侵犯商业秘密行为相关的账簿、资料由侵权人掌握的，人民法院可以根据权利人的申请，责令侵权人提供该账簿、资料。侵权人无正当理由拒不提供或者不如实提供的，人民法院可以根据权利人的主张和提供的证据认定侵权人因侵权所获得的利益"。该条规定包含两个层面的规则：一是人民法院根据权利人请求责令侵权人提供与侵犯商业秘密有关的账簿、资料的规定；二是人民法院根据权利人的主张和提交的初步证据认定侵权人所获得的收益的规定。人民法院责令侵权人提供与侵犯商业秘密行为相关的账簿、资料，必须具备权利人提供了侵权人因侵权所获得的利益的初步证据和相关账簿、资料由侵权人掌握两个条件，二者缺一不可。其中，侵权人提供侵权人因侵权行为获得利益的初步证据，是人民法院审查权利人申请是否应予准许的核心条件，尤其是权利人应当举证到何种程度才达到"初步证据"的标准，不仅关系到权利人的举证责任和举证内容问题，还关系到侵权人的诉讼利益衡平问题。笔者认为，权利人应当充分举证证实下述事项，方能达到上述"初步证据"的标准：其一，权利人应举证证实侵权人侵犯商业秘密的行为，如无证据证实此项内容，则无法证实侵权人因侵犯商业秘密而获益；其二，侵权人使用或许可他人使用案涉商业秘密，至于使用效果或许可他人使用收费情况，则无须权利人举证。权利人完成上述两项举证后，人民法院可以根据权利人申请责令侵权人提供与侵犯商业秘密相关账簿和资料，无须权利人专门针对侵权人因侵犯商业秘密而收益的情况进行举证，因为侵权人使用或许可使用权利人商业秘密，则其因此而获益便具有高度盖然性，根据民事诉讼举证和采信的基本规则，推翻该高度盖然性的义务在侵权人一方，如未能推翻，则可确信该高度盖然性指向的事实。正因如此，本条规定第二个规则便确定了人民法院根据权利人主张和提供的证据认定侵权人所获得收益的内容。

人民法院根据权利人的主张和提供的证据对侵权人所获得收益的认定，以侵权人拒不提供或不如实提供与侵犯商业秘密行为相关的账簿、资料为前提条件。从本质上讲,人民法院此处所做的认定,具有一定程度上的推定成分,因权利人所举初步证据并不足以确定侵权人获益的具体数额或其他具体情况,存在一定的不确定性,尽管权利人提出了关于侵权人所获收益的主张,但毕竟尚不属于法律事实,当侵权人拒不提供或不如实提供相关的账簿和资料时,该等事实处于“悬而未决”的状态,只是基于侵权人拒不“配合”的行为应承担的后果,推定权利人的主张成立并予以支持。进一步分析,与之相关的以下几个层面的问题,亟须厘清:一是侵权人掌握与侵犯商业秘密相关的账簿和资料,这既是人民法院根据权利人申请责令侵权人提供相关账簿和资料的前提,也是人民法院根据权利人主张和提供的证据认定侵权人所获收益的前提,如果侵权人并不掌握该等账簿和资料,人民法院既不能责令其提供,更不能根据“侵权人拒不提供或者不如实提供”而认定其所获收益。二是侵权人侵犯商业秘密获益过程中,如其并未制作账簿或保存相关资料,则不属于“无正当理由”拒不提供或不如实提供的情形,不应仅依据权利人的主张和提供的初步证据认定侵权人获得收益的情况。三是人民法院认定侵权人所获收益的具体数额问题,根据该条规定,在上述情形下,人民法院可以完全按照权利人主张的数额认定侵权人所获收益的数额,但是,实践中,权利人所主张的数额可能与侵权人实际所获收益不符,甚至相去甚远,此时,人民法院完全按照权利人主张的数额确定侵权人所获收益的数额,明显存在不公平问题,人民法院是否应当进行调整?笔者认为,此种情况下,侵权人无正当理由拒不提供或不如实提供与侵犯商业秘密行为相关的账簿或资料,应视为侵权人自愿承担权利人主张数额大于其实际所获收益而依然为人民法院所支持的风险,换言之,侵权人放弃了通过举证推翻权利人主张的数额中超过侵权人实际所获收益部分的权利,应承担不利后果。

(三)返还财产、恢复原状

返还财产作为民事法律责任方式之一,包括返还不当得利和返还原物两类。在侵犯商业秘密的民事法律责任领域,权利人请求判决侵权人返还或者销毁商业秘密载体,清除其控制的商业秘密信息的,人民法院一般应予支持〔1〕。

---

〔1〕 最高人民法院《关于审理侵犯商业秘密民事案件适用法律若干问题的规定》第18条。

从商业秘密载体的物理形态来看，权利人请求判决侵权人返还商业秘密载体，属于返还原物的请求类型；从商业秘密载体所载秘密信息来看，权利人请求判决返还商业秘密载体，其并不局限于返还原物，更重要的是返还载体中的秘密信息，该信息本质上属于权利人的权益，因此，权利人实为请求返还不当得利。无论是返还原物还是返还不当得利，均属于返还财产的范畴，因此，将权利人请求判决侵权人返还商业秘密载体定性为返还财产，是可靠的。

权利人请求判决侵权人清除其控制的商业秘密信息，侵权人此时承担的责任属哪那种类型？是停止侵害、消除危险还是恢复原状？从侵权人占有权利人商业秘密信息即违法的角度上看，侵权人清除其控制的商业秘密信息，本身就是停止侵害的一种责任方式；从权利人商业秘密信息权利的完满性上看，侵权人清除其控制的商业秘密信息，具有恢复原状的特点，本质上是权利人利益状态的恢复；从侵权人非法控制他人商业秘密信息对权利人商业秘密安全性的危险角度上看，侵权人清除其控制的商业秘密信息，具有"消除危险"的效果，"消除危险"作为一种责任方式，其主要针对人身或财产权利可能遭受损害的情形，侵权人非法控制权利人商业秘密信息也确实具备此类"危险性"；但是，一方面，侵权人控制权利人商业秘密信息本已构成侵权，而不是一种侵权危险性；另一方面，侵权人非法控制商业秘密信息，其对商业秘密再次造成侵害，是一种"间接"可能性，而并非"直接"可能性。因此，将侵权人清除其控制的商业秘密信息认定"消除危险"并不十分恰当。

权利人请求人民法院判决侵权人返还或者销毁商业秘密载体，或者要求侵权人清除其控制的商业秘密信息，其根本目的是让侵权人对权利人的商业秘密信息脱离接触并失去控制，进而恢复其商业秘密性的"完好状态"，最终实现维持其竞争优势的目的。从这个意义上讲，人民法院判决侵权人作出该等行为，所保护的是权利人的商业秘密信息，其载体并非人民法院保护的重心。侵权人返还商业秘密信息载体，在执行层面具有较强的可操作性；但是，侵权人销毁商业秘密载体，在实践中通常遇到极大困难：一方面，部分商业秘密载体本身就是商业秘密价值转化形态，具有极高的经济价值，侵权人销毁该载体，将造成极大的资源浪费和财产损失；另一方面，权利人如何实现对侵权人销毁载体行为的监督，确保侵权人确实销毁商业秘密载体，具有较大难度。

权利人请求人民法院判决侵权人清除其控制的商业秘密信息，这是实践中最难处理的执行问题之一。一方面,商业秘密信息种类繁多,其载体及表现形式多种多样,很难统一操作标准,确保侵权人实际清除其控制的商业秘密信息;另一方面,部分商业秘密信息极具"隐蔽性",侵权人是否确已清除,很难量化判断,甚至,可能出现侵权人严重失信行为,假意清除而实际上继续控制权利人的商业秘密信息。笔者认为,针对侵权人清除其控制的商业秘密信息而言,应当建立"结果考察机制",即侵权人按照权利人请求清除商业秘密信息后,便负有除保密义务之外的"额外"义务,确保该商业秘密信息不再被使用或披露,只要该商业秘密信息被再次利用或披露,均推定因该侵权人未履行清除义务,除非该侵权人有充分证据证实其已清除,否则应承担赔偿责任,甚至,应当适用"惩罚性赔偿"规则,加重侵权人的赔偿责任。当然,也可以引入专家评价机制,由相关领域的专家对侵权人清除商业秘密信息的行为和结果进行监测和评价,并出具专业意见,以确定侵权人清除商业秘密信息的完整性和彻底性,尤其是涉及计算机程序等技术信息秘密,确有必要利用专业机构和专业人士的专业知识和技能,评价侵权人清除信息的效果,更充分地保护权利人的利益。

(四)消除影响

侵权人实施侵犯商业秘密的行为时,可能对权利人品牌等造成一定影响,尤其是侵权人侵犯权利人经营信息类商业秘密时,利用权利人客户名单进行推介、宣传时,相关客户极有可能对其产生混淆,误以为侵权人与权利人存在关联,甚至误以为二者具有同一性,此时,侵权人确有必要消除因此给权利人带来的不利影响。但是,消除影响作为民事法律责任方式的一种,主要适用于侵害人格权的行为,其他侵害财产权和生命健康权的行为中,并没有规定消除影响的责任承担方式。商业秘密作为权利人的财产性权利,其中并不包含人格利益,从这个角度上看,侵犯商业秘密的侵权人,确实不应承担消除影响的法律责任。但是,商业秘密所承载的竞争优势本身具有其特点,尤其容易被侵权人的行为后果所侵蚀,从而产生混淆、贬损等降低权利人品牌、口碑等社会评价等级的不利后果,而该等不利后果确需通过消除影响的方式加以修复,从这个意义上讲,权利人有权请求人民法院判决侵权人消除影响。从当前司法实践情况来看,人民法院在判决侵犯商业秘密的案件中,尚未发现判令侵权人消除影响的案例。

第五节 侵犯商业秘密案件的突出特点

一、员工、前员工侵犯权利人商业秘密案件频次最高

通过对最高人民法院、北京市高级人民法院、北京市各中级人民法院、北京知识产权法院、上海市高级人民法院、上海市各中级人民法院、浙江省高级人民法院、江苏省高级人民法院有关商业秘密案件历年判决文书的梳理和统计,笔者发现:最高人民法院公开侵害公司商业秘密裁判文书共 212 件,其中 64 件涉及员工或前员工;北京市高级人民法院公开侵害公司商业秘密裁判文书共 74 件,其中 26 件涉及员工或前员工;北京市各中级人民法院公开侵害公司商业秘密裁判文书共 145 件,其中 75 件涉及员工或前员工;上海市高级人民法院公开侵害公司商业秘密裁判文书共 88 件,其中 34 件涉及员工或前员工;上海市各中级人民法院公开侵害公司商业秘密裁判文书共 191 件,其中 66 件涉及员工或前员工;江苏省高级人民法院公开侵害公司商业秘密裁判文书共 81 件,其中 31 件涉及员工或前员工;浙江省高级人民法院公开侵害公司商业秘密裁判文书共 47 件,其中 18 件涉及员工或前员工。权利人的员工或前员工侵犯商业秘密的案件频次最高,究其原因,笔者认为主要有以下几个方面:

其一,权利人的员工或前员工较他人更容易接触权利人的商业秘密,甚至,部分员工或前员工曾经直接掌握权利人的商业秘密信息。因此,员工或前员工可基于工作关系合法接触或获取权利人的商业秘密,除个别情况外,无须通过不正当手段获取权利人商业秘密,此种“便利”是员工或前员工成为侵犯商业秘密案件高发群体的基础。

其二,权利人员工或前员工对权利人商业秘密的商业价值具有更明确的认知和更直观的感受。一方面,商业秘密的商业价值更能“刺激”员工或前员工利用商业秘密获利的欲望;另一方面,员工或前员工更了解商业秘密的价值转化方式和规律,较其他人能更快速地将权利人的商业秘密运用到相应的行业中从而获利。

其三,权利人商业秘密保护与其员工或前员工就业权保护二者之间存在天然的“对抗”关系。员工或前员工在职期间代表权利人使用商业秘密过程中,极有可能将部分商业秘密信息转化为其基本的劳动技能,如果“一刀切”禁止员工或前员工利用该等技能,则过于严苛,但是,如果允许员工或前员工无所拘束的利用该等技能,则对权利人极不公平,在两种权利保护价值“拉锯”过程中,实际上增加了员工或前员工侵犯权利人商业秘密的可能性。

其四,权利人竞争对手为商业竞争目的,通过利诱、贿赂等不当手段,诱使权利人员工或前员工与之“配合”,共同侵犯权利人商业秘密。这是员工或前员工侵犯权利人商业秘密案件高发的一个重要原因,也是立法机关 2019 年修正《反不正当竞争法》时专门增加第三人“视为侵犯商业秘密”内容的主要原因。该款规定,“第三人明知或者应知商业秘密权利人的员工、前员工或者其他单位、个人实施本条第一款所列违法行为,仍获取、披露、使用或者允许他人使用该商业秘密的,视为侵犯商业秘密”。

权利人的员工、前员工侵犯商业秘密表现形式各异,但是,其行为本质相同,即权利人的员工或前员工利用其工作中所接触或掌握的权利人的商业秘密,获取并实现其商业价值,损害权利人利益的行为。具体而言,权利人的员工或前员工侵犯商业秘密的行为种类主要包括:

(1)不当利用权利人的客户名单。权利人的员工或前员工,将权利人的客户名单据为己有后,自己或通过他人与客户名单中的客户进行交易并获利。这是实践中最常见的侵犯商业秘密的情形。员工或前员工与权利人的客户进行交易的情形十分常见,但是,并非所有与权利人客户交易的行为都构成侵犯权利人商业秘密的行为:一方面,作为商业秘密的权利人的客户名单,必须具备基本构成要件,不仅包含客户的名称、地址、联系方式等一般信息,还包含客户习惯、意向、内容等区别于公知信息等深度信息,简言之,权利人为客户名单付出了成本,并不是简单列举而成,另外,客户名单必须具有“长期稳定交易”和“非单一客户”之特定,如系单次交易或单一可以,不构成商业秘密,因此,员工或前员工与权利人客户进行交易,但该客户信息并不构成商业秘密时,该员工或前员工并构成侵犯商业秘密的行为。另一方面,特定情形下,即是员工或前员工利用了权利人客户名单,且该客户名单构成商业秘密,该员工或前员工也不构成侵犯商业秘密的行为,即客户基于对职工个人的信赖而与职工所在单位进行市场交易，该职工离职后，能够证明客户自愿选择与自己或者其新单位进行市场交易的，应当认定没有采用不正当手段，但职工与原单位另有约定的除外。

(2)员工或前员工侵犯权利人的技术秘密。该类行为主要发生在员工或前员工接触或掌握权利人技术秘密的情形下，尤其是权利人的高级管理人员离职后自行设立与权利人具有竞争关系的主体后，将权利人的技术秘密"移植"到该主体中，增强其商业竞争优势，削弱权利人的竞争优势。随着计算机技术不断深入发展，员工或前员工不当获取或利用权利人计算机程序或同类技术秘密的情形越来越多，该类侵权案件中，权利人发现侵权行为的难度大，取证或证据保全的难度大，通常需要借助专业鉴定机构完成侵权行为内容和性质的识别、评价。另外，技术秘密具有"智力成果"的鲜明特点，员工或前员工在其工作过程中，将部分技术信息"内化"为自身的劳动能力，此后，如果绝对禁止其利用该等信息则将妨碍其就业权，人民法院评价该等行为时，常常"游走"在权利人商业秘密保护和劳动者就业权保护二者之间。

针对上述主要行为种类，员工或前员工侵犯权利人商业秘密的表现形式集中在"使用"、"允许他人使用"和"披露"三种形态上，一般不存在"获取"式侵犯商业秘密的行为，因为员工或前员工在工作过程中获取权利人商业秘密，合法有据；当然，不排除员工或前员工超越职权不正当获取权利人商业秘密。员工或前员工与其他主体共同侵犯权利人商业秘密的行为，本质上属于员工或前员工"使用"或"允许他人使用"的侵权行为，《反不正当竞争法》第9条第3款将其单列为"视为侵犯商业秘密"的行为，只不过是从第三人的角度出发界定该行为的性质。

员工或前员工侵犯权利人商业秘密的行为，常常与该员工或前员工的竞业限制义务和法律责任交织在一起，增加了人民法院对该类行为审查、评价的难度。之所以很产生如此交织的结果，盖因员工的竞业限制义务和商业秘密下的保密义务，聚焦于权利人的经营信息或技术信息时，本质上均系法律对员工损害用人单位竞争优势的行为或其可能性的限制，唯竞业限制义务从排除员工或前员工从事或参与竞争的角度进行规制，而商业秘密保护系从权利人竞争优势的保护角度进行规制。竞业限制规范基于员工在劳动合同关系中的"涉密性"而限制其将所获商业秘密甚至已"内化"为自身劳动能力的知识或技能用于与用人单位存在竞争关系的主体中,从而确保用人单位的竞争优势不被削减;商业秘密保护规范并不关注员工或前员工的劳动合同关系,而是禁止员工或前员工不当利用或披露权利人的商业秘密,防止其损害权利人竞争优势。在员工或前员工既违反竞业限制义务又侵犯权利人的商业秘密的情况下,人民法院应当基于何种法律关系适用何种规则进行审理和裁判,这是当前司法实践的难题之一。简言之,当行为人违反竞业限制义务和侵犯商业秘密两种法律责任竞合时,人民法院该如何处理?

上述情况下,人民法院首先需要面对的就是"先裁后审"原则的适用问题。当权利人以员工或前员工违反竞业限制为由提请劳动仲裁时,除劳动争议仲裁机构作出不予受理或同类决定外,人民法院必须遵守"先裁后审"的基本原则,不宜直接介入该案件,即使该案件本身存在侵犯商业秘密的行为。当权利人以员工或前员工侵犯其商业秘密为由直接向人民法院提起诉讼时,但该员工或前员工存在违反竞业限制的行为,被诉员工或前员工不提出"先裁后审"之抗辩时,人民法院能否依职权启动审查程序并裁定"不予受理"或"驳回起诉"? 笔者认为,除非被诉员工或前员工明确提出"先裁后审"之抗辩,否则,人民法院不能依职权启动该项审查,更不宜作出上述裁定。同时,即使被诉员工或前员工提出"先裁后审"之抗辩,如果权利人所提之诉讼请求并不涉及被告竞业限制义务和法律责任问题时,人民法院同样应继续审理并针对商业秘密纠纷作出裁判;只有在权利人所提诉讼请求包含竞业限制义务及法律责任的情况下,才能适用"先裁后审"原则。从举证难易程度角度出发,当员工或前员工的行为同时违反竞业限制义务和商业秘密保护义务时,权利人选择适用竞业限制规范,将大大减轻其举证责任,但是,权利人所能获得赔偿金额将受到劳动合同关系的限制〔1〕,可能远低于商业秘密保护规则下权利人所能获得的赔偿金额。

〔1〕 1982年《企业职工奖惩条例》(已失效)第17条曾规定,职工赔偿额不超过月工资的20%。1995年《违反〈劳动法〉有关劳动合同规定的赔偿办法》第4条指出,劳动者赔偿损失包括用人单位招录支付的费用以及支付培训费用、直接经济损失及劳动合同约定的其他赔偿费用。从当前司法实践看,人民法院判决劳动者承担高额赔偿金的案件并不多见。

二、诉辩双方多围绕商业秘密构成要件举证质证和抗辩

举证证实相关经营信息和技术信息构成商业秘密，是权利人作为原告的基本举证责任，如果案涉信息不构成商业秘密，则权利人作为原告失去了请求权基础。与之相对应，被告针对原告诉讼请求最基本的抗辩之一便是案涉信息不构成商业秘密，如该抗辩成立，被告再无须进行其他任何抗辩。因此，围绕商业秘密构成要件的举证质证和抗辩，成为商业秘密案件诉辩双方对抗的中心。

围绕商业秘密三个核心要件，权利人需要举示案涉商业信息"不为公众所知悉"、"具有商业价值"和"采取保密措施"三个方面的证据。与之相对应，被诉侵权人如拟抗辩，则需要举示反驳证据否定上述三个方面的特征。"不为公众所知悉"包含不为所属领域相关人员普遍知悉和容易获得两个方面，权利人需要举证证实案涉商业信息既不为相关人员普遍知悉，又不为相关人员所容易获得。换言之，被诉侵权人只需要举证证实案涉商业信息为相关人员普遍知悉或者相关人员容易获得，案涉商业信息就丧失了"不为公众所知悉"的特征。具体而言，该类证据证明目的包括案涉信息：系一般常识或行业惯例；产品元素简单组合，经观察产品可直接获得；已公开出版或被媒体公开披露；通过展会等方式公开；其他公开渠道可得；经过鉴定，该商业信息未被公开。"具有商业价值"包括现实的商业价值和潜在的商业价值两类情形，权利人需要举证证实其投入了成本获得该商业信息或该商业信息能为权利人带来或增强竞争优势或获得其他经济利益，该类证据包括权利人投入情况相关的材料、权利人基于该商业信息获得收益或竞争优势的材料或专业机构鉴定意见；与之相对应，被诉侵权人需要全面举证否定该商业信息的现实的和潜在的商业价值方能成功抗辩。"采取保密措施"是诉辩双方对抗的一个焦点问题之一，权利人要围绕商业秘密及其载体的性质、商业价值、保密措施的可识别程度、保密措施与商业秘密的对应程度以及保密意愿进行举证，包括但不限于：协议约定保密义务、触密人员保密要求、涉密场所区分管理、商业秘密及其载体区分管理、计算机相关设备或软件禁止或限制措施、离职员工继续保密义务要求等；被诉侵权人需要举示反驳证据否定权利人采取保密措施的事实或否定其采取措施的效力。

实践中,因缺乏“保密措施”要件导致案涉商业信息不构成商业秘密,引发权利人败诉结果的案件不在少数,权利人败诉的主要原因集中在以下几个方面:其一,相应的保密措施与权利人提出的侵害商业秘密的主张不具有关联性。比如,权利人采取的“对内”保密措施,包括与员工之间的保密协议、相关场所的区分管理等措施,与权利人的产品进入市场交易后的商业秘密及其载体之间,不具有关联性或对应性,换言之,权利人采取的保密措施,不应是抽象的、宽泛的、可以脱离商业秘密及其载体而存在的,而应当是具体的、特定的、与商业秘密及其载体相对应的。其二,权利人“对外”保密措施仅约束合同相对方而不具有约束不特定第三人的效力,或并未体现权利人的保密意愿。比如,权利人在产品销售合同中约定不得将商业信息提供给任何第三方,并未限制产品的再处分或转让,不特定第三方取得该产品后不受前一份销售合同之限制,此“对外”保密措施同样不属于《反不正当竞争法》所规定的“相应的保密措施”。其三,所采取的保密措施不符合商业秘密及其载体性质要求,就权利人商业秘密及其载体而言,权利人产品一旦进入市场流通,在物理上脱离了权利人的控制,因此有别于始终处于权利人控制之下的内部载体,如果权利人所采取的保密措施不足以对抗不特定第三人通过反向工程获取其商业秘密,则不属于《反不正当竞争法》规定的“相应的保密措施”。对抗不特定第三人反向工程可以依靠两种方式:一是通过技术秘密本身对抗,即使他人拆卸了产品也无法通过分析获知该商业秘密;二是通过物理手段对抗,拆卸将破坏商业秘密本身。值得探讨的是,权利人在相关产品上加贴“内含商业秘密,禁止拆卸”等标签,是否足以对抗不特定第三人反向工程?笔者认为,该类标签不属于《反不正当竞争法》规定的“相应的保密措施”:一方面,通过市场流通获得该产品的不特定的第三人与权利人之间并不存在合同关系,无须遵循不得拆解产品的合同义务;另一方面,不特定第三人通过市场流通获得产品,即取得该产品完整的物权,有权自由处分,不受权利人单方面声明的约束。

“相应的保密措施”是侵犯商业秘密民事案件中判断举证责任转移的法定要件之一,由于商业秘密所保护的客体不为公众所知悉的秘密属性,其天然不具备“可对抗不特定第三人的绝对权应予公示”之法律性质,加之“不为公众所知悉”这一事实系消极事实,权利人难以证明,因此,为减轻权利人举证责任,《反不正当竞争法》在第 32 条第 1 款作出规定,“在侵犯商业秘密的民事审判程序中,商业秘密权利人提供初步证据,证明其已经对所主张的商业秘密采取保密措施,且合理表明商业秘密被侵犯,涉嫌侵权人应当证明权利人所主张的商业秘密不属于本法规定的商业秘密”。根据这一规定,在侵害商业秘密民事案件中,商业秘密权利人应当首先提供初步证据证明其对主张保护的商业秘密采取了“相应保密措施”,以及被诉侵权人存在“侵犯行为”,在此基础上,商业秘密权利人无须举证证明其主张保护的商业秘密“不为公众所知悉”,而转由被诉侵权人举证证明权利人主张保护的商业秘密不具备“不为公众所知悉”这一要件,进而不属于《反不正当竞争法》规定的商业秘密。

三、专业鉴定程序及鉴定意见适用频率高

2005 年,全国人大常委会作出《关于司法鉴定管理问题的决定》,实施鉴定机构和鉴定人登记管理制度,并明确规定法院和司法行政部门不得设立鉴定机构。当前,我国存在四类鉴定机构:经司法行政机关许可的鉴定机构;公安、检察机关内设的鉴定机构;人民法院认可的鉴定机构;其他鉴定机构。进行商业秘密鉴定业务且其鉴定意见为人民法院所采信的,系人民法院认可的鉴定机构,当然,人民法院认可的鉴定机构中,既包括部分经司法行政机关许可的鉴定机构,也包括部分其他鉴定机构。不同领域的商业秘密分别具有鲜明的个性特征,要求鉴定机构和鉴定人在该个性特征领域具有较高的专业造诣,但是,囿于当前缺乏统一和系统的鉴定机制,鉴定人专业能力与待鉴定商业秘密个性特征之间缺乏充分匹配度的问题,日趋突出。这也是部分鉴定意见缺乏科学性和可靠性的根源之一,如何系统梳理鉴定机构和鉴定人专业能力,将其建设成可供当事人根据其商业秘密个性特征自由选择合适的鉴定机构的体制,是亟须解决的系统性问题。

在商业秘密纠纷审理过程中,针对部分专业性较强且对案件审判具有重要作用的事实,借助专业鉴定程序并适用相应结论评价相关案件事实,是人民法院常用的方法。在商业秘密纠纷案件中,鉴定程序主要运用于以下几种情形:一是案涉商业秘密构成要件鉴定,包括“秘密性”鉴定、商业价值鉴定和保密措施“相应性”鉴定;二是“相同”或“实质相同”鉴定,即评价被诉侵权信息与权利人商业信息是否相同或实质相同,其主要方法是进行密点对比;三是损失数额鉴定,用以确定权利人所遭受损失的具体数额,人民法院据此判决侵权

人应承担赔偿责任的具体数额。

针对鉴定程序和鉴定意见的适用,诉辩双方均可以提出认可或反驳意见。实践中,当事人通常从鉴定事项受托主体、检材提交及固定问题、鉴定意见评价问题及鉴定人出庭作证问题四个方面提出自己的意见。鉴定事项受托主体问题主要包括鉴定人或鉴定机构的回避问题和其鉴定资质问题两个方面,实践中,当事人否定鉴定机构或鉴定人资质的主张,极难获得人民法院支持,据人民法院裁判文书网公开信息查询,截至 2021 年 11 月,尚未发现任何一例判决否定鉴定人或鉴定机构资质。权利人主张作为商业秘密的信息,应当在诉讼程序启动之初便予以固定,必要时,可以在第三方专家协助下固定商业秘密。针对鉴定意见,人民法院应鼓励当事人提出反驳意见并提供反证,涉及公知技术与非公知技术比对鉴定时,技术组合构成的信息内容需要细化,明确具体要素。鉴定人出庭接受交叉询问,对于鉴定意见的可靠性和公允性具有极为重要的作用,同时还利于人民法院和当事人更加清晰地知悉案涉商业秘密的密点及其特性,进而更利于查明基础案件事实。

四、商业秘密案件刑民交叉多发,但是刑事程序启动艰难

比较《反不正当竞争法》第 9 条和《刑法》第 219 条规定的内容不难发现,两条法律所规定的侵权行为绝大部分手段和方式基本一致,均包括三类手段:一是通过不正当手段获取权利人商业秘密;二是披露、使用或者允许他人使用不正当手段获取的权利人的商业秘密;三是违反约定或权利人要求,披露、使用或允许他人使用权利人商业秘密。《反不正当竞争法》第 9 条有关"教唆、引诱、帮助他人违反保密义务或权利人保密要求,获取、披露、使用或者允许他人使用"的情形,不在《刑法》第 219 条所列的犯罪行为中。正因为侵权行为手段和方式存在大量交叉,大量侵犯商业秘密的行为在法律适用方面涉及刑民交叉问题,申言之,针对上述三类交叉的行为方式,究竟应适用民事法律规范还是适用刑事法律规范,主要的识别依据是侵权行为所造成的后果之严重程度,未给权利人造成重大损失的,由民事法律法规规制,给权利人造成重大损失或造成特别严重后果的,由刑事法律犯罪规制。

根据 2020 年 9 月 14 日起施行的最高人民法院、最高人民检察院《关于办理侵犯知识产权刑事案件具体应用法律若干问题的解释(三)》第 4 条的规

定,“实施刑法第二百一十九条规定的行为,具有下列情形之一的,应当认定为‘给商业秘密的权利人造成重大损失’:(一)给商业秘密的权利人造成损失数额或者因侵犯商业秘密违法所得数额在三十万元以上的;(二)直接导致商业秘密的权利人因重大经营困难而破产、倒闭的;(三)造成商业秘密的权利人其他重大损失的。给商业秘密的权利人造成损失数额或者因侵犯商业秘密违法所得数额在二百五十万元以上的,应当认定为刑法第二百一十九条规定的‘造成特别严重后果’”。该条规定所确定的标准之下的侵犯商业秘密的行为,不构成犯罪,应适用《反不正当竞争法》及相关民事法律规定;反之,构成侵犯商业秘密罪的行为,应适用《刑法》第 219 条及相关规定。有关侵犯商业秘密犯罪行为所造成的损失额或违法所得额的确定方式,上述解释第 5 条作出了明确规定,其认定方式围绕“商业秘密的合理许可使用费”、“销售利润损失”和“商业秘密价值”进行:以不正当手段获取权利人商业秘密的,尚未披露、使用或允许他人使用的,损失数额可以根据该项商业秘密合理许可使用费确定;以不正当手段获取权利人商业秘密后,披露、使用或者允许他人使用的,损失数额可以根据权利人销售利润损失确定,如该损失数额低于合理许可使用费的,根据合理许可使用费确定;违反约定或权利人保密要求侵犯商业秘密的,或者明知商业秘密系不正当手段获得或明知违反约定或权利人保密要求而披露、使用、允许使用的,损失数额可以根据权利人销售利润损失确定;侵权行为导致商业秘密丧失秘密性的,损失数额可以根据商业秘密价值确定,商业秘密价值根据该商业秘密开发成本、实施该项商业秘密的收益综合确定;因侵犯商业秘密而获得财物或其他财产性利益,系违法所得。

从权利人的角度出发,通过刑事司法手段,适用刑事法律规范,能更加充分地保护其商业秘密,也能更彻底地惩治、威慑侵权行为人。但是,囿于刑事司法客观条件和现状,权利人启动刑事司法程序,困难重重。一方面,因商业秘密所具备的“智力成果”特点,其价值或受侵犯后的损失,难以立即查明并作为证据提交给公安机关,而损害后果达到法定标准又是侵犯商业秘密犯罪刑事立案的决定性依据,通常,公安机关认可权利人提交的关于损害后果的鉴定意见,并据此立案,但是,在后续侦查、起诉程序中,权利人自行委托的鉴定机构所做的鉴定意见,又并不能独立成为定罪依据,相关机关必须自行组织鉴定并取得鉴定意见,供人民法院定罪量刑所用,显然,“重复”鉴定势必造成资源浪费,但权利人不自行委托鉴定又无法完成刑事立案,陷入了“恶性循环”。另一方面,对侵犯商业秘密犯罪行为立案侦查,要求办案人员具备较强的专业技能,尤其要具备商业秘密领域的法律知识和相关专业知识,而相关机关此类人才匮乏,在一定程度上增加了权利人通过刑事司法手段保护其商业秘密的难度。

五、侵权行为客体的复杂性

侵犯商业秘密的行为,其行为客体包括权利人的商业秘密权,权利人商业秘密权的核心乃其所有的商业秘密,由于商业秘密包含经营信息和技术信息等商业信息,经营信息包括客户名单、销售渠道、进货渠道、经营诀窍、管理方法、创意等,技术信息包括特定工艺、方法、配方、流程、算法、数据、计算机程序等,上述信息单元互不相同,侵权人可能侵犯其中一种或多种,而每一个信息单元都对应着不同的评价依据和标准,因而,判断侵权人是否侵犯权利人的商业秘密时,从复杂的客体体系中识别并甄选受害信息单元,是至关重要的工作。这是从商业秘密内涵和外延本身出发分析侵犯商业秘密行为客体的复杂性。

同时,侵犯商业秘密行为的客体还包括受国家保护的正常有序的市场经济秩序,重点是国家保护的以商业秘密活动为中心的市场经济秩序,包括商业秘密的形成、使用、流转、消灭等各环节中的正常秩序。侵权人对其中任何一个环节的破坏,都将损害相应的市场经济秩序。更进一步分析,侵犯商业秘密的行为,既可能损害民事法律规范保护下的市场经济秩序,又可能损害行政法律规范保护下的市场管理秩序,还可能损害刑事法律规范保护的预防和惩治犯罪行为的社会秩序。

六、侵权行为隐蔽性导致权利人举证艰难

由于商业秘密本身属于非公开信息,除权利人和侵权人之外的其他社会公众并不知悉商业秘密内容,因而侵犯商业秘密的行为一般难以社会公众发现,一方面增加了权利人发现侵权行为的难度,另一方面削弱了公众监督的效果,增加了侵权人实施侵权行为的意愿。

在侵权人不正当手段获取权利人的商业秘密情形中,无论是盗窃、贿赂、

欺诈、胁迫、电子侵入还是其他不正当手段,均在不同程度上具有隐蔽性特点。其中,盗窃和电子侵入手段具有鲜明的隐蔽性特征;贿赂手段通常具有较强的隐蔽性;欺诈和胁迫手段发生在特定主体之间,并不具有明显的公开特征,且该特定主体通常不会或不愿将欺诈或胁迫行为公之于众。权利人对侵权人实施的上述手段举证时,存在显著的困难。

在侵权人披露、使用或者允许他人使用不正当手段获取的权利人的商业秘密情形中,除了前述不正当手段的隐蔽性之外,侵权人披露、使用或允许他人使用的行为同样极具隐蔽性,实践中,除极端恶意的侵权行为外,侵权人并不会公开披露权利人的商业秘密,而是向特定主体披露,此时,权利人不易取得侵权人披露对象及披露过程的证据;侵权人在此情形中的使用或许可使用行为,通常也是秘密进行,因其获取权利人商业秘密的手段本身并不正当,侵权人本能地存在掩盖不正当行为的动机和需求。

在"违反保密义务或者违反权利人有关保守商业秘密的要求,披露、使用或者允许他人使用其所掌握的商业秘密"的情形中,侵权人明知其负有保密义务或权利人的保密要求,为逃避违约责任或赔偿责任,侵权人必将极力掩盖其侵权行为,在尽可能隐蔽的状态下实施该等行为。在"教唆、引诱、帮助他人违反保密义务或者违反权利人有关保守商业秘密的要求,获取、披露、使用或者允许他人使用其所掌握的商业秘密"情形中,侵权人所实施的教唆、引诱或帮助行为,并非直接损害权利人商业秘密的行为,本身就增加了隐蔽性,加之,被教唆、引诱或帮助的一方积极配合隐瞒相关行为,更进一步增强了隐蔽性。

在"第三人明知或者应知商业秘密权利人的员工、前员工或者其他单位、个人实施本条第一款所列违法行为,仍获取、披露、使用或者允许他人使用该商业秘密"的情形中,该第三人是否明知或应知,本身就需要权利人举证证实,如无法证明其明知或应知,则不能视为侵犯商业秘密;即使权利人举证证实了该第三人明知或应知,但是,还需举证证实该第三人实施"获取、披露、使用或者允许他人使用"的行为,更加困难。

侵权人实施侵犯商业秘密的行为,无论是不正当手段获取权利人商业秘密,还是不正当披露、使用、允许他人使用权利人的商业秘密,抑或违反约定或权利人要求获取、披露、使用或允许他人使用权利人商业秘密,所有行为均具有隐蔽性特征，不仅权利人难以发现，而且即使权利人发现侵权行为，也极难收集完整的证据，因而，《反不正当竞争法》和相关司法解释规定适当减轻权利人的举证责任，当被诉侵权信息与商业秘密相同或实质相同而无合理来源时，即可认定侵权人实施了侵犯商业秘密的行为，根据最高人民法院《关于审理侵犯商业秘密民事案件适用法律若干问题的规定》第 13 条的规定，“被诉侵权信息与商业秘密不存在实质性区别的，人民法院可以认定被诉侵权信息与商业秘密构成反不正当竞争法第三十二条第二款所称的实质上相同。人民法院认定是否构成前款所称的实质上相同，可以考虑下列因素：（一）被诉侵权信息与商业秘密的异同程度；（二）所属领域的相关人员在被诉侵权行为发生时是否容易想到被诉侵权信息与商业秘密的区别；（三）被诉侵权信息与商业秘密的用途、使用方式、目的、效果等是否具有实质性差异；（四）公有领域中与商业秘密相关信息的情况；（五）需要考虑的其他因素”。

同时，《反不正当竞争法》在第 32 条第 1 款作出规定，“在侵犯商业秘密的民事审判程序中，商业秘密权利人提供初步证据，证明其已经对所主张的商业秘密采取保密措施，且合理表明商业秘密被侵犯，涉嫌侵权人应当证明权利人所主张的商业秘密不属于本法规定的商业秘密”。根据这一规定，在侵害商业秘密民事案件中，商业秘密权利人应当首先提供初步证据证明其对主张保护的商业秘密采取了“相应保密措施”，以及被诉侵权人存在“侵犯行为”，在此基础上，商业秘密权利人无须举证证明其主张保护的商业秘密“不为公众所知悉”，而转由被诉侵权人举证证明权利人主张保护的商业秘密不具备“不为公众所知悉”这一要件，进而不属于《反不正当竞争法》规定的商业秘密。

七、侵权手段日趋复杂，科技化程度日趋提高

随着科技不断进步和发展，尤其是计算机技术在各行业的不断渗透，侵权人侵犯权利人商业秘密时所采取的手段日趋复杂，手段的科技化程度日趋提高，给权利人调查取证带来了不小的新挑战。与传统方式和手段不同，利用计算机技术如电子侵入等手段，对权利人商业秘密实施侵犯的情形越来越多。同时，行为人通过一定程度的自主研究“破解”权利人商业秘密，但是，尚不符合反向工程构成要件，因而仍属于侵犯权利人商业秘密的行为，此类情形在实

践中出现的频次并不低。

八、权利人因商业秘密被侵犯而受损的程度日趋增加

随着市场经济不断纵深发展，商业秘密在市场主体竞争关系中所扮演的角色越来越重要，商业秘密所承载的竞争优势给权利人带来的现实或潜在的商业价值越来越大，一旦被侵犯，权利人所遭受的损失就越来越大。正因如此，《反不正当竞争法》第 17 条规定了“一倍以上五倍以下”的惩罚性赔偿标准，同时，该法第 21 条将监管部门对侵犯商业秘密违法行为的处罚金额上限提高至 500 万元。

第二章

策划创意类商业秘密保护典型案例解析

权利人针对某项产品的策划与创意，凝结了权利人的智力成果，构成产品价值的主要组成部分，其“无形”状态一经权利人通过生产工艺“有形化”，产品的商业价值便以实体形态呈现出来。因此，法律应当保护权利人的产品策划与创意，但当产品策划与创意尚不具备作品的全部构成要件时[1]，其不同于《著作权法》所保护的作品的著作权及与著作权相关的权利；当产品策划与创意不具备“发明创造”的全部构成要件[2]时，亦不同于《专利法》所保护的专利权及相关权利。作为智力成果的一种，权利人在不具备作品或发明创造特征的创意与策划中的商业价值，应当依据《反不正当竞争法》及相关司法解释中商业秘密的规定进行保护；如果权利人的策划与创意已经有形的表达，具备了作品或发明创造的特征，权利人则可以选择适用《著作权法》《专利法》及相应规范保护自身权益，也可以选择适用《反不正当竞争法》及相关规定保护自身权利。当然，不具有商业价值的策划与创意，因其不具备商业秘密的基本构成要件，不得以商业秘密加以保护。

---

〔1〕《著作权法》第3条规定，“本法所称的作品，是指文学、艺术和科学领域内具有独创性并能以一定形式表现的智力成果，包括：(一)文字作品；(二)口述作品；(三)音乐、戏剧、曲艺、舞蹈、杂技艺术作品；(四)美术、建筑作品；(五)摄影作品；(六)视听作品；(七)工程设计图、产品设计图、地图、示意图等图形作品和模型作品；(八)计算机软件；(九)符合作品特征的其他智力成果”。

〔2〕《专利法》第2条规定，“本法所称的发明创造是指发明、实用新型和外观设计。发明，是指对产品、方法或者其改进所提出的新的技术方案。实用新型，是指对产品的形状、构造或者其结合所提出的适于实用的新的技术方案。外观设计，是指对产品的整体或者局部的形状、图案或者其结合以及色彩与形状、图案的结合所作出的富于美感并适于工业应用的新设计”。

第一节　作品或准作品中的策划与创意保护

如前所述，作品的中创意与策划系作品的核心价值所在，权利人既可以依据《著作权法》及相关规定保护权益，也可以依据《反不正当竞争法》及相关规定保护权益。本书所称“准作品中的策划与创意”，是指权利人在文学、艺术和科学领域内具有独创性但尚不具备作品特征的具有商业价值的智力成果，包括以文字或口述形式表达的策划与创意；有关音乐、戏剧、曲艺、舞蹈、杂技艺术的策划与创意；有关美术、建筑的策划与创意；有关摄影产品的策划与创意；有关视听产品的策划与创意；有关工程设计、产品设计、地图、示意图等图形和模型等策划与创意；计算机软件的策划与创意；其他具有商业价值的文学、艺术或科学领域内的策划与创意。有关作品和“准作品中的策划与创意”商业秘密保护问题，最高人民法院态度明确并以相应的裁判结果表达了保护该类商业秘密的司法态度。

一、最高人民法院(2013)民申字第1640号裁定书对作品创意的保护

(一)基本案情介绍

再审申请人北京片石书坊图书有限责任公司(以下简称片石书坊公司)因与被申请人台海出版社、一审被告(二审被上诉人)南京快乐文化传播有限公司(以下简称南京快乐文化公司)、一审被告南京快乐文化传播有限公司第一分公司(以下简称南京快乐文化第一分公司)及一审被告马某侵害商业秘密纠纷一案，不服北京市高级人民法院(2013)高民终字第34号民事判决书，向最高人民法院申请再审。

片石书坊公司申请再审称：本案一、二审判决认定台海出版社构成侵权正确，但在判决赔偿数额方面认定事实不清，适用法律错误。(1)片石书坊公司因商业秘密被侵害所遭受的损失难以确定，应当按照台海出版社因侵权所获得的利润确定赔偿数额。一、二审法院对片石书坊公司提交的证明侵权书籍《邓小平与外国首脑及记者会谈录》(以下简称《邓与》)印刷数量、印刷成本

和发行价格等证据未作认定，错误地适用自由裁量权酌定赔偿数额，属于适用法律错误。(2)由于《邓与》图书的定价为 49 元，发行折扣是 63%，《邓与》图书的印刷成本费用是 6.76 元/本，仓储管理和发运等成本费用为图书定价的 3%，即 1.47 元/本，因此，每本《邓与》图书的非法利润为：49 元/本 ×63%（发行折扣）-6.76 元/本（印刷费用）-1.47 元/本（仓储管理和发运等成本费用）=22.64 元/本。即使按台海出版社提交的首期印刷合同 10 万本印刷数量，其获利也有 226.4 万元。(3)片石书坊公司为追诉侵权人而发生的差旅费、购书款、财产担保的评估费、律师代理费(46.4 万元)等费用共计 70 余万元，一、二审判决仅判决合理支出 5000 元，适用法律错误。片石书坊公司申请再审，请求维持二审判决第一项，撤销二审判决第二项，并依法改判台海出版社赔偿片石书坊公司经济损失 1200 万元及诉讼合理支出 46.4 万元。

台海出版社提交答辩意见称：(1)《邓小平答外国元首和记者问》书稿（以下简称《邓答》书稿）的策划创意、编排体例、内容选取依法不构成商业秘密，一、二审判决对此认定错误。①《邓答》书稿的策划创意并非不为公众所知悉，我国图书市场上很多同类型的图书都早于本案的《邓答》书稿与《邓与》。②《邓答》书稿 2009 年被中共中央文献研究室科研管理部否决，故无法出版，不能为片石书坊公司产生经济利益，不具有实用性。③片石书坊公司没有对《邓答》书稿的策划创意和内容采取任何保密措施。(2)台海出版社出版的《邓与》一书有明确的作者，且经过相关合法审查备案手续，与片石书坊公司的《邓答》书稿没有关联性，绝非抄袭而成。(3)台海出版社未使用片石书坊公司主张的商业秘密，一、二审法院对此认定错误。①台海出版社的《邓与》一书与片石书坊公司的《邓答》书稿的编排体例不同，不具有相似性。②台海出版社的《邓与》一书与片石书坊公司的《邓答》书稿选取的具体事件存在重大差异，不具有相似性。③台海出版社的《邓与》一书与片石书坊公司的《邓答》书稿在内容上存在重大差异，不具有相似性。④中央文献研究室于 2010 年 12 月 1 日同意片石书坊公司出版《邓答》书稿，该时间与中央文献研究室同意台海出版社出版《邓与》一书的时间 2010 年 11 月 30 日仅相隔一天，这说明中央文献研究室不认为《邓与》一书与《邓答》书稿具有相似性。(4)《邓与》一书的印刷数量只有 10 万册。并且，即使台海出版社构成侵权，也不应当简单地按照《邓与》一书的定价与印数进行计算，而是应当区分台海出版社因出版该书获得的利润,与台海出版社因侵权获得的利润。(5)一、二审法院在判决台海出版社承担赔偿责任的同时,还判决台海出版社停止出版、发行《邓与》一书,属于适用法律错误。本案中,自《邓与》一书公开出版发行之日起,片石书坊公司主张的商业秘密即为公众所知悉,故法院不应当判令台海出版社停止出版、发行《邓与》一书。综上,台海出版社请求驳回片石书坊公司的再审申请,并依法裁判。

(二)最高人民法院在本案中的法律适用与裁判说理的重点

最高人民法院认为,本案申请再审阶段的焦点问题为:《邓答》书稿的策划创意、编排体例、内容选取是否构成商业秘密;台海出版社是否侵害了片石书坊公司的商业秘密;二审判决台海出版社承担的民事责任是否正确。

1.《邓答》书稿的策划创意、编排体例、内容选取是否构成商业秘密

首先,关于《邓答》书稿的策划创意、编排体例、内容选取是否"不为公众所知悉"。本案中,以"国家领导人答记者问"为选题的图书,在图书出版市场上虽已存在,但具体以哪一位国家领导人为选题对象进行图书出版策划,不同的市场经营主体会有不同的选择。并且,在本案被诉侵权行为发生以前,图书出版市场上并无以邓小平为选题对象的相关书籍,同时,图书出版市场上亦无将国家领导人会见外国元首与接见外国记者融为一体的编排体例,因此,《邓答》书稿的策划创意、编排体例符合"不为公众所知悉"的条件。关于《邓答》书稿的内容选取是否"不为公众所知悉",最高人民法院认为,应当区分"内容选取"与"内容片段","内容片段"的公开,并不等于以"内容片段"为素材所进行的拣选安排亦已公开。本案中,虽然《邓答》书稿里关于邓小平会见外国元首、接见外国记者等事件的内容来自公开出版物《邓小平文选》、《邓小平年谱》、《人民日报》和新华社的公开报道等,但是,分散在上述各文献资料中的有关内容,经由片石书坊公司的选取而形成《邓答》书稿,这种"选取"并未公开。因此,《邓答》书稿的内容选取符合"不为公众所知悉"的条件。

其次,关于《邓答》书稿的策划创意、编排体例、内容选取是否具有实用性并能为权利人带来经济利益。最高人民法院认为,根据国家有关法律法规的要求,《邓答》书稿需要经过国家有关部门审批方可出版。尽管《邓答》书稿在

2009 年未能通过相关审批程序,但根据一、二审法院查明的事实,修改后的《邓答》书稿于 2010 年由有关部门审查批准同意出版。因此,《邓答》书稿的策划创意、编排体例、内容选取具有实用性并能为片石书坊公司带来经济利益。

最后,关于片石书坊公司是否对《邓答》书稿的策划创意、编排体例、内容选取采取了保密措施。根据一、二审法院查明的事实,片石书坊公司与其内部员工、书稿编撰者和照排人员均签订协议,约定相关人员对《邓答》书稿负有保密义务。片石书坊公司就《邓答》书稿的出版报批事宜与台海出版社联系沟通,亦仅与台海出版社的社长马某联系,严格限制了书稿内容的知悉范围。因此,可以认定片石书坊公司已采取合理保密措施。

综上,最高人民法院认为,《邓答》书稿的策划创意、编排体例、内容选取构成商业秘密。

2. 台海出版社是否侵害了片石书坊公司的商业秘密

一、二审法院查明以下事实:片石书坊公司完成《邓答》书稿后与台海出版社洽商出版事宜,并由台海出版社负责向有关部门报审。2009 年 10 月 23 日,台海出版社将《邓答》书稿通过新闻出版总署出版管理司报送中央文献研究室科研管理部审批,所附书稿封面上注明“马某编”。2010 年 2 月 23 日,片石书坊公司照排人员吴某将标示有内容出处的《邓答》书稿电子版,通过电子邮件发送给了台海出版社的社长马某,马某对此亦予以确认。2010 年 11 月 4 日,台海出版社未经片石书坊公司许可,将《邓与》作为图书重大选题进行申报,并于 2011 年 2 月出版发行《邓与》一书。以台海出版社社长马某确认收到的《邓答》书稿为样本,将其与《邓与》一书进行比对,《邓答》书稿与《邓与》一书共同选取的邓小平与外国元首会谈的事件为 34 个,《邓答》书稿单独选取的会见元首事件为 25 个,《邓与》一书单独选取的会见元首事件为 17 个;《邓答》书稿与《邓与》一书共同选取的邓小平接见记者的事件为 36 个,《邓答》书稿单独选取的接见记者事件为 4 个,《邓与》一书单独选取的接见记者事件为 38 个。最高人民法院认为,在涉及作品创意的商业秘密侵权案件中,应当区分侵害商业秘密行为与侵害著作权行为的构成要件,不能以是否存在“抄袭”作为判断侵害商业秘密是否成立的标准。被诉侵权人“使用”了权利人的商业秘密这一构成要件，并不要求被诉侵权载体与权利人的商业秘密载体完全一致或者在很大程度上构成相似，只要被诉侵权载体的形成用到了权利人的商业秘密，就构成侵害商业秘密。因此，根据一、二审法院查明的以上事实，最高人民法院认为，台海出版社的行为已构成《反不正当竞争法》第 10 条第 1 款第 3 项[1]规定的侵害商业秘密的行为。

3. 二审判决台海出版社承担的民事责任是否正确

(1)关于损害赔偿责任。

片石书坊公司申请再审称，应当按照台海出版社因侵权所获得的利润确定赔偿数额。现有证据仅能证明台海出版社出版发行《邓与》一书的数量为 10 万册，以此印刷数量为基础确定台海出版社因侵权所获得的利润，需要进一步确定《邓与》一书的实际销售数量与包括印刷成本、仓储运输成本在内的各项成本。尽管印刷成本、仓储运输成本等各项成本可以参照同行业的平均数值予以确定，但是，《邓与》一书的实际销售数量既不等于印刷数量，也无数值可以参照。并且，由于《邓与》一书并非完全抄袭《邓答》书稿而成，故即使确定了《邓与》一书的实际销售数量，亦无法从销售利润中剥离出台海出版社因侵害片石书坊公司商业秘密而获得的那部分利润。因此，最高人民法院认为，二审法院在本案中采取酌定赔偿数额的方式并无不当。

关于具体赔偿数额，考虑到二审法院已判决台海出版社、南京快乐文化公司停止出版、发行《邓与》一书，且《邓与》一书的印刷时间(2011 年 2 月)距二审判决作出之日(2013 年 3 月 18 日)时间不长，相关图书市场份额的占有量有限，片石书坊公司仍可以其审批通过的《邓答》书稿进入图书市场获取经济利益，最高人民法院认为，二审判决台海出版社赔偿片石书坊公司 50 万元并无不当。

(2)关于停止出版、发行。

最高人民法院《关于审理不正当竞争民事案件应用法律若干问题的解释》[2]第 16 条第 1 款规定："人民法院对于侵犯商业秘密行为判决停止侵害

[1] 2019 年修订的《反不正当竞争法》第 9 条第 1 款第 3 项。

[2] 2006 年 12 月 30 日最高人民法院审判委员会第 1412 次会议通过，自 2007 年 2 月 1 日起施行。本司法解释现已于 2020 年修正，为尊重案例裁判，此处不作修改。

的民事责任时,停止侵害的时间一般持续到该项商业秘密已为公众知悉时为止。”该条第 2 款规定:“依据前款规定判决停止侵害的时间如果明显不合理的,可以在依法保护权利人该项商业秘密竞争优势的情况下,判决侵权人在一定期限或者范围内停止使用该项商业秘密。”根据上述规定,最高人民法院认为,在侵害商业秘密案件中,判决停止侵害的时间并非一律为“持续到该项商业秘密已为公众知悉时为止”,而是应当以保护权利人基于该项商业秘密而享有的竞争优势为前提。本案中,在台海出版社、南京快乐文化公司停止出版、发行《邓与》一书的条件下,片石书坊公司就可以其获得审批通过的《邓答》书稿进入图书市场获取经济利益,尽管此时相关商业秘密已经为公众知悉,但是,在一定时期内,片石书坊公司仍可享有一定的竞争优势。因此,二审判决并无不当。

(3)关于合理费用。

本案一审诉讼时,片石书坊公司诉请的 1200 万元包括了合理费用,因此,片石书坊公司申请再审主张 1200 万元以及 46.7 万元的律师费,已超出其一审诉讼请求的范围。并且,46.7 万元的律师费也超出了合理的范围。

最终,最高人民法院驳回了片石书坊公司再审申请,维持一、二审判决。

(三)本案启示和重点问题评析

1. 合理选择所适用的法律规定维护自己的权益

案涉书稿的策划创意、编排体例、内容,系权利人作品的核心内容和核心价值,权利人既可以选择适用《著作权法》第 52 条及相关规定保护其著作权,也可以选择适用《反不正当竞争法》第 9 条第 1 款第 3 项保护其商业秘密。本案再审申请人为什么选择适用《反不正当竞争法》第 9 条第 1 款第 3 项规定呢?笔者认为,主要原因是再审申请人基于举证责任和损害赔偿额度之考虑,选择对其更有利的法律规定维护其权益。

具体而言,人民法院运用“接触 + 实质相似”的原则评价行为人是否构成对他人作品的“剽窃”。著作权法上的“接触”,不仅包括实际阅读作品,还包括“有合理机会或可能性”阅读或听闻作品,权利人既可以通过直接证据证实侵权人“接触”作品,如侵权人阅读、签收、购买作品或侵权人因为工作关系接触作品,也可以通过间接证据证实侵权人“接触”,如权利人将作品发行、展览、表演、放映、注册登记等方式公之于众等。“实质性相似”，是指侵权作品中体现创作者个性的部分与原作的独创性部分实质性相似，判断是否构成实质性相似，应分两种情况对比：作品表面相似时，考察侵权作品抄袭的数量，数量与侵权成立可能性成正比，当抄袭部分系原作核心内容，无论其抄袭数量大小，均构成实质性相似；作品表面不相似时，应从侵权作品和原作整体上进行比对。

与之相对应，人民法院运用“接触＋相同或实质相同－合理来源”的原则评价行为人是否侵犯他人商业秘密，商业秘密权利人对于侵权人“接触”商业秘密的举证责任要明显轻于著作权人对侵权人“接触”作品的举证责任：一方面，商业秘密侵权人“接触”商业秘密的表现形式集中在与权利人存在员工或前员工关系、与权利人或相关主体存在合同关系、不正当手段获取商业秘密方面；另一方面，商业秘密侵权人占有、使用、披露商业秘密的行为本身可用于推定其“接触”商业秘密的事实，而作品侵权人“接触”作品的表现形式要广泛得多，正因其表现形式广泛，著作权人才负有更重的举证责任证实侵权人的具体“接触”形式。另外，侵权人占有、使用、披露作品内容的行为，并不能独立的作为推定其“接触”作品的事实。在“实质性相似”方面，与权利人商业秘密的“实质性相似”，主要通过密点对比来确定，而是否与密点相同或实质性相同，评价标准相对客观，主观元素较少，对权利人更为有利；而与著作权人的作品是否“实质性相似”，除了作品表现形式等客观方面的比对外，大量的或者说主要的比对集中在作品表达的思想是否相同或实质相似，对比标准中主观元素比重越高，不确定性越大，对权利人越不利。

与《著作权法》相比，《反不正当竞争法》之“接触＋实质性相似”原则下权利人举证责任较轻，因此，在侵权人损害赔偿责任方面，权利人选择适用《反不正当竞争法》的规则亦更为有利。虽然 2020 年 11 月 11 日修订的《著作权法》第 54 条确立了与《反不正当竞争法》及相关司法解释基本一致的赔偿规则和限额，权利人可选择依据实际损失或侵权人违法所得确定赔偿数额，实际损失或违法所得难以计算的可以参照权利使用费，同样规定了 1 倍以上 5 倍以下的惩罚性赔偿规则；实际损失、违法所得或权利使用费难以计算的，可由人民法院在 500 万元以下酌定；人民法院酌定时，权利人尽到必要举证责任的，而侵权人拒不提供其掌握的证据的，可以根据权利的主张和证据确定数额。规则相同，结果不同，这就是商业秘密侵权赔偿与著作权侵权赔偿在司法实践中的差异，具体而言，同等条件下，作品权利人能举证证实的实际损失和侵权人违法所得要远小于商业秘密权利人能举证证实的实际损失和侵权人违法所得，而实际损失和侵权人违法所得是人民法院判定侵权人赔偿责任的核心基础，即便是在人民法院酌定赔偿数额的情况下，权利人的实际损失和侵权人违法所得的情况（虽然不足以确定赔偿数额），也是最重要的参考依据。

更进一步观察，著作权法保护思想表达而不保护思想，某些特定情形下权利人只能选择适用《反不正当竞争法》及相关规定保护权利人商业秘密，而不能适用《著作权法》及相关相关规定。当权利人的策划或创意虽然具有商业价值，但其并不构成作品时，权利人只能选择适用《反不正当竞争法》及相关规定维护权益。

2. 选题对象及编排体例上的策划或创意并不因被选对象的公开化而丧失"秘密性"，策划或创意中对内容的拣选并不应被选中内容片段的公开化而丧失"秘密性"

如前所述，最高人民法院认为，以"国家领导人答记者问"为选题的图书，在图书出版市场上虽已存在，但具体以哪一位国家领导人为选题对象进行图书出版策划，不同的市场经营主体会有不同的选择。并且，在本案被诉侵权行为发生以前，图书出版市场上并无以邓小平为选题对象的相关书籍，同时，图书出版市场上亦无将国家领导人会见外国元首与接见外国记者融为一体的编排体例，因此，《邓答》书稿的策划创意、编排体例符合"不为公众所知悉"的条件。关于《邓答》书稿的内容选取是否"不为公众所知悉"，最高人民法院认为，应当区分"内容选取"与"内容片段"，"内容片段"的公开，并不等于以"内容片段"为素材所进行的拣选安排亦已公开。本案中，虽然《邓答》书稿里关于邓小平会见外国元首、接见外国记者等事件的内容来自公开出版物《邓小平文选》、《邓小平年谱》、《人民日报》和新华社的公开报道等，但是，分散在上述各文献资料中的有关内容，经由片石书坊公司的选取而形成《邓答》书稿，这种"选取"并未公开。因此，《邓答》书稿的内容选取符合"不为公众所知悉"的条件。

将最高人民法院上述观点扩展开来，权利人在作品或准作品中，甚至是在非作品的其他产品中，针对已公开内容进行有独创性的排列组合，从而具有了商业价值，只要该排列组合本身未丧失秘密性，就构成权利人的商业秘密，依法应予保护。

3. 应区分侵害商业秘密行为与侵害著作权行为的构成要件

最高人民法院认为，在涉及作品创意的商业秘密侵权案件中，应当区分侵害商业秘密行为与侵害著作权行为的构成要件，不能以是否存在“抄袭”作为判断侵害商业秘密是否成立的标准。被诉侵权人“使用”了权利人的商业秘密这一构成要件，并不要求被诉侵权载体与权利人的商业秘密载体完全一致或者在很大程度上构成相似，只要被诉侵权载体的形成用到了权利人的商业秘密，就构成侵害商业秘密。

与之相对应，侵害著作权的行为构成要件中，核心内容就是是否存在“抄袭”行为，而有关“抄袭”行为的判断，需要运用“接触＋实质性相似”原则进行评价，不仅关系到“接触”实际情况或可能性问题，而且关系到被诉侵权作品与原作对比及相似度问题；侵害商业秘密行为构成要件中，被诉商业信息与权利人的商业信息“相同或实质相同”只是前提条件，这一点与侵犯著作权行为构成要件一致，除此之外，有关侵权行为的具体内容、性质、方式问题，二者之间差异明显，正如最高人民法院所述，侵犯商业秘密行为构成要件中，侵权人使用权利人商业秘密即构成侵权，而并不要求具有“抄袭”的特征。另外，以盗窃、贿赂、欺诈、胁迫、电子侵入等不正当手段获取权利人商业秘密的行为以及“披露”和“使用”类侵犯商业秘密的行为手段，均不适用于侵犯著作权的行为。

4. 合理确定侵权人违法所得

最高人民法院认为，尽管印刷成本、仓储运输成本等各项成本可以参照同行业的平均数值予以确定，但是，《邓与》一书的实际销售数量既不等于印刷数量，也无数值可以参照。并且，由于《邓与》一书并非完全抄袭《邓答》书稿而成，故即使确定了《邓与》一书的实际销售数量，亦无法从销售利润中剥离出台海出版社因侵害片石书坊公司商业秘密而获得的那部分利润。

一般意义上讲，侵权人违法所得等于其因侵权行为所获全部收入扣除其支出的全部成本，即为其违法所得。但是，运用该一般规则审查并确定侵权人违法所得时，还需要结合侵权行为及违法收益的具体情况来判断。最高人民法院的上述观点包含三个层面的内容:一是侵权行为支出成本难以确定时,可参照同行业的平均标准予以确定,因此,成本不明确具体不能单独成为认定违法所得难以确定的依据;二是侵权行为违法所得计算要素中的销售数量,必须以侵权人实际销售的数量为依据,而不能简单以侵权人生产或制作的侵权产品数量为依据;三是如果作品或产品总价构成元素中包含权利人商业秘密之外的其他元素,则需要将权利人商业秘密元素及对应的价格构成分离出来,并将其作为侵权人违法所得的计算基础,如果无法区分,则不宜将其与销售数量之乘积作为侵权人的违法所得,而应由人民法院对侵权人的违法所得进行酌定。需要注意的是,此类情形下,人民法院能否通过酌定单价或权利人商业秘密在侵权作品或产品价格中的占比来完成侵权人违法所得数额的认定?笔者认为,该做法虽然与《反不正当竞争法》所规定[1]的路径不完全吻合,但在司法实践中,这是审判人员最常用也最可行的酌定思路之一,而人民法院此时对单价或价格比重的酌定,实质是确认侵权人的违法所得能够确定,而并非难以确定,既然违法所得能够确定,就不存在"违法所得难以确定"这个酌定的前提。虽然,在逻辑上存在不完全自洽的瑕疵,但是并不影响司法实践中运用该方法和思路的效果。

问题在于,人民法院酌定的赔偿金额明显低于权利人的实际损失或侵权人的违法所得时,权利人如何更加充分地保障自己的权益?如果相关判决系一审判决,权利人在上诉过程中,应依据《民事诉讼法》第170条第1款第3项之规定以"原审判决认定基本事实不清"为由向二审法院主张撤销原判决发回重审或查清事实后改判。如果相关判决已经生效,权利人可依据《民事诉讼法》第200条第1款第2项之规定以"原判决、裁定认定的基本事实缺乏证据证明为由"申请再审。需要说明的是,人民法院运用自由裁量权酌定而来的判决结果,当事人无论是通过上诉还是申请再审的方式谋求改判判决或裁定结果的计划,其实现难度极大,司法实践中,上一级人民法院对下级法院酌定结果的改判情况极为罕见。

---

[1] 《反不正当竞争法》第17条规定,因不正当竞争行为受到损失的经营者赔偿数额,首先依据其实际损失计算,难以计算的,按照侵权人违法所得确定;经营者实际损失或侵权人违法所得难以确定的,方由人民法院酌定。

正是基于上述事由，最高人民法院肯定了一、二审法院对侵权人赔偿金额的酌定结果，并认为：相关图书市场份额的占有量有限，片石书坊公司仍可以其审批通过的《邓答》书稿进入图书市场获取经济利益，最高人民法院认为，二审判决台海出版社赔偿片石书坊公司50万元并无不当。具体到本案，笔者认为，一、二审酌定的50万元的赔偿金额确实存在畸低之嫌，片石书坊公司已经举示初步证据，指向台海出版社销售侵权书籍的总收入高达1200万元，在台海出版社并未提供充分反驳证据的情况下，完全脱离片石书坊公司已举示证据并脱离台海出版社违法所得极高的高度盖然性，而酌定赔偿金额50万元，实属不妥。

5. 判决停止侵权的期限应以足以保护权利人竞争优势为实质判断标准

最高人民法院认为，在侵害商业秘密案件中，判决停止侵害的时间并非一律为"持续到该项商业秘密已为公众知悉时为止"，而是应当以保护权利人基于该项商业秘密而享有的竞争优势为前提。本案中，在台海出版社、南京快乐文化公司停止出版、发行《邓与》一书的条件下，片石书坊公司就可以其获得审批通过的《邓答》书稿进入图书市场获取经济利益，尽管此时相关商业秘密已经为公众知悉，但是，在一定时期内，片石书坊公司仍可享有一定的竞争优势。

最高人民法院上述观点包含两层意思：一是虽然相关司法解释规定了人民法院判决停止侵害的时间"一般应当持续到该商业秘密已为公众所知悉时为止"，但是，并非所有案件所有情形下，人民法院都必须判决停止侵害至案涉商业秘密为公知所知悉之时，停止侵害至商业秘密为公众所知悉时只是"一般"规则，而并不是"绝对规则"。二是决定停止侵害时间长短的核心要素是权利人是否存在竞争优势需要保护。如果存在，即使案涉商业秘密已为公众所知悉，侵权人仍应停止侵害行为；如果不存在，即使案涉商业秘密尚未为公众所知悉，侵权人无须继续停止侵害，从本质上讲，此时，因为不存在竞争优势，侵权人的"侵权行为"因没有侵害对象而无须停止。

二、浙江省高级人民法院(2015)浙知终字第96号判决书——已发表作品创意之权利人不得主张商业秘密权

创意是作品构成的核心要件，其集中展现作者的智力成果与已有作品在

表现形式上的差异,《著作权法》所保护的也正是这种差异所构建的创意。在作品未发表前,著作权人的创意具有“秘密性”特征,《著作权法》和《反不正当竞争法》在此存在竞合关系;作品发表后,著作权人的创意丧失“秘密性”,因而不构成商业秘密,《反不正当竞争法》不再适用。

(一)基本案情介绍

上诉人 TAN SURYANTO JAYA(以下简称 T. JAYA)因与被上诉人台州市田某工贸有限公司(以下简称田某公司)侵害作品复制权、侵害商业秘密纠纷一案,不服浙江省台州市中级人民法院(2013)浙台知民初字第 294 号民事判决,向浙江省高级人民法院提起上诉。

一审判决查明:双方当事人于 2009 年 7 月 18 日签订合同,约定由田某公司为 T. JAYA 加工型号分别为 TY－090787、TY－090788、TY－090789 的水箱、水箱外壳模具各一副,合同还载明“所有技术文档、信息和说明均属于保密信息,除非取得委托方书面同意,供货方均不得向任何第三方披露”。T. JAYA又在涉案的四幅海豚戏水及花形图案上分别署名称享有图案著作权,田某公司亦在图案上对著作权的归属一一盖章认可。后田某公司按约向 T. JAYA 交付了模具。事后,双方因涉案图案的著作权发生争议。T. JAYA 认为田某公司在为昭华公司等其他客户设计制造模具产品时,擅自使用了涉案图案,侵害了其著作权,并认为按照合同约定,该涉案图案构成商业秘密,田某公司的行为亦侵害其商业秘密,故于 2013 年 11 月 29 日诉至原审法院,请求判令:(1)田某公司立即停止在产品设计中使用涉案美术作品;(2)田某公司立即停止在模具制造中使用涉案美术作品;(3)销毁田某公司用于使用涉案美术作品、图形作品的材料、工具、设备等,尤其包括模具;(4)田某公司停止披露、使用或者允许他人使用所掌握的 T. JAYA 商业秘密的不正当竞争行为;(5)田某公司于《中国日报(海外版)》上向 T. JAYA 赔礼道歉、消除影响;(6)田某公司承担案件受理费、保全费等诉讼费用。

针对 T. JAYA 的诉讼请求,田某公司一审答辩称:涉案图案既不构成作品,也不是由 T. JAYA 所创作,况且其在为案外人加工的模具中并未使用与涉案图案相同的图案,故不构成侵权。

原审法院经审理认为,本案一审争议焦点为:(1)T. JAYA 诉请的四幅包含海豚戏水及花形图案是否属于《著作权法》中应受保护的作品，著作权是否归属 T. JAYA 所有？(2) T. JAYA 诉请的四幅包含海豚戏水及花形图案是否属于商业秘密？(3)田某公司是否实施了侵权行为。

(1)关于争议焦点一。首先，T. JAYA 在涉案图案上分别署名，并经田某公司盖章认可，故在无相反证据证明的情况下，可以认定四幅海豚戏水及花形图案均由 T. JAYA 独立创作完成。其次，T. JAYA 主张著作权的四幅海豚戏水及花形图案多以海豚、海洋、花形装饰等进行构图，图案设计的基本元素构成上与既存图案虽有一定相似，但又进行了新的变化、创作，呈现出一定的差异，而这些差异部分也正体现了其对涉案图案的智力创造及其个性特征，具有独创性，符合作品的构成条件。此外，T. JAYA 主张上述作品系用于水箱产品的外壳装饰，通过绘画方式构成，具有审美意义，构成美术作品，应受《著作权法》的保护。至于 T. JAYA 要求判令田某公司立即停止在产品设计与模具制造中使用其图形作品的诉请，该院认为本案争议的权利载体具体特定，即为 T. JAYA 提交的证据 1 所载的四幅图案，仅作为装饰，并无指导施工、生产的目的和功能，故不应作为图形作品进行保护，不支持有关停止设计与生产的诉讼请求。

(2)关于争议焦点二，判断是否构成商业秘密。其一，应由 T. JAYA 明确其主张保护的商业秘密的具体内容。其二，应由 T. JAYA 举证证明其主张的信息具备秘密性、价值性、保密性，符合商业秘密的构成要件。T. JAYA 请求将涉案的四幅图案作为商业秘密进行保护，但依附该四幅图案能够表现的权利仅为基于其独创性与审美意义而体现的美术作品的著作权，无法表现为可以构成商业秘密的技术或经营等方面的"信息"。除在合同中要求田某公司保守技术秘密外，T. JAYA 并未举证证明采取了其他实质性的保密措施。T. JAYA对其主张保护的商业秘密未提供证据证明具备秘密性、价值性、保密性。综上，涉案四幅图案不具备商业秘密的构成要件，无法认定为商业秘密。

(3)关于争议焦点三。根据"谁主张，谁举证"的原则，T. JAYA 主张田某公司实施了侵权行为，应当提供相关证据。判断田某公司是否侵害 T. JAYA 著作权，需将 T. JAYA 主张享有著作权的作品与被诉侵权实物进行比对，但 T. JAYA未提交可以用于比对的被诉侵权实物，其提交的证据也无法证明田某公司曾在为他人制造的模具中使用了其享有著作权的图案，无法形成完整的证据链条证明田某公司实施了被诉侵害著作权的行为。涉案的四幅图案不构成商业秘密,T. JAYA 更未提供证据证明田某工贸实施了侵害其所主张的商业秘密的行为。

综上,T. JAYA 虽然享有涉案图案的著作权,但其提供的证据无法形成完整的证据链条,不能证明田某公司实施了被诉侵害著作权的行为,亦无法证明田某公司实施了被诉侵害商业秘密的行为。原审判决:驳回 T. JAYA 的诉讼请求。

宣判后,T. JAYA 不服,向浙江省高级人民法院提起上诉称:(1)原判未基于其诉讼请求进行全面审查,尤其是"事实与理由"部分增加了对图形作品内容的阐述,即该图形作品系表达 PLASTO 水箱产品(TY－090787)与外壳产品(TY－090788、TY－090789)连接关系的产品结构设计图。(2)原判对相关证据及事实的认定有误。

田某公司二审答辩称:(1)T. JAYA 增加、变更诉讼请求超过法定时限,原审法院针对其起诉时提出的诉请作出判决,符合法律规定。(2)原判对双方证据的认定正确。(3)T. JAYA 主张的四幅图案不具有独创性,即使构成作品,真正的著作权人也是田某公司,况且田某公司为 T. JAYA 和昭华公司、喜必爱公司制造的模具不同,因此不存在侵害 T. JAYA 著作权的事实。(4)涉案模具外壳图案不具有秘密性和保密性,不构成商业秘密。田某公司据此请求二审法院驳回上诉,维持原判。

(二)二审法院裁判说理的重点

二审的争议焦点在于:(1)原判是否遗漏审查 T. JAYA 的部分诉讼请求?(2)被诉侵权行为是否侵害 T. JAYA 对涉案四幅美术作品享有的著作权?(3)T. JAYA 对 S0001118 专利证书中的四幅图片是否享有著作权,以及被诉侵权行为是否侵害上述著作权?(4)T. JAYA 对其所主张的四幅美术作品及四幅专利图片是否享有商业秘密,以及被诉侵权行为是否侵害上述权利?(5)如果侵权成立,田某公司应承担何种侵权责任?

1. 原判是否遗漏审查 T. JAYA 的部分诉讼请求

原审法院在表述 T. JAYA 的诉讼请求时,确实漏列了关于图形作品的诉讼请求，但在实体审理中，原审法院对该部分诉讼请求进行了审查，并在原判第12页中进行了分析阐述，认为T. JAYA主张的图形作品与其主张的美术作品指向同样的四幅图案，该四幅图案不应作为图形作品进行保护，继而在实体处理中驳回了T. JAYA的相关诉请。虽然原审法院漏列T. JAYA的部分诉请，且对图形作品指向的图案理解有误，但其对T. JAYA关于图形作品的诉请已经进行了审查，故T. JAYA的此节上诉理由不能成立，二审法院不予支持。

2. 被诉侵权行为是否侵害T. JAYA对涉案四幅美术作品享有的著作权

由于田某公司在二审中自认其于2009年为昭华公司提供的水箱模具所生产的产品与洪先生在印度尼西亚共和国获得的相关专利一致，也与T. JAYA提交的被诉侵权实物一致，故可以将带有海豚戏水图案的被诉侵权实物与T. JAYA主张的四幅美术作品（以下称图1～4）进行比对，判断两者是否构成实质性相似。

（1）将被诉侵权图案与T. JAYA主张的图1进行比对，两者在整体构图上具有相似性，但图1系草图未体现细节部分，与被诉侵权图案所勾勒的海豚及海浪显然不同。由于海豚在上、波浪在下以及左右对称的构图方式在图案设计中较为常见，已进入公有领域范围，故不能仅仅因为两者在整体构图上近似而认定构成实质性相似。

（2）将被诉侵权图案与图2进行比对，因两者仅在波浪形态上具有相似性，而在整体构图及最具独创性的海豚设计上存在显著差异，故在整体上并不构成实质性相似。

（3）将被诉侵权图案与图3进行比对，前者两个海豚处于左、右位置，后者两个海豚处于上、下位置，海豚的形态、轮廓尤其是身上的纹理均存在较大区别，两者不构成实质性相似。

（4）将被诉侵权图案与图4进行比对。其一，如前所述，两者海豚在位置分布、形态、轮廓及纹理方面均存在较大区别；其二，即使如0026209－D专利附图所示，被诉侵权图案的构图及海浪设计与T. JAYA作品具有一定相似性，但因两者在最引人注意、最具独创性的海豚设计部分存在显著差异，故两者不构成实质性相似。

综上，被诉侵权图案与T. JAYA主张的四幅美术作品均不构成实质性相似，被诉行为并未侵害T. JAYA美术作品的著作权。

3. T. JAYA对相关专利证书中的四张附图是否享有著作权

本案中，T. JAYA以S0001118专利证书证明其对所附四幅图片享有著作权，但根据其一审证据6，印度尼西亚共和国高等法院已经以“不存在任何新颖性要素”为由认定该专利无效，故上述专利证书显然无法作为证明其享有权利的有效证据。

4. 被诉侵权行为是否侵害T. JAYA的商业秘密

如上所述，因田某公司为昭华公司提供的模具图案与T. JAYA主张的四幅美术作品不构成实质性近似，故其当然也未侵害T. JAYA对四幅美术作品享有的商业秘密。同时，因T. JAYA未提供有效证据证明其系四张专利附图的权利人，故亦无法对该四张附图主张商业秘密。

综上，二审法院认为，田某公司的被诉侵权行为既未侵害T. JAYA的著作权，也未侵害其商业秘密。T. JAYA的上诉理由缺乏事实和法律依据，不予支持。原审判决实体处理并无不当。依照《民事诉讼法》第170条第1款第1项之规定，判决驳回上诉，维持原判。

（三）本案启示与重点问题评析

1. 当事人针对同一作品创意在同案中能否既主张著作权又主张商业秘密权

本案中，原告针对涉案四幅图案既主张著作权并提出相应诉讼请求，又主张商业秘密权亦提出相应诉讼请求。对此，笔者认为，原告的诉讼安排稍显不妥，就作品而言，无论是著作权还是商业秘密权，其客体都是作者创意所体现的智力成果，权利人拟寻求保护的对象是同一的；在基础法律关系层面，著作权和商业秘密权分属不同的法律关系，同一案件中当事人针对同一标的分别从不同的法律关系角度提出诉讼请求，显然不符合民事诉讼的基本原理；对侵权行为而言，著作权和商业秘密权保护权利人智力成果利益的基本规则是一致的，即被诉侵权作品与权利人作品不得相同或实质性相似，权利人没有必要分别选用不同规则对同一问题进行重复评价；著作权纠纷和商业秘密纠纷中，原告的请求权基础不同，如果在同一案件中同时主张两类请求，实质上引发了诉讼请求因其基础不确定而不具体明确的后果,直接违反了《民事诉讼法》关于诉讼请求明确具体的基本要求[1]。

当然,在特定情况下,基于同一事实或其他原因存在密切关系的不同法律关系在同一诉讼中解决,有利于查清案件事实、明确法律责任和避免裁判冲突,有利于保护当事人利益和实现诉讼经济的目标[2]。但是,此处所称的"特殊情况"并不包括诉讼请求完全重叠的情况,也即不包括本案所示的情形,而主要是指存在密切关系的不同法律关系上不同的诉讼请求,人民法院合并审理的情形。

2. 作品中的创意在何种条件下受商业秘密权保护

本案一审判决指出,《著作权法》所保护的作品的独创性体现于作品之中的创造性劳动,该创造性劳动既不以新颖性为前提,亦不具有排他性限制。作品的创造性要求作者的智力成果与已有作品相比在表现形式上存有差异即可,而不以其内容是否为已有知识再现为除斥条件。

笔者认为,与作品创意的创造性要求相比,商业秘密意义上创意的"创造性",必须具备"不为公众所知悉"的秘密性特点,而秘密性本身就包含新颖性元素,即具有秘密性而不为公众所知悉的信息,其当然具有新颖性。换言之,受《著作权法》保护的权利人作品创意中,只有那些具有秘密性的智力成果,才构成商业秘密并为《反不正当竞争法》保护。具体而言,作品中的创意构成商业秘密需满足下述条件:其一,作品未公开发表或被展览使用;其二,权利人须对作品采取保密措施;其三,作品具有商业价值,尤其需要赋予权利人竞争优势。

3. 权利人是否有权请求人民法院判令被告立即停止在产品设计与模具制造中使用其美术作品

未经权利人许可,他人不得擅自使用其作品,这是《著作权法》对著作权进行保护的基本原则。美术作品亦不例外,未经美术作品著作权人许可,他人不得擅自使用该美术作品。理论和实践在基本原则层面并不存在分歧,但是,

---

〔1〕《民事诉讼法》第119条第1款第3项规定,"起诉必须符合下列条件:……有具体的诉讼请求和事实、理由……"。

〔2〕参见最高人民法院(2019)最高法知民终672号民事裁定书。

有关何为“使用”以及使用方式的合法性问题，存在一定的分歧。笔者认为，无论何种形式，被诉侵权人通过复制等手段再现美术作品中具有审美意义的表达部分即构成“使用”，如果未经该美术作品著作权人同意又不存在法定免责事由的情况下，就应当承担法律责任。与之相比，图形作品的“使用”与美术作品略有不同，产品设计图或工程设计图等图形作品是对某种技术方案或事实原理等图形化表达，其主要功用是指导设计、生产和施工活动，被诉侵权人利用图形作品中图形化表达的技术方案或事实原理，即构成“使用”，无须再现图形作品本身。

本案中，一审法院注意到了美术作品和图形作品在保护方式上的区别，但是，遗憾的是，其错误运用了保护规则。具体而言，T. JAYA 诉讼请求中所列判令被告“立即停止”在产品设计和模具制造中使用“图形作品”，虽然其主张的“图形作品”本身系美术作品，而美术作品本身不具有指导设计和生产制作的功能，但是，结合本案事实，被诉侵权人使用涉案美术作品的方式并非图形作品意义上的使用，恰恰是对美术作品的复制和再现，因此，T. JAYA 请求停止使用涉案图案实际上就是指被诉侵权人停止复制该图案而非利用该图案所含技术方案或事实原理，即使 T. JAYA 对涉案图案性质界定错误，但人民法院应根据其查明和认定的性质评价原告诉讼请求是否应获支持，不宜简单基于原告错误的称谓而驳回其诉讼请求。

第二节　专利或其他技术信息中的创意保护

权利人针对特定技术的发明创造，其核心智力成果是针对某项技术的“创意”，权利人将该“创意”表达出来后，形成创新技术，此时，权利人有两种选择：一种是将该创新技术提交专利主管机关申请专利，以“公开换垄断”；另一种是针对该创新技术采取保密措施，以“保密换垄断”。权利人的发明创造被授予专利权后，须遵守“公开换垄断”的规则，该发明创造不再具有“秘密性”特征，不符合商业秘密构成要件，不受《反不正当竞争法》之商业秘密规范的保护。但是，当权利人的发明创造尚未被授予专利权，亦即尚未公开前遭受他人侵害，如其符合商业秘密构成要件，则应受《反不正当竞争法》相关规范的保护，本节所选并加以评析的典型案例，也是针对权利人尚未公开的专利技术或其他技术“创意”被侵害的情形。

一、最高人民法院(2019)最高法知民终672号民事裁定书确定侵害技术秘密纠纷与专利权权属纠纷可合并审理规则

当事人起诉涉及的侵害技术秘密纠纷与专利权权属纠纷在主要事实上高度重叠且裁判结果上相互牵连时，人民法院宜将两诉合并于一案中审理。

(一)基本案情介绍

上诉人大连博迈科技发展有限公司(以下简称博迈公司)因与被上诉人何某、苏州麦可旺志生物技术有限公司(以下简称麦可公司)侵害技术秘密及专利权权属纠纷一案，不服辽宁省大连市中级人民法院(以下简称原审法院)于2019年5月28日作出的(2018)辽02民初325号之一民事裁定，向最高人民法院提起上诉。

博迈公司向原审法院提出诉讼称：博迈公司成立于2007年，专注于色谱分离、分析仪器研制与生产等经营业务。2015年8月至2016年4月，博迈公司先后研制成功多个“多种流体周期性定向导流装置"。博迈公司于2014年12月1日与何某签署《退休人员返聘协议》及《员工保密协议》，聘用何某从事技术与管理工作。2016年8月24日，何某作为第一发明人，王某作为第二发明人，麦可公司作为专利申请人申报了涉案专利的申请。涉案专利申请公布后，博迈公司发现麦可公司专利申请内容系博迈公司的技术秘密，涉案专利系何某在博迈公司工作期间作出的“职务发明创造"，专利权应归博迈公司所有。何某违反保密协议约定，在工作期间向麦可公司披露及允许其使用博迈公司的技术秘密，麦可公司明知上述违法行为而获取、使用及披露博迈公司的技术秘密，二者的行为均侵犯了博迈公司的技术秘密。

麦可公司、何某在原审共同辩称：不同意博迈公司的诉讼请求。本案专利权权属纠纷和侵犯技术秘密纠纷本来属于民事案由规定的两个独立的不同案由，不应当在一个案件中同时主张，博迈公司应明确选择一项案由作为本案的审理范围。

原审法院认为：博迈公司主张何某在该公司受聘期间向麦可公司披露其

技术秘密,麦可公司获取、使用其技术秘密申请了发明专利,二者侵犯了其公司技术秘密及专利权。博迈公司在案件中提出的诉讼请求,包括要求确认专利权权属和主张被告承担侵害技术秘密的侵权责任。虽然侵害技术秘密的侵权行为可以产生专利权权属争议,但即使界定职务发明创造人员同时侵害技术秘密,因具有秘密性和保密性的技术秘密与公开性的专利,属于不同性质的诉讼标的,技术秘密的侵权之诉和专利权权属的确认之诉,二者属于侵害技术秘密和专利权权属两个不同案由,不属于同一法律关系,所涉及的被告主体亦不相同,不应在本案中同时进行主张。原审庭审中,原审法院向博迈公司释明,因其提出的诉讼请求包括确认专利权权属以及要求原审被告承担侵害技术秘密的赔偿责任,系针对不同诉讼标的主张的不同法律关系,不应在本案中一并主张,要求博迈公司进一步明确、选择其中一项法律关系主张权利,进而明确本案的被告。博迈公司坚持认为何某将其技术秘密披露给其他原审被告,并将其技术秘密以专利申请的形式公开并且得到专利授权,二者具有关联性,专利权权属纠纷与侵害技术秘密纠纷应当在一案中合并审理,拒绝进行选择、明确并变更诉讼请求。博迈公司拒绝选择、明确在案件中要处理的法律关系及对应的诉讼请求,致使案件的法律关系及对应的被告不明确,博迈公司的起诉不符合法律规定的起诉条件。综上,原审法院依照《民事诉讼法》第 52 条、第 119 条之规定,裁定驳回博迈公司的起诉。

博迈公司上诉请求:撤销原审裁定,指令原审法院进行实体审理。其主要事实与理由为:尽管本案涉及侵犯技术秘密的侵权之诉和专利权权属的确认之诉,属于不同的案由、不同的法律关系,但都是由于何某、麦可公司的侵权行为引起,二者具有关联性,在同一案件中审理不违反《民事诉讼法》及其相关规定。相反,在同一案件中审理有利于查明事实,减少当事人的诉累。

(二)最高人民法院裁判说理的重点

最高人民法院经审理认为,本案的争议焦点是:(1)原审法院裁定驳回博迈公司起诉是否符合法律规定?(2)如应对博迈公司的起诉进行实体审理,是否可以将侵害技术秘密之诉与确认专利权权属之诉合并审理?(本书仅摘录其关于第 2 项焦点问题的论述。)

法律允许将诉争的两个不同的法律关系合并在一个案件中进行审理。而且，在特定情况下，将基于同一事实或者其他原因存在密切关系的不同法律关系在同一诉讼中解决，有利于查清案件事实、明确法律责任和避免裁判冲突，有利于保护当事人利益和实现诉讼经济的目标。考虑到本案中博迈公司起诉涉及的侵害技术秘密纠纷与专利权权属纠纷在主要事实上的高度重叠以及裁判结果上的相互牵连，具有密切关系，最高人民法院认为宜将上述两诉合并在一个案件中予以审理。

第一，主要事实的高度重叠。结合博迈公司的起诉状及庭审意见陈述，其起诉何某、麦可公司侵害技术秘密的主要事实为：何某违反约定将博迈公司的技术秘密披露给麦可公司，麦可公司明知或应知何某的违法行为而获取、披露他人技术秘密，涉案专利申请实为"披露"技术秘密这一侵权行为的具体呈现。博迈公司关于确认涉案专利权权属归其所有所依据的事实与上述主张的事实基本相同，均涉及技术秘密构成、范围的认定以及与专利技术方案的比对。本案审理侵权之诉与确认之诉所需查明的事实基本相同，在同一案件中审理有利于案件事实的查清，符合诉讼经济的目的。

第二，裁判结果上的相互牵连。根据博迈公司的诉讼请求及其主张的事实理由，确认博迈公司为涉案专利权利人的前提为麦可公司与何某存在侵害技术秘密的行为。如果认定何某、麦可公司并未侵害博迈公司的技术秘密，则博迈公司关于专利权属确认的主张就可能得不到支持。本案的确认之诉的结果系侵权之诉结果的自然延伸，两者存在较强的关联性。因此，本案通过诉的合并，还可以实现避免裁判冲突的功能。

综上，博迈公司的上诉请求具有事实和法律依据，予以支持。原审裁定适用法律错误，予以纠正。依照《民事诉讼法》第 56 条第 2 款、第 119 条、第 170 条第 1 款第 2 项、第 171 条，最高人民法院《关于适用〈中华人民共和国民事诉讼法〉的解释》第 332 条之规定，裁定如下：（1）撤销原审法院（2018）辽 02 民初 325 号之一民事裁定；（2）本案指令原审法院审理。

（三）本案启示与重点问题评析

1. 侵害技术秘密纠纷与专利权权属确认纠纷合并审理的规则基础

最高人民法院《关于印发修改后的〈民事案件案由规定〉的通知》（法〔2011〕42 号）第 3 条第 3 款指出，同一诉讼中涉及两个以上的法律关系的，应当依当事人诉争的法律关系的性质确定案由，均为诉争法律关系的，则按诉争的两个以上法律关系确定并列的两个案由，合并在一个案件中进行审理。因此，同一案件涉及两个不同的法律关系并非人民法院驳回当事人起诉的合法理由。本案中，博迈公司以何某、麦可公司侵犯其技术秘密为由要求二者承担侵权责任，以麦可公司申请的专利系其公司技术秘密为由请求确认诉争专利权由其享有，系在同一案件中提出侵害技术秘密纠纷之诉与专利权权属纠纷之诉，符合前述规定之情形。

2. 权利人未申报专利之技术信息中核心创意保护与专利权权属保护之间的关系

本案中，权利人已经将其有关倒流装置技术创意以固定形式表达出来并投入应用，只是权利人并未选择“公开换垄断”的权利保护方式，而是将相关技术信息采取保密措施以寻求商业秘密权保护。因此，严格意义上讲，本案并非完全意义上对技术创意保护的案例。但是，本案为技术创意保护与专利权权属保护关系问题提供了重要的参考价值。

假定本案中权利人的技术创意尚停留在技术研发阶段而并未最终形成成熟的技术成果，此时，侵权人将该技术创意泄露或与他人共同使用或据此申报专利权，权利人是否有权如本案一样，同时提起侵害技术秘密纠纷和专利权权属纠纷之诉？笔者认为，权利人同时提起上述两诉的权利并不受涉案技术尚未成熟之影响，只要该技术创意不为公众所知悉、具有商业价值并采取了保密措施，即可受《反不正当竞争法》保护，如果此时侵权人将其申报专利技术，则同时侵犯了权利人的专利权。但是，如果权利人有关技术创意尚未表达出来，处于纯粹的思维方式阶段，则不符合智力成果基本构成要件，不受法律保护。

当侵权人并不将权利人之技术创意申报专利权时，《专利法》及相关规范不能适用于侵犯技术创意的行为，此时，权利人只能依据商业秘密领域相关法律规则保护权益，权利人针对技术创意“保密换垄断”的策略继续有效，直到侵权人申报专利，权利人技术创意的“秘密性”特征被损害时，权利人“被迫”切换至“公开换垄断”策略中。从全过程来看，针对侵权人的侵权行为，权利人基于其不同阶段所享有的不同权利分别提出不同的诉讼请求，这就是侵害技术秘密纠纷与专利权权属纠纷合并审理的关系本质。

二、最高人民法院(2010)民申字第739号民事判决书确定技术创意保护的基本条件

权利人技术创意受《反不正当竞争法》及相关法律保护,应具备四项基本条件:其一,该技术创意有形存在,而非纯粹思维活动;其二,该技术创意超越纯粹的理论状态,而具有商业价值;其三,该技术创意具有创造性,并非公知技术或信息;其四,权利人采取了合理的保密措施。如果一项技术创意未有形表达或无证据证实其客观存在,即使侵权人实质性利用了该技术创意,权利人针对侵权人的主张也难以得到人民法院支持。

(一)基本案情介绍

金华市欣生沸石开发有限公司(以下简称欣生公司)与杭州益生宜居建材科技有限公司(以下简称益生公司)、俞某侵犯商业秘密纠纷一案,浙江省高级人民法院于2009年8月12日作出(2009)浙知终字第70号民事判决,已经发生法律效力。2010年5月13日,欣生公司向最高人民法院申请再审。

欣生公司申请再审称:(1)欣生公司诉请保护的商业秘密于俞某任职期间已经形成,并通过产品、记载产品技术性能的《检验报告》《科技查新报告》《权利要求书》等文字记载的方式予以了固定。二审判决认定欣生公司未能证明其诉请保护的技术信息在俞某任职期间已客观存在是错误的。(2)二审判决认定《质量鉴定报告》对待证事实缺乏证明力,认定欣生公司未能举证双方诉争产品的配比和生产工艺相同或实质相同是错误的。(3)二审判决认定欣生公司"未证明相关保密事项的具体内容",并以此来衡量保密是否规范是错误的。(4)欣生公司请求保护的商业秘密具有实用性。(5)二审判决认定欣生公司未能证明被申请人采用不正当手段接触了欣生公司的商业秘密是错误的。

浙江省金华市中级人民法院一审认为:本案的争议焦点是欣生公司防水剂产品中的相关技术是否构成商业秘密,以及如构成商业秘密,俞某、益生公司是否构成侵权?(1)是否构成商业秘密问题?欣生公司法定代表人论文公开了运用科技手段对沸石矿粉体进行表面活化、改性工艺处理等内容,但对其

具体的配比、生产工艺,不属于公知技术。欣生公司与俞某已于 2005 年 1 月 1 日签订过劳动合同,对其上述技术信息采取了保密措施。从欣生公司提供的证据看,该公司含有上述技术的产品已在各地推广,具有实用性。故应当认定欣生公司的有关防水剂的技术信息构成商业秘密。(2)俞某、益生公司是否使用了欣生公司商业秘密的问题。益生公司的产品与欣生公司的产品在产品用途、主要技术指标、产品组成的主要成分、关键核心技术方面基本相同,益生公司也未提供其生产产品的工艺和配方及来源,应当认定益生公司的被诉侵权产品使用了与欣生公司商业秘密相同的技术信息,且俞某曾是欣生公司的副总经理,有机会接触欣生公司的商业秘密信息。俞某辩称其产品系自行开发的,但从其提供的证据来看,其委托他人开发出产品也是基于俞某、益生公司方提供的技术,且俞某离开欣生公司极短的时间内进行生产,应当认定俞某、益生公司使用了欣生公司的商业秘密,侵犯了欣生公司的商业秘密。(3)赔偿损失问题。欣生公司诉请赔偿额为 98.42 万元,但从欣生公司提供的证据来看,除律师代理费 5 万元可以确认以外,其余提供的证明损失的证据与本案缺乏关联性,并不能证明俞某、益生公司侵犯商业秘密行为给欣生公司所造成损失的具体数额,欣生公司也未举证证明俞某、益生公司因该侵权行为的获利。据此,酌情确定俞某、益生公司赔偿数额为 40 万元。

综上,浙江省金华市中级人民法院于 2008 年 10 月 30 日作出民事判决:(1)俞某、益生公司立即停止侵害欣生公司涉案商业秘密的行为(商业秘密内容另制附件),直至该技术被公开之日止;(2)由俞某、益生公司于判决生效后十日内赔偿欣生公司经济损失 40 万元,俞某、益生公司互负连带责任;(3)驳回欣生公司的其他诉讼请求。

俞某、益生公司不服一审判决,向浙江省高级人民法院提起上诉称:(1)欣生公司并未将其生产的抗裂硅质防水剂产品的配比、生产工艺作为商业秘密主张权利保护,一审判决将该内容列入商业秘密加以保护不当。(2)益生公司生产的涉案产品与一审判决认定的商业秘密在主要成分、技术指标、质量性能及作用机理等方面均存在较大区别,并不存在相同或高度相似性。(3)俞某、益生公司在一审中即已主张一审判决认定的商业秘密属公知技术,并提交了充分的证据,一审判决未予认定不当。(4)欣生公司未能就俞某在其公司供职期间所谓的商业秘密已客观存在、俞某有机会接触并获取商业秘密及俞某、益生公司已具体实施了获取、披露、使用或者允许他人使用欣生公司所谓商业秘密的行为进行举证。综上,请求二审法院撤销原判,改判驳回欣生公司的诉讼请求或者发回重审。

浙江省高级人民法院二审认为:本案的争议焦点为,欣生公司提供的证据是否足以证明其主张的商业秘密符合法定条件及俞某、益生公司侵犯了该公司的商业秘密?首先,在欣生公司提供的多份证据中,关于产品的含水量、细度、氯离子、碱含量、限制膨胀率等具体性能指标多有涉及,而产品的配比和生产工艺仅在其于2007年8月11日委托的《科技查新报告》上首次得以明确记载。俞某在欣生公司的供职期间为2004年1月至2006年3月。另外,欣生公司亦未能证明其现有产品的成分配比和具体生产工艺。综上,欣生公司未能证明其所主张的技术信息在俞某任职期间已客观存在。其次,欣生公司需证明益生公司的HJ－A型防水剂、抗渗剂的配比和生产工艺与欣生公司在本案中主张的配比和生产工艺相同或实质相同。本案欣生公司提供《质量鉴定报告》以证明益生公司生产的HJ－A型防水剂、抗渗剂与欣生公司生产的JX抗裂硅质防水剂在产品用途、主要技术指标、产品组成的主要成分及产品采用的关键核心技术方面基本相同。但因该《质量鉴定报告》系欣生公司单方委托而成,且鉴定意见仅依据相关《科技查新报告》《评估报告》《检测报告》等作出,既无双方产品实物的鉴定分析,亦无双方产品的生产线、生产工艺的现场保全、评定,且《评估报告》《检测报告》等仅记载依照国家标准对产品进行的相关检测,并不具备应有的参考价值,应认为该《质量鉴定报告》对其待证事实缺乏证明力。最后,欣生公司还需证明益生公司生产HJ－A型防水剂、抗渗剂所采用的配比和生产工艺与其采用不正当手段接触了欣生公司的商业秘密有关。欣生公司另提供《水平检索报告》《评估报告》等欲证明俞某存在非法获取欣生公司商业秘密的事实,但均缺乏证明力,其也未能提供其他有效证据证明俞某、益生公司所使用的技术信息与采用不正当手段接触了欣生公司主张的商业秘密有关,故应由欣生公司承担举证不能的不利后果,而不能简单地依据俞某曾任欣生公司主管销售的副总经理推断为必然存在非法接触。综上,欣生公司提供的现有证据尚不足以证明在俞某从其公司离职之前其公司诉请保护的商业秘密业已存在及俞某、益生公司具体实施了侵犯其商业秘密的行为,故其主张的俞某、益生公司的侵权事实不能成立。欣生公司提出的诉讼请求证据不足,不予支持。一审判决认定事实不清,适用法律错误,实体处理不当,应予改判。浙江省高级人民法院于 2009 年 8 月 12 日作出(2009)浙知终字第 70 号民事判决:(1)撤销金华市中级人民法院民事判决;(2)驳回欣生公司的诉讼请求。

(二)最高人民法院裁判说理的重点

最高人民法院审查认为本案主要涉及以下问题:(1)欣生公司诉请保护的商业秘密于俞某在欣生公司任职期间是否已客观存在?(2)被申请人是否采取不正当手段接触了欣生公司诉请保护的商业秘密?(3)益生公司涉案技术信息与欣生公司诉请保护的商业秘密是否构成相同或者实质相同?

1. 关于欣生公司诉请保护的商业秘密于俞某在欣生公司任职期间是否已客观存在

最高人民法院认为,从本案的审理过程来看,一、二审法院认定的欣生公司商业秘密的内容就是欣生公司第一次开庭时明确的诉请保护的商业秘密内容,而该内容是由欣生公司在本案开始审理阶段自行确定的。因此,本案应当围绕欣生公司诉请保护的商业秘密的具体内容(即一审判决书附件所记载 2007 年 8 月 11 日委托的《科技查新报告》)进行审查。因欣生公司主张俞某将欣生公司拥有的、处于商业秘密保护的 JX 抗裂硅质防水剂的生产技术和方法直接运用到益生公司产品的生产之中,且欣生公司没有主张俞某是在离职后以不正当手段获取其诉请保护的商业秘密,假设俞某在欣生公司任职期间可能接触到欣生公司诉请保护的商业秘密,欣生公司也必须进一步证明其诉请保护的商业秘密在当时已经客观存在。根据欣生公司所提交的证据仅能证明其至迟在 2007 年 8 月 11 日掌握了诉请保护的商业秘密,但并不能确定地证明欣生公司在俞某任职期间(即 2004 年 1 月至 2006 年 3 月)就掌握了其诉请保护的商业秘密。二审法院并没有否定欣生公司在俞某任职期间已经能够生产出 JX 抗裂硅质防水剂产品。但是,能够作为商业秘密受到法律保护的不是某种产品,而是体现在产品中的信息。产品名称或者类型相同,并不意味着体现在产品中的信息也必然一致。也就是说,同样作为防水剂,其配比和生产工艺不一定相同。欣生公司也认可,其 JX 抗裂硅质防水剂自 2004 年生产以来组分肯定是变化的，其发明之所以 2007 年才申请专利也是由于产品配方需要调整。欣生公司虽然证明其在俞某任职期间已经能够生产出 JX 抗裂硅质防水剂产品，但并没有证明其在俞某任职期间已经掌握在本案中诉请保护的 JX 抗裂硅质防水剂产品的具体生产技术信息。

2. 关于被申请人是否采取不正当手段接触了欣生公司诉请保护的商业秘密

最高人民法院认为，欣生公司与俞某签订劳动合同，约定不准俞某把该公司所有产品的生产过程、技术参数及配方等泄露给外单位或个人。应当认为欣生公司对其所拥有的商业秘密已经采取了保密措施。合理的保密措施并不必然要求告知保密义务人保密事项的所有具体内容。因此，二审判决关于欣生公司未证明相关保密事项的具体内容的认定有所不当。但是，在欣生公司未能举证证明其在俞某任职期间已经掌握了其诉请保护的商业秘密的情况下，即便俞某曾经在欣生公司任职，有接触欣生公司产品信息的可能性，也无法认定俞某在欣生公司任职期间接触到了欣生公司当时可能并不掌握的商业秘密。而且，欣生公司也未提交被申请人在俞某离开欣生公司后至本案起诉前接触其诉请保护的商业秘密的证据。因此，二审法院认定欣生公司未能证明被申请人采取不正当手段接触了欣生公司诉请保护的商业秘密，并无明显不当。欣生公司主张，其证明了欣生公司与益生公司双方产品具有实质性相似的特征，并通过提交《关于俞某等同志的任职通知》、劳动合同等证据，证明了被申请人已经具有接触商业秘密的条件，其已经完成了证明责任。欣生公司的上述主张均是建立在其在俞某任职期间已经掌握了其诉请保护的商业秘密的前提下的，申请再审人欣生公司的有关申请再审理由，虽有一定道理，但其前提不能成立，建立在该前提下的相应主张自然也不应予以支持。

3. 关于益生公司涉案技术信息与欣生公司诉请保护的商业秘密是否构成相同或实质相同

最高人民法院认为，欣生公司不能证明其在俞某任职期间即已经掌握了其诉请保护的商业秘密，更不能证明被申请人接触了其诉请保护的商业秘密。在此情况下，将益生公司的涉案技术信息与欣生公司诉请保护的商业秘密进行对比对于认定益生公司是否侵犯欣生公司商业秘密，已没有实际意义。

综上，二审判决认定事实基本清楚，适用法律基本正确，审理程序合法，判决结果并无错误，欣生公司的再审申请不符合《民事诉讼法》第 179 条的规定。依照《民事诉讼法》第 181 条第 1 款之规定，裁定驳回金华市欣生沸石开发有限公司的再审申请。

（三）本案启示及重点问题评析

1. 专利技术公开前或其他非专利技术中的技术创意应否作为商业秘密加以保护

本案中，一审法院将涉案技术中原料配比和生产工艺之创意定性为商业秘密并加以保护，并指出涉案技术信息中具体配比、生产工艺系非公知技术，欣生公司通过劳动合同约定采取了保密措施，且该技术已经投入生产具有商业价值。二审过程中，涉案技术信息在 2007 年《科技查新报告》中才首次明确，欣生公司无法证实涉案技术信息 2007 年之前业已客观存在，因而 2007 年之前欣生公司并无涉案技术相关的商业秘密；再审程序中，最高人民法院更进一步指出，虽然 2007 年之前欣生公司以相关技术生产相关产品，但是产品本身不构成商业秘密，且生产相关产品的技术本身在不断发展变化中，所以，在案证据只能证明欣生公司最迟 2007 年取得了涉案商业秘密，不能证实 2007 年之前相关商业秘密客观存在。

从上述三级法院审理思路和观点可以看出，一审法院将权利人投入生产的技术创意界定为商业秘密加以保护，虽然权利人在 2007 年才将已经投产的技术创意以书面形式进行表达，但是，该类能被证实客观存在的技术创意，依然符合商业秘密构成要件，并依法应予保护。二审法院采取了完成相反的认定，认为权利人并无证据证实其 2007 年之前拥有相关技术，本质上否定了未经书面表达之技术创意的客观性，即便该技术创意已为权利人投产使用，也不符合商业秘密构成要件。最高人民法院对前两审法院的观点进行了折中处理：一方面，最高人民法院肯定了权利人未书面表达但已投产技术创意的客观性，并不否定具备基本要件的技术创意构成商业秘密的可能性；另一方面，最高人民法院又以权利人技术创意处于不断发展变化中为由，指出权利人 2007 年之前的技术创意与 2007 年书面表达的技术创意（技术信息）之间不具有同一性，而权利人并未基于 2007 年之前的技术创意主张权利，仅依据 2007 年书面表达的技术信息主张权利，但是，2007 年侵权人早已离开权利人单位，无证据证实其接触了商业秘密。

综上，笔者认为，对于尚未申请专利的技术而言，权利人有证据证实该技术中的创意客观存在，或者已经投产使用，虽然该技术创意并未书面表达形成技术信息，如该技术创意具有秘密性、价值性特点并采取了保密措施，则构成商业秘密，依法应予保护。技术创意的投产使用，应当被认定为技术有形表达的方式之一，换言之，投产使用的技术创意，虽非书面表达，亦属于技术信息，如符合构成要件，则构成商业秘密。

2. 技术类商业秘密载体与其技术创意及其发展变化状态之间的关系问题

如最高人民法院在本案中所指出的那样，“能够作为商业秘密受到法律保护的不是某种产品，而是体现在产品中的信息”，此处所谓的“产品”其实就是商业秘密的载体，“产品中的信息”就是商业秘密的创意。技术创意通过产品表达，产品反证技术创意的客观存在，最高人民法院亦并未否定该组辩证关系，甚至，从某种意义上讲，最高人民法院间接确认了该辩证关系，并指出“产品名称或者类型相同，并不意味着体现在产品中的信息也必然一致”。从这个意义上讲，产品将体现在产品中的技术创意与未经任何形式表达出来的纯粹思维活动区分开来，此时，产品的表达功能与权利人通过书面形式表达其技术创意的功能并无二致。那么，本案权利人欣生公司 2007 年之前通过产品所表达的技术创意与 2007 年通过《科技查新报告》所表达的技术创意，在法律属性上并无二致；虽然，两个技术创意可能在技术特性内容上存在差异，导致两个技术信息不具有同一性，但是，其所应受法律保护的地位是相同的。

具体到本案中，欣生公司 2007 年之前通过产品表达的技术创意与 2007 年通过《科技查新报告》所表达的技术创意之间，可能存在技术改进等变化，但是，该种变化是否达到了否定二者之间同一性的地步？从在案证据上看，无法得出二者不具有同一性的结论，更为重要的是，被诉侵权人益生公司从未提出上述技术创意不具有同一性的抗辩，人民法院主动提出此类抗辩是否适当，存在疑问；进一步地说，即使人民法院依职权提出该疑问，仍需要在证据的基础上得出结论，而本案中，有关 2007 年前后两种技术创意不具有同一性的问题，除了欣生公司自述技术不断变化之外，没有其他任何证据证实其二者不具有同一性，而是否具有同一性，通过技术比对能作出准确判断。如果欣生公司2007年前通过产品表达的技术创意与2007年通过《科技查新报告》表达的技术创意具有同一性，那么，被诉侵权人2007年之前在欣生公司任职过程，应推定其具有接触涉案商业秘密可能性。相反，如不具有同一性，才属于最高人民法院在该案中主张的情形，因被诉侵权人2007年之前任职过程可能接触的商业秘密与2007年书面表达的商业秘密（欣生公司本案所主张的商业秘密）不同，因而不存在侵权基础。问题在于，上述两种技术创意是否具有同一性这个基本问题未查清，基于未查清事实认定被诉侵权人不存在接触秘密的可能性认定，是不妥的。

另外，技术创意的书面表达形式并不能作为确定技术创意形成时间的唯一依据。技术创意形成后，权利人既可以通过书面形式表达，也可以通过其他形式表达，或者，技术创意形成并通过其他形式表达一段时间后，权利人根据自身需要再进行书面表达，如通过技术查新程序表达，均无不可。确定技术创意形成的时间，应当是权利人将创意思维首次转化为创意成果的时间，书面形式只是创意成果的表现形式之一而不是唯一。技术创意首次书面表达的时间，可以作为该技术创意此时确已存在的依据，但是，技术创意首次书面表达的时间，绝不可成为认定该技术创意此前不复存在的依据。本案中，2007年《科技查新报告》能够作为认定涉案技术创意2007年确已存在的依据，但是不能作为认定涉案技术创意2007年之前不复存在的依据。

3. 权利人向人民法院准确陈述商业秘密及其密点的重要性

最高人民法院在本案中指出，在商业秘密侵权案件的审理中，原告必须首先明确其诉请保护的商业秘密的内容，否则法院无法进行审查，更无法对被告使用的信息是否与原告诉请保护的商业秘密相同或者实质相同作出判断。原告在确定诉请保护的商业秘密范围时，可能因诉讼能力的不足而产生确定不当的问题，但法院只能针对原告诉请保护的商业秘密进行审查。在本案一审程序中，欣生公司法定代表人陈某在第一次庭审中就明确其诉请保护的商业秘密内容是根据2007年8月11日委托的《科技查新报告》确定的。在此后的两次庭审中，欣生公司对于法庭关于原告诉请保护的商业秘密范围的确定问题的回答有不确定之处，但最后表明态度的是以《关于欣生JX抗裂硅质防水剂系列产品“核心技术”列入商业秘密保护范围的补充说明》为准，而支持该补充说明有关商业秘密具体内容的记载的证据仍然是2007年8月11日委托的《科技查新报告》，一审法院最终确定的欣生公司的商业秘密的具体内容（一审判决书附件所记载）亦与2007年8月11日委托的《科技查新报告》中记载的抗裂硅质防水剂的配比及制作过程一致。最高人民法院听证时欣生公司亦明确确认其主张的商业秘密的具体内容以一审判决书附件的内容为准。

从表面上看，最高人民法院的该段陈述似乎对本案不产生决定性影响，但是，实际上，正是该段认定，“奠定”了欣生公司败诉的基础。一方面，最高人民法院指出了该公司在陈述其商业秘密过程中的不稳定状态，但是这不是该公司本案的根本原因；另一方面，最高人民法院实际上旗帜鲜明地指出了欣生公司并未基于2007年以前通过产品表达的技术信息提出诉讼请求，仅仅基于2007年书面表达的技术信息提出诉讼请求，而人民法院只能针对2007年书面表达的技术信息进行审理，不能围绕2007年之前的技术信息进行审理，因而也不能将被诉侵权技术与欣生公司2007年之前的技术进行比对进而判断是否构成相同或实质相同。换言之，如欣生公司基于2007年之前产品表达的技术创意提起本案之诉，人民法院审查的对象完全不同，做出的认定也将完全不同。

4. 采取保密措施达至何种程度方为合理

有关商业秘密保密措施的相应性、足以抵抗方向工程等一般要求，前文已详述，此处仅讨论权利人所采取之保密措施需要具体到何种程度问题。本案二审法院以欣生公司“未证明相关保密事项的具体内容”为由认定欣生公司未采取合理保密措施，最高人民法院对此予以纠正。那么，权利人通过劳动合同等文件所采取的保密措施是否必须列明全部保密事项的具体内容？笔者认为，权利人通过劳动合同或其他文件要求相关人员承担保密义务，只需要达到相关人员知晓其负有保密义务的程度即可，至于包括哪些保密事项和内容，属于相关人员诚信义务之范畴，权利人是否在保密文件中提及，不影响相关人员保密义务之负担。保密措施的合理性，其核心要旨是确定权利人保护其商业秘密之意愿和强度，进而防止商业秘密被侵害，而并非列举义务人所需负担的具体保密事项，更无将未列明事项排除在义务人负担保密义务之外的目的。保密义务人围绕权利人商业秘密负担消极义务，而非积极义务，因此，不应要求权利人通过列举方式界定义务人消极义务的边界和范畴，实际上，权利人也无法通过列举的方式准确界定义务人消极义务的外延。

5. 行为人基于劳动合同或合作合同等关系接触权利人原始技术创意，双方关系终止后，该技术创意被改进，行为人基于原始创意所进行的研发、使用等行为性质问题

本案中，被诉侵权人在欣生公司任职时，欣生公司的技术创意处于初期阶段，并未书面形式表达出来；被诉侵权人离职后，在其产品中使用了与权利人相同的技术。二审法院以被诉侵权人没有触密机会为由否定了其侵权行为；最高人民法院以即便被诉侵权人有机会接触欣生公司产品信息，但是因当时欣生公司并未掌握技术信息，被诉侵权人也无法接触其商业秘密为由否定了其侵权行为。两级法院的上述认定，并未触及另一个根本问题，即被诉侵权人任职期间有机会接触欣生公司产品所载技术创意，该技术创意不断发展变化，至2007年书面表达的技术信息，此期间，被诉侵权人利用其任职期间所接触的技术创意（不一定是2007年书面表达的技术创意），并将其运用到自己的产品中，该行为应如何定性？

笔者认为，虽然本案中权利人陈述自己的权利基础时出现了偏差，但是，人民法院不应当忽略上述问题的审查与认定。如被诉侵权人利用其任职期间接触的权利人的技术创意，无论该技术创意是否足够先进，是否经过发展变化，只要该技术创意未成为公知技术，则被诉侵权人即构成侵权，仅需要将被诉侵权人所使用的技术与权利人相应时间段的技术进行比对，若相同或实质相同，且被诉侵权人又无法说明其技术来源时，则应认定被诉侵权人使用了权利人技术创意而应承担赔偿责任。本案中，应将益生公司所使用技术与欣生公司2007年之前产品所用技术进行比对，以判断其是否构成侵权。正因为任何一项技术形成后都将被不断改进和发展，而改进和发展势必经历较长的时间，权利人可能在发展的某一个阶段才决定将技术创意进行书面表达，因此，仅仅因为欣生公司2007年才书面表达技术创意而否定益生公司及相关人员接触涉案技术创意及其可能性，是不妥当的。

6. 技术创意同一性比对鉴定方法的科学性问题

最高人民法院在本案中指出，从《质量鉴定报告》的送鉴资料来看，有关

欣生公司产品的相关报告（即送鉴资料1、2、3）中并没有体现欣生公司在本案中诉请保护的商业秘密，而体现欣生公司诉请保护的商业秘密的关键文件即2007年8月11日委托的《科技查新报告》也不在送鉴资料之内，因此该《质量鉴定报告》并不是将欣生公司诉请保护的商业秘密与益生公司涉案技术信息进行对比，与本案没有关联性，不能直接作为定案依据。但需要说明的是，本案益生公司并不否认该《质量鉴定报告》据以对比的针对其产品的相关报告的真实性以及相关报告针对的产品为其公司生产，在有关比对产品和检验报告的真实性可以认定的情况下，《质量鉴定报告》根据欣生公司与益生公司双方产品的《科技查新报告》《检测报告》等书面材料比较双方产品的相关信息，这种方法并无不妥，关键是据此比对所得数据和结论是否与案件审理对象相关。二审法院认定该《质量鉴定报告》对待证事实缺乏证明力的理由之一是，没有双方产品实物的鉴定分析，也没有双方产品的生产线、生产工艺的现场保全、评定。有关理由在表述上虽欠妥，但因《质量鉴定报告》并未对本案涉案技术信息进行比对，二审法院认定欣生公司未能举证证明益生公司的HJ－A型防水剂、抗渗剂的配比和生产工艺与欣生公司在本案中诉请保护的配比和生产工艺相同或实质相同，结果并无不当。

笔者认为，最高人民法院上述观点包含以下三层意思：其一，在商业秘密纠纷中有关同一性鉴定问题，送鉴材料必须包括涉案商业秘密信息或载体，否则，鉴定意见缺乏关联性，不能作为定案依据；其二，在确定产品归属关系真实性和针对该产品的报告真实性的前提下，鉴定机构依据前述报告进行同一性鉴定，并无不妥，人民法院不应仅仅因为鉴定机构未能进行实物鉴定分析或生产工艺现场保全评定否定鉴定意见的可靠性；其三，因鉴定意见缺少关联性，即使二审法院在排除其证明力理由论述方面存在瑕疵，但依然不影响裁判结果的正确性。

第三节　经营信息中的创意保护

经营信息中的创意，是指权利人对其经营活动进行创新后形成的具有商业价值的智力成果。当该创意具备商业秘密构成要件时，依法应受保护。与商业秘密中其他经营信息相比，经营信息中的创意具有创新性和非书面化等特点，如果相关市场上已经存在的经营信息，不构成此处所称的创意，同时，如果是权利人已经通过书面形式表达的创意，构成了经营信息中的具体方案，系商业秘密经营信息的典型表现形态。最高人民法院对于虽未经书面表达为经营方案但具有商业秘密特点的经营创意，作为商业秘密保护。

一、最高人民法院(2015)民申字第85号判决书对已公开广告策划方案"秘密性"予以否定，但并不排斥广告创意作为商业秘密应予保护

广告创意作为一种智力成果，无论其是否通过书面形式予以表达，当期投入经营使用后，若尚未丧失"秘密性"则仍构成商业秘密，但是，当其公开并未公众所知悉后，不再具备商业秘密构成要件，不适用商业秘密相关规则。

（一）基本案情介绍

再审申请人海南诚禾文化传媒有限公司（以下简称诚禾公司）因与被申请人薛某、王某、左某（以下统称三自然人被申请人）、海南如今广告有限公司（以下简称如今公司）侵害商业秘密纠纷一案，不服海南省高级人民法院于2014年6月23日作出的（2014）琼知民终字第8号民事判决，向最高人民法院申请再审。

再审申请人主要理由为：2013年1月至6月，三自然人被申请人先向诚禾公司定作2013年第七届车展组展整体策划方案等工作成果，此后又利用第七届车展招标小组成员身份，共谋串通如今公司剽窃诚禾公司第六届车展投标方案，据此形成第七届车展投标书。三自然人被申请人提前启封诚禾公司第七届车展投标书，开标后让诚禾公司补充报价方案据此形成《第七届车展整体运营最低报价表》，先让诚禾公司报出第七届车展标底，再披露给如今公司，让后者压低2万元报价中标。诚禾公司提交《第七届车展最低报价表（诚禾、如今公司混合最低报价清单）》，以及2011年车展报社版和车商版电子版，可以证明证据来源合法有效，诚禾公司为权利人。

最高人民法院补充查明了如下事实：第六届海南汽车展销会《招商手册》中记载了"特装展位参展套餐一览表"，其中包括展位编号、展位面积、套餐总价和配送海南日报版面情况等内容。诚禾公司提交的《2012年省内汽车广告

收费规定》中记载:“签订常年协议的大客户在海南日报、南国都市报《汽车周刊》投放广告均按五折优惠。”诚禾公司在二审中提交《诚禾公司、如今公司综合报价项目价格表》,用于证明其投标情况,以及被申请人已经接触其商业秘密信息。该表格第一栏“项目”中列明了“演绎费用”“礼仪迎宾劳务费”“开幕式费用”等项目,第二栏“取最低报价”列明了具体的金额,第三栏“特别说明”记载了“选如今最低报价”“选诚禾最低价”“诚禾有报价,如今无”“选如今报价,活动有特色”“选诚禾报价,因为有防伪功能”等内容。报价总费用为“836,090 元”。被申请人在二审答辩时认为,该表是开标后因两家投标单位报价项目不一致,投标报价无法进行比较,而从两家单位的报价项目中选出必须要做的项目,汇总而成的一张表。该表是统一报价项目后,给两家投标单位重新报价用的。对此,诚禾公司并未提出异议。诚禾公司于一审中提交了《第七届车展整体运营策划执行单位竞选工作会议纪要(三)》,其中记载参会人员为三自然人被申请人,约谈人员为诚禾公司的法定代表人文某、如今公司的法定代表人扶某,内容为:“将车展的各个项目进行了详细汇总并列出清单。各个项目的报价,在对两家公司进行严格对比的基础上,选取了最低报价公司的报价。此次列出的项目清单有 30 项,总报价为 83.609 万元。在约谈中,诚禾公司与如今公司均对中心提出的项目清单、每个项目的报价以及总报价表示认可。”

(二)最高人民法院裁判说理的重点

最高人民法院认为,本案焦点问题为诚禾公司有关被申请人侵犯其就广告配送比例和报价信息享有的商业秘密的主张能否成立。再审申请人主张的广告配送比例、报价信息只有符合商业秘密构成要件的规定,才能够获得商业秘密的保护。

关于再审申请人主张的广告配送比例,根据一审判决查明的事实,诚禾公司主张的广告配送比例自 2011 年开始使用,在 2012 年的第六届海南车展和 2013 年的第七届海南车展均沿用该比例。第六届海南汽车展销会《招商手册》中明确记载了“特装展位参展套餐一览表”,其中包括展位编号、展位面积、套餐总价和配送海南日报版面情况等内容。熟悉海南日报广告业务的相关人员根据前述套餐总价,配送的海南日报版面的市场价值,以及《2012 年省内汽车广告收费规定》中记载的有关折扣规定，经过简单计算即可很容易地获得诚禾公司所主张的广告配送比例。因此，再审申请人主张的广告配送比例不属于“不为公众所知悉”的情形，不构成《反不正当竞争法》保护的商业秘密。

关于再审申请人主张的报价信息。根据《第七届车展整体运营策划执行单位竞选工作会议纪要(三)》和《诚禾公司、如今公司综合报价项目价格表》，海南日报在招投标阶段已将车展有关项目的最低报价告知诚禾公司的法定代表人文某与如今公司的法定代表人扶某，供两公司重新报价用。诚禾公司并未举证证明其对此曾提出过异议。因此，诚禾公司的相关报价信息相对于被申请人已不再构成商业秘密，诚禾公司有关被申请人侵犯其就报价信息享有的商业秘密的申请再审理由亦不能成立。

依照《民事诉讼法》第 204 条第 1 款、最高人民法院《关于适用〈中华人民共和国民事诉讼法〉的解释》第 395 条第 2 款规定，裁定驳回海南诚禾文化传媒有限公司的再审申请。

(三)本案启示与重点问题解析

1. 法律保护广告策划或创意类商业秘密的重心

商业广告，作为产品或服务的推广手段，重点在介绍产品或服务的价值和功能，吸引用户购买或使用相关产品或服务。商业广告的核心价值和功能在于对相关产品或服务推广和宣传的有效性方面，这也是商业广告和相关权利人基于商业广告的核心竞争优势。法律保护商业广告商业秘密权利人的重心，正是保护该商业广告在相关产品和服务宣传和推广方面的有效性。决定商业广告有效性的核心元素是凝结于广告中的策划与创意。权利人在广告中的策划与创意，无论是否通过书面形式予以表达，也无论其是否已投入使用，只要权利人能证明该策划与创意已客观存在并具有商业价值，采取了保密措施，即构成商业秘密，应受法律保护。法律保护广告策划与创意的重心在于保护其中具有创新意义和实用意义的已经表达出来的特定思路、方案、策略等。

本案中，诚禾公司所主张的广告配送比例和报价信息，最高人民法院之所以否定其为商业秘密，除了上述信息已公开而不具有秘密性特征外，该公司主张的广告配送比例和报价信息并不包含创新性信息，最高人民法院明确指出，

"第六届海南汽车展销会《招商手册》中明确记载了'特装展位参展套餐一览表',其中包括展位编号、展位面积、套餐总价和配送海南日报版面情况等内容。熟悉海南日报广告业务的相关人员根据前述套餐总价,配送的海南日报版面的市场价值,以及《2012 年省内汽车广告收费规定》中记载的有关折扣规定,经过简单计算即可很容易地获得诚禾公司所主张的广告配送比例"。简言之,案涉广告配送比例和报价信息并无创意,更未见其宣传和推广产品或服务方面独特有效性的特征。

2. 广告策划和创意是否一经使用便丧失秘密性

从宣传和推广本身的功能出发,商业广告最直观的作用就是让更多人知晓广告内容,显然,广告本身就具有公开所涉全部信息的特点。从这个意义上讲,广告策划与创意一经投入使用便已为公众所知悉,因而丧失了秘密性,不再符合商业秘密构成要件。但是,针对商业广告本身的策划与创意,而不涉及广告所拟宣传和推广的产品和服务时,商业广告本身已经成为一种产品,针对该产品的策划与创意,并不因为广告发布而丧失秘密性。本案即属此类。

本案中,涉案海南车展组展整体策划项目,其本身属于广告产品和服务项目,针对该车展的策划与创意,并不因该车展的举办而丧失秘密性。即如何更具效用地组织和策划车展,本身就是一项智力成果。即使在过往历次车展中已使用了相关策划和创意,但是,并不能据此认定该策划和创意已为公众所知悉。当然,案涉策划和创意因缺乏创新性而不具有商业价值,与其是否因为展出而丧失秘密性并无直接关联。

二、最高人民法院(2013)民三终第 6 号判决书对市场调研报告的保护

权利人针对特定项目进行市场调研后形成的专项报告,凝结了权利人的智力成果,通常具有较高的商业价值。侵权人以合作等名义获取权利人的报告及相关资料后加以利用,侵犯了权利人的商业秘密。但是,针对项目本身而言,权利人的市场调研工作以及形成的专项报告,处于项目的策划阶段,尚未进入项目实施阶段,因此,权利人基于专项调研报告所拥有的竞争优势仅仅局限于投资决策方面,至于项目投资后的预期利益,并不属于该调研报告的商业价值基础。

(一)基本案情介绍

程某、山东绿城房地产营销策划有限公司(以下简称绿城公司)诉虹亚房地产开发(集团)有限公司(以下简称虹亚公司)、虹亚集团、虹亚房地产开发集团有限公司五原分公司(以下简称虹亚五原分公司)、吴某侵害商业秘密纠纷一案,江苏省高级人民法院于2013年5月14日作出民事判决,程某、绿城公司、虹亚公司不服该判决向最高人民法院提起上诉。

一审法院认为本案争议焦点为:(1)程某、绿城公司主张的经营信息是否构成商业秘密;(2)如构成商业秘密,一审被告的行为是否构成侵权;(3)如构成侵权,一审被告应如何承担赔偿责任。

1. 程某、绿城公司主张的经营信息是否构成商业秘密

程某、绿城公司关于在某地存在一项含有具体土地价等利润分析情况的房地产开发项目的经营信息符合商业秘密构成要件,应认定构成商业秘密。由于该经营秘密是由程某和绿城公司共同努力获取的,现其以该商业秘密的共同权利人起诉,并不违反法律的规定,符合原告的主体资格。

2. 关于一审四被告的行为是否构成商业秘密侵权及责任承担

(1)关于吴某的责任承担。本案中,吴某作为虹亚公司的法定代表人,其与程某沟通洽谈涉案项目,获取相关资料等一系列行为,均是在经营活动中履行的职务行为,由此产生的民事责任应由企业法人虹亚公司承担。

(2)关于虹亚公司的行为是否构成侵权。根据《反不正当竞争法》第10条第1款第3项[1]关于"违反约定或者违反权利人有关保守商业秘密的要求,披露、使用或者允许他人使用其所掌握的商业秘密,构成侵犯商业秘密"的规定,虹亚公司在获知程某、绿城公司的商业秘密后,违反保守商业秘密的要求,使用其所掌握的商业秘密,构成商业秘密侵权。

(3)关于虹亚集团的责任承担。本案中的虹亚集团系经工商核准登记取得企业集团登记证的企业集团,其不具有法人资格。吴某虽然以虹亚集团的名义与程某联系,但其同时担任虹亚公司的法定代表人,其行为是代表虹亚公

---

〔1〕 2019年修订的《反不正当竞争法》第9条第1款第3项,下同。

司实施的职务行为,故本案实施侵权行为的是虹亚公司,由此产生的法律责任亦应由虹亚公司承担。

(4)关于虹亚五原分公司的行为是否构成侵权。虹亚五原分公司是在虹亚公司已经使用程某、绿城公司的商业秘密做出决策后,为涉案房地产开发项目专门成立的项目公司,而此时本案商业秘密的价值已经被虹亚公司使用完毕,故虹亚五原分公司不存在再使用涉案商业秘密的问题,其不构成商业秘密侵权。

3. 关于本案赔偿额的确定

(1)程某、绿城公司以涉案房地产项目可以获得的利润,作为其可得利益损失或一审被告使用涉案商业秘密所获利润,主张损害赔偿均于法无据,一审法院不予支持。由于涉案商业秘密的价值仅在于为决策者快速决策提供一种信息服务,故这种商业秘密的商业价值无法准确确定,由此亦难以计算本案中被侵害人的损失及侵权人的获利。因此,一审法院将综合考虑涉案商业秘密的具体内容、取得相关信息的难易程度,以及本案侵权行为的性质及情节,酌情确定本案赔偿额。

(2)涉案商业秘密的开发费用不应以《专项审计报告》所确定的绿城公司2005年3月至2009年6月期间的经营亏损作为依据。由于调研开发费用无法准确计算,考虑到绿城公司派员至内蒙古地区对涉案房地产市场进行调查,必将产生相关差旅费、人员工资等费用,故在此基础上,一审法院对程某、绿城公司主张的商业秘密研发费用酌情予以确定。

(3)合理开支包括三部分,针对《专项审计报告》的审计费用,由于该报告审计的是绿城公司自成立起至2009年6月的经营情况,并不能完全证明涉案商业秘密的研发费用,故该项支出一审法院酌情予以支持;因调查及参加诉讼产生的包括查档费、复印费及差旅费等费用22,616.90元,可以作为程某、绿城公司为制止侵权支出的合理费用,一审法院予以支持;对于《专项审计报告》中2007年至2009年6月30日的支出,该支出主要是用于与五原县人民政府交涉继续履行合同,因此与涉案商业秘密的形成没有直接关系,由此支出的费用不应作为本案商业秘密的调研费用,但其中与政府及一审被告交涉产生的差旅费等,属于为制止侵权支出的合理费用,应予支持。鉴于该部分合理费用无法准确计算，故一审法院予以酌定。

综上所述，判决如下：(1)虹亚公司于判决生效之日起30日内赔偿程某及绿城公司损失人民币100万元；(2)驳回程某及绿城公司的其他诉讼请求。案件受理费542,259元，由程某、绿城公司负担100,000元，虹亚公司负担442,259元。

程某、绿城公司、虹亚公司均不服一审判决，向最高人民法院提起上诉称：(1)一审法院法官存在贪污受贿、徇私舞弊行为，应当准许而未准许程某、绿城公司提出的财产保全申请、证据保全申请、调查收集证据申请、审计鉴定申请。(2)一审法院适用法律错误，违法免除了吴某、虹亚集团、虹亚五原分公司侵害涉案商业秘密的法律责任。(3)一审法院未依法按照“侵权人因侵权所获得的利润”来确定一审被告应承担的侵害商业秘密的损害赔偿责任。

虹亚公司上诉称：(1)一审判决的部分事实认定错误。①一审法院推定虹亚公司收到了程某、绿城公司传真的《项目利润分析报告》等文件资料，证据不足，虹亚公司未收到过上述文件资料。②一审法院推定虹亚公司使用了程某、绿城公司的商业秘密从而作出开发涉案房地产项目的决策，证据不足。虹亚公司是通过媒体知悉五原县隆兴昌大街拆迁改造开发项目的，受五原县人民政府邀请，虹亚公司经考察研究才确定投资。③虹亚公司对涉案项目的开发、经营管理，与程某、绿城公司无关。虹亚公司在涉案开发项目中成为拆迁人和土地使用权人，是通过法定的竞争程序获得的。土地市场的公开竞争导致原开发商随时可能被淘汰出局。(2)一审判决适用法律错误。一审法院错误地认定程某、绿城公司所主张的商业秘密成立。①程某、绿城公司所作的项目分析报告等信息因内容不完整、不具备能体现竞争优势等特殊性，不符合商业秘密的构成要件。②项目分析报告等信息不符合商业秘密的秘密性要求。③项目分析报告等信息不符合商业秘密的保密性要求。④项目分析报告等信息不符合商业秘密的价值性要求。虹亚公司请求撤销一审判决第1项，驳回程某、绿城公司的诉讼请求。

(二)最高人民法院裁判说理的重点

最高人民法院认为，本案二审的焦点问题为：(1)一审法院未予准许程某、绿城公司的财产保全申请、证据保全申请、调查收集证据申请、审计鉴定申请，是否违反法律规定；（2）程某、绿城公司主张的关于在某地存在一项含有具体土地价等利润分析情况的房地产开发项目的经营信息，是否构成商业秘密；（3）虹亚公司、虹亚集团、虹亚五原分公司、吴某是否侵害了程某、绿城公司所主张的商业秘密；（4）侵害涉案商业秘密的损害赔偿责任（包括合理开支）应如何确定。

关于第一个焦点问题，最高人民法院肯定了一审判决的做法，确定其并不违反法律规定。

关于第二个焦点问题。两份项目利润分析报告所载的内蒙古五原县隆兴昌大街东拓道路两侧商业房项目的成本利润分析等有关信息，是程某、绿城公司从海量的房地产开发信息中通过筛选、调查、与政府磋商、分析等特定经营活动获得的，符合商业秘密“不为公众所知悉”的认定条件。该两份项目利润分析报告，可以为房地产开发企业选择投资项目、做出投资决策提供帮助，故对于报告的所有人而言具有实用性，并能为其带来经济利益。此外，程某、绿城公司在其商业经营活动中，对内与其工作人员签订包含保密条款的劳动合同，对外隐去涉案房地产项目的具体地点信息并明确提出保密要求，据此可以认定程某、绿城公司对两份利润分析报告采取了保密措施。综上，可以认定以两份项目利润分析报告为载体的“关于在某地存在一项含有具体土地价等利润分析情况的房地产开发项目的经营信息”构成商业秘密。

关于第三个焦点问题。首先，虹亚公司是否侵害了程某、绿城公司的涉案商业秘密。尽管虹亚公司上诉称未收到过程某、绿城公司传真的项目利润分析报告等材料，但未提交任何证据，而程某、绿城公司在一审诉讼中提交了盖有“无锡虹亚集团”印章的《项目合作意向书》传真件、电话通话明细话单、证人申某某出庭作证的证言等证据，已形成彼此相互印证的证据链，足以认定虹亚公司收到了程某、绿城公司传真的两份项目利润分析报告。从1月20日吴某收到两份项目利润分析报告，到1月27日吴某与五原县人民政府就隆兴昌大街东拓工程有关事宜进行会谈，短短一周时间，虹亚公司即做出投资涉案房地产项目的决策，结合1月19日至21日期间吴某就涉案房地产项目积极与程某进行联系、磋商的事实，可以认定虹亚公司通过磋商获悉了程某、绿城公司的涉案商业秘密，并违反程某、绿城公司有关保守商业秘密的要求擅自使用其掌握的涉案商业秘密，构成《反不正当竞争法》规定的侵害商业秘密行为。

其次,在本案中吴某是否侵害了程某、绿城公司的涉案商业秘密。应当明确,吴某在本案中的一系列行为,均是其作为虹亚公司法定代表人的职务行为,因此,在本案中,吴某作为自然人并不存在独立的侵害涉案商业秘密的行为。再次,虹亚集团是否侵害了程某、绿城公司的涉案商业秘密。由于虹亚集团作为组织既不能独立承担民事责任,又不能从事市场经营活动,故以其名义进行的经营活动应当由实际实施有关行为的虹亚公司承受其地位,承担其责任。最后,虹亚五原分公司是否侵害了程某、绿城公司的涉案商业秘密。应当明确,对涉案房地产项目的开发、经营管理本身不属于侵害涉案商业秘密的行为。虹亚五原分公司是虹亚公司使用涉案商业秘密作出投资决策并与五原县人民政府协商取得涉案房地产项目的开发资质后,于 2007 年 7 月 19 日成立的分公司。此时,被诉的侵害商业秘密行为已经完成,故虹亚五原分公司未侵害程某、绿城公司的涉案商业秘密。综上,吴某、虹亚集团、虹亚五原分公司均未侵害程某、绿城公司的涉案商业秘密。

关于第四个焦点问题。最高人民法院认为,案涉商业秘密对于涉案房地产项目利润的取得,其商业价值仅在于帮助虹亚公司在海量的房地产市场信息中锁定涉案房地产项目,做出投资决策。对于程某、绿城公司而言,其因涉案商业秘密被侵害所遭受的可得利益损失,相当于其为虹亚公司提供了一次"房地产信息咨询服务"的价值;对于虹亚公司而言,其未支付任何对价即从程某、绿城公司处获取并使用了"房地产信息咨询服务",该咨询服务的价值即为虹亚公司在本案中"因侵权所获得的利益"。程某、绿城公司主张的可得利益——涉案房地产项目的利润——实际上是其取得涉案房地产项目开发权的预期利益。这种利益的损失,无论是因为未能与虹亚公司实现合作开发所导致,还是因为未能从五原县人民政府处取得开发资质所导致,均不属于通过掌握、使用涉案商业秘密本身就可以获得的利益,故不属于程某、绿城公司因涉案商业秘密被侵害所遭受的损失,亦不属于虹亚公司因侵害涉案商业秘密所获得的利益。因此,程某、绿城公司在一审诉讼中围绕涉案房地产项目利润提出的调查收集证据申请、证据保全申请、审计鉴定申请,均与本案的审理无关,一审法院不予准许并无不当。由于程某、绿城公司在本案诉讼中未提供证据证明其因涉案商业秘密被侵害所受到的实际损失,以及虹亚公司因侵害涉案商业秘密所获得的利益,故一审法院根据最高人民法院《关于审理不正当竞争民事案件应用法律若干问题的解释》第17条第1款的规定，参照确定侵害专利权的损害赔偿额的方法酌情确定本案赔偿数额，并无不当。由于《专项审计报告》是针对绿城公司自2005年3月至2009年6月的经营情况所作的数据分析，而涉案商业秘密的载体形成于2006年11月8日，故一审法院在明确指出“能够作为商业秘密调研的费用，必须是涉案商业秘密的载体形成之前支出的费用”，以及“必须是与涉案商业秘密形成有关的费用”的基础上，酌情确定涉案商业秘密的研发费用，并无不当。由于《专项审计报告》并不能证明涉案商业秘密的研发费用，故其费用不能作为合理开支予以支持；关于“因调查侵权行为支出的合理费用22,616.90元”，一审判决已明确予以支持；关于“对涉案房地产项目进行审计的审计鉴定费”，该费用并未实际发生；关于差旅费等维权费用，一审判决亦已明确予以支持。因此，程某、绿城公司该项上诉主张不能成立，法院不予支持。

综上，最高人民法院认为，一审判决认定事实清楚，适用法律正确。依据《民事诉讼法》第170条第1款第1项之规定，判决驳回上诉，维持原判。

（三）本案启示与重点问题解析

1. 市场调研活动及调研报告中公众易知信息拣选、组合问题

本案中，程某与绿城公司员工赴内蒙古部分地区就房地产市场进行调查研究，取得部分城市的基准地价表、楼盘销售广告、建筑公司宣传画册、各类报纸，并就楼盘的销售价格、建筑成本、部分房地产开发项目进度等形成调查分析表、分析报告、回报材料及工作记录。在此基础上，程某、绿城公司员工进行信息拣选、组合后进行专门分析，形成两份项目利润分析报告。该报告中实际上包含两方面商业信息：一是五原县存在一个房地产开发项目投资机会；二是该项目利润分析情况及结论。关于五原县房地产开发项目投资机会信息，因《内蒙古日报》已公告，不具有秘密性，不构成商业秘密。关于该项目利润分析情况及结论，其中土地价格、优惠政策由程某与五原县政府谈判并签约确定，系付出一定成本而取得的“不为一般公众所知悉或易取得”的商业信息，构成商业秘密；其中与计算项目利润有关的成本、费用、价格等信息以及计算方法，对于房地产行业人员并不能，但是，获取上述信息需要到当地房地产市场做调研，部分信息还需要与政府部门商议，需要付出代价，同时，由于全国房

地产开发海量信息，如需了解某特定项目利润情况，仍需拣选、分析大量易知资料和信息，因此，含有土地价格等利润分析的房地产开发信息，并“不为公众所知悉”，构成商业秘密。

总体而言，案涉两份利润分析报告之所有构成商业秘密，主要有三个层面的理据：其一，形成利润分析报告的基本素材，如土地价格，虽然一般公众亦能获取，但是必须进行实地调研、走访、沟通，方可完成，其中土地价格和优惠政策还需要与县政府沟通确定，需要付出一定成本；其二，通过现场调研，对所获取的海量信息进行拣选、识别、归类、组合、分析后形成项目利润报告，这个过程凝结了权利人大量的智力成果，不仅具有“秘密性”，而且具有“价值性”；其三，虽然涉案项目预期利润计算方法比较简单，但是，作为利润测算方法，并不能单纯依靠简单的数据计算得出结论，还需要结合现场调研和政府部门沟通情况，以增加测算结论的可靠性和准确性。

2. 简单计算方式与特定主体沟通相结合后的商业信息价值问题

如前所述，程某、绿城公司基于调研所获素材的拣选和组合，然后经过计算后形成项目利润分析报告，该过程及结论本身就已经蕴含了商业秘密。况且，程某、绿城公司与五原县人民政府经过多次谈判，于2006年10月31日就五原县隆兴昌大街东拓拆迁修建道路及两侧商业与住宅建设项目合作事宜签署《开发项目协议书》，包含非常详细的建设方案、交易条件等。该《开发项目协议书》大大增强了前述项目利润分析报告的商业价值：一方面，该协议书大大提高了案涉项目利润分析报告中项目和利润最终得以实现的可能性；另一方面，该协议书大大提高了该项目利润分析报告的可靠性和准确性。因此，即便该项目利润分析报告素材取得简易、计算方法简易，但是，当其与作为项目开发实际控制方的县政府意志结合在一起并形成合意时，该项目利润分析报告的商业价值便得到“质的飞跃”。

回归到商业秘密商业价值的核心，涉案项目利润分析报告所蕴含的主要商业价值是程某及绿城公司据此享有的竞争优势，在房地产项目策划和投资决策阶段，市场主体的竞争优势表现在两个方面：一方面是快捷、精准地了解项目的信息、预期利润及实现可能性，以便更准确的做出投资决策；另一方面是更有可能得到交易机会，最终成功获利。当程某、绿城公司与项目实际控制方五原县政府达成合作协议后,基本上锁定了上述两项竞争优势,正是基于其锁定的竞争优势,程某、绿城公司才通过公告的形式招募合作投资方,当然,正是该招募行为引发了本案纠纷。

3. 交易机会价值以及失信成本悬殊下的适当矫正问题

本案中,人民法院一方面以涉案房地产开发项目经《内蒙古日报》公告而丧失"秘密性"为由否定了该项目交易机会"商业秘密"特征;另一方面以涉案房地产开发项目依法应经过"招拍挂"程序最终确定土地使用权的归属方为由否定了程某和绿城公司基于涉案房地产项目开发而获取利润的确定性。

从商业秘密的角度出发,因该交易机会不构成商业秘密,因而即使其具有商业价值,也不能作为商业秘密加以保护,但是,对于虹亚公司而言,其利用程某和绿城公司的项目利润分析报告获取了该交易机会,进而获得了巨额利益,该交易机会的价值并不因其丧失"秘密性"有所减损,从这个意义上讲,人民法院在酌定本案赔偿金额时,确需考虑虹亚公司因涉案房地产开发项目而获取的巨额利润,至少,不能完全脱离该获利情况而酌定。

本案所涉土地使用权依法确需经过法定出让程序取得,程某和绿城公司在"招拍挂"程序中也确实存在被其他主体竞争并遭淘汰出局的风险,但是,从土地出让的历史经验来看,与县政府签署合作协议的主体最终出局的情况极为少见,虹亚公司最终获得该土地使用权的事实也反证了这一点。因此,如果虹亚公司诚信守约并不"跳单"甩开程某和绿城公司,则程某和绿城公司在本案中获得土地使用权的可能性极大,远远大于其出局的可能性。从这个意义上讲,涉案房地产开发项目预期利润的确定性并不因土地出让法定程序而全面否定,土地出让程序使程某和绿城公司获取土地使用权的不确定性对其获得项目开发利润的影响,应当作为酌减因素而不是全面否定因素。

至于最高人民法院终审判决中所提及的"虹亚公司获得的利益就是程某和绿城公司关于涉案房地产项目的咨询服务价值"问题,这是完全不考虑程某和绿城公司项目利润分析报告中所包含的交易机会价值后得出的结论,值得商榷。更为重要的是,虹亚公司利用程某和绿城公司项目利润分析报告取得涉案房地产开发项目获取近 8 亿元人民币利润,而其最终承担的违约成本仅 100 万元人民币,二者之间极为悬殊,人民法院本应对此予以适当矫正,否则,极易造成负面社会效果,误导市场主体通过极小违约代价博取极大收益。

4. 调研报告的商业价值与报告所指向的项目开发后的商业价值区分问题

本案一审法院指出,涉案商业秘密的价值在于,为使用该商业秘密的市场主体开发涉案房地产项目提供决策上的帮助,也即该商业秘密的使用价值主要体现在帮助使用者迅速做出决策,故开发涉案房地产项目所带来的经济利益不能等同于程某、绿城公司所主张的涉案商业秘密给其带来的经济利益。况且,程某、绿城公司开发涉案房地产项目是否能获得其预期利润也不具有确定性:首先,程某、绿城公司能否通过合法的挂牌程序获得土地使用权,并进而开发涉案项目是不确定的;其次,正是因为程某、绿城公司没有投资实力,才公开诚邀合作投资伙伴,但其能否实现与他人合作开发,如何合作及分配利润都是不确定的;最后,涉案项目能否获得预期利润与开发商的资金投入、运作以及宏观经济形势等一系列客观因素有关。因此,程某、绿城公司以涉案房地产项目可以获得的利润,作为其可得利益损失或一审被告使用涉案商业秘密所获利润,主张损害赔偿均于法无据。最高人民法院对此予以确认。

如果项目调研报告不包含交易机会信息,上述两级人民法院的观点是正确的。但是,当项目调研报告包含了交易机会,尤其是已经“锁定”的交易机会时,将调研报告的决策依据价值与该报告所指向项目开发价值剥离开来,并全然不考虑该项目开发价值对调研报告的增值功能,稍显不妥。诚然,本案中程某和绿城公司确系投资能力欠缺而公开招募投资伙伴,也确有可能与合作伙伴分享项目开发利润,但是,这并不影响程某和绿城公司本可以从涉案项目开发中获取利润的权利和机会,只是获利多少的问题,而虹亚公司单方面获得项目开发权后,实质上全面剥夺了程某和绿城公司基于项目开发而获取利润的权利和可能性。尤其应该看到,本案中程某和绿城公司的角色与专门从事房地产开发咨询服务的机构存在显著差异,专门咨询服务机构本身并不参与调研项目的投资开发,其当然不可能分享项目开发利润,但是,程某和绿城公司相反,其在本案中的主要角色是通过自行调研分析后投资开发涉案房地产项目,其招募合作投资方的行为并不否定其投资方的法律地位,而且程某和绿城公司已经与五原县政府就涉案项目开发签署了合作协议,此情形下,应将程某和绿城公司作为涉案项目的投资方对待,其预期利益当然包括涉案项目开发后可得利润。换言之,从程某和绿城公司与五原县政府签署合作协议前后的行为来看,其民事法律行为的主要目的是投资开发涉案房地产项目,而绝非提供房地产咨询服务获取服务费。

5. 商业秘密中的共同侵权问题

本案中,针对程某和绿城公司关于虹亚公司、虹亚集团、虹亚五原分公司和吴某共同侵犯商业秘密的主张,两级人民法院均不予支持。其中,虹亚集团因不具有法人资格而不构成共同侵权,吴某系代表虹亚公司的履职行为而不构成共同侵权,虹亚五原分公司因其成立在虹亚公司基于涉案商业秘密决定投资后且专为开发涉案房地产项目而设立,因此不构成共同侵权。有关虹亚集团和吴某个人是否构成共同侵权行为的认定,不存在任何分歧;但是,虹亚五原分公司的行为是否构成共同侵犯商业秘密行为,值得商榷。

首先,从涉案侵权行为的目的性和连贯性角度分析,虹亚公司与虹亚五原分公司所实施全部行为的目的同一,即投资开发涉案房地产项目获益;虹亚与涉案分公司二者行为连贯,一脉相承。基于同一目的而进行的连贯行为,完全符合共同侵权行为的构成要件的实质内核。

其次,如前所述,如果完全不考虑涉案项目利润分析报告中交易机会价值,仅就其决策咨询价值而言,当虹亚公司决定投资开发时,该利润分析报告的商业秘密价值已经用尽,虹亚五原分公司后续执行决策的行为,不构成侵犯商业秘密的行为。但是,本案不能不考虑程某和绿城公司项目利润分析报告中交易机会价值,而一旦考虑该价值,虹亚公司做出投资决策时,涉案商业秘密的商业价值并未用尽,虹亚五原分公司执行决策的行为实际上是加入侵权行为,构成共同侵权。

再次,涉案房地产项目开发交易机会信息因《内蒙古日报》公告丧失“秘密性”而不构成商业秘密,不等同于其丧失全部商业价值,即该交易机会信息价值并不因被公告而毫无价值。当涉案项目利润分析报告因交易机会信息之外的其他信息具有“秘密性”而构成商业秘密时,附载于该商业秘密之上的交易机会价值依法是否应受保护？这个问题确实存在一定的分歧,交易机会失去“秘密性”确实大大降低其价值,因此,存在不必要保护的可能性;但是,交易机会失去“秘密性”也可能并不完全排除其价值,因而存在保护的必要。

最后,虹亚五原分公司是否使用涉案项目利润分析报告?从表面上看,该分公司确实未直接使用涉案项目利润分析报告,但是,该报告并不同于一般的咨询报告,而是包含了房地产开发项目成本与支出测算等项目开发执行核心元素内容,因此,虹亚五原分公司执行项目开发事宜过程中,必然无法完全脱离该项目利润分析报告内容,从这个意义上讲,该分公司存在侵犯商业秘密的行为。

6. 侵犯商业秘密赔偿责任确定规则适用顺序问题

根据《反不正当竞争法》第 17 条的规定,人民法院确定商业秘密侵权人赔偿额的规则适用顺序是,按照权利人实际损失确定赔偿额,实际损失难以确定时按照侵权人违法所得确定,侵权人违法所得难以确定时,由人民法院酌定赔偿额。严格意义上讲,人民法院审判商业秘密案件确定赔偿额时,一般不宜违背该顺序而直接跳转至某一个规则确定赔偿额。

本案中,程某和绿城公司主张应当依据侵权人违法所得确定赔偿金额,两级人民法院以涉案商业秘密价值和权利人损失以及侵权人侵权所得难以确定为由,依法酌情确定赔偿额。一审法院专门指出,"开发涉案房地产项目所带来的经济利益不能等同于程某、绿城公司所主张的涉案商业秘密给其带来的经济利益。况且,程某、绿城公司开发涉案房地产项目能否获得其预期利润也不具有确定性","由于涉案商业秘密的价值仅在于为决策者快速决策提供一种信息服务,故这种商业秘密的商业价值无法准确确定,由此亦难以计算本案中被侵害人的损失及侵权人的获利。因此,一审法院将综合考虑涉案商业秘密的具体内容、取得相关信息的难易程度,以及本案侵权行为的性质及情节,酌情确定本案赔偿额"。程某和绿城公司的实际损失确实难以确定,但是,虹亚公司的侵权所得是否也难以确定?虽然虹亚公司开发涉案项目所获利益确实不能直接认定为其侵权获利,但笔者认为,虹亚公司开发涉案项目获利情况应当作为人民法院酌定赔偿金额的主要参考元素之一。

7. 合理支出的关联性问题

本案中,合理支出包括专项审计费用 5000 元、调查及诉讼差旅费 22,616.90元、涉案房地产项目审计费、律师费四个部分。其中,专项审计报告针对绿城公司成立至 2009 年 6 月的经营情况,与涉案商业秘密研发费用不具有完整的关联性,法院酌情支持;调查及诉讼差旅费用,系维权费用,存在关联性，法院全部支持；涉案房地产项目审计未进行，不支持；律师费因未在一审中提出，二审法院不予支持。

对于合理支出问题，两审法院意见一致，均明确要求合理支出的费用与涉案商业秘密有关，无关或未产生的费用均不予支持。如何判断合理支出与涉案商业秘密的关联性？不同的商业秘密种类或者不同的侵权行为方式，权利人的合理支出的关联性及具体判定标准各异，但是，有一项基本原则应普遍适用，即权利人的支出与涉案商业秘密及维权行为存在直接的因果关系。具体到本案的调研报告类商业秘密，合理支出的关联性判断，还应关注支出时间与报告形成时间的先后、支出费用与报告形成过程各环节的关系、维权环节支出费用的合理性等问题。

第三章

医药行业商业秘密保护典型案例解析

从最高人民法院已公开的有关医药行业商业秘密的案例来看，医药行业商业秘密纠纷集中在药品、医药器材和相关设备的技术秘密上，其中以药品配方及制作工艺、医药器材制作工艺等技术信息引发的案件最多。本章选摘最高人民法院和北京地区法院的部分案例进行评析，并从人民法院认定构成商业秘密支持原告请求和人民法院否定商业秘密构成驳回原告请求两个方面分类解析典型案例。

第一节　医药技术合作与转让中的商业秘密保护

基于自身的科研能力和研发条件，各大医院和医学研究机构曾经成为我国医药技术研发的主力军。由于历史原因，各大医院曾不能以自己的名义申报药品生产批准文号，因而，医院与制药企业合作申报批准文号的情况非常常见，因此引发的纠纷，尤其是在合作申报过程中医院作为权利人主动将技术秘密透露给制药企业后，其商业秘密的保护问题，成为权利人关注的焦点。

一、最高人民法院关于楚雄老拨云堂药业有限公司与云南龙某制药有限公司、楚雄彝族自治州中医医院侵害技术秘密纠纷案的裁定[(2015)民申字第1038号]

(一)基本案情介绍

上诉人楚雄老拨云堂药业有限公司(以下简称楚雄拨云药业)与被上诉人云南龙某制药有限公司(以下简称龙某制药)、原审被告楚雄彝族自治州中医医院(以下简称中医院)侵害技术秘密纠纷一案,不服云南省楚雄彝族自治州中级人民法院(以下简称楚雄中院)(2013)楚中民三初字第22号民事判决,向云南省高级人民法院提出上诉,该院2014年7月3日受理后,依法组成合议庭,于同年7月30日公开开庭审理了本案。云南省高级人民法院归纳本案焦点问题并作出如下认定:

1. 关于紫灯胶囊生产技术的权利属性及适用法律问题

楚雄拨云药业认为紫灯胶囊生产技术属于《民法通则》第97条、第118条规定的"其他科技成果权",并据此认为对其保护应当适用《民法通则》中关于物权的相关规定,而不应当适用《反不正当竞争法》。云南省高级人民法院经审查,认定紫灯胶囊生产技术属于《反不正当竞争法》所规定的商业秘密中的技术秘密,对其应当适用《反不正当竞争法》的相关规定予以保护 ,理由如下:首先,紫灯胶囊生产技术完全符合商业秘密的全部特征;其次,根据特别法优于普通法的法律原则,除非法无明文规定,对不同种类民事权利的保护,应当适用与具体民事权利相关的特别法,由于紫灯胶囊生产技术属于商业秘密中的技术秘密,对其保护应当适用《反不正当竞争法》及其相关司法解释;最后,法律对知识产权提供的保护是相对的、有条件的,楚雄拨云药业关于法律应当对紫灯胶囊技术秘密提供如同法律对财产所有权的绝对保护的观点,云南省高级人民法院亦不予采纳。

2. 关于2003年转让合同的效力及楚雄拨云药业能否成为紫灯胶囊技术秘密权利人的问题

楚雄拨云药业和中医院认为2003年转让合同合法有效,且据此合同认为紫灯胶囊技术秘密已从中医院转让给楚雄拨云药业。经查,2003年转让合同虽然被冠名为“技术秘密转让合同书”，但双方在该合同第5条约定的“让与方转让的技术秘密内容要点”明确载明：“将‘紫灯胶囊’药品注册批件及批准文号由楚雄雁塔药业有限公司转让至昆明老拨云堂药业有限公司。”由此可见，该合同的转让标的是紫灯胶囊的药品注册批件及批准文号而非紫灯胶囊的技术秘密，而该合同第6条所约定的“技术秘密资料”，只能视为因转让上述药品注册批件和批准文号而将紫灯胶囊的技术秘密资料附随移交给受让方，不能视为转让紫灯胶囊技术秘密；而且，双方在该合同第7条关于“让与方许可受让方在合同生效后使用本合同涉及的技术秘密”的约定也再次证明，该合同转让的并非紫灯胶囊技术秘密，否则，就不应该出现“受让方”在该合同生效后使用紫灯胶囊技术秘密还需得到“让与方”许可的约定。根据《药品管理法》（2001年）第82条关于“伪造、变造、买卖、出租、出借许可证或者药品批准证明文件的，没收违法所得，并处违法所得一倍以上三倍以下的罚款”的规定，法律禁止买卖相关药品批件和批准文号，因此2003年转让合同关于转让紫灯胶囊注册批件和批准文号的约定，因违反法律强制性规定，根据《合同法》第52条第5项的规定，属于无效合同，自始就没有法律效力。其后中医院、彝药研究所、昆明老拨云堂药业有限公司（以下简称昆明老拨云堂）与楚雄拨云药业于2011年8月共同签订2011年确认书，并在该确认书第2条中约定，由楚雄拨云药业代替昆明老拨云堂履行2003年转让合同，并据此确认中医院“已将‘紫灯胶囊’知识产权转让给了”楚雄拨云药业，该院认为，由于2003年转让合同属于无效合同，紫灯胶囊技术秘密并没有因该合同而转让给昆明老拨云堂，因此楚雄拨云药业不能通过接替昆明老拨云堂履行2003年转让合同而成为紫灯胶囊技术秘密的权利人。据此，云南省高级人民法院确认楚雄拨云药业并非紫灯胶囊技术秘密的权利人。

3. 关于楚雄拨云药业是否成为1999年协议书合同主体，并享有该协议书约定的相关权利义务的问题

楚雄拨云药业认为，根据2011年确认书的约定，中医院在1999年协议书中的权利义务已经全部转让给楚雄拨云药业。中医院向楚雄拨云药业转让1999年协议书的相关权利义务，因未通知并得到龙某制药的同意，不能转让。

4. 关于龙某制药自行生产销售紫灯胶囊药品,是否对紫灯胶囊技术秘密构成侵权的问题

云南省高级人民法院认为,认定龙某制药自行生产销售紫灯胶囊的行为对紫灯胶囊技术秘密构成侵权,取决于龙某制药获取紫灯胶囊技术秘密是否使用了《反不正当竞争法》规定的不正当手段。根据现有证据可以证实,龙某制药所获取的紫灯胶囊技术秘密,是中医院为使龙某制药申请紫灯胶囊生产批准文号能够得到相关药品监管部门的核准而自愿向龙某制药披露的,据此云南省高级人民法院认定龙某制药是以合法手段获取了紫灯胶囊的技术秘密,并进而认定龙某制药自行生产销售紫灯胶囊的行为没有对紫灯胶囊技术秘密的权利人构成侵权。

综上所述,一审判决认定事实清楚,适用法律正确,判决适当,应予维持;楚雄拨云药业的上诉理由不成立,予以驳回。据此,依照2012年《民事诉讼法》第170条第1款第1项的规定,判决如下:驳回上诉,维持原判。

楚雄拨云药业不服二审判决,向最高人民法院申请再审称:二审法院认为本案仅涉及"紫灯胶囊"的生产技术,诉争标的不清,导致适用法律不当;二审法院认定2003年10月31日签订的《紫灯胶囊的技术转让合同书》无效错误,该合同中关于知识产权转让部分应合法有效;本案所涉知识产权和生产批准文号系通过合法途径申报进行转让,未获取违法所得,不属于非法买卖行为;二审法院对2011年8月2日签订的《紫灯胶囊知识产权转让确认书》明确的法律关系及涉及相关权益转让的认定错误;1999年协议仅涉及中医院权利的转移,只需要通知债务人即发生转移;龙某制药未经新权利人楚雄拨云药业同意生产销售"紫灯胶囊",楚雄拨云药业有权解除协议,取消授权,要求龙某制药返还生产技术,注销生产批准文号。

最高人民法院另查明:2008年8月8日,龙某制药与楚雄拨云药业签订了《药品委托生产合同》。合同约定楚雄拨云药业的责任和义务为:根据龙某制药生产工艺规程,组织产品的小试、中试工作;接到龙某制药生产指令后,根据龙某制药工艺规程,按药品GMP要求组织产品生产、检验及成品入库,确保药品质量,并按2004年《药品生产监督管理办法》第26条的规定保存好所有受托生产文件和生产记录;对龙某制药技术秘密负有保密的责任和义务等。

（二）最高人民法院裁判说理的重点

最高人民法院认为，本案双方当事人的争议焦点为：（1）本案各方当事人的诉争标的是否包括"紫灯胶囊"全部知识产权；（2）2003 年合同是否有效；（3）龙某制药自行生产销售"紫灯胶囊"是否侵害楚雄拨云药业技术秘密。

1. 本案各方当事人的诉争标的是否包括"紫灯胶囊"全部知识产权

首先，从楚雄拨云药业一审的诉讼请求、事实及理由来看，楚雄拨云药业提起本案诉讼，主张其依据 2003 年合同获得本案诉争"紫灯胶囊"技术成果的知识产权。从合同约定的内容来看，并无将"紫灯胶囊"全部知识产权转让的意思表示，而是转让"紫灯胶囊"的注册批件及批准文号。

其次，楚雄拨云药业在其一审诉讼请求中提出请求法院确认其已取得 1999 年协议的合同权益。从 1999 年协议约定的上述内容来看，该协议亦不涉及"紫灯胶囊"全部知识产权的转让，而是约定中医院以楚雄雁塔药业的名义申请"紫灯胶囊"生产批准文号。

最后，在本案一审庭审中，中医院明确表示其对"紫灯胶囊"所享有知识产权的具体权利内容为生产"紫灯胶囊"的技术秘密，楚雄拨云药业与龙某制药对中医院提交的相关技术秘密资料均表示认可。楚雄拨云药业主张其通过合同获得中医院所享有的知识产权，不可能超出中医院本身享有权利的范围。因此，楚雄拨云药业称其享有除"紫灯胶囊"生产技术（即制法）以外的包括处方、性状、鉴别、检查、功能与主治、用法与用量、规格、贮藏等技术成果的全部知识产权缺乏事实依据。

2. 2003 年合同效力

第一，从上述合同约定的项目名称、转让内容、交付方式、验收标准及验收时间综合判断，2003 年合同转让的内容是药品注册批件及批准文号，而非技术秘密。

第二，从 2003 年合同履行情况看，各方当事人在 2003 年合同签订后均积极办理"紫灯胶囊"药品注册批件及批准文号的变更手续。因此，从 2003 年合同实际履行情况可以认定，该合同转让的是药品注册批件及批准文号，而非技术秘密。

综上,2003 年合同名为技术秘密转让合同,实际转让的是药品注册批件及批准文号而非技术秘密,属于《药品管理法》规定的禁止买卖许可证或者药品批准证明文件的行为,该合同违反了国家行政法规的强制性规定,属于无效合同。

3. 龙某制药自行生产销售"紫灯胶囊"是否侵害楚雄拨云药业技术秘密

(1)楚雄拨云药业是否享有涉案技术秘密。其一,2003 年合同中没有转让技术秘密的意思表示,且 2003 年合同属于无效合同,因此,"紫灯胶囊"的技术秘密不因 2003 年合同而发生转移,该技术秘密不归楚雄拨云药业享有。其二,在没有证据证明通知并经龙某制药同意的情况下,楚雄拨云药业不能通过 2003 年合同及 2011 年确认书代替中医院获得 1999 年协议中的合同权益。因此,楚雄拨云药业关于其已取得"紫灯胶囊"技术成果知识产权并获得中医院在 1999 年协议中合同权益的再审主张缺乏事实依据。

(2)龙某制药自行生产销售"紫灯胶囊"药品是否构成侵害该药品技术秘密。首先,国家药监部门向龙某制药的前身楚雄雁塔药业颁发了"紫灯胶囊"的药品注册证及药品生产批准文号,因此,龙某制药为国家药监部门批准的"紫灯胶囊"药品的合法生产者。在中医院无证据证明其与龙某制药之间存在生产销售的禁止性约定的情况下,龙某制药有权使用该技术秘密进行生产销售。其次,为获取"紫灯胶囊"药品的生产批准文号,中医院自愿向龙某制药披露"紫灯胶囊"相关技术秘密,龙某制药系合法取得而不属于上述法律规定的以不正当手段获取中医院技术秘密的情形。最后,龙某制药与楚雄拨云药业于 2008 年 8 月 8 日签订的《药品委托生产合同》分别对龙某制药与楚雄拨云药业的责任与义务进行了约定,楚雄拨云药业在上述合同中对龙某制药享有"紫灯胶囊"的技术秘密予以认可,故楚雄拨云药业关于其享有"紫灯胶囊"的技术秘密、龙某制药构成侵害其"紫灯胶囊"技术秘密的主张与上述合同约定的内容矛盾。综合考虑以上诸因素,龙某制药自行生产销售"紫灯胶囊"药品不构成侵害该药品的技术秘密。

综上,楚雄拨云药业的再审申请不符合 2012 年《民事诉讼法》第 200 条规定的情形。依照 2012 年《民事诉讼法》第 204 条第 1 款之规定,裁定如下:驳回楚雄老拨云堂药业有限公司的再审申请。

(三)本案启示与重点问题解析

1. 包含药品批准文号转让的技术秘密转让合同的效力问题

根据《民法典》第 143 条之规定,“具备下列条件的民事法律行为有效:(一)行为人具有相应的民事行为能力;(二)意思表示真实;(三)不违反法律、行政法规的强制性规定,不违背公序良俗”。医药类技术秘密转让合同作为民事法律行为,其效力判断依然要遵循上述规定,一般而言,技术转让合同双方当事人均具有相应的民事行为能力,少数情况下会出现意思表示不真实的情况,但是,包含药品批准文号转让的技术秘密转让合同之效力,最主要的效力影响因素是药品批准文号的转让是否违反了法律、行政法规的强制性规定。药品批准文号是否可以依法转让,《药品管理法》2019 年 8 月 26 日修订前后作出了截然相反的规定,《药品管理法》(2015 年)第 31 条明确规定禁止转让药品批准文号〔1〕,2019 年修订后的《药品管理法》第 40 条明确规定,“经国务院药品监督管理部门批准,药品上市许可持有人可以转让药品上市许可”。仅就药品批准文号的转让而言,2019 年 8 月 27 日以前,药品技术秘密转让合同中关于批准文号转让的部分因其违反了《药品管理法》第 31 条强制性规定而无效,但是,根据《合同法》第 56 条之规定〔2〕,药品技术秘密转让合同关于批准文号转让部分的无效,并不影响该技术秘密转让合同其他部分的效力,其他部分尤其是关于药品技术秘密转让的部分,仍然有效。2019 年 8 月 27 日之后,《药品管理法》第 40 条规定允许转让药品上市许可。因此,包含药品上市许可转让的药品技术秘密转让合同不存在违反法律、行政法规强制性规定的情形,合法有效。

本案中,一审法院认定 2003 年中医院和楚雄拨云药业签订的转让合同以及 2011 年四方(中医院、楚雄拨云药业、彝药研究所、昆明老拨云堂)签署的确认书有关技术秘密转让的合同内容有效,进而认定楚雄拨云药业是紫灯胶囊技术秘密的拥有者。笔者认为,一审法院正确区分了药品批准文号转让的

---

〔1〕 该法第 31 条规定,药品技术可以有条件转让,但药品批准文号不能转让,药品技术转让后,转让方原药品批准文号必须注销。

〔2〕 该法已废止,《合同法》第 56 条,对应《民法典》第 156 条:合同部分无效,不影响其他部分效力的,其他部分仍然有效。

违法性和药品技术秘密转让的合法性，并区分了合同中无效部分与有效部分的关系，作出了正确的认定和裁判。遗憾的是，本案二审程序和再审程序在药品批准文号转让与药品技术秘密转让合同效力及二者关系认定方面上出现了偏差，具体表现为合同解释规则适用错误以及合同权利义务转让效力判断规则错误两个方面。

第一，该院错误运用合同解释之文义解释规则，忽略了整体解释和目的解释规则。该院认为，“双方在该合同第 5 条约定的‘让与方转让的技术秘密内容要点’明确载明：‘将紫灯胶囊药品注册批件及批准文号由楚雄雁塔药业有限公司转让至昆明老拨云堂药业有限公司。’由此可见，该合同的转让标的是紫灯胶囊的药品注册批件及批准文号而非紫灯胶囊的技术秘密，而该合同第 6 条所约定的“技术秘密资料”，只能视为因转让上述药品注册批件和批准文号而将紫灯胶囊的技术秘密资料附随移交给受让方，不能视为转让紫灯胶囊技术秘密；而且，双方在该合同第 7 条关于‘让与方许可受让方在合同生效后使用本合同涉及的技术秘密’的约定也再次证明，该合同转让的并非紫灯胶囊技术秘密，否则，就不应该出现‘受让方’在该合同生效后使用紫灯胶囊技术秘密还需得到‘让与方’许可的约定”。根据文义解释规则，合同双方当事人将合同名称确定为“技术秘密转让合同”、在合同第 6 条明确约定移交“技术秘密资料”、第 7 条约定受让方使用涉案技术秘密，在没有相反证据的情况下，上述约定具有约束力，应根据词句文义本身确定双方关于技术秘密转让的一致意思；本案二审法院认定完全相反，在没有任何相反证据的情况下，否定了上述词句的文义。根据目的解释规则，双方当事人签署技术秘密转让协议的目的是涉案药品技术秘密的转让而非药品批准文号的转让，换言之，对受让方而言，取得药品批准文号并无任何经济价值；同时，转让方履行合同的行为以及事后的确认，进一步印证其转让的是药品的技术秘密而不是批准文号，二审法院并未深入考察涉案合同双方当事人的签约目的。根据整体解释规则，涉案药品技术秘密转让合同的主要权利义务是技术秘密转让和相应对价的交付，批准文号的转移是从属于技术秘密转移的从权利义务；二审法院恰好作出了相反的认定，颠倒了涉案药品技术秘密转让合同的主从关系，并进而以从权利义务合同无效否定了主权利义务合同效力，是极为不妥当的。最高人民法院在本案再审程序中，维持了二审法院涉案 2003 年合同转让药品批准文号而非技术秘密的观点,并以违反法律强制性规定为由否定了该合同整体效力,未区分批准文号转让的违法性和技术秘密转让合法性。

第二,二审法院以上述四方签署的 2011 年确认书未通知相对方龙某制药公司并未取得其同意为由,否定了该确认书的效力,是错误的。上述确认书主要内容是确认将涉案技术秘密这项权利转让给楚雄拨云公司,而并未明确甚至未涉及将龙某制药公司义务转移给楚雄拨云公司,况且,综观全案证据材料,针对涉案技术秘密的转移,龙某制药公司也并无义务可转。因此,二审法院错误的将纯粹的权利转让认定为权利义务概括转移,然后适用概括转移规则中须相对方同意的规定,否定该确认书效力,系基本事实认定错误导致的法律适用错误。最高人民法院再审过程中,维持了二审关于涉案技术秘密权利义务概括转移须经龙某制药公司同意的观点,否定了 2011 年确认书的效力。

2. 借名申报药品上市许可关系中名义申报人或名义持有人是否有权使用药品技术秘密或自行生产许可药品

由于历史原因,中医院等机构不能自行申报药品上市许可,但是中医院等专业机构具有极强的药品研发能力并积聚了大量的可转化为药品的科研成果。因此,中医院等专业机构借用药品生产企业申报药品上市许可的情形并不少见。基于药品技术的商业秘密特性,权利人作为借名人,既可以选择向名义申报人披露药品技术秘密,也可以选择不向名义申报人披露药品技术秘密;权利人选择向名义申报人披露药品技术秘密时,既可以选择许可名义申报人生产销售该药品,也可以禁止名义申报人生产销售该药品。当权利人不向名义申报人披露药品技术秘密而仅仅借用其资质,或者约定禁止名义申报人利用该技术秘密或生产该药品时,名义申报人不得生产该药品,不存在争议;当权利人通过约定同意名义申报人生产该药品,名义申报人有权生产该药品,也不存在争议;唯有权利人向名义申报人披露药品技术秘密但并未明确同意其自行生产药品的情况下,名义申报人是否有权自行生产药品,存在不确定性。笔者认为,权利人向名义申报人披露药品技术秘密以申报药品上市许可的行为,除权利人明确同意外,不能视为对名义申报人使用该药品技术秘密的授权许可行为。名义申报人虽然并非以不正当手段而是通过合法手段获得该药品技术秘密,但是,并不能基于获取商业秘密的合法手段而直接取得该药品技术秘密的使用权,此时,权利人与名义申报人围绕药品技术秘密的关系与其他合同关系中双方对对方商业秘密的保密义务关系并无二致,名义申报人根据诚信原则不仅不得擅自使用该药品商业秘密,还不得向他人披露该等商业秘密。尽管从行政审批和监管的角度看,名义申报人系该药品上市许可的合法持有人,且从行政监管的角度看,名义申报人确实有权生产该药品;但是,名义申报人在行政法层面的权利并不能损害权利人的商业秘密权,也不得违背其基于民事法律关系所应承担的基本义务。

本案中,中医院 1999 年与龙某制药通过协议约定以后者名义申报紫灯胶囊药品批准文号,协议中并未授权龙某制药自行生产该药品,而且专门明确“待生产批准文号取得后再最后确定合作方式”;2003 年中医院与楚雄拨云药业签订技术秘密转让合同;2004 年龙某制药与楚雄拨云药业签署药品委托生产合同;2008 年、2010 年两次续签该药品委托生产合同。上述系列合同的签署与履行过程清晰表明,龙某制药明知且确认中医院从未授权其生产涉案药品,且龙某制药配合中医院将该药品委托给楚雄拨云药业生产,进一步确定龙某制药未经许可不得自行生产涉案药品的权利状态。在涉案药品自上市批准至委托生产,龙某制药自始至终仅具备权利外观工具属性,而绝非权利的实际享有人,尤其是在药品上市许可申报及升级过程中,全部费用由中医院负担,足以说明龙某制药的工具属性,其后以自己的名义委托楚雄拨云药业生产,也仅仅是代表实际权利人中医院所为的行为。遗憾的是,二审程序和再审程序中,相关法院对此所做出的认定出现了偏差。

二审法院以龙某制药系批准文号的持有人为由认定其生产紫灯胶囊系合法生产,同时以龙某制药非不正当手段获得该药品技术秘密为由认定其有权使用(生产)该药品技术秘密,该院所做认定的不当之处非常明显:一方面,该院以行政法上的合法性替代了民事行为的合法性,即龙某制药依据其持有的药品批准文号生产药品行为符合行政法上合法性要求,但是,龙某制药并未取得中医院许可其自行生产的授权,其擅自生产构成民事法律规范上的侵权行为,不具有民事法律上的合法性,二审法院对此未加区分,再审法院也未予纠正;另一方面,二审法院将权利人披露商业秘密的行为等同于授权他人使用的行为,权利人向特定主体披露商业秘密,并不必然导致该商业秘密丧失秘密性,相反,接受披露的一方负有保密义务,龙某制药合法获取药品技术秘密后,其使用(生产)行为必须经过中医院的同意,否则,侵犯了中医院的商业秘密,再审法院并未纠正二审法院的此项认定。

二、最高人民法院关于昆明赛诺制药有限公司与大理大学"康复新液"再研发商业秘密案的裁判[(2018)最高法民申904号]

(一)基本案情介绍

上诉人昆明赛诺制药有限公司(以下简称赛诺公司)因与被上诉人大理大学、四川好医生攀西药业有限责任公司(以下简称攀西公司)、四川好医生药业集团有限公司(以下简称好医生集团)侵害技术秘密纠纷一案,不服云南省大理白族自治州中级人民法院(2016)云29民初74号民事判决,向云南省高级人民法院提起上诉称:(1)赛诺公司在一审时,申请对被上诉人向科技部申报"2016年国家科学技术进步奖"(以下简称科技进步奖)时提交科技部的申报材料予以保全,一审法院驳回了上诉人的这一申请,违反法律规定,侵害了上诉人的合法权益。(2)一审法院在被上诉人拒绝向法庭提交自己的"康复新液"技术信息,以便和上诉人的"康复新液"技术秘密进行比对的情况下,没有直接判决上诉人起诉的事实成立,违反了2008年最高人民法院《关于民事诉讼证据的若干规定》(以下简称证据规定)第75条的规定。(3)一审法院在没有进行技术比对的情况下,竟然凭空认定上诉人关于被上诉人侵害技术秘密的主张不成立,缺乏事实和法律依据。(4)一审法院仅仅根据被上诉人提交的相关药品生产批件,就认定被上诉人不构成侵权,属于认定事实不清。

二审法院确认了一审法院所认定的事实:1985年7月6日,大理医学院(现大理大学)、昆明植物研究所与昆明军区制药厂(现赛诺公司)签订一份《技术转让(服务)合同》,约定大理医学院、昆明植物研究所将其联合研制的"康复新"新药的技术成果独家转让给昆明军区制药厂,该厂受让后采取了一定的保密措施,1989年云南省军区保密委员会将"康复新"的工艺、处方列为机密,并通知该厂。后四川省药品标准(1992年版)将"康复新溶液"的标准收录其中。1995年攀西公司(时名四川攀西制药厂)取得四川省卫生厅"川卫药准字(95)-101011号"批准文号,并开始生产"康复新溶液"。2000年国家药品监督管理局经赛诺公司与四川佳能达攀西药业有限公司(现攀西公司)

申请,修订了“康复新液”的质量标准。2002年四川佳能达攀西药业有限公司取得药品注册证,药品批准文号为“国药准字 Z51021834”。2014年12月29日,大理大学(时名大理学院)与好医生集团签订了《技术开发合同书》,双方合作进行“源于美洲大蠊的结肠靶向制剂系列产品开发”。后大理大学、攀西公司和好医生集团联合案外多家单位以“创新中药康复新液效应物质基础及产业化关键技术研究”项目申报科技进步奖。

二审法院针对三被上诉人是否侵害赛诺公司技术秘密进行了论证:虽然赛诺公司指控大理大学、攀西公司和好医生集团分别或者共同实施了上述违法行为,但其至今没有提交任何证据,证实大理大学违反约定使用以及向攀西公司、好医生集团非法披露和允许后者非法使用其技术秘密,也没有提交任何证据,证实攀西公司、好医生集团使用了上述法律规定的盗窃、利诱、胁迫或者其他不正当手段获取赛诺公司的商业秘密。相反,根据目前查明的事实,早在1995年,攀西公司就取得“康复新溶液”的药品批准文号,开始生产“康复新溶液”,2000年,攀西公司还和赛诺公司一起作为申请单位,共同参与修订了“康复新液”的质量标准,而攀西公司、好医生集团与大理大学直至2014年12月29日,才签订《技术开发合同书》,共同合作开展技术研发,并将研发成果申报国家科技进步奖。上述事实说明,攀西公司早在和大理大学合作研发之前,就已经掌握了生产“康复新液”的技术,赛诺公司关于大理大学向攀西公司和好医生集团非法披露其技术秘密和允许后者非法使用该技术秘密的指控,缺乏证据证实,二审法院认定赛诺公司的上述指控不成立。至于三被上诉人在2014年后共同研发相关技术并申报国家科技进步奖的行为,二审法院认为,2017年《反不正当竞争法》第10条禁止的,是使用非法或者不正当手段获取和使用他人商业秘密的行为,但并不禁止商业秘密权利人以外的其他主体自主研发或以合法手段获得自己技术的行为,因此,在赛诺公司没有证据证实三被上诉人使用的技术是使用非法或者不正当手段从赛诺公司取得之前,其依据2017年《反不正当竞争法》第10条的规定,指控三被上诉人侵犯其技术秘密的说法就不成立,进而也无须将赛诺公司的技术秘密与三被上诉人的相关技术进行比对。二审法院驳回了赛诺公司的上诉。

赛诺公司向最高人民法院申请再审称:(1)赛诺公司提供的新证据《2016年度国家科学技术奖推荐工作手册》能够证明三被申请人的合作时间早于

2013 年，原判决的相关事实认定错误。（2）原审法院未依赛诺公司申请调取其不能自行收集而对本案有重要影响的关键证据，从而导致本案事实认定错误。①赛诺公司申请法院调取科技进步奖申报文件资料的理由充分。三被申请人申报奖项信息，均直接涉及赛诺公司与大理大学在 1985 年签订的《技术转让（服务）合同》中的“康复新”药品及技术秘密，赛诺公司有理由怀疑三被申请人实施了侵犯商业秘密的行为。②原审法院认定三被申请人针对康复新液项目的合作是在 2014 年 12 月 29 日以后，属于认定事实错误。根据申报奖项条件，三被申请人关于“创新中药康复新液效应物质基础及产业化关键技术研究”项目的合作，应于 2013 年之前开始。（3）原判决在已知大理大学就“康复新液”项目与他人合作的情况下，未将合作项目内容与赛诺公司的技术秘密进行比对，就径行判定二者没有关系，属于适用法律错误。

（二）最高人民法院裁判说理的重点

最高人民法院经审理认为，本案再审审查的焦点问题为：（1）是否有新的证据足以推翻原判决；（2）原判决认定的基本事实是否缺乏证据证明；（3）原判决适用法律是否错误；（4）原审法院是否应当依当事人的申请调查收集证据而未调查收集。

关于第一个问题，赛诺公司申请再审提交的新证据是《2016 年度国家科学技术奖推荐工作手册》，该手册要求“须能证明本项整体技术已正式应用三年以上”，赛诺公司据此称三被申请人的合作时间早于 2013 年，原判决就此认定事实错误。最高人民法院经审查认定，该证据由国家科学技术奖励工作办公室于 2015 年 11 月公开发布于互联网，其获取并无任何障碍，亦不属于新发现的证据，依据 2015 年最高人民法院《关于适用〈中华人民共和国民事诉讼法〉的解释》第 388 条的规定，不属于申请再审阶段“新的证据”。赛诺公司该项申请再审理由不能成立。

关于第二个问题，赛诺公司申请再审称，原判决认定三被申请人就康复新液项目的合作是在 2014 年 12 月 29 日以后，属于认定事实错误。最高人民法院认为，即便赛诺公司所主张的三被申请人针对康复新液项目的合作发生在 2013 年 1 月 1 日以前，由于本案并无证据表明三被申请人针对康复新液项目的合作早于 1995 年，赛诺公司所谓大理大学向攀西公司和好医生集团非法披露其1985年技术转让合同所涉的技术秘密的主张,明显不合常理且缺乏证据证明。因此,即便原审法院根据《技术开发合同书》认定三被申请人针对康复新液项目的合作是在2014年12月29日以后有所不当,亦不会影响本案的裁判结果。赛诺公司该项申请再审理由不能成立。

关于第三个问题,赛诺公司主张,原审法院未将赛诺公司主张的技术秘密内容与三被申请人合作申报奖项的“康复新液”项目内容进行比对,就径行判定二者没有关系,属于适用法律错误。最高人民法院认为,前述分析表明,攀西公司早在1995年就已经掌握了生产“康复新液”的技术,此后其与大理大学、好医生集团进行进一步合作,并不违反常理。并且,赛诺公司在本案中亦未提交可以证明攀西公司可能以不正当手段获取赛诺公司技术秘密的证据,其指控三被申请人侵犯其技术秘密的主张难以成立,进而也无须将赛诺公司的技术秘密与三被申请人的相关技术进行比对。原判决适用法律并无不当,赛诺公司该项申请再审理由不能成立。

关于第四个问题,最高人民法院认为,赛诺公司申请调取的这些证据存于科技部,不存在灭失的风险,故一审法院驳回赛诺公司的调取证据申请并无不当。同时,赛诺公司申请调取证据的目的,是将这些证据与赛诺公司的技术秘密进行比对,但如前所述,本案审理并不必然需要将二者进行比对。赛诺公司该项申请再审理由不能成立。

综上所述,赛诺公司的再审申请不符合《民事诉讼法》第200条的规定。依照《民事诉讼法》第204条第1款,2015年最高人民法院《关于适用〈中华人民共和国民事诉讼法〉的解释》第395条第2款之规定,裁定如下:驳回昆明赛诺制药股份有限公司的再审申请。

(三)本案启示与重点问题解析

1.使用在后的自主研发者对其技术秘密来源承担何种程度的举证责任

经过比对,权利人的技术信息与被诉侵权技术信息如不相同或实质相同,则不存在侵权问题;如果相同或实质相同,才有必要进一步分析其接触可能性和来源问题。因此,无论是否存在接触可能性,提供其技术信息进行比对是被诉侵权人的基础举证义务,并不因其不可能接触而免除此项基本举证义务。

针对相同或相似的技术信息,使用在后的一方能举证证实其自主研发过程或说明技术合法来源时，不构成侵害商业秘密的行为；使用在后的一方不能举证证实其自主研发过程或说明技术来源时，人民法院应当结合在后一方接触在先一方技术信息的可能性，综合评价后判断在后一方是否侵害了在先一方的技术秘密，如果在后一方充分举证证实其不可能接触在先一方技术秘密，人民法院不宜直接认定在后一方侵犯在先一方的技术秘密，但是也不能就此完全排除其侵害在先一方技术秘密的可能性：一方面，使用在后一方极难穷尽其接触可能性的全部范围，进而举证证实所有可能性均不存在；另一方面，使用在后一方虽不可能直接接触在先一方的商业秘密，但其可能间接接触，如通过他人获取在先一方的商业秘密。笔者认为，当使用在后一方主体无法证实其自主研发过程又不能说明其技术信息来源时，相关裁判者应首先构建使用在后一方当事人可能侵害在先一方技术信息的初步判断，然后进一步考察双方的举证情况，最终作出判断。当在案证据已经显示使用在后一方当事人通过与第三方合作可能接触在先一方技术秘密时，在后一方当事人除了提供其技术信息进行比对之基本义务外，还需要举证证实其自行研发过程或说明其技术来源，否则，应当认定在后一方实际接触并侵害了在先一方的技术秘密。

本案中，二审法院以赛诺公司并未提供证据证实大理大学违反约定使用或向攀西公司和好医生集团非法披露或允许使用涉案技术秘密且赛诺公司亦未举证证实攀西公司和好医生集团以不正当手段获取涉案技术秘密为由，否定了攀西公司和好医生集团接触赛诺公司主张的技术秘密的可能性；同时，二审法院还以攀西公司早在1995年就取得康复新液药品批准文号为由认定攀西公司与大理大学合作前就掌握了涉案技术秘密；而攀西公司和好医生集团与大理大学2014年签订的《技术开发合同书》不能证实大理大学向攀西公司和好医生集团1995年之前披露涉案技术秘密的可能性。有关大理大学是否违反约定披露涉案技术秘密一节，二审法院的认定有失偏颇，大理大学与赛诺公司1985年签署的技术转让合同合法有效，双方均应遵守，且该合同系独家转让合同，大理大学自然不应再向其他任何主体披露该技术秘密，更不得允许他人使用该技术秘密，而大理大学2014年与好医生集团签署《技术开发合同书》，披露并使用了涉案技术秘密[1]，违反了大理大学与赛诺公司1985年协议的约定，不能因相隔年代久远就否定其违约性质，更不能因年代久远就以不合常理为由认定其不违约；有关攀西公司和好医生集团是否存在接触赛诺公司技术秘密可能性一节，如果没有其他事实，二审法院以攀西公司1995年在先获取药品批准文号而2014年与大理大学合作在后为由排除接触可能性的认定，是正确的。但是，本案不可忽略的细节之一便是，1992年涉案康复新液标准被四川省药品标准收录，该收录行为可能导致技术秘密被有限公开，攀西公司可能因此获取康复新液技术秘密。在此基础上再考察攀西公司技术信息来源，则不能排除其正当手段获取赛诺公司涉案技术秘密而不正当使用该技术秘密的可能性，此时，人民法院应当要求攀西公司举证证实其自主研发过程或说明技术信息来源，攀西公司应予完成举证责任，否则应承担不利后果。遗憾的是，最高人民法院对此并未予以纠正。需要说明的是，1992年四川省药品标准的收录行为，行政管理色彩较浓，如因该行为导致技术秘密有限公开，不应就此否定权利人技术信息的秘密性；或者，如否定其秘密性，也应当比照专利技术“公开换垄断”的规则进行保护，而不应将行政管理后果可能造成的损失全部转由技术秘密权利人负担。

2. 医药技术转让方转让后与他人合作针对已转让技术再研发是否构成侵权

转让方将医药技术转让给他人后，本应遵守合同约定，不再对已转让技术主张任何权利，更不得披露、使用或允许他人使用已转让技术。转让方自行针对已转让技术进行再研发，则应受法律保护，并不构成侵害受让方技术秘密的行为；但是，当转让方针对已转让技术与他人合作，无论是再研发还是其他形式的披露和使用，均侵害了受让方的技术秘密。一方面，针对已转让技术的再研发，本身是受让方固有的权利之一，他人不得恣意侵害受让方该项权利；另一方面，转让方因其在先掌握已转让技术，其自行再研发并不影响受让方对已转让技术享有的完整的权利，尤其不会损害已转让技术的秘密性，但是，如果转让方基于已转让技术与他人合作再研发，则势必将已转让技术披露给他人

---

[1] 因两级法院均未进行技术比对，无法排除被诉侵权技术与权利人技术信息相同或实质相同的可能性，在评价大理大学是否披露或许可使用问题时，应推定两技术相同或实质相同。

甚至交付他人使用，后果是不仅因披露已转让技术破坏了技术秘密的秘密性，还可能直接以使用的方式侵害受让人的技术秘密。

需要注意的是，2021年1月1日起施行的《民法典》第875条专门规定了技术转让合同中后续改进技术成果权益分配规则，“当事人可以按照互利的原则，在技术转让合同中约定实施专利、使用技术秘密后续改进的技术成果的分享办法。没有约定或者约定不明确，依照本法第五百一十条的规定仍不能确定的，一方后续改进的技术成果，其他各方无权分享”。该条规定赋予技术转让合同的双方均享有针对转让技术再研发的权利，双方也可以对技术改进成果权益分配进行约定，只有在穷尽合同补充规则仍不能确定成果权益分享办法时，才由改进一方独享成果。本条所称的技术改进，在涉及技术秘密时，并不包括将技术秘密交由其他人合作研发的情形。

本案中，大理大学于1985年将“康复新液”医药技术秘密转让给赛诺公司，那么，康复新液的药理、毒理、临床研究及生产技术都构成赛诺公司的技术秘密，赛诺公司有权针对该技术秘密再研发以不断改进技术；大理大学亦有权针对该技术进行再研发，但是，大理大学负有保密义务，不得将该技术披露给他人。2014年，大理大学与攀西公司等合作，基于康复新液技术进行再研发后申报科技奖项，即使不考虑攀西公司1995年申报药品批准文号时康复新液技术秘密来源的正当性问题，仅仅从大理大学与他人合作再研发康复新液技术这个行为本身而言，大理大学实质性地将康复新液技术秘密披露给了攀西公司，侵犯了赛诺公司的技术秘密。况且，攀西公司并未举证证实其康复新液技术秘密的合理来源，攀西公司1995年使用康复新液技术并生产康复新液的行为本身就存在侵害赛诺公司技术秘密的可能性，在此基础上，作为转让方的大理大学却进一步与攀西公司合作对康复新液进行再研发，确实存在串谋之嫌。要解决攀西公司1995年技术来源正当性问题，三级人民法院均可进行技术比对，但是，三级法院都没有这么做，导致因技术同一性问题模糊不清引发后续问题成为无本之木，悬而不决。

三、最高人民法院关于华北制药“头孢”产品技术秘密案的判决[（2020）最高法知民终871号]

权利人委托他人生产该技术秘密项下的药品，受托生产的一方将该技术秘密改进后申报专利技术，是否侵犯了独占性许可使用人的权利？受托生产的一方获得专利权后,该专利权权属如何确定?

(一)基本案情介绍

2013年8月8日,青松公司与韩国东都物产株式会社(以下简称东都物产)签署技术转移及保密、销售协议,约定将东都物产所有的所涉包括生产7-MAC、头孢美唑酸等产品的秘密技术信息许可给青松公司在中华人民共和国境内生产相应产品。据此青松公司对氟氧头孢钠保密工艺在中华人民共和国境内享有独占实施权。

2013年11月16日,青松公司与华北制药河北华民药业有限责任公司(以下简称华民公司)签订委托加工生产协议,约定青松公司委托华民公司使用涉案氟氧头孢钠保密工艺生产氟氧头孢钠产品,华民公司对涉案氟氧头孢钠保密工艺承担保密责任。2014年8月,青松公司向华民公司提供了涉案氟氧头孢钠保密工艺。2014年9月30日,华民公司向国家知识产权局提出申请号ZL201410517486.6的"高纯度氟氧头孢钠制备工艺"专利申请(以下简称涉案专利),于2016年9月28日被授予专利权。

2018年6月4日,青松公司与东都物产签订技术转让合同,约定将氟氧头孢钠保密工艺的所有权转让给青松公司。

青松公司认为,其享有对氟氧头孢钠保密工艺的所有权,华民公司未经青松公司许可申请并获得涉案专利权,青松公司应当是涉案专利的权利人,故向河北省石家庄市中级人民法院提起诉讼,请求判令确认"高纯度氟氧头孢钠制备工艺"发明专利权归青松公司所有。

(二)两级人民法院审理的重点问题

石家庄市中级人民法院一审认为,华民公司申请发明专利的"高纯度氟氧头孢钠制备工艺"技术方案中,突出限定了"高纯度"。从北京国威知识产权司法鉴定中心(以下简称国威鉴定中心)作出的司法鉴定意见来看,华民公司发明专利申请文件记载的技术方案与青松公司的保密工艺技术方案从整体上不相同也不实质相同。上海市科技咨询服务中心知识产权司法鉴定所(以下简称上海知产鉴定所)的鉴定意见虽然认定华民公司发明专利申请文件公开了青松公司主张的秘密点,但青松公司现有证据不能证明其主张的上述三个秘密点系其向华民公司提供的原始保密技术信息，不能证明华民公司发明专利申请文件记载的技术方案来自青松公司提供的保密技术信息。石家庄市中级人民法院于2019年10月31日作出民事判决，驳回青松公司的诉讼请求。

青松公司不服，向最高人民法院提起上诉称：本案争议为专利权属纠纷，核心是判断谁是对涉案专利的实质性特点作出创造性贡献的主体，比较的对象应为涉案专利权利要求与保密工艺的三个秘密点；涉案专利公开了青松公司保密工艺的三个秘密点，涉案专利权权属应由青松公司享有。

最高人民法院二审生效裁判认为：当事人以侵害技术秘密作为请求权基础主张专利权权属时，应当考察专利文件是否披露了技术秘密和专利技术是否使用了技术秘密。在认定青松公司主张的涉案三个秘密点成立后，二审法院的主要裁判理由为：

1. 专利文件是否披露了青松公司的技术秘密和专利技术是否使用了青松公司的技术秘密

对于秘密点1，涉案专利权利要求中并没有直接记载，但专利说明书实施例1中公开了使用间甲酚脱保护，秘密点1使用混甲酚脱保护，其中混甲酚是邻甲酚、间甲酚和对甲酚三种异构体的混合物，而邻甲酚、间甲酚和对甲酚对中间体脱保护都利用了酚羟基的氢键，两者并无实质区别，故涉案专利说明书已经披露并使用了秘密点1。

对于秘密点2，首先，涉案专利权利要求1步骤a)即成酸反应，即包含了秘密点2。其次，涉案专利说明书实施例1中记载的技术方案与保密工艺技术方案中的秘密点2在脱保护试剂、反应气氛、温控时机、反应温度、时间、试剂用量方面存在不同，并且保密工艺没有公开“溶清”“pH至2.5”，但上述区别并非实质性区别，因此，可以认为涉案专利说明书已经披露并使用了秘密点2。

对于秘密点3，涉案专利权利要求1步骤b)与秘密点3存在如下区别：(1)加入物料不同；(2)物料加入方式及相关操作不同；(3)保密工艺未公开过滤操作为无菌过滤。最高人民法院对于区别(1)，根据涉案专利和保密工艺的记载及上述技术效果的比较，无法获知保密工艺额外加入的氯化钠、焦亚硫酸钠在该步骤中作用、解决的技术问题和产生的技术效果，无法证明区别

(1)是不是实质区别。对于区别(2),由于缺乏涉案专利和保密工艺关于该步骤的纯化效果的实验证据,导致不能证明保密工艺多次搅拌、静置分离的操作实际上可以起到更好的纯化效果。对于区别(3),本领域知晓,氟氧头孢钠成品以钠盐形式做成注射剂使用于人体,而使用无菌过滤是本领域技术人员出于安全考虑容易想到的过滤方式,即该区别不是实质区别。涉案专利权利要求1步骤b)与秘密点3存在的上述区别并非实质区别,故而可以认定涉案专利权利要求1步骤b)包含秘密点3。涉案专利实施例1是在权利要求1步骤b)的基础上进一步具体化,基于同样的理由,涉案专利实施例1中"水洗、萃取、无菌过滤步骤整体技术信息"也与秘密点3无实质性差异。因此,可以认为涉案专利说明书已经披露并使用了秘密点3。

综上,涉案专利文件披露了青松公司相关技术秘密,而且专利技术方案也使用了技术秘密,构成对技术秘密的侵害,故青松公司的技术秘密构成涉案专利技术方案实质性内容,青松公司应对涉案专利享有合法权利。

2. 华民公司是否对涉案专利的实质性特点作出了创造性贡献

在专利权属纠纷中,如果两个以上的当事人均对技术方案的实质性特点作出创造性贡献,且难以区分贡献大小的,应当认定该权利为共同共有。本案中,华民公司对涉案专利技术方案的实质性特点也作出了创造性贡献,具体分析如下:

第一,华民公司针对第一次审查意见通知书的意见陈述中认为涉案专利发明点主要在于:(1)权利要求1步骤b)中,pH=4~8时,氟氧头孢酸趋于溶解于水相,pH=0~3时,氟氧头孢酸趋于溶解于有机相。(2)权利要求1步骤c)采用溶析结晶法,与保密工艺所采用的冻干法系不同的结晶方法。对此,双方均无异议,二审法院予以认可。

第二,青松公司主张涉案专利权利要求1步骤c)中采用溶析结晶法属于常规技术手段,对此,二审法院认为,国家知识产权局亦认可了华民公司对专利技术方案具有创造性的意见陈述。且青松公司并未提交相反证据证明其属于常规方法,故青松公司该主张不能成立。据此,可以认定华民公司对涉案专利权利要求1步骤c)作出了创造性贡献。

综上所述,由于涉案专利披露并使用了青松公司的技术秘密,故青松公司应当对涉案专利享有权利;华民公司在获得青松公司涉案保密工艺基础上,对涉案专利权利要求1步骤c)作出了创造性贡献,故而可以认定青松公司、华民公司对于涉案专利均作出了创造性贡献。鉴于现有证据无法区分青松公司、华民公司对涉案专利权的贡献程度,故涉案专利权应由青松公司、华民公司共同共有。最高人民法院于2020年12月16日作出(2020)最高法知民终871号民事判决:(1)撤销石家庄市中级人民法院民事判决;(2)确认"高纯度氟氧头孢钠制备工艺"发明专利权由华民公司、青松公司共同共有。

(三)本案启示与重点问题解析

1. 依据委托生产合同获悉权利人技术秘密后,未经权利人许可,受托人是否有权再研发?受托人是否有权基于改进技术申报专利权?获得专利权后该如何分配权益?

如果双方在委托生产合同中明确约定禁止受托人针对合同项下技术秘密自行再研发,受托人应当遵守该约定,不得擅自进行再研发,更不得基于改进技术申报专利权。在交易实践中,委托人限制受托人该等权利是惯常做法,且并不违反法律、行政法规强制性规定,合法有效,应当遵守。如果委托人在委托生产合同中并未明确禁止受托人自行再研发的权利,受托人有权针对相关技术自行再研发,但是,不能与他人合作研发,否则实质性披露了委托人的技术秘密;至于受托人能否将其自行再研发的技术申报专利权,笔者认为,根据诚信原则和基本的商业道德,受托人不得在未经委托人同意的情况下申报专利,更不得擅自申报专利权,以避免实质性公开委托人的技术秘密信息。针对申报并获得专利权后权益分配问题,司法实践中的通行做法是,如果受托人基于再研发技术申报并获得专利权后,需要将该专利技术与委托人的技术秘密进行比对,如果受托人据以申报的技术并无实质性创造性贡献,受托人不应该享有该专利权;如果受托人申报的技术具有实质性贡献,则应根据贡献度确定去权份额,如无法识别贡献度则共有专利权。笔者对此持有异议,笔者主张,如果委托人在委托生产合同中有明确禁止受托人再研发之约定,则即使受托人对技术改进具有实质性贡献,也不宜赋予其专利权共有权或份额权利,这是对合同信守原则的起码尊重;只有在委托人在委托生产合同中未禁止受托人再研发的情形中,上述司法实践做法才具有合理性。

本案中，华民公司接受青松公司的保密技术后立即向国家知识产权局申报专利，自获得青松公司技术秘密信息到申报专利权仅间隔一个月，这个情节，足以证明华民公司企图以专利权形式独占青松公司技术秘密的故意，除双方委托生产合同中明确约定授权华民公司再研发或申报专利技术以外，无论双方委托生产合同中是否禁止华民公司针对合同项下技术的再研发权，均不影响依诚信原则和基本商业道德认定华民公司存在显著过错的结论。如果涉案委托生产合同中青松公司授权华民公司再研发及申报专利权，则其基于改进技术与青松公司共享专利权，于法有据；反之，如委托生产合同并未授权华民公司该项权利，而其接收涉案技术秘密后立即申报专利的行为，违反诚信原则和基本商业道德，应予禁止，即使其对申报专利之技术具有贡献，也不应共享专利权。另外，如本书前文提及，根据《民法典》第 875 条之规定，技术转让合同中，双方可约定后续技术改进成果的分享办法，未约定或约定不明的按照该法典第 510 条确定，仍不能确定的，其他方无权分享改进技术。该规定并不适用于本案情况，因该规定的前提是技术转让，受让人获得该技术秘密所有权后的再研发，与本案中华民公司取得涉案技术秘密使用权后的再研发，权利来源和基础完全不同。

2. 如何评价华民公司在极短的时间内改进医药技术的可能性

如前所述，华民公司收到青松公司技术秘密后仅仅一个月，即向国家知识产权局申报专利权。针对医药技术而言，在如此短暂的时间内，显然无法完成独立研发并获得技术成果。在华民公司已收到青松公司技术秘密的基础上，在华民公司无法举证其技术秘密来源的情况下，应推定其使用了青松公司的技术秘密。因此，华民公司所进行的申报行为本身就侵犯了华民公司的技术秘密，不具有合法性，其申报所得权利当然不应归华民公司所有。

本案一审在此问题上的观点是明显错误的，一审判决认为，“上海市科技咨询服务中心知识产权司法鉴定所的鉴定意见虽然认定华民公司发明专利申请文件公开了青松公司主张的秘密点，但青松公司现有证据不能证明其主张的上述三个秘密点系其向华民公司提供的原始保密技术信息。青松公司现有证据不能证明华民公司‘高纯度氟氧头孢钠制备工艺’发明专利申请文件记载的技术方案来自青松公司在双方履行委托加工生产协议中提供的保密技术信息”。一方面，一审判决在举证责任分配上犯了错误，当在案证据已足以证实华民公司实际接触并掌握青松公司技术秘密的基础上，在已证实涉案两种技术具有同一性的基础上，举证责任转移至华民公司，应举证证实其未使用青松公司技术秘密，而不应再以青松公司未举证证实华民公司申报之技术系青松公司提供之原始技术为由认定华民公司未使用青松公司技术秘密；另一方面，一审判决忽略了常识判断原则在审判中的运用，医药技术与其他技术相比，其研发难度更大，其所需要的安全检测程序更为复杂，华民公司在短短的一个月根本不可能完成一项全新的医药技术研发，此时，运用常识判断原则，本应首先质疑华民公司所申报技术的合理来源而不是反向要求青松公司证实其提供的技术秘密原始信息与华民公司申报信息具有同一性。

二审法院虽然对一审法院上述错误进行了纠正，并确认了华民公司侵害了青松公司的技术秘密，但遗憾的是，二审法院并未进一步考察华民公司在极短时间内无法对他人医药技术秘密完成实质性研发或改进的可能性，并进一步否定华民公司在涉案专利技术中的权益，并最终确定了青松公司与华民公司共享专利权的结果，实乃美中不足。

3. 医药技术密点比对工作具有哪些特点，创造性贡献达至何种程度方可共有专利权或技术秘密权

与其他技术密点比对相比，医药技术密点比对具有其自身的特点：(1)药品生产过程中所使用的催化剂、保护剂、介质等物品，其化学成分可能不完全相同，但是，对于药品生产的作用相同，均基于该物品中某一特定元素或成分之作用，因此，在比对过程中，虽然物品名称不同，但是发挥功能的特定元素或成分相同，则对比技术在该密点上不具有实质差异。(2)药品生产过程中所用技术可能在脱保护试剂、反应气氛、温控时机、反应温度、时间、试剂用量等方面存在不同，但是，该等差异一般不构成实质差异。(3)药品生产中涉及的非化学反应技术，如加入物料的成分、加入方式和操作、过滤技术等，如果无法证实加入不同物料在药品生产过程中的作用、所解决的技术问题和技术效果，则不应据此认定比对技术存在实质区别；如果无法证实不同的操作方式可以起到更好的技术效果，也不应据此认定比对技术存在实质区别；如果出于医药

生产过程保护人体安全的基本考虑而采取的常见操作，如无菌过滤，不应据此认定比对技术存在实质区别。显然，主张其对权利人技术秘密具有创造性贡献的一方，必须举证证实其技术超越了上述三点内容所涉及的非实质性区别问题，方能被认定为实质贡献，进而对改进技术成果分享权益。

本案一审判决并未专门针对医药技术改进成果比对进行专门论证，仅概括性的认定青松公司证据不足。本案二审法院详细说明了涉案技术比对的细节和特点，并最终认定华民公司侵害了青松公司的技术秘密，主要理据就是华民公司所申报技术中，涉及青松公司技术秘密三项密点，且不存在实质区别。但是，最高人民法院在本案二审过程中，以华民公司所采取的溶析结晶法和氟氧头孢酸溶解于水相和溶解于有机相时的 pH 值不同为依据，认定华民公司对改进技术具有实质贡献。最高人民法院的认定并不存在明显错误，但是，如果能更进一步识别和区分华民公司该两项改进在涉案药品技术中的贡献度，进而确定华民公司所能分享成果利益的份额，则堪称完美。

4. 以侵害技术秘密为请求权基础主张专利权权属纠纷的基本审判思路是什么

权利人以他人侵害其技术秘密为由，主张他人所申报专利权归权利人所有的，应首先确定权利人所主张的技术秘密是否成立；然后确定诉争专利权文件是否披露或使用了权利人的技术秘密；最后判断被诉侵权行为人是否对专利的实质性特点作出了创造性贡献。如果权利人主张的技术秘密不成立，则无权主张他人申报的专利权权属；如果诉争专利文件未披露或使用权利人技术秘密，权利人当然也无权主张他人申报专利权权属；如果权利人技术秘密成立且申报人披露或使用了权利人技术秘密，但是该申报人对专利技术有实质性创造贡献，则应根据其贡献度确定其对专利权的份额，无法区分贡献度的，共有专利权。这是一般思路。如前所述，如果被诉侵权行为人违反权利人有关禁止其再研发或申报专利权值约定，即使被诉侵权行为人对所申报专利技术具有创造性贡献，也不宜赋予其专利权共享权益。

就本案而言，正如二审承办法官所说，“要确定案件当事人对争议专利的实质性特点是否作出了突出贡献。对于争议专利的实质性特点的确定，可以结合专利审查档案进行审查，从专利审查档案中查看专利权人及国家知识产权局在专利授权过程中是否对专利的实质性特点做出声明或审查；如专利审查档案中无法查知，可由专利权人进行主张，听取专利权人意见；对于可明确的实质性特点，若当事人有异议，认为属于公知常识或常规技术手段，应提交相应的证据予以证明，否则可认定为争议专利的实质性特点。明确各方当事人对争议专利实质性特点作出了创造性贡献后，应看各方对专利实质性特点作出贡献的大小，如若难以区分贡献大小的，应当认定该权利为共同共有”。

第二节　药品上市许可评审过程中的商业秘密保护

在药品上市许可申报过程中，相关药品技术秘密权利人将药品的配方及制作工艺提交给国家食品药品监督管理总局后，相关部门为了做好药品注册服务工作，将新药数据进行整理后出版新药注册数据库，其中包含批准生产的化药、中药的批件、质量标准和使用说明书，以及生物制品、诊断试剂的批件、制检规程和使用数码书，甚至还包括药品配方和制作工艺。药品审评中心官方网站上发布该数据。药品上市主管部门公开申报人技术秘密，后果是药品申报中的技术秘密被公开，丧失秘密性，权利人的技术信息将无法通过商业秘密保护规则得到保护，此时，应当参照专利技术中“公开换垄断”的规则，禁止其他制药企业或同类主体利用药品上市主管部门公开的权利人的药品技术信息，更不得据以生产相关药品，否则，对权利人而言，其权益遭受了极不公平的对待。

一、最高人民法院关于仁和药业“小儿风热清”技术秘密案的判决［（2015）民申字第3240号］

（一）基本案情介绍

2012年，河北省邯郸市中级人民法院作出（2012）邯市民四初字第46号民事判决书，判决被告江西药都仁和制药有限公司于判决生效之日起，立即停止生产、销售药品“小儿风热清颗粒”，并于判决生效之日起10日内，赔偿原告邯郸摩罗丹药业股份有限公司（以下简称邯郸制药）经济损失990,000元。

被告江西药都仁和制药有限公司不服，向河北省高级人民法院提起上诉，2015年9月21日，河北省高级人民法院作出二审判决，驳回江西药都仁和制药有限公司上诉，维持原判。

江西药都仁和制药有限公司（以下简称仁和制药）不服二审判决，向最高人民法院申请再审称：（1）邯郸制药的“小儿风热清口服液”药品的配方、制备工艺等信息不应认定为商业秘密。①邯郸制药药品配方、制备工艺等信息已通过公开出版发行的“《国家新药注册数据库1985－2000》”光盘公开，不具有秘密性。②邯郸制药没有对其药品信息采取相应的合理的保密措施，不具有保密性。邯郸制药所谓“保密措施”的证据只是6份非常简单的《邯郸制药厂工艺、处方以及相关技术、机密资料持有人规范协议》，仁和制药在一审中已对协议的真实性提出了异议。无论从形式上还是从实质内容方面都不能说明邯郸制药为“小儿风热清口服液”药品信息已采取了保密措施，邯郸制药再没有采取任何保密措施。（2）邯郸制药没有举证证明仁和制药采取了盗窃、利诱等不正当手段侵犯商业秘密，依法不应认定其存在侵权的事实。（3）本案已超过2年的诉讼时效期间。①“小儿风热清颗粒”在2005年就获得了新药证书和注册批准，诉讼时效期间应从彼时开始计算，至本案诉讼时早已超过2年。②即使邯郸制药的药品信息在2006年以前构成商业秘密，但在2006年被授予发明专利后信息已全部公开，此时已不存在商业秘密，也不存在侵犯商业秘密的事由。如果邯郸制药是追究专利公开之前的侵权行为，也早已超过2年。

最高人民法院认定如下事实：2002年4月3日，药品审评中心在其网页上发布“关于《国家新药注册数据库（85－2000）》光盘注册的通知”，主要内容为“我中心和国家药品监督管理局药品注册司于去年共同对85－2000年的批准生产的新药数据进行了整理，并出版了《国家新药注册数据库（85－2000）》光盘。该光盘涵盖了85－2000年以来，批准生产的化药、中药的批件、质量标准和使用说明书，以及生物制品、诊断试剂的批件、制检规程和使用说明书。在这些数据的基础上，用户可以较为便捷地进行统计检索和查询，以期对新产品的研发立项有所帮助。凡在我中心，或通过省药监局注册处购买了光盘的用户，请立即登录我中心网站（www. cde. org. cn），在相关资源栏目下的光盘在线注册中进行注册；或直接进行电话注册”。2012年12月17日，北京市方正公证处对上述内容的过程进行了公证，并出具了(2012)京方正内经证字第15641号公证书。

2004年3月15日，药品审评中心向华夏医胜公司出具了编号为×××的发票一张，其中显示的经营项目为“其他服务业信息费”、金额为“1980元”。

在仁和制药于一审时提供的涉案光盘套装中，光盘包装盒正面自上而下标注有“国家药品监督管理局药品审评中心国家新药注册数据1985－2000国家药品监督管理局药品注册司与国家药品监督管理局药品审评中心联合制作电子工业出版社”字样；安装光盘正面自上而下标注有“国家新药注册数据1985－2000ISBN7－900080－96－1/R01国家药品监督管理局药品注册司与国家药品监督管理局药品审评中心联合制作电子工业出版社”字样；《检索光盘使用许可》上有对应光盘的序列号及“2001年10月”字样。

2012年12月26日，北京市方正公证处应仁和制药委托代理人饶某的申请，对其使用涉案光盘查询相关数据库资料的过程进行了公证，并出具了(2012)京方正内经证字第16698号公证书。据该公证书记载，将涉案光盘放入公证处计算机的光驱，经安装成功后，进入了数据库并查询到诉争的涉案“小儿风热清口服液”配方及制作工艺。

2005年3月30日，天山药业以公证购买的方式自药品审评中心取得了涉案光盘一张及《检索光盘使用许可》一份，并为此支付了1980元。针对上述过程，北京市国信公证处于2005年4月11日出具了公证书。

2014年7月31日，厦门市鹭江公证处应天山药业委托代理人郭泽冰的申请，对其至厦门市中级人民法院查阅(2006)厦民初字第232号一案的卷宗材料的过程进行了公证，并于同年8月6日出具了(2014)厦鹭证内字第17222号公证书。该公证书附件分别为安装并查询卷宗中光盘内容的过程记录，以及对卷宗其他部分内容的复印件两部分。前者中有查询到的诉争的“小儿风热清口服液”配方及制作工艺。而后者中有与仁和制药一审提供的涉案光盘包装盒完全相同的包装盒复印件，以及厦门市中级人民法院自行购买涉案光盘后对其进行安装、查阅的相关笔录。

2015年7月13日，厦门市鹭江公证处出具了厦鹭复查字(2015)第02号《关于部分撤销(2014)厦鹭证内字第17222号公证书的决定》，以天山药业与

“小儿风热清口服液”无直接利害关系为由，撤销了（2014）厦鹭证内字第17222号公证书中对操作“国药新药注册数据”光盘、查看及截屏“小儿风热清口服液”相关信息的证明内容及附件文件。

二审法院曾先后两次向药品审评中心、国家食品药品监督管理总局发出协助调查函，要求查询其是否出版过涉案光盘、该光盘中是否含有“小儿风热清口服液”配方及制作工艺信息、仁和制药提交的药品审评中心开具的购买光盘发票（复印件）是否真实等问题。国家食品药品监督管理总局于2015年7月10日出具食药监办药化管函（2015）396号“关于协助河北省高级人民法院调查情况的复函”。该函的主要内容为：为了满足当时药品注册管理和药品评审的需要，药品审评中心在原卫生部药政局编写的《新药资料汇编》基础上，开始对之前审批的新药信息进行整理和电子化，制作了《国家新药注册数据库（1985－2000）》光盘，主要收载了1985年至2000年批准的中药新药相关信息。该光盘于2001年一次性制成，共5500张，正式出版号为ISBN7－900080－96－1，2001年以后未再制作、出版、发行。2001年至2006年，药品审评中心共发售650余套，发售对象主要为各卫生系统和相关从事药品研发的机构。2006年根据国务院印发《全国整顿和规范药品市场秩序专项行动方案》及有关要求，药品审评中心停止了发售工作，并对剩余光盘进行了封存。因停止发售并封存光盘后，未再对相关系统更新，故药品审评中心目前已无法查询及核实光盘中的相关数据。

（二）最高人民法院裁判说理的重点

首先，涉案光盘上印有制作单位名称、出版单位名称及正式出版号，且相关标注内容得到国家食品药品监督管理总局相关复函内容的印证，故应认定其为正规出版物。

其次，仁和制药提供了原始光盘，且经查阅其中明确载有诉争的“小儿风热清口服液”配方及制作工艺，故在无足够相反证据加以推翻的前提下，应认定该光盘为明确载有诉争的“小儿风热清口服液”配方及制作工艺的正规出版物原件。

最后，在确定涉案光盘为正规出版物的情形下，并非只能向药品审评中心、国家食品药品监督管理总局发函要求协助调查，实际上还可以向涉案光盘的出版单位“电子工业出版社”，或者厦门市中级人民法院了解、核实光盘内容。况且从国家食品药品监督管理总局复函内容来看，尚未售出的涉案光盘现系被封存、而非被销毁，故从技术角度上完全可以再现光盘内容，以供比对。此外，既然涉案光盘系正规出版物的原件，则还可以就该光盘内容是否系原始刻录，以及是否事后被修改问题进行鉴定。

综上，二审判决认定涉案“小儿风热清口服液”配方及制作工艺尚未公开，属于认定事实缺乏证据支持。依照 2012 年《民事诉讼法》第 200 条第 2 项、第 204 条第 2 款、第 206 条之规定，裁定如下：(1) 指令河北省高级人民法院对本案进行再审；(2) 再审期间，中止原判决的执行。

（三）本案启示与重点问题解析

1. 药品监督管理机构公开权利人新药配方和制作工艺后，其他制药企业可否使用该配方和制作工艺

药品上市许可申报过程中，权利人将药品配方和制作工艺提交给药品审评中心等机构后，相关机构公开了该配方和制作工艺后，权利人的该药品配方和制作工艺之技术秘密丧失秘密性，将不再构成商业秘密，法律有关商业秘密保护的规定，不再适用于该技术信息。但是，权利人基于该药品配方和制作工艺的权益不能因其被公开而完全丧失，那么，权利人究竟应运用何种法律规范保护基于该药品配方和制作工艺而享有的权益？笔者认为，一方面，权利人在知晓该药品配方和制作工艺被药品监督管理机关公开后六个月内，申请发明创造专利权，进而寻求《专利法》第 24 条[1]之保护，主张该药品配方和制作工艺未经其同意而泄露，不丧失专利法意义上的新颖性，权利人获得该药品配方和制作工艺专利权后，其他制药主体依法不得侵犯该专利权；另一方面，权利人可以依据《反不正当竞争法》第 2 条之规定，主张其他制药企业应当遵守诚信原则和商业道德，不得使用上述被公开的药品配方和制作工艺。尽管如此，权利人基于被药品监督管理机构公开药品配方和制作工艺的权益依然可

---

[1] 该条规定，“申请专利的发明创造在申请日以前六个月内，有下列情形之一的，不丧失新颖性：(一) 在国家出现紧急状态或者非常情况时，为公共利益目的首次公开的；(二) 在中国政府主办或者承认的国际展览会上首次展出的；(三) 在规定的学术会议或者技术会议上首次发表的；(四) 他人未经申请人同意而泄露其内容的”。

能无法实现其他制药企业停止使用相关技术来获得完整保护，当权利人将该药品配方和制作工艺申报专利但未获批准并未取得专利权时，虽然可根据《专利法》第74条第2款“发明专利申请公布后至专利权授予前使用该发明未支付适当使用费的，专利权人要求支付使用费的诉讼时效为三年，自专利权人知道或者应当知道他人使用其发明之日起计算，但是，专利权人于专利权授予之日前即已知道或者应当知道的，自专利权授予之日起计算”之规定收取适当的使用费，但其请求人民法院判令其他制药企业停止使用的目标未必必然如愿，如同本案三级人民法院作出的不同判决结果所展示的那样；另外，权利人虽然能够借助《反不正当竞争法》第2条规定保护其权益，但是，该条规定属于原则性规则，于其他制药企业利用药品监督管理机构公开的配方和制作工艺行为而言，适用性并不强；而该法有关不正当竞争行为种类的具体规定中，并没有将其他制药企业的此类行为规定为不正当竞争行为。

本案中，邯郸制药的“小儿风热清口服液”药品的配方和制作工艺因国家药品监督管理局药品审评中心的出版行为而公开，并非经邯郸制药同意的公开行为，邯郸制药有权立即针对该药品配方和制作工艺申请专利以寻求专利法保护。当邯郸制药就此获得专利权后，仁和制药等其他任何主体未经授权均不得使用该专利技术；但是，在邯郸制药获得专利权之前，仁和制药利用该技术的行为是否必须停止？本案一审和二审判决均判令仁和制药停止使用该药品技术，但是最高人民法院再审判决撤销了前述判决。笔者认为，本案一审和二审判决以涉案“小儿风热清口服液”技术秘密未被公开为由认定其商业秘密属性，进而认定仁和制药侵犯邯郸制药技术秘密，虽然两审法院以上述事由判令仁和制药停止侵权稍显不妥，但是其判决结果是正确的，根据《专利法》第74条第2款规定之精神，“发明专利申请公布后至专利权授予前使用该发明未支付适当使用费的，专利权人要求支付使用费的诉讼时效为三年，自专利权人知道或者应当知道他人使用其发明之日起计算，但是，专利权人于专利权授予之日前即已知道或者应当知道的，自专利权授予之日起计算”。邯郸制药公司申报专利后至获得专利权之前，其申报专利所辖技术信息应受法律保护，未经许可，他人不得使用，如使用则应支付使用费。仁和制药在未支付使用费的前提下，应停止使用邯郸制药“小儿风热清口服液”技术。因此，本案一审和二审判决仁和制药停止使用涉案技术，该判决结果是正确的。

2. 国家药品监督管理部门《国家新药注册数据库》光盘出版后停止发售并封存的行为，对邯郸制药涉案药品配方和制作工艺的秘密性而言，能否起到补救作用

仅就商业秘密“不为公众所知悉”的秘密性特征本身而言，其秘密性要求是绝对的，即制药该商业秘密被公众所知悉，而无论其知悉的渠道、方式、手段如何，该商业秘密均丧失秘密性。换言之，即使商业秘密被违法或犯罪行为所公开，也产生丧失秘密性而不再构成商业秘密之后果。因此，国家药品监督管理部门公开申报人药品配方和制作工艺将直接导致该药品配方和制作工艺丧失秘密性的后果。诚然，国家药品监督管理部门公开出版权利人新药配方和制作工艺的行为是不妥当的，此后系列行政诉讼[1]也证实了此点；但是，国家药品监督管理部门针对其错误公开行为采取补救措施并进行封存后，已经知悉权利人技术秘密的主体应负保密义务，其基于诚信原则和商业道德，应在合理期限内等待权利人专利申报之行为，然后根据权利人是否获得专利权再行决定是否使用以及如何使用涉案技术信息，而不能立即使用该技术，否则违背了基本的诚信原则和商业道德。另外，国家药品监督管理部门对错误公开行为采取补救措施能否对已经丧失秘密性的技术信息回复到商业秘密状态？笔者认为，该类补救措施不能使已经丧失秘密性的技术信息回复到商业秘密状态，原因是其已经为公众所知悉，这个结果不可逆转。但是，该技术信息所承载的权利性质之不可逆转，并不等同于针对该技术信息的保护措施不可补救，如前所述，权利人可采取专利申报、收取使用费以及主张其他制药主体的诚信义务等方式保护该技术信息所承载的权益。

本案中，国家药品审评中心将邯郸制药的“小儿风热清口服液”配方和制作工艺以光盘出版形式公开，显然是错误的，并直接损害了邯郸制药的技术秘密，正因如此，国家药品审评中心才采取停止发售并立即封存的补救措施。如果国家药品审评中心出版之光盘未被任何第三方获得，便停止发售并封存，则邯郸制药“小儿风热清口服液”配方和制作工艺的秘密性并未丧失，其依然构成邯郸制药的商业秘密。本案的焦点问题在于，在案证据是否足以证实国家

[1] 参见最高人民法院(2019)最高法知行终143号判决书、北京知识产权法院(2016)京73行初992号判决书。

药品审评中心出版的相关光盘已为第三方所获得，对此，一审和二审法院均以仁和制药所提交公证书被撤销、国家药品审评中心无法查询核实、购买光盘发票无法核实为由否定了涉案光盘已为第三方取得的结论；最高人民法院认为，该光盘系正规出版物，且原始光盘中载有“小儿风热清口服液”配方和制作工艺，该光盘内容还可以通过向出版单位“电子工业出版社”或厦门市中级人民法院调查核实，且该光盘仅被国家药品审评中心封存而非销毁，还可再现光盘内容或进行鉴定，因此，最高人民法院认为一审和二审判决并未查清国家药品审评中心的光盘是否为第三方取得并导致邯郸制药相关技术秘密丧失秘密性，属于认定事实证据不足的情形，并撤销了原判决指令再审。从审判程序和证据规则角度出发，最高人民法院撤销原审判决是正确的。但是，最高人民法院并未最终确定涉案“小儿风热清口服液”配方和制作工艺是否公开，而将该核心问题交由其指令再审的河北省高级人民法院审查认定。笔者认为，判断涉案“小儿风热清口服液”配方和制作工艺是否已公开，依然要回归到商业秘密“不为公众所知悉”的基本判断标准上来，根据 2020 年最高人民法院《关于审理侵犯商业秘密民事案件适用法律若干问题的规定》第 3 条之规定，“不为所属领域的相关人员普遍知悉和容易获得的”应认定为“不为公众所知悉”，那么，如国家药品审评中心出版涉案光盘至其停售封存前，并无其他主体或仅个别主体获得该光盘，尚不构成所属领域相关人员普遍知悉和容易获得的情形，应认定涉案“小儿风热清口服液”配方和制作工艺尚“不为公众所知悉”；同时，根据最高人民法院《关于审理侵犯商业秘密民事案件适用法律若干问题的规定》第 4 条第 1 款第 3 项之规定，“该信息已经在公开出版物或者其他媒体上公开披露的”，则认定相关信息为公众所知悉，表面上看，涉案“小儿风热清口服液”配方和制作工艺已经由国家药品审评中心出版的光盘所披露，但是，进一步观察便能发现，如果国家药品审评中心所采取的停售封存措施足够及时，则上述技术信息即使真实存在于该出版光盘上，也并不一定产生被披露的结果，如前所述，如并无其他主体购得该光盘，并不产生披露后果。因此，本案仁和制药所提交的案外人购买光盘的凭证成为焦点证据，其证明对象一旦成立，则涉案“小儿风热清口服液”配方和制作工艺已被公开出版物所披露，不再具备“不为公众所知悉”的特点。

综上，国家药品审评中心停售封存的补救措施能否使涉案“小儿风热清口服液”配方和制作工艺回复到“不为公众所知悉”的商业秘密状态，主要取决于停售前该光盘是否为他人所购得，一经他人购得，则无法回复到商业秘密状态；反之，则可以恢复“不为公众所知悉”特性，回复到商业秘密状态。

二、最高人民法院关于“中药杀菌净”技术配方案的判决［（2014）民申字第437号］

（一）基本案情介绍

再审申请人冯某、吕某因与被申请人成武县科技开发中心（以下简称开发中心）侵害商业秘密纠纷一案，不服山东省高级人民法院民事判决，向最高人民法院申请再审称：（1）二审判决认定本案“中药杀菌净”技术的原始配方提供人不是冯某而是倪某，缺乏证据证明。①山东省高级人民法院民事裁定已经确认，“中药杀菌净”技术原始配方提供人是倪某的事实认定证据不足。②冯某提供了充分证据证明其是“中药杀菌净”技术原始配方的提供人。③开发中心提供的证据具有效力瑕疵，证明力较弱且证据之间存在矛盾。（2）二审判决认定事实错误。二审判决认定冯某未向开发中心提交过书面原始配方，也未提交证据证明其原始配方研发过程及其在参加开发中心课题组之前，已经运用其所谓的原始配方实际生产出“中药杀菌净”农药产品，上述事实认定错误。①冯某已提供了原始配方的具体内容。其一，冯某向牛某、李某提供的“中药杀菌净”配方和生产工艺就是原始配方的具体内容。其二，一审法院开庭审理后，冯某把原始配方提交到了一审法院。②冯某提交了充分证据证明其原始配方的研发过程及其在参加开发中心课题组之前，已经运用其原始配方实际生产出“中药杀菌净”农药产品的事实。冯某在1992年至1993年期间为倪某生产过“中药杀菌净”农药。（3）冯某没有侵犯开发中心的商业秘密。①1996年上半年冯某离开开发中心时，开发中心还没有研发成功本案“中药杀菌净”技术。②冯某离开开发中心后自己生产“中药杀菌净”，说明其到开发中心项目组工作以前就会生产“中药杀菌净”，无须窃取开发中心的技术秘密。③倪某在担任“中药杀菌净”课题项目小组副组长时接触到相关信息，在冯某离开课题组以后，倪某使用冯某生产的“中药杀菌净”做样板，申报了“农药三证”。

经审理，最高人民法院查明如下事实：

《关于成立“中药杀菌净”课题研究小组的决定》记载：倪某同志负责组配各种配方和生产工艺及技术指导；冯某、李某等同志在倪某同志的领导安排下，进行实验品的加工和各项田间试验，并将实验结果和数据及时总结报课题小组。《中药杀菌净研制方案》记载：倪某同志具体带领指挥科研、实验小组人员，负责配方、生产工艺的开发、研制和改进，筛选出最佳的中药配方和生产工艺；冯某、李某同志按倪某同志要求搞好实验产品的加工和实验；在倪某同志提供的采用中医祖传秘方实验研究的基础上……《中药杀菌净生产工艺及中草药配方研制总结报告》记载“提供及责任人：倪某”。《中药制剂“杀菌净”试验情况》记载各项目实验数据。

本案重审过程中，证人牛某、李某和倪某均在一审法院出庭作证，一致陈述中药杀菌净技术成果属于成武县科技开发中心，是公职行为，该技术配方是倪某；倪某提供了 1995 年 12 月 9 日山东大学实验中心检测报告及山东大学实验中心王某顺给倪某的回信一封。关于冯某离开开发中心的时间，2012 年 5 月 22 日一审法院庭审笔录（二）记载：倪某称冯某 1996 年、1997 年就不经常在那里了，在 1997 年年底和 1998 年年初他就离开了课题组。2013 年 3 月 6 日二审法院庭审笔录记载：冯某称其 1995 年年初到被上诉人处，进行试验，在 1996 年上半年就走了。2013 年 3 月 6 日二审法院庭审笔录还记载：冯某称，原始配方不等于中药杀菌净配方，其 1991 年至 1992 年期间开始研制，1992 年研制成功，但没有书面及其他证据。

（二）最高人民法院裁判说理的重点

最高人民法院认为，结合再审申请人的再审理由、被申请人答辩及本案事实，本案在再审审查阶段的争议焦点在于：（1）二审判决认定事实是否正确；（2）二审判决认定冯某构成侵犯本案商业秘密是否正确。

1. 二审判决认定事实是否正确

第一，关于本案“中药杀菌净”技术原始配方提供人的事实。开发中心提供的证据中，《中药杀菌净研制方案》中有倪某提供原始配方的直接记载，《关于成立“中药杀菌净”课题研究小组的决定》中则有倪某负责组配各种配方的记载,《中药杀菌净生产工艺及中草药配方研制总结报告》中亦有倪某为提供人和责任人的记载。与之相比,冯某提供的证据多属证人证言,且 2005 年 1 月 21 日成武县科技局的证明与开发中心提供的《成武县科技局关于研制“中药杀菌净”有关问题的证明材料》相互矛盾,证人牛某、李某和倪某在笔录中的陈述与其在出庭作证时的证言相互矛盾,倪某甲的陈述前后不尽一致。开发中心所提供证据的证明力优于冯某所提供证据的证明力。冯某提供的现有证据并不足以证明其是本案“中药杀菌净”技术的原始配方提供人。山东省高级人民法院民事裁定并未对“中药杀菌净”技术原始配方提供人这一事实作出认定。

第二,关于冯某是否向开发中心提交过书面原始配方、是否有证据证明原始配方研发过程以及在开发中心成立课题组之前是否已经实际生产出相关产品等事实。首先,开发中心并未否认原始配方的存在。其次,根据二审法院的庭审笔录,冯某在二审庭审过程中明确认可其未向开发中心提供过书面原始配方,也没有记录研制过程的相关书面资料。最后,牛某、李某的证言不足以证明冯某向开发中心提交过书面原始配方以及在开发中心成立课题组之前已经实际生产出相关产品。牛某、李某出庭作证时,分别推翻了其此前的陈述。

2. 二审判决认定冯某构成侵犯本案商业秘密是否正确

冯某、吕某主张,冯某离开开发中心时本案商业秘密并未形成,冯某自行研制开发了“中药杀菌净”产品,没有侵犯开发中心的商业秘密。对此,最高人民法院分析如下:

第一,关于冯某离开开发中心的时间。冯某主张其 1996 年上半年即离开了开发中心。经查,冯某的这一主张仅有其自我陈述作为依据,这一主张并未得到开发中心一方的认可。

第二,关于开发中心形成本案商业秘密的时间。其一,开发中心“中药杀菌净”技术成果的形成经历了研发、实验等过程。1996 年 10 月 30 日《中药杀菌净生产工艺及中草药配方研制总结报告》仅是记载“中药杀菌净”技术成果的载体之一,可以确认该技术成果的形成时间应早于 1996 年 10 月 30 日。其二,根据《中药制剂“杀菌净”试验情况》的记载,开发中心课题组在 1995 年即已开始生产相关试验产品并组织了相关田间试验。这一事实亦可佐证开发中心“中药杀菌净”技术成果的形成应早于1996年10月30日。

第三,关于冯某是否具备接触和掌握开发中心本案商业秘密的条件。首先,冯某在开发中心成立“中药杀菌净”课题组时即成为该课题组的主要成员之一。其次,冯某在该课题组中承担实验品加工、田间试验、总结实验结果和数据、办理和联系各实验点及课题小组的日常工作等任务,具备接触和掌握“中药杀菌净”技术成果的条件。最后,即使冯某于1996年上半年离开开发中心这一事实成立,亦不足以否定其具备接触和掌握开发中心本案商业秘密的条件。因此,冯某具备接触和掌握开发中心本案商业秘密的条件。

第四,关于冯某是否利用了开发中心的“中药杀菌净”技术成果。其一,冯某认可其与吕某共同生产的“病毒克星”农药产品使用了成武化工厂的“农药三证”。其二,成武化工厂的“农药三证”是在开发中心“中药杀菌净”技术成果的基础上申报获得的。冯某在本案中并未提交其产品配方和生产工艺不同于开发中心本案“中药杀菌净”技术成果的相关证据。在冯某未提供相应证据的情况下,二审法院基于本案现有事实和证据,初步推定冯某和吕某利用成武化工厂“农药三证”生产的产品使用了开发中心本案“中药杀菌净”技术成果,并无明显不当。

综上,依照2012年《民事诉讼法》第204条第1款之规定,裁定如下:驳回冯某、吕某的再审申请。

(三)本案启示与重点问题解析

1. 药品原始配方提供者与药品改良配方完成者对该药品配方分别享有何种权益

药品原始配方与改良配方之间的关系,决定着原始配方提供者与改良配方完成者在新药技术秘密中的权益比重关系。当药品的原始配方在改良配方中占主导地位时,药品原始配方提供者对改良后的药品配方技术享有主导权,改良完成者居于次要地位;相反,如果药品原始配方在改良后的配方中居于次要地位,而新药配方以改良技术为主导,则原始配方提供者在新药技术秘密中居于次要地位,改良完成者应成为权利主导;如果改良后的药品配方与原始配方存在一项以上本质区别,则二者之间不存在主从关系,系独立的药品配方。这是从权利分配原则角度分析得出的结论,这样的分配原则在专利技术的法律保护规则中表现得更加具体，对于商业秘密技术改进问题具有借鉴意义，但是，根据2020年最高人民法院《关于审理侵犯商业秘密民事案件适用法律若干问题的规定》第9条之规定，“被诉侵权人在生产经营活动中直接使用商业秘密，或者对商业秘密进行修改、改进后使用，或者根据商业秘密调整、优化、改进有关生产经营活动的，人民法院应当认定属于反不正当竞争法第九条所称的使用商业秘密”。最高人民法院对有关商业秘密改进成果分配问题的态度十分明确，无论改进成果与权利人的商业秘密是否存在本质差异，只要改进成果中包含了权利人商业秘密，即构成侵犯商业秘密行为。在专利技术领域，2009年最高人民法院《关于审理侵犯专利权纠纷案件应用法律若干问题的解释》第7条〔1〕规定，改进技术方案的技术特征与原技术权利要求记载的全部特征相比，缺少权利要求记载的一个以上的技术特征，或者有一个以上的技术特征不相同也不等同，就应认定没有落入原技术的保护范围，此项改进技术成果是独立于原技术的非从属技术。这是对原技术与改进技术存在本质区别分处独立权利状态的规定。最高人民法院《关于在专利侵权诉讼中当事人均拥有专利权应如何处理问题的批复》〔2〕以及《北京高院专利侵权判定若干问题

〔1〕 该条规定，人民法院判定被诉侵权技术方案是否落入专利权的保护范围，应当审查权利人主张的权利要求所记载的全部技术特征。被诉侵权技术方案包含与权利要求记载的全部技术特征相同或者等同的技术特征的，人民法院应当认定其落入专利权的保护范围；被诉侵权技术方案的技术特征与权利要求记载的全部技术特征相比，缺少权利要求记载的一个以上的技术特征，或者有一个以上技术特征不相同也不等同的，人民法院应当认定其没有落入专利权的保护范围。

〔2〕 最高人民法院1993年8月16日答复北京市高级人民法院的批复中明确：对于相同或者类似产品，不同的人都拥有专利权的有以下三种情形：一是不同的发明人对该产品所作出的发明创造的发明点不同，他们的技术方案之间有本质区别；二是在后的专利技术是对在先的专利技术的改进或者改良，它比在先的专利技术更先进，但实施该技术有赖于实施前一项专利技术，因而它属于从属专利；三是因实用新型专利未经实质审查，前后两项实用新型专利的技术方案相同或者等同，后一项实用新型专利属于重复授权。

人民法院在审理专利侵权纠纷案件时，根据《专利法》规定的先申请原则，只要原告先于被告提出专利申请，则应当依据原告的专利权保护范围，审查被告制造的产品主要技术特征是否完全覆盖原告的专利保护范围。在一般情况下，前述第一种情形由于被告发明的技术方案同原告发明的技术方案有本质的区别，故被告不构成侵权。后两种情形或者被告为了实施其从属专利而未经在先专利权人的许可，实施了在先的专利技术；或者由于前后两项实用新型专利的技术方案相同或者等同，被告对后一项重复授权专利技术的实施，均构成对原告专利权的侵犯。因此，人民法院不应当仅以被告拥有专利权为由，不进行是否构成专利侵权的分析判断即驳回原告的诉讼请求，而应当分析被告拥有专利权的具体情况以及与原告专利权的关系，从而判定是否构成侵权。

的意见》（京高法〔2001〕229 号）对原技术和改进技术主从关系判断标准作出的规定[1]，改进技术与原技术存在下述三种关系之一则可认定二者的主从关系：（1）改进技术在原技术特征的基础上，增加了新的技术特征；（2）改进技术在原技术特征基础上，发现新用途；（3）改进技术在原技术方案的基础上，发现了新用途。显然，这三种情况均不涉及专利技术特征本身的实质性增加或减少，仅仅是针对某一项或几项技术特征本身的改进。需要注意的是，2021 年 1 月 1 日起施行的《民法典》第 875 条关于技术转让合同中后续改进技术成果权益分配规则，并不能直接适用于本案所涉原始配方提供者与技术改进完成者之间的技术成果分配问题，该条规定，当技术秘密转让时，双方可以约定后续改进技术成果的分享办法，没有约定或约定不明的，按照《民法典》第 510 条规定处理，仍不能确定的，一方后续改进的技术成果，他方无权分享。当不存在技术秘密转让情形时，仍应当参照前述专利改进技术权益分配规则处理。

本案中，三级人民法院均以冯某并非涉案药品原始配方提供人的事由否定了冯某对涉案药品改良后的配方的权利，并进一步认定冯某实施该改良配方的行为侵犯了开发中心技术秘密。一审法院和二审法院并未区分原始配方和改良技术之间的关系，最高人民法院在本案再审过程中指出，需要说明的是，本案“中药杀菌净”技术的原始配方提供人与本案争议并无直接关联性，不属于本案关键事实。本案是商业秘密侵权之诉，争议的核心在于开发中心是否拥有其主张的“中药杀菌净”技术秘密以及冯某是否侵犯了该商业秘密。本案中，开发中心主张其通过开发研究获得的“中药杀菌净”技术成果属于商业秘密。该商业秘密的形成过程是：在原始配方的基础上，确定三组生产工艺和配方，并通过对各组配方的研究、实验，确定最佳配方和生产工艺。由此可见，开发中心在本案中并未主张“中药杀菌净”技术的原始配方是其所拥有的商业秘密。无论“中药杀菌净”技术的原始配方提供人是谁，这一事实对于本

〔1〕 该意见第 121 条规定，“从属专利，又称改进专利。指一项专利技术的技术方案包括了前一有效专利；即基本专利的必要技术特征，它的实施必然会落入前一专利的保护范围或者覆盖前一专利的技术特征，它的实施也必然有赖于前一专利技术的实施。从属专利的形式主要有：（1）在原有产品专利技术特征的基础上，增加了新的技术特征。（2）在原有产品专利技术特征的基础上，发现了原来未曾发现的新的用途。（3）在原有方法专利技术方案的基础上，发现了新的未曾发现的新的用途”。

案的审查判断并无直接影响。从严守法律条文内容的角度出发，最高人民法院的观点是正确的，针对本案中非技术转让关系中的原始配方和改进配方权益分配问题，目前确实不存在专门界定原始技术和改进技术以及二者关系的具体规定，更没有原始技术提供者与改进技术完成人权益分配的具体规定。但是，从实体公平角度出发，假定涉案技术秘密的原始配方由冯某提供，而人民法院对原始配方和改进技术不加比对，更不论原始配方在改进技术中的地位如何，一概否定原始配方提供者在改进配方中的权益，显然是不妥的；从《民法典》第 875 条的立法精神来看，即使在技术转让合同关系中，原技术秘密持有人在新技术中的权益也并非一概否定，仅仅是在穷尽合同补充规则后仍无法确定时，才排除其在新技术中的权益，况且，根据该法条之规定，如冯某系原始配方提供者，其享有对该药品原始配方的改进权，与开发中心的改进权同等，那么，冯某基于原始配方改进而来的“病毒克星”技术成果在穷尽合同补充规则后归冯某独立享有，开发中心无权分享，则冯某利用自有改进技术的行为，不构成侵权。

2. 原始配方提供者的举证责任问题

“谁主张，谁举证”，这是基本的举证规则。原始配方提供者在其举证责任承担问题上，也不例外，需要遵守基本的规则。当原始配方来源不明或发生争议时，主张自己提供的一方应负举证责任，证实其提供原始配方的来源、时间、地点、方式、接收方等事实。需要注意的是，原始配方提供者所举示的证据需要达到何种程度才完成其举证责任？笔者认为，根据民事诉讼证据采信的一般规则，达到高度盖然性的程度即可，即在案证据指向达到高度可能性的程度。此类证据除了交接文件材料等直接证据外，原始配方来源、提供者专业技术方向和水平、接收方专业技术方向和水平等背景信息也可作为辅助证据。

本案中，开发中心提供的证据中包括：《中药杀菌净研制方案》中有倪某提供原始配方的直接记载、《关于成立“中药杀菌净”课题研究小组的决定》中则有倪某负责组配各种配方的记载、《中药杀菌净生产工艺及中草药配方研制总结报告》中亦有倪某为提供人和责任人的记载。与之相比，冯某提供的证据多属证人证言，且 2005 年 1 月 21 日成武县科技局的证明与开发中心提供的《成武县科技局关于研制“中药杀菌净”有关问题的证明材料》相互矛盾，证人牛某、李某和倪某在笔录中的陈述与其在出庭作证时的证言相互矛盾，倪某甲的陈述前后不尽一致。开发中心所提供证据的证明力优于冯某所提供证据的证明力。但值得注意的是，冯某提供的证人证言多为公安机关调查过程中形成的笔录，该笔录的客观性和可靠性要远大于相关证人在后续民事诉讼活动中改变的陈述，同时，开发中心提供的书面证据中，主要证据指向倪某作为药品改进项目负责人，而非原始配方提供人，且证人证言中存在直接否定倪某作为原始配方提供人的内容。因此，查明原始配方真实来源，而不局限于原始配方提供者，对本案具有一定的作用，因该原始配方系民间配方，通过调查走访并结合原始配方在先使用情况，确定原始配方最初的持有人，然后查明配方改进项目中原始配方提供者，是非常有意义的。

第三节　医药技术研发人员的权利与义务

医药企业中负责或参与新技术研发的人员，对医药企业的技术秘密负有保密义务，无论其任职期间还是离职以后，均不得侵犯医药企业的商业秘密。但是，当负责或参与相关技术研发的人员在职期间或离职后对相关技术进行改进，改进后的成果权益如何分配？大体而言，需要分为专利技术和非专利技术两个方面进行研讨。

一、最高人民法院关于海鹰企业集团“B 超探头”案的判决［（1999）知终字第 3 号］

（一）基本案情介绍

上诉人无锡祥生医学影像有限责任公司（以下简称祥生公司）、莫某、吴某、顾某因与被上诉人海鹰企业集团有限责任公司（以下简称海鹰公司）商业秘密侵权纠纷一案，不服江苏省高级人民法院（1997）苏知初字第 3 号民事判决，向最高人民法院提起上诉。

原审法院查明：海鹰公司为一家研制和生产水声电子设备的专业工厂。1984 年，该公司员工莫某等人根据安排，开始拟定 B 超探头有关的技术课题任务书。1989 年 7 月 30 日，江苏省科委鉴定海鹰公司完成了声学材料和声学器件的 7 个关键技术，至 1989 年 6 月已试生产“探头”130 只。海鹰公司利用该探头配套生产了 2031、218、220、2032、2035 等型号的 B 超诊断仪，产生了较高的经济效益。1995 年，海鹰公司提出了简易线阵（即 218 B 超机）的研制项目。1995 年 10 月 10 日，开发成功了针对计划生育市场的简易线阵 HY218。1995 年 10 月 9 日，海鹰公司售给湖北省仙桃市剅河镇血防站 B 超室 HY218 超一台。莫某自 1984 年起参与并负责 3.5MHz 线阵探头的研制工作，1996 年 2 月 1 日被海鹰公司辞退，辞退时为探头室主任。吴某负责 3.5MHz线阵探头的工艺设计，1996 年 1 月 16 日被海鹰公司辞退，辞退时为换能器制造工艺员。顾某 1995 年 4 月开始负责研制 HY218 B 超主机，1996 年 1 月离开海鹰公司，离开时为该公司所属医电分公司线路二室副主任。1996 年 1 月 30 日，祥生公司正式注册登记，注册资本 50 万元，其中莫某出资 29.1%，吴某出资 9.7%，顾某出资 6.06%。祥生公司自 1996 年 7 月开始销售祥生 500 型 B 超，至 1998 年 9 月 15 日，产品销售收入为 12,197,081 元。海鹰公司遂于 1997 年 10 月 20 日向江苏省高级人民法院提起诉讼，主张背衬材料技术、晶片—背衬“薄层”胶合技术、双层匹配层的制造技术、窄深槽切割工艺技术、槽内充填物技术、声透镜的制造技术、电极敷设和引出技术、换能器的总的加工流程技术、探头控制电路技术 9 项探头技术，以及存储器结构、系统控制软件功能、两片可编程门阵功能 3 项主机技术为该公司的商业秘密，被告祥生公司、莫某、吴某、顾某侵犯了上述商业秘密，请求法院判令被告立即停止侵权、赔偿原告经济损失 310 万元、赔礼道歉、对原告的商业秘密承担保密责任及承担本案的全部诉讼费用。

原审法院另查明：1996 年 2 月 15 日，南京大学声学所与祥生公司签订研制新一代超声换能器的意向书，南京大学声学所水某向祥生公司提交了《医学成像超声换能器阵》的技术报告；1996 年 3 月，南京大学与祥生公司签订了“关于医学超声换能器阵技术转让”合同，由王某、水某共同完成了《B 超探头的声学设计》和《B 超线阵探头工艺流程的设计和要求》两份报告。1992 年 3 月 6 日，海鹰公司将 3.5MHz 线阵探头关键制造技术、工艺定为秘密级，保密年限为 10 年。1995 年 10 月 20 日，海鹰公司制定了《关于在签订劳动合同中进一步加强保密工作的通知》，并将简易线阵 B 超中的整机系统软件、数字电路板、发射电路板、接收电路板划定为保密范围。此外，海鹰公司于1992年8月7日发布了《保密工作制度》，于1995年10月11日该公司第十一届七次职工代表大会上通过了《关于保守商业秘密维护公司利益的暂行规定》。原审法院审理过程中，曾委托江苏省技术鉴定委员会对海鹰公司HY218型医用B超和祥生公司500型医用B超进行技术鉴定，鉴定意见为：(1)海鹰公司3.5MHz线阵探头中电极敷设和引出技术为公知技术，主张的其他技术为非公知技术。(2)海鹰公司HY218 B超主机中的电子元器件(门阵列、存储器)和编程语言是公知技术，主张的其他技术属非公知技术。(3)祥生公司转让所得的资料内容没有涉及具体工艺细节，不能依此生产祥生500型B超探头。(4)祥生500型B超和HY218 B超的探头和主机没有本质区别。

原审法院经审理认为：3.5MHz线阵探头中的背衬材料技术，晶片—背衬“薄层”胶合技术，双层匹配层的制造技术，窄深槽切割工艺技术，槽内充填物技术，声透镜的制造技术，换能器的总的加工流程技术，利用编程语言和门阵列，存储器及其他元器件形成系统控制软硬件的技术，属于原告海鹰公司的专有技术信息，且原告采取合理的保密措施，应认定为原告的商业秘密，并依法予以保护。被告莫某、吴某、顾某曾是海鹰公司研制B超的主要技术人员，掌握了原告生产B超的上述商业秘密，且负保密义务，在离开原告单位组建祥生公司后，在未经原告许可，又未能举证证明所使用技术秘密合法来源的情况下，在祥生500型B超上使用与原告的商业秘密相同的技术，并将该产品投入市场，构成了对原告商业秘密的侵犯，属不正当竞争行为，并给原告造成了经济损失310万元，依法应当承担停止侵权、赔偿损失、赔礼道歉的法律责任。原审法院判决：(1)被告应立即停止使用原告的商业秘密，并对涉案商业秘密承担保密责任，至上述秘密成为公知技术为止。(2)被告赔偿原告经济损失310万元，于本判决生效10日内付清，祥生公司、莫某、吴某、顾某负连带赔偿责任。(3)被告应在本判决生效后10日内在《中国人口报》上刊登向原告赔礼道歉的声明(内容须经原审法院核准)。

祥生公司、莫某、吴某、顾某不服上述判决，向最高人民法院上诉称：(1)一审采用江苏省技术鉴定委员会技鉴字(98)02鉴定意见存在大量错误。首先，海鹰公司提供的技术文件不具有客观真实性，不应作为技术鉴定的对象。其次，鉴定回避实质性问题，以不属于技术秘密的机器外观、显示格式、尺寸等认定两方的探头和主机没有本质区别。最后,鉴定程序不合法,重要证据未经质证,参加鉴定的人员均与海鹰公司有密切关系,鉴定成员缺乏技术鉴定所涉及技术领域的专业背景知识。(2)一审判决认定祥生公司“在祥生500型B超上使用与原告的商业秘密相同的技术”没有事实依据。(3)海鹰公司的秘密并未采取保密措施,已于1995年前被解密,而海鹰公司确定的专有技术项目中又未列入B超探头技术。(4)莫某、吴某、顾某并非为谋私利而主动跳槽。(5)一审判决祥生公司赔偿海鹰公司经济损失310万元缺乏事实和法律依据。(6)一审判决莫某、吴某、顾某负连带赔偿责任,缺乏事实和法律依据。

最高人民法院经审理查明,除涉案技术认定和祥生公司500型B超销售收入外,原审查明的其他事实属实。二审过程中,最高人民法院委托中国科技法学会科技评价专家委员会对涉案相关技术问题进行鉴定,并委托华建会计师事务所对祥生公司500型B超销售收入进行审计。

中国科技法学会科技评价专家委员会鉴定意见为:(1)双方提供的技术资料在形式和内容上均存在一定缺陷,但在内容上基本反映了各自真实的技术状态,可予认定。(2)海鹰公司的HY218 B超是在公知技术基础上发展而来的,但在背衬材料配方等(9个)方面形成了本企业的非公知技术。(3)祥生公司仅凭其所提供的三个技术来源,不可能使其在3个月内生产出500型B超。祥生公司在背衬材料配方等(5个)方面利用了HY218 B超的非公知技术。但500型B超与HY218 B超相比,增加了M型等功能,电路有改进,超声探头各部件的配方、制作工艺也有所不同。(4)换能器总加工流程,探头控制电路技术属于企业的非公知技术,但由于海鹰公司与祥生公司均未提供相应技术资料,也无法从鉴定样机中直接获知,故专家鉴定小组对上述技术不作比对。(5)存储器结构为公知技术,但具体的实施线路属于非公知技术。祥生公司没有提供对应图纸,无法对比。(6)门阵列系可购买的公知器件,但不同产品的编程内容系各自企业的非公知技术。双方均没有提供具体编程内容的技术资料,而具体编程内容无法从实物中印证,故无法对比。对该鉴定意见,上诉人的异议主要有:(1)没有证明海鹰公司技术资料的真实性。(2)关于双层匹配层的配方、厚度和工艺,晶片—背衬“薄层”胶合技术和斜切法,与日本专利J60-31397以及补充提供的日本专利J58-118739、J61-113400相同，该三项技术是公开的。（3）关于背衬材料技术，鉴定意见没有确定客观的标准，该结论不能作为本案判决依据。（4）关于系统控制软件功能，鉴定人将海鹰公司提供的双方的软件数据部分进行对比，所得结论不能作为证据使用。被上诉人书面异议为：（1）关于声透镜的制造技术，鉴定意见认定为公知技术，但未说明所依据的公开技术资料是什么。（2）关于槽内充填物技术，鉴定意见做出了“采用真空灌注的填充方式为公知技术”的认定，但事实上，海鹰公司采用的技术方案是“非真空灌注”的填充方式。

华建会计师事务所审计结论为：祥生公司500型B超在上述期间的销售利润为2,605,798.63元，按销售收入比例应分摊的管理费用为1,723,323.99元，应分摊的财务费用为365,508.78元，营业利润等于产品销售利润减应分摊的管理费用和财务费用，上述期间祥生500型B超的营业利润为516,965.86元。上诉人的异议是：（1）审计报告提留业务费中应当计入1999年预提的417,042.92元。（2）审计报告1999年度的产品销售税金及附加中，应当计入该年度的教育事业费附加50,808.13元。对此，审计人认为：（1）提留业务费类似奖金性质，一般不予预提，都是据实列支。提留业务费不应列入1999年度的费用中。（2）祥生公司所说的教育事业费附加与按会计制度规定应列入销售税金及附加的教育费附加是两个概念。被上诉人的异议是：（1）祥生公司有可能将1999年销售的产品列入2000年的账中，并且也可能将已销售的产品收回现金不入账，故存货未盘点可能会对审计结果的利润产生影响。（2）本次审计应对费用的合理性进行审查，对不合理的费用不应列入成本。（3）管理费用和销售费用中有的明细子目未包括在财务制度规定的范围内，不应列入成本中。对此，审计人认为：（1）存货盘点时如出现账实不符会影响截止到实际盘点日时的利润，不能确定对1999年度利润的影响。审计只能根据祥生公司提供的财务资料进行，如无任何证据，无法发现现金交易不入账问题。（2）费用的合理性审查不属审计内容。（3）《工业企业财务制度》中管理费用和销售费用都有“其他费用”项，因此不能仅以明细费用来判断是否可以计入成本。

（二）最高人民法院裁判说理的重点

最高人民法院经审理认为，本案双方当事人争议的焦点为：被上诉人所主张的技术是否符合商业秘密的法定构成要件?上诉人是否使用了被上诉人的商业秘密?上诉人涉及本案的行为是否违法以及一审法院对上诉人追究的法律责任是否妥当?

第一,被上诉人所主张的12项技术中,背衬材料配方等9项技术符合商业秘密法定条件的规定。其一,二审技术鉴定关于海鹰公司上述9项技术为非公知技术的鉴定意见应予采信。该鉴定意见表明,海鹰公司的技术资料在内容上基本反映了真实的技术状态。鉴定意见认为日本专利J60－31397、日本专利158－118739、日本专利J61－113400与海鹰公司相对应的技术之间均存在差异。其二,海鹰公司对其所主张的商业秘密采取了保密措施。根据海鹰公司1995年10月20日《关于在签订劳动合同中进一步加强保密工作的通知》第1条的规定,海鹰公司将B超探头关键制造技术、工艺列入签订全员劳动合同过程中的保密事项范围之内。

第二,根据二审技术鉴定意见和法庭调查查证的事实,可以认定祥生公司在背衬材料配方等4项技术上利用了海鹰公司的非公知技术。鉴定人通过双方当事人提供的资料、陈述意见,结合实物样机,根据专家的经验和知识做出判断的鉴定方法符合本案的实际情况,上诉人无证据证明其与被上诉人在背衬材料配方上有何实质性差别,技术鉴定的该项结论应予采信;经法庭质证查实,鉴定人在对双方的系统控制软件进行对比时,未将祥生500型B超的系统控制软件代码进行反汇编,而是利用了海鹰公司提供的材料,故该对比结论不足采信。

第三,上诉人莫某、吴某、顾某曾为被上诉人单位主管B超探头和主机技术的工作人员,因工作关系掌握了被上诉人的上述商业秘密,应当保守该商业秘密。但三上诉人却允许祥生公司使用其中的背衬材料配方,晶片—背衬“薄层”胶合技术,双层匹配层的配方、厚度和工艺以及斜切法四项商业秘密,构成侵犯被上诉人的商业秘密,应当承担侵权的民事责任;上诉人祥生公司明知三上诉人的上述违法行为,仍使用该商业秘密,构成与三上诉人共同侵权,应当承担连带责任。

第四,在对审计结论的质证中,审计人结合我国会计制度,针对双方当事人所提异议分别进行了说明,法院予以采信。上诉人与被上诉人所提异议事实依据不足,审计结论应予认定。由于本案被上诉人因上诉人侵权所遭受的损失难以计算,被上诉人亦未对调查等合理费用主张权利,本案应当以上诉人在侵权期间所获利润作为赔偿数额。根据二审技术鉴定意见,祥生公司在基本沿用被上诉人技术的基础上做了若干改进,据此,应当酌减上诉人的赔偿数额,但考虑到审计结果中未包括审计截至日期至今祥生公司销售侵权产品的营业利润,赔偿数额应当在审计结果的基础上酌情增加,故法院将该两部分抵销。原审判令上诉人赔偿 310 万元,与审计结论相差较大,事实依据不足,应予纠正。上诉人关于赔偿问题的上诉理由成立,法院予以支持。

最高人民法院二审判决,(1)变更江苏省高级人民法院(1997)苏知初字第 3 号民事判决主文第一项为:上诉人祥生医学影像有限责任公司、莫某、吴某、顾某立即停止使用被上诉人海鹰企业集团有限责任公司 3.5MHz 线阵探头中的背衬材料配方,晶片—背衬"薄层"胶合技术,双层匹配层的配方、厚度和工艺以及斜切法技术四项商业秘密,并对上述商业秘密承担保密责任。(2)变更江苏省高级人民法院(1997)苏知初字第 3 号民事判决主文第二项为:上诉人祥生医学影像有限责任公司、莫某、吴某、顾某赔偿被上诉人海鹰企业集团有限责任公司经济损失 516,965.86 元及利息(利息自 2000 年 1 月 1 日起按中国人民银行同期同类贷款利率计算),自本判决送达之日起 15 日内支付,祥生医学影像有限责任公司、莫某、吴某、顾某负连带赔偿责任。(3)维持江苏省高级人民法院(1997)苏知初字第 3 号民事判决主文第三项。

(三)本案启示与重点问题解析

1. 侵犯商业秘密案件是否适用赔礼道歉责任方式

赔礼道歉的责任方式主要适用于行为人侵犯他人人身权的情形,只有在法律明确规定的几种特定情形下,行为人故意或重大过失侵害他人特定财物造成精神损害时,才能适用赔礼道歉的责任方式。正如葛云松教授所言,"各类财产权益的保护范围仅限于财产利益,而不包括精神利益。尽管侵害财产权益的行为(包括违约行为)也会导致权利人的某种精神痛苦,侵权人在道德意义上也的确应当赔礼道歉,但是,不宜将其纳入法律救济的范围。从法律的体系解释角度,现行法没有就侵害一般财产权的情形设置精神损害赔偿责任,这已经否定了精神利益属于财产权的保护范围。相应地,同样以保护精神利益为目的的赔礼道歉责任,也不应适用于普通的财产权益侵害”。[1]《民法典》第995条、第996条、第1000条第1款均将侵害人身权作为赔礼道歉责任适用的前提[2],第1183条[3]将故意或重大过失侵犯他人特定财产与造成严重精神损害相结合,规定了侵权人精神损害赔偿责任,此类情形下,亦可适用赔礼道歉责任方式。《江苏省高级人民法院关于审理商业秘密案件有关问题的意见》第19条中规定,商业秘密侵权案件一般不适用赔礼道歉、消除影响的民事责任形式。综上所述,从相关法律理论主流观点和法律条文规定以及司法实践来看,侵犯商业秘密的行为,不适用赔礼道歉的责任方式。本案中,江苏省高级人民法院和最高人民法院均判决祥生公司等主体向海鹰企业集团赔礼道歉,该判项是错误的。但是,本案判决形成于1999年,相关法律规定尚不够明确,有关财产权保护和人身权保护之责任方式的区分理论尚不成熟,人民法院作出上述判决尚可理解。

2. 在职期间负责或参与医疗设备技术研发,离职后进行相关技术改进,有关新技术成果权益分配问题

行为人在职期间负责或参与单位医疗设备技术研发,所形成的技术可分为专利技术和非专利技术两类,而针对专利技术的后续研发成果与非专利技术的后续研发成果,法律规定了不同的利益分享规则。就专利技术而言,又区分职务发明和非职务发明两类,职务发明的专利权归单位所有,非职务发明的专利权归发明人或设计人。对于非职务发明而言,发明人或设计人后续改进技术成果与其原任职单位无关,原任职单位也无权主张分享该技术成果利益。但是,因非职务发明可能涉及原单位的技术秘密,虽然该技术秘密不可能组成非职务发明的主要部分,但确实存在损害原单位利益之嫌。对于职务发明,发

---

[1] 葛云松:《赔礼道歉民事责任的适用》,载《法学》2013年第5期。

[2] 《民法典》第995条规定:“人格权受到侵害的,受害人有权依照本法和其他法律的规定请求行为人承担民事责任。受害人的停止侵害、排除妨碍、消除危险、消除影响、恢复名誉、赔礼道歉请求权,不适用诉讼时效的规定。”第996条规定:“因当事人一方的违约行为,损害对方人格权并造成严重精神损害,受损害方选择请求其承担违约责任的,不影响受损害方请求精神损害赔偿。”第1000条第1款规定:“行为人因侵害人格权承担消除影响、恢复名誉、赔礼道歉等民事责任的,应当与行为的具体方式和造成的影响范围相当。”

[3] 《民法典》第1183条规定:“侵害自然人人身权益造成严重精神损害的,被侵权人有权请求精神损害赔偿。因故意或者重大过失侵害自然人具有人身意义的特定物造成严重精神损害的,被侵权人有权请求精神损害赔偿。”

明人或设计人后续改进成果，应当遵从前文述及分享规则[1]，并识别专利技术的主从关系，改进技术与原技术存在下述三种关系之一则可认定二者的主从关系：(1)改进技术在原技术特征的基础上，增加了新的技术特征；(2)改进技术在原技术特征基础上，发现新用途；(3)改进技术在原技术方案的基础上，发现了新用途。行为人针对非专利技术的改进成果，则应当经过改进技术与原技术进行比对后确定是否存在相同或实质相同情形，只要相同或实质相同部分对该技术具有实质影响，则应判定行为人构成侵权，此时，负责或参与技术研发的人员对改进技术不仅不享有权益，相反需因此承担赔偿责任。

本案中，祥生公司及其他三自然人虽然对涉案 B 超器械技术进行了改进，但是，由于其改进后的技术主要利用了海鹰企业集团的技术秘密，侵犯了其商业秘密，因此，祥生公司及三自然人应当承担赔偿责任，对其 500 型 B 超技术成果并不享有权利。

二、北京市高级人民法院关于北京医研所“模型定位机”案的判决[(1998)高知终字第 59 号]

权利人技术秘密研发负责人及参与者离职后就职新单位后，利用其在权利人处任职时所掌握的技术信息，帮助新单位研发并制造产品，系典型的侵犯权利人商业秘密的行为，但是，在人民法院早期的审判实践中，对于商业秘密的秘密性、保密措施以及被诉侵权人侵权行为推定等问题，尤其是有关权利人员工接触和掌握商业秘密前提下后续行为的评价问题，出现了些许偏差，该类问题在当前审判实践中基本上得以系统性解决。

(一)基本案情介绍

在一审程序中，北京市第二中级人民法院判决认定，本案北京医疗器械研究所(以下简称医研所)就该所 BMD－1 型模拟定位机所列 15 个技术秘密点，只是作了尺寸修改与部分部件替换，这是同领域里普通技术人员熟知的技术手段和方法，不符合商业秘密最低限度的新颖性标准。医研所所述的对 BMD－1 型模拟定位机采取了保密措施，未能提供充分证据，且技术秘密作为

---

[1] 参见本章第二节第二部分。

信息所受司法保护并不延及产品本身，故医研所提出对其15点技术秘密予以保护的主张该院不予支持。医研所主张其所述的客户名单是其经营秘密，其所提交的证据仅是座谈会到会者名单，而此名单可在全国发行的医院名录中查到，因此在未得到医研所提供的其与客户间有种特定关系的证据之前，医研所以此名单作为其经营秘密，不符合有关法律规定。另外，医研所也未能就被告披露、使用其主张的商业秘密的行为提供充分证据，因此医研所的诉讼请求该院不予支持。北京市第二中级人民法院判决：驳回医研所的诉讼请求。

上诉人医研所不服北京市第二中级人民法院（1997）二中知初字第48号民事判决，向北京市高级人民法院提起上诉称：（1）医研所的模拟定位机与日本东芝产品在内部结构方面有重大区别，而北京市朝阳区喻某机电新技术研究所（以下简称喻某所）的模拟定位机原封不动地使用了医研所的专有技术。故一审判决认定医研所的BMD－1型模拟定位机是"以仿制日本东芝产品为技术来源"，喻某所生产的模拟定位机与医研所的BMD－1型模拟定位机相比"二者内部部件均更接近于日本东芝产品"，不符合事实。（2）医研所的模拟定位机技术获得了1993年度北京市科技进步二等奖，而一审法院未经鉴定程序，就做出这些创新技术是"同领域里普通技术人员熟知的技术手段和方法，不符合商业秘密最低限度的新颖性标准"的结论，缺乏事实依据和法律依据。（3）医研所已对本所的模拟定位机的生产技术采取了保密措施，并提供了相关证据。（4）李某、郭某、何某和陆某四人作为医研所研制模拟定位机生产技术的课题组主要成员，四人全部受聘于喻某所，不仅使用了医研所的技术秘密，而且使用了医研所经营秘密的加工渠道。一审判决却认为医研所"未能就被告披露、使用其主张的商业秘密的行为提供充分证据"更不符合事实。（5）一审判决通篇没有引用任何一部法律名称和任何一条法律条文，故一审判决没有具体的法律依据。

（二）北京市高级人民法院二审裁判的重点问题

北京市高级人民法院二审查明：医研所于1990年年初开始研制模拟定位机，李某为负责人，完成了BMD－1型模拟定位机的设计，并于1991年12月28日取得了京医械试字（91）第293042号科学技术成果鉴定证书。一审中喻某所答辩称医研所的模拟定位机技术是仿制日本东芝株式会社的产品进行设计的，为此，医研所提出该所研制的 BMD－1 型模拟定位机有 15 点技术秘密与东芝产品不同，医研所同时要求对该所主张的技术秘密作技术鉴定，一审法院未予采纳。二审庭审中，医研所再次要求对上述技术秘密进行技术鉴定，并对其中的照相盒、印刷线路板、光栏标志符号、机头升降操作键的设置共四项不再主张为技术秘密。1999 年 2 月 4 日，二审法院委托中华全国专利代理人协会专家委员会（以下简称专家委员会）对医研所提出的该所 BMD－1 型模拟定位机的 11 点技术秘密是否构成技术秘密及如构成技术秘密，与喻某所的产品进行比较是否相同或等同进行技术鉴定。专家委员会于 1999 年 10 月 21 日向二审法院提交了技术鉴定书认为，医研所主张的技术秘密中有 4 项技术内容具备《反不正当竞争法》所称的“不为公众所知悉的条件”，喻某所生产的模拟定位机，从其产品加工图纸中判断有三项技术内容与医研所主张的技术秘密相同；从其实物中判断有一项技术内容与医研所主张的技术秘密相同，另有一项与之等同。受托加工单位的证言反映的技术内容与喻某所图纸体现的技术内容相吻合。

在审理中还查明：早在 1991 年 6 月，医研所就制定了保密规定，要求全所职工予以保密。医研所在与加工单位签订的《加工定作合同》中的技术资料，图纸提供办法及保密要求一栏内，均标有“不得遗失和扩散”“加工后图纸收回，供方不得将图纸资料转移或借给第三方”“不得转让第三方”等字样。该所对技术资料的借阅，亦有较严格的审批、登记和归还管理制度。医研所自 1992 年将该所生产的 BMD－1 型模拟定位机投放市场后，取得了很好的经济效益。喻某所于 1995 年 5 月成立，1997 年 5 月 10 日，喻某所与北京高喻某医疗设备技术开发有限公司（以下简称高喻某公司）签订了《关于销售产品协议书》。约定喻某所（甲方）全权委托高喻某公司（乙方）销售 BL－2 模拟定位机和 YH－1 激光对中灯。至一审诉讼前，喻某所生产的模拟定位机先后销售给山西省稷山县人民医院等 9 家用户。高喻某公司于 1997 年 4 月 23 日成立，其法定代表人郭某，原系医研所研制模拟定位机技术的课题组主要成员。高喻某公司只有两个股东，即李某和郭某夫妇。李某于 1996 年 4 月在医研所办理退休。1996 年 5 月 12 日，李某代表喻某所与何某（原系医研所研制模拟定位机技术的课题组主要成员）签订聘用协议。

北京市高级人民法院经审理认为：

经专家委员会鉴定认为,医研所主张的模拟定位机的11点技术秘密中有4项技术内容具备“不为公众所知悉的条件”。医研所生产的模拟定位机取得了很好的经济效益,即具有实用性。医研所对其技术秘密采取了合理的保密措施,早在1991年6月医研所就制定了保密规定;医研所在其与零部件的加工单位签订的《加工定作合同》中对有关技术资料和图纸均提出了明确的保密要求;医研所对该所技术资料的借阅亦有较严格的审批、登记和归还管理制度。由此可以认定医研所所主张的技术秘密符合《反不正当竞争法》所规定的各项条件,应受到法律保护。

李某、郭某作为医研所研制模拟定位机技术的课题组负责人和主要成员,掌握着医研所这项成果的技术秘密。其二人先是受聘于喻某所,在与喻某所共同实施侵权行为的过程中又专门成立了高喻某公司,直接参与了从委托加工侵权产品的部件到组装、销售侵权产品的全过程。且经鉴定,喻某所生产的模拟定位机使用了医研所模拟定位机的生产技术秘密,该所又提供不出其利用反向工程自行研制模拟定位机具体过程的证据,故应认定喻某所采取不正当竞争手段披露并使用了医研所的有关技术秘密,应承担相应的赔偿责任。

关于医研所主张喻某所使用了其经营秘密的问题,因一审医研所起诉时主张的是销售渠道。在二审中又提出喻某所使用了其经营秘密的加工渠道。二审法院只能在一审审理的范围内进行审查。医研所一审提交的证据仅是用户座谈会到会者的名单,而该名单在全国发行的《县以上医院名录》和《中国医疗机构名录大全》中可以查到,故仅以此名单作为其经营秘密证据不足。

本案的赔偿额仅以一审认定的喻某所销售的9台模拟定位机产品为限,由于医研所的经济损失和喻某所的非法获利均难以确切计算,赔偿数额由法院酌定。后续侵权产品的赔偿问题,由医研所另案起诉。

综上所述,原审判决认定事实有误,且适用法律不明确,应依法予以改判。北京市高级人民法院判决如下:(1)撤销北京市第二中级人民法院(1997)二中知初字第48号民事判决。(2)北京市朝阳区喻某机电新技术研究所、李某停止使用并不得披露北京医疗器械研究所模拟定位机的生产技术秘密。(3)北京市朝阳区喻某机电新技术研究所、李某共同赔偿北京医疗器械研究所经济损失22万元(于本判决生效之日起10日内给付)。(4)北京市朝阳区喻某机电新技术研究所、李某共同承担北京医疗器械研究所为本案支出的合理费用2万元。

（三）本案启示和重点问题解析

1. 医疗器械类模仿技术该不该受保护

仿制技术，包括全部仿制和部分仿制两类，是指行为人全部或部分模仿他人技术或产品后自行生产同类产品的行为。在医药领域，仿制药品大量存在，药品仿制的途径包括成分仿制和工艺仿制。在原技术专利保护期内，基于该技术的仿制药品不能上市；原技术专利保护期后，其他制药企业可以仿制该药品。这样的制度规则对于最大限度地发挥技术公用进而更加充分的保护人民群众健康大有益处。相应地，在原技术专利保护期内，仿制技术不具有合法性，因而不应受到保护；在原技术专利保护期后，因相关技术已经被公开且不再被原技术所有人"垄断"，而处于公知技术状态，因此，纯粹的、完全的仿制技术不具有"秘密性"特征，不构成商业秘密，不受相关规则保护；如果仿制技术在原专利技术基础上进行的实质性的创造性改进，则构成新的技术信息，如符合商业秘密构成要件，则应受商业秘密保护规则保护。

本案中，喻某所主张医研所BMD－1型模拟定位机技术系仿制日本东芝株式会社的产品进行设计的，人民法院确应查明医研所定位机技术与日本东芝株式会社产品技术进行对比，考察其是否存在同一性，同时，还要考察医研所定位机技术的合法性，即医研所是否侵害了日本东芝株式会社的技术秘密，如果医研所定位机技术与日本东芝株式会社技术秘密相同或实质相同，或者医研所侵害了日本东芝株式会社的技术秘密，医研所本身就不具备权利基础，如此，喻某所不构成侵权，因医研所主张的被侵害权利本身不存在。与之相对应，如医研所定位机技术与日本东芝株式会社技术存在本质区别，或者该技术系日本东芝株式会社相关技术专利保护期已过的技术，或者日本东芝株式会社授权医研所使用的技术，则喻某所主张医研所仿制技术不成立，其不侵权主张也不成立。需要注意的是，医研所技术改进部分的保护是否受前述因素的影响？笔者认为，即使医研所改进技术侵犯他人权利，也不能成为喻某所擅自使用该改进技术的理由。

2. 权利人离职员工改进医疗器械技术后，成果如何分配

此处所说的技术，仅指员工在职期间负责或参与研发的非专利技术，不包括员工任职期间研发并取得专利权的技术，如取得专利权，则依据《专利法》的相关规定分配权益。任职期间，员工负责或参与研发的技术成果归单位所有，对此，理论界和实务界并无太多争议；唯员工离职后基于该技术成果进行再研发后，所获得的改进技术成果权益如何分配，值得探讨。根据《反不正当竞争法》第 9 条之规定，离职员工对原单位的商业秘密负有保密义务，否则构成侵犯权利人商业秘密的行为，依法应承担赔偿责任。那么，离职员工自行研发原任职单位的技术秘密但不向他人披露也不使用或许可他人使用，则不构成侵权行为；如果离职员工自行再研发后将改进技术申报专利或披露给他人、使用或许可使用，是否构成侵权行为？此种情形下，离职员工不能以反向工程为由主张责任豁免，因离职员工在先接触或掌握权利人的商业秘密，不符合反向工程的基本条件；如果离职员工再研发而取得的改进技术与权利人的技术不存在实质区别，则该离职员工侵害了权利人的技术秘密，不存在争议；当离职员工改进技术与权利人的技术存在实质区别时，如何分配改进技术的权益？笔者认为，除权利人同意外，不应赋予离职员工基于原任职单位技术秘密改进的权利，更不得据此获利，具体理由前文已述及，此处不再赘述；但是，此种观点在司法实践中存在一定的分歧，但北京市高级人民法院终审判决中的观点与此一致。

本案中，李某离职后对原任职单位医研所的定位机技术进行了部分改进，且李某主张医研所的技术系仿制日本东芝株式会社技术，北京市第二中级人民法院以李某改进的技术更类似于日本东芝株式会社技术为由，否定了李某的侵权行为构成。北京市高级人民法院终审时对此进行了纠正，该院判定了喻某所和李某的侵权责任，且明确认定，“喻某所生产的模拟定位机使用了医研所模拟定位机的生产技术秘密，该所又提供不出其利用反向工程自行研制模拟定位机具体过程的证据，故应认定喻某所采取不正当竞争手段披露并使用了医研所的有关技术秘密，应承担相应的赔偿责任”。北京市高级人民法院该观点的核心基础就是离职员工使用原任职单位的技术秘密即构成侵权，而无论其技术改进部分和改进程度如何。

第四章

互联网技术领域
商业秘密保护典型案例解析

互联网技术领域商业秘密保护问题，重心在于应用软件等相关计算机技术秘密的保护。与其他技术秘密不同，侵犯计算机软件秘密的行为，因其网络行为的基本属性，其侵权手段和方式极具隐蔽性，其侵权行为地确定过程相对复杂[1]。被诉侵权信息与权利人主张的计算机技术秘密比对时，对于程序代码来说，主要关注其形式表达和内容表达的异同，形式表达在静态的数据库表中表现为字段名称、数量、表的名称；在动态的存储过程/函数中表现为执行逻辑功能所展现的语句，比对的核心内容是数据库表和储存过程/函数的异同[2]。借助鉴定机构完成被诉侵权技术与权利人主张的技术秘密之比对，是人民法院在审理有关计算机技术秘密纠纷案件时通用的做法。

第一节　软件技术秘密比对

判断商业秘密是否实质上相同可以参考《著作权法》“实质性相似”的标

---

〔1〕 最高人民法院《关于适用〈中华人民共和国民事诉讼法〉的解释》第 24 条规定，“民事诉讼法第二十八条规定的侵权行为地，包括侵权行为实施地、侵权结果发生地”。第 25 条规定，“信息网络侵权行为实施地包括实施被诉侵权行为的计算机等信息设备所在地，侵权结果发生地包括被侵权人住所地”。

〔2〕 参见最高人民法院(2020)最高法知民终 1638 号民事判决书。

准,但需要注意的是,《著作权法》确立了“保护表达而非思想”的原则,“实质性相似”标准下的侵权行为类型排除了只在思想层面一致的情况;对于商业秘密,则无此要求,创意或主要思路一致,也是认定被诉侵权信息与权利人主张的商业秘密实质相同的依据之一,只要能基于某一层面内容的一致进而确信被诉内容来源于主张权利的内容,相应内容与主张权利的内容便构成实质上相同,而该层面越具体,越趋向于表达,确信度便越高。

一、最高人民法院关于“建设企业管理信息系统”软件案的判决[(2020)最高法知民终1638号]

(一)基本案情介绍

北京理正软件股份有限公司(以下简称理正公司)诉北京大成华智软件技术有限公司(以下简称大成公司)、广州市纬纶国际建筑设计有限公司(以下简称纬纶国际公司)、广州市艺筑国际建筑设计有限公司(以下简称艺筑国际公司)侵害商业秘密纠纷一案,理正公司一审起诉称:理正公司自主开发了软件《理正建设企业管理信息系统 V4.8》。臧某、刘某、何某、彭某在理正公司任职高管、技术主管期间,参与大成公司的设立工作。大成公司将理正公司技术信息产品登记为大成公司的产品。且已有生效裁判文书认定,臧某、刘某、何某构成侵犯商业秘密罪;认定纬纶国际公司、艺筑国际公司使用的侵权产品含有理正公司技术秘密的事实。纬纶国际公司、艺筑国际公司完全知悉理正公司拥有上述技术秘密的产品。因此,纬纶国际公司、艺筑国际公司完全知情大成公司的侵权行为,仍继续购买使用,存在主观恶意。综上,大成公司、纬纶国际公司、艺筑国际公司侵害了理正公司的商业秘密,应共同承担责任。

原审法院认定事实:理正公司于2004年10月9日、2009年12月30日、2009年12月31日分别对《理正建设企业管理信息系统 V4.8》及其历史版本,于2010年12月25日对《理正工程建设项目综合管理系统 V1.0》,于2011年11月3日对《理正财务报销及费用控制管理系统 V1.0》进行了著作权登记。何某、刘某和臧某均述三人均负责理正公司项目的开发和技术管理,何某、刘某与理正公司签订了劳动合同,合同约定理正公司对其商业秘密采取了适当的保密措施。臧某在任职期间亦与理正公司签订了保密协议。2011

年5月31日,何某、刘某和臧某等人共同出资成立了大成公司。2011年7月20日,纬纶国际公司与大成公司签订《技术开发合同》,合同约定由大成公司为纬纶国际公司搭建信息化管理平台,纬纶国际公司向大成公司支付52万元。

2013年7月13日,工业和信息化部软件与集成电路促进中心知识产权司法鉴定所出具了工信促司鉴中心(2013)知鉴字第126号司法鉴定意见书,鉴定意见显示:该鉴定机构将纬纶国际公司数据硬盘中的数据库文件与理正公司提交的"管理信息系统"数据库文件比对,比对结果为:纬纶国际公司当前使用的35个数据库表、10个储存过程/函数与理正公司对应的表、储存过程/函数相同或实质相同;纬纶国际公司被删除的10个数据库表、22个储存过程/函数与理正对应的表、储存过程/函数相同或实质相同;纬纶国际公司数据库硬盘中的基础类库和基础组件中的数据访问组件反编译的源代码与理正公司提交的"管理信息系统"软件源代码比对:相同的文件(类)1个(属非公知技术信息),实质相同的文件(类)13个(其中7个属非公知技术信息)。理正公司将上述鉴定意见作为证据之一,向司法机关控告大成公司和臧某、刘某、何某涉嫌侵犯商业秘密犯罪,北京市西城区人民法院分别作出两份刑事判决书,均认定臧某及刘某、何某成立侵犯商业秘密罪。

(二)一审裁判说理的重点问题

北京知识产权法院经审理认为,本案的争议焦点为:大成公司、纬纶国际公司、艺筑国际公司是否侵害理正公司的商业秘密并应就此承担侵权责任。

1. 被诉侵害商业秘密行为的确认及法律适用

2019年修正的《反不正当竞争法》于2019年4月23日起施行,2017年修正的《反不正当竞争法》于2018年1月1日起施行,1993年通过的《反不正当竞争法》于1993年12月1日起施行,本案被诉侵害商业秘密行为时间起点位于2018年之前,且部分持续至2018年《反不正当竞争法》实施后,涉及新旧法律适用问题。

大成公司的获取、开发行为以及纬纶国际公司、艺筑国际公司获得开发产品的行为之发生期间均早于2018年1月1日,应适用1993年《反不正当竞争法》。虽然根据理正公司的主张,纬纶国际公司、艺筑国际公司的使用行为现在仍在持续,但一方面,该使用行为系对过去行为的持续,行为性质未发生变化;另一方面,后续施行的《反不正当竞争法》与1993年《反不正当竞争法》对上述被诉侵犯商业秘密行为的规定无实质差异,因此,在现有法律规范尚未明确新旧法衔接的具体规则时,为了保持法律适用的统一,原审法院对上述被诉侵害商业秘密行为统一适用1993年《反不正当竞争法》。

2. 请求权基础的确认

理正公司主张,大成公司明知或应知理正公司的前员工违反理正公司有关保守商业秘密的要求披露、使用或者允许其使用其所掌握的商业秘密之情况下,仍获取、使用及披露该商业秘密,违反了1993年《反不正当竞争法》第10条第2款的规定;纬纶国际公司、艺筑国际公司在明知或应知上述事实的情况下,亦对该软件产品进行获取并进行使用,违反了1993年《反不正当竞争法》第10条第2款的规定。理正公司还主张大成公司、纬纶国际公司、艺筑国际公司就其主张的侵害商业秘密之行为达成了合意,应承担连带责任。

3. 理正公司主张的软件内容是否属于商业秘密

(1)内容属性。理正公司所主张的构成商业秘密的内容为其“管理信息系统”中的数据库表和存储过程/函数,属于技术信息。

(2)非公知性和保密性判断。在案的鉴定意见显示,理正公司主张将LZMISCommon、LZMISPM、LZMISWF、LZMISFrame四个数据库作为密点,包含66个数据库表和31个存储过程/函数。结合理正公司对技术密点的说明、鉴定意见等证据,可确认理正公司对其软件内容设置了密点以此限定涉密范围。根据在先生效判决确认的事实,可确认理正公司与知晓上述内容的主要技术人员签订了保密协议。因此,原审法院认为理正公司对上述数据库表和存储过程/函数采取了保密措施。同时,由于上述数据库表和存储过程/函数属于软件后台的代码文件,一般不处于为所属领域的相关人员普遍知悉和容易获得的状态。综上,上述数据库表和存储过程/函数属于理正公司采取了保密措施,且不为公众所知悉的技术信息。

(3)商业秘密的价值及实用性判断。由于不同的数据库表和存储过程/函数所呈现的是不同的数据库结构,对于依赖数据库运行的软件,不同的数据库结构会较大程度地影响软件运行的质量和效率。理正公司的经营业务包括涉及数据库运行的软件开发,企业的商业价值和竞争优势主要依赖于其所开发软件的质量,其中,数据库结构对软件质量是具有贡献性价值的。因此,其主张的数据库表和存储过程/函数是具有商业价值的,同时亦可对其带来竞争优势,属于能为权利人带来经济利益、具有实用性的技术信息。

4. 大成公司与纬纶国际公司是否共同侵害了涉案商业秘密以及是否应当为此承担侵权责任

(1)实施侵害商业秘密行为是否存在的判断。原审法院认为,当有证据表明涉嫌侵权人有渠道或者机会获取商业秘密,且其使用的信息与该商业秘密实质上相同时,若涉嫌侵权人未能举证证明其使用的信息来源合法或实际不侵犯商业秘密时,可以推定涉嫌侵权人实施了侵害商业秘密的行为。

①接触可能性的判断。根据查明的事实,何某、刘某、臧某在理正公司任职期间,均负责和参与了包含涉案商业秘密相关项目在内的项目开发和应用支持等工作,并与理正公司签订了保密协议,因此,上述三人具有接触涉案商业秘密的可能性。而后,上述三人从理正公司离职,并与其他人共同出资成立了大成公司。据此,可推定大成公司对涉案商业秘密具有接触可能性。大成公司与纬纶国际公司、艺筑国际公司签订了可能含有涉案商业秘密的软件开发合同,并将软件进行了交付,纬纶国际公司、艺筑国际公司也对涉案商业秘密具有接触可能性。

②实质上相同的判断。判断商业秘密是否实质上相同基本可以参考"实质性相似"的标准,但需要注意的是,"实质性相似"的标准事实上更严格。由于立法价值取向不同,《著作权法》确立了"保护表达而非思想"的原则,而对于商业秘密,则无此方面的要求,因此,"实质性相似"排除了只在思想层面一致的情况。综上,原审法院适用实质上相同的判断标准为,只要能基于某一层面内容的一致进而确信被诉内容来源于主张权利的内容,相应内容与主张权利的内容便构成实质上相同,而该层面越具体,越趋向于表达,确信度便越高。基于上述判断标准,原审法院结合在案鉴定意见作出如下分析:

鉴定意见显示,纬纶国际公司硬盘中当前使用的数据库内容存在与涉案商业秘密相同或实质相同的数据库表 35 个,数据库存储过程/函数 10 个,纬纶国际公司被删除的数据库内容存在与涉案商业秘密相同或实质相同的数据库表10个、存储过程/函数22个。纬纶国际公司数据库硬盘中的基础类库和基础组件中的数据访问组件反编译的源代码与涉案商业秘密相同的文件(类)1个,实质相同的文件(类)7个。基于上述比对分析方式,鉴定机构出具了以下比对结果意见:第一,纬纶国际公司当前使用的35个数据库表,10个储存过程/函数与理正公司对应的表,储存过程/函数相同或实质相同,19个数据库表,1个储存过程/函数与理正公司对应的表,储存过程/函数部分相似。第二,纬纶国际公司被删除的10个数据库表,22个储存过程/函数与理正公司对应的表,储存过程/函数相同或实质相同,2个数据库表,1个储存过程/函数与理正公司对应的表,储存过程/函数部分相似。第三,纬纶国际公司数据库中的20个储存过程/函数的功能注释与理正公司的注释内容基本相同。第四,纬纶国际公司基础类 DCHZ. BaseLayer. Lib 和基础组件中的数据访问组件 DCHZ. Baselayer. DataAcess 反编译的源代码,与理正公司管理信息系统源代码,相同的文件(类)1个,实质相同的文件(类)13个,部分相似的文件(类)7个。

综上,根据纬纶国际公司硬盘中的数据库文件与理正公司软件中的数据库文件构成实质上相同,纬纶国际公司硬盘中的数据库文件含有理正公司主张的涉案商业秘密。

③来源合法的抗辩是否成立。本案并无充分证据证明被诉侵害商业秘密的技术内容均由大成公司独立开发完成。此外,虽然大成公司主张被诉侵权内容中,许多数据库表和函数属于可以从公开渠道获取的常用函数,不属于理正公司的商业秘密,但其主张未得到相应证据支持,因此对其主张,原审法院不予支持。

(2)具体侵权行为的认定。理正公司主张,大成公司明知或应知理正公司的前员工违反理正公司有关保守商业秘密的要求披露、使用或者允许其使用其所掌握的商业秘密之情况下,仍获取、使用及披露该商业秘密。纬纶国际公司、艺筑国际公司在明知或应知上述事实的情况下,亦对该软件产品进行获取并进行使用。大成公司、纬纶国际公司、艺筑国际公司对对方的上述行为均知悉并达成了合意,构成共同侵权。

①关于大成公司获取行为的认定。由于大成公司系由何某等人从理正公司离职后共同出资成立的,且大成公司从事软件开发业务,与理正公司存在竞

争关系，在大成公司未提交证据证明其对涉案商业秘密有合法来源的情况下，原审法院有理由相信大成公司明知或应知何某等人违反理正公司有关保守商业秘密的要求披露或者允许其使用其所掌握的商业秘密，其获取行为不具备正当性。但由于大成公司的获取行为系其独立行为，而本案并无证据证明针对大成公司的非法获取行为，纬纶国际公司、艺筑国际公司与其存在合意，因此理正公司所主张大成公司存在的非法获取行为，不属于共同侵权行为的评价范围。

②大成公司披露、使用行为以及纬纶国际公司、艺筑国际公司获取、使用行为方面。涉案商业秘密属于理正公司的技术信息，大成公司利用涉案商业秘密为纬纶国际公司、艺筑国际公司进行软件开发，系从事与理正公司直接竞争的业务，损害了理正公司的竞争利益，属于对涉案商业秘密的使用。同时，大成公司将含有涉案商业秘密的数据库文件交付给了纬纶国际公司，该数据库文件属于可读的状态，纬纶国际公司可以通过该文件获知涉案商业秘密的具体内容，因此，可以确认，大成公司实施了对涉案商业秘密的披露行为。综上，大成公司明知或应知理正公司的前员工违反理正公司有关保守商业秘密的要求披露或者允许其使用其所掌握的涉案商业秘密，仍披露、使用涉案商业秘密，构成对理正公司涉案商业秘密的侵害。

鉴于理正公司主张大成公司和纬纶国际公司、艺筑国际公司构成共同侵权，即应对自己及对方的全部侵害行为负责，并对造成的损失承担连带责任。客观上，大成公司的披露行为和纬纶国际公司、艺筑国际公司被主张的获取行为属于对接行为，其被主张的使用行为亦和纬纶国际公司、艺筑国际公司的获取行为存在较强的牵连性，上述行为在损害产生方面均无法独立分割，具有混同性，因此，纬纶国际公司、艺筑国际公司在获取阶段存在“明知或应知”的情形既是纬纶国际公司、艺筑国际公司被主张的获取、使用行为是否构成侵害涉案商业秘密行为的前提之一，亦是其是否与大成公司构成共同侵权的前提。相关刑事案件中梁某陈述内容并不能体现纬纶国际公司、艺筑国际公司明知或应知涉案商业秘密被非法披露。从获取行为发生的阶段来看，纬纶国际公司、艺筑国际公司与大成公司系交易关系。对于纬纶国际公司、艺筑国际公司而言，在案证据并未显示纬纶国际公司、艺筑国际公司收到了能证明涉案商业秘密被披露的实质证据。综上，原审法院不认为纬纶国际公司、艺筑国际公司对涉案商业秘密被非法披露这一事实系明知或应知的，在获取涉案商业秘密阶段，纬纶国际公司、艺筑国际公司不存在主观过错。

从使用行为阶段来看，原审法院认为，从使用主体方面来讲，纬纶国际公司、艺筑国际公司并非涉案商业秘密的直接使用者，而是以终端用户的角色支付合理对价善意购买涉案软件；从后续影响方面来讲，纬纶国际公司、艺筑国际公司继续使用涉案软件不会影响理正公司的预期利益，纬纶国际公司、艺筑国际公司的经营业务与理正公司不在同一市场，二者不存在竞争关系，其继续使用涉案软件并不会影响理正公司的潜在市场份额，进而损害理正公司的预期利益，其后续使用行为不属于 1993 年《反不正当竞争法》第 10 条第 2 款规定的情形，不构成侵害商业秘密的行为。

综合上述分析，大成公司明知或应知理正公司的前员工违反理正公司有关保守商业秘密的要求披露、使用或者允许其使用其所掌握的商业秘密之情况下，仍使用及披露该商业秘密，违反了 1993 年《反不正当竞争法》第 10 条第 2 款的规定。纬纶国际公司、艺筑国际公司作为涉案软件的购买者和消费者，在购买时并不知晓或应当知晓涉案软件属于侵犯他人商业秘密的产品，其通过正常商业渠道获得涉案软件，并支付了合理对价，未违反 1993 年《反不正当竞争法》第 10 条第 2 款的规定。

（3）法律责任的判定。由于纬纶国际公司、艺筑国际公司不构成对理正公司涉案商业秘密的侵害，不应承担相应的侵权法律责任。需要注意的是，对于理正公司提出的要求纬纶国际公司、艺筑国际公司就使用行为停止侵害的主张，原审法院认为，虽然在停止侵害的侵权责任判断中一般不考虑主观过错，但 1993 年《反不正当竞争法》第 10 条第 3 款所述的情形中，主观过错并非责任承担要件而是侵害商业秘密行为成立的要件，因此，纬纶国际公司、艺筑国际公司不存在主观过错，即不视为侵害商业秘密，不承担任何侵权法律责任。

对于理正公司要求大成公司承担停止侵权的主张，原审法院认为，鉴于诉讼阶段，双方并未就大成公司是否已经停止侵权的事实达成一致意见，在案证据亦未显示大成公司已不具备继续实施本案所确认的侵害商业秘密行为的可能性，因此，原审法院支持理正公司的该部分主张，大成公司应停止继续使用涉案商业秘密。

对于理正公司要求大成公司赔偿损失的主张，原审法院认为，由于在案证据无法相对确定地得出理正公司的实际损失，且虽然可以确认大成公司与纬纶国际公司、艺筑国际公司就含有涉案商业秘密的软件产生交易的实际销售价款，但由于软件开发成本、利润在市场上具有较大的差异性，因此，其侵权获利亦无法相对准确地确定。在理正公司未提交证据证明涉案商业秘密的许可费标准之情况下，原审法院将综合考虑以下因素确定赔偿数额：第一，涉案商业秘密系数据库文件，数据库文件仅为软件的一部分，其价值亦仅为软件价值的一部分；第二，数据库文件在管理系统软件中具有一定作用，数据库设计对管理系统软件的需求实现具有较大意义；第三，涉案商业秘密所涉及的数据库表、存储过程及函数未体现对数据库结构的特殊贡献，因此，在“质”的方面不做特别考量；第四，涉案商业秘密中数据库表在理正公司软件中占比较高，存储过程及函数在理正公司软件中占比较低，涉案商业秘密在大成公司出售的软件中占比较低；第五，大成公司具有较强的侵权恶意。综上，原审法院确定的赔偿数额为 6 万元。

理正公司不服北京知识产权法院于 2020 年 1 月 9 日作出的(2017)京 73 民初 19 号民事判决，向最高人民法院提起上诉称：第一，本案商业秘密所涉管理信息系统不同于传统工具软件，而是专用的系统构架平台，具有整体性、全面性、协同性、每个次层之间具有不可分割性等，应从整体上给予司法保护。如果按照传统单机版工具软件比对侵权比例的方法，从数据库表、存储过程、函数等各自独立进行侵权比对，结果必然出现对管理信息系统保护不完整的错误。第二，纬纶国际公司、艺筑国际公司作为本案共同侵害商业秘密主体，不能按照一般的注意义务主体对待，而应按特殊人标准来衡量其是否构成善意取得。纬纶国际公司熟知理正公司软件，作为熟练用户应承担比一般购买人更高的注意义务应严格审查供应商产品来源的合法性和合理性，其购买大成公司软件不应视为善意取得。

(三)最高人民法院在二审中的裁判说理的重点问题

最高人民法院终审驳回了理正公司的上诉。最高人民法院认为，大成公司相关人员臧某及刘某、何某侵犯理正公司涉案商业秘密的事实，经业已生效的刑事判决书认定构成侵犯商业秘密罪。原审判决认定，涉案商业秘密的技术内容包括“理正 MIS 系统数据库”软件的 LZMISCommon、LZMISPM、LZMISWF、LZMISFrame 四个数据库所包含的 66 个数据库表和 31 个存储过程/函数，属于一般技术人员不容易知悉和获取的软件后台代码文件，不为公众所知悉，该认定具有事实和法律依据，可以确认。原审判决对涉案商业秘密的构成和侵害商业秘密行为依法进行了审查，并在结合在案鉴定意见的基础上，认定大成公司在明知理正公司前员工违反理正公司有关保守商业秘密的要求披露、使用或允许其使用所掌握的商业秘密之情况下，仍获取、披露、使用该商业秘密，构成对理正公司涉案商业秘密的侵害正确。综合双方的诉辩意见和查明的事实，本案二审的争议焦点在于：原审判令理正公司承担的赔偿金额是否合理；纬纶国际公司、艺筑国际公司应否承担连带赔偿责任。

关于赔偿数额是否合理。由于在案证据无法准确证明理正公司的实际损失或大成公司的侵权获利，综合考虑涉案商业秘密的内容和性质、在软件系统中的作用和地位、大成公司的侵权恶意等因素，并考虑理正公司就大成公司的多起软件销售行为提起侵害商业秘密诉讼已获赔经济损失和合理维权费用，最高人民法院认为原审法院在本案中综合确定赔偿数额为 6 万元具有事实和法律依据，并无不当。

关于纬纶国际公司、艺筑国际公司应否承担连带赔偿责任。理正公司主张大成公司和纬纶国际公司、艺筑国际公司就侵权行为达成合意，应就共同侵权承担连带责任。对此最高人民法院认为，本案中，纬纶国际公司、艺筑国际公司仅实施了从大成公司购入涉案软件进行使用的行为，并支付了合理对价，且在案证据尚不足以认定纬纶国际公司、艺筑国际公司明知涉案软件包含有涉案商业秘密而予以购买使用。纬纶国际公司、艺筑国际公司的行为发生于大成公司独立获取及使用涉案商业秘密于涉案软件的事实之后，从在案证据来看，纬纶国际公司、艺筑国际公司与大成公司的行为既缺乏意思联络亦不具有共同行为，即既未共同实施侵权行为，亦未分别实施侵权行为造成同一损害，故理正公司要求纬纶国际公司、艺筑国际公司对大成公司的赔偿承担连带责任缺乏事实和法律依据。理正公司的该上诉主张亦不能成立。

（四）本案启示与重点问题解析

1. 用户购买并使用侵权软件时，在何种情况下构成共同侵犯他人商业秘密的行为并承担连带责任

认定行为人是否构成共同侵犯他人商业秘密的行为，应当首先适用有关共同侵权行为一般构成要件的认定规则。《民法典》第 1168 条规定，"二人以上共同实施侵权行为，造成他人损害的，应当承担连带责任"；第 1169 条规定，"教唆、帮助他人实施侵权行为的，应当与行为人承担连带责任"。上述法律条文是共同侵权行为一般构成要件的基本规则，"共同实施侵权行为"并造成损害是所有共同侵权行为的基本构成要件。该法典第 1171 条规定，"二人以上分别实施侵权行为造成同一损害，每个人的侵权行为都足以造成全部损害的，行为人承担连带责任"，该条虽然在形式上和责任上与共同侵权行为相同，但是，由于该条文规定的情形中，并不要求行为人之间有共同的侵权故意，因而不是共同侵权行为，仅仅是多人分别实施侵权行为后发生的原因竞合问题。具体到商业秘密领域，共同侵权行为构成要件包括：（1）多人侵犯他人商业秘密的共同故意；（2）多人侵犯他人商业秘密的共同行为；（3）造成权利人损害；（4）侵权行为与损害结果之间存在因果关系。

用户购买并使用侵犯他人商业秘密的计算机软件时，符合下列情形时，构成与出卖人共同侵犯他人商业秘密的行为：（1）直接参与出卖人不正当手段获取或披露权利人商业秘密的侵权行为中；或（2）购买过程中明知或应知出卖人侵犯权利人商业秘密而仍然购买并使用侵权产品。用户作为计算机软件的购买者或消费者，通过正常商业渠道购买软件并支付合理对价时，并不知晓或应当知晓所购软件侵犯他人商业秘密的，则不具有共同侵犯他人商业秘密的故意，不构成共同侵权行为。此外，计算机软件的购买人，其自身必须具备主观过错，才构成侵权行为，也才有可能进而构成与出卖人共同侵犯他人商业秘密的行为，购买人购买软件产品时主观过程的主要表现是其知晓或应当知晓该软件侵犯他人商业秘密，判断购买人是否存在这样的主观过程，除了在案直接证据外，购买人是否支付了合理对价也是一项重要的间接证据，如果购买人无须支付合理对价而取得计算机软件，较之支付合理对价购买，其应该负担更高的注意义务，进一步核实该软件的合法性问题，购买人是否支付合理对价

于是否构成沟通侵权行为而言,作用仅限于此,换言之,购买人是否支付合理对价是评价其是否尽到注意义务的间接要素,而不是评价其是否构成共同侵权的直接依据。当然,在判断软件购买人是否构成共同侵权行为,还需要考察其购买行为与出卖人的获取和使用行为的牵连性、损害后果的混同性等客观关系。在没有明确证据指向购买人容易获悉出卖人侵犯他人商业秘密的情形下,为保护交易便利,不应对正常交易的商事主体科加负担过高的注意义务。

需要注意的是,购买人购买相关软件产品后获悉该软件侵犯他人商业秘密,购买人是否必须立即停止使用该软件?如果不立即停止使用是否构成与出卖人共同侵犯他人商业秘密的行为?根据《反不正当竞争法》第 9 条第 1 款第 2 项之规定,使用他人以不正当手段获取的权利人的商业秘密,属于侵犯权利人商业秘密的行为,因此,购买人购买相关软件后知悉该软件系他人以不正当手段获取的权利人商业秘密,则不得继续使用,否则侵犯权利人商业秘密,只不过此时是否构成共同侵权行为,值得商榷。笔者认为,此时购买人与出卖人并不构成共同侵犯权利人商业秘密的行为,因为出卖人的侵权故意是不正当手段获取权利人商业秘密,而购买人的故意是继续使用权利人商业秘密,二者主观故意内容和状态不同,不具备共同侵权行为的基本要素。根据《反不正当竞争法》第 9 条第 3 款之规定,第三人明知或应知他人实施第 1 款所列违法行为,仍使用该商业秘密的,视为侵犯商业秘密,那么,如购买人明知或应知出卖人存在侵犯商业秘密行为后继续使用的,应视为侵犯商业秘密的行为,并不以出卖人不正当手段获取权利人商业秘密为条件,此时,购买人明知或应知出卖人在先的侵权行为,应推定其与出卖人存在共同侵权故意,因而构成共同侵犯权利人商业秘密的行为。

本案中,正如原审法院所述,“大成公司的披露行为和纬纶国际公司、艺筑国际公司被主张的获取行为属于对接行为,其被主张的使用行为亦和纬纶国际公司、艺筑国际公司的获取行为存在较强的牵连性,上述行为在损害产生方面均无法独立分割,具有混同性,因此,纬纶国际公司、艺筑国际公司在获取阶段存在‘明知或应知’的情形既是纬纶国际公司、艺筑国际公司被主张的获取、使用行为是否构成侵害涉案商业秘密行为的前提之一,亦是其是否与大成公司构成共同侵权的前提”。从获取行为(购买行为)阶段来看,纬纶国际公司、艺筑国际公司通过其与大成公司的交易关系获得了涉案软件产品,并无证据显示其获悉了涉案产品所附载的商业秘密信息，其不属于通过不正当手段获取他人商业秘密，甚至不能证实其购买时获取了商业秘密。从使用行为阶段来看，纬纶国际公司、艺筑国际公司并非直接侵权行为人，而是通过支付合理对价购买软件产品后的终端用户；纬纶国际公司、艺筑国际公司与理正公司之间不存在竞争关系，其使用行为本身不会损害理正公司的竞争优势，纬纶国际公司、艺筑国际公司也不会侵占理正公司的市场份额。因此，纬纶国际公司、艺筑国际公司使用涉案软件的行为本身并不构成侵害他人商业秘密的行为。但是，纬纶国际公司、艺筑国际公司向大成公司购买侵权软件，势必间接造成理正公司销售额相应的下降，但是，这种下降是大成公司造成的，而不是纬纶国际公司、艺筑国际公司购买行为直接引发。综上，纬纶国际公司、艺筑国际公司既不具备"明知或应知"涉案软件产品侵犯理正公司商业秘密之主观过错，又没有以不正当手段获取涉案商业秘密，亦不存在与大成公司共同侵权之故意，因而不构成共同侵犯理正公司商业秘密的行为。

2. 判断计算机软件同一性(实质相似)问题的核心元素以及比对方法是什么

2019 年《反不正当竞争法》第 32 条第 2 款第 1 项仅概括性地提出了"实质上相同"标准，并未对被诉侵权信息与权利人商业秘密之间的同一性及比对规则作出明确规定。2020 年最高人民法院《关于审理侵犯商业秘密民事案件适用法律若干问题的规定》第 13 条对上述同一性及其判断标准作出了详细的规定，"被诉侵权信息与商业秘密不存在实质性区别的，人民法院可以认定被诉侵权信息与商业秘密构成反不正当竞争法第三十二条第二款所称的实质上相同。人民法院认定是否构成前款所称的实质上相同，可以考虑下列因素：(一)被诉侵权信息与商业秘密的异同程度；(二)所属领域的相关人员在被诉侵权行为发生时是否容易想到被诉侵权信息与商业秘密的区别；(三)被诉侵权信息与商业秘密的用途、使用方式、目的、效果等是否具有实质性差异；(四)公有领域中与商业秘密相关信息的情况；(五)需要考虑的其他因素"。其中，"被诉侵权信息与商业秘密的异同程度"是核心要素，也是相关比对鉴定程序中主要鉴定对象；其他四项系辅助性因素，对"被诉侵权信息与商业秘密的异同程度"有增加或降低确信的作用。在 2019 年《反不正当竞争法》修正以及上述司法解释实施之前，人民法院通常参照专利法领域的“等同”标准和著作权法领域的“实质性相似”标准评价被诉侵权信息与商业秘密之间的异同关系；在2019年《反不正当竞争法》修正以及上述司法解释实施后，商业秘密领域异同关系评价标准明确为“实质上相同”标准，商业秘密领域异同关系评价标准明确为“实质上相同”标准，虽然《反不正当竞争法》和上述司法解释均未明确区分“相同”和“实质上相同”，但是，根据举轻以明重的基本规则，“实质上相同”当然包括“相同”。如本书前文述及〔1〕，较之《专利法》确定的“等同”标准，《著作权法》确定的“实质性相似”标准更适合被诉侵权信息与商业秘密比对，但《著作权法》“实质性相似”标准中所排除“思想层面一致”的情形在商业秘密比对中应予适用。

具体到计算机软件领域被诉侵权信息和权利人商业秘密的比对程序中，正如本案鉴定意见所阐明，“对于数据库表的比对，主要从数据库表的实体关系模型、字段名称、字段类型、字段存储内容、字段数量、表名称以及表之间的主外键关系进行判断。相同是指数据库表基本没有修改，字段名称、字段数量、字段类型、字段中存储的内容以及其他表之间的关系保持不变。实质相同是指表的字段类型、存储内容以及其他表的实体关系等功能性内容基本没有修改，也包括字段名称修改不完全的情况；但以下一个内容或几个内容进行了修改：表的名称修改，字段名称修改，字段数量减少，字段数量增加等形式内容的修改。部分相似是指表的修改较大，仅有少量字段在名称、类型、存储内容等方面相似。对于存储过程/函数的比对，主要考虑的是其SQL语句的执行逻辑和功能。相同是指SQL语句没有变化。实质相同是指SQL语句形式上有修改，但逻辑功能没有本质变化。部分相似是指SQL语句逻辑功能发生改变，但仍有少量SQL语句逻辑功能发生改变，但仍有SQL语句形式上保持不变”。

本案原审法院在上述鉴定意见基础上所作的进一步论证，更详细地明确了计算机软件商业秘密比对内核，“对于程序代码来说，主要有两方面的表达：一是形式表达，即语句上的表达。在静态的数据库表中，可以体现为字段名称、字段数量、表的名称等，在动态的过程/函数中，可以体现为执行逻辑功

〔1〕 参见本书第一章第三节第二部分。

能所展现的具体语句等。二是内容表达，即结构及功能上的表达。在静态的数据库表中，可以体现为实体关系模型、字段存储内容以及表之间的主外键关系等，在动态的过程/函数中，可以体现为实际需要实现的逻辑功能，例如表单的调用优先级排布以及调用关系等。原审法院认为，鉴定意见中认定为实质相同，即认为存在形式表达的部分相同以及内容表达的基本相同；部分相似，即认为存在少量形式表达或内容表达的相似。上述数据表单之间、表与过程/函数之间各自具有独立的作用，同时基于交互，亦存在紧密联系。上述实质相同部分主要系内容表达的基本相同，其体现的内容的选择、实现和布局均足够具体，亦可以达到为更好展现软件内容、实现软件功能所应有的标准，因此，原审法院认为涉案软件被诉内容在具体层面上与涉案商业秘密具有相当的一致性，足以使原审法院认为其内容来源于涉案商业秘密”。

3. 针对计算机技术商业秘密侵权行为，权利人提请刑事侦查程序并立案后，是否有必要就同一侵权行为提起民事诉讼

《刑法》第219条规定，侵犯商业秘密犯罪，“情节严重的，处三年以下有期徒刑，并处或者单处罚金；情节特别严重的，处三年以上十年以下有期徒刑，并处罚金”。该条文并未明确规定人民法院在刑事判决书中可判决被告人停止实施侵权行为或者退赔权利人损失等事项，在司法实践中，权利人通常选择通过刑事附带民事诉讼追究被告人侵权赔偿责任〔1〕，亦常常在刑事程序中与嫌疑人或被告人达成民事赔偿和解协议，相关人民法院曾判决被告人在缓刑考验期内禁止从事与涉案商业秘密相关的活动〔2〕；极少数情况下，个别人民法院曾在侵犯商业秘密犯罪案件的刑事判决书中直接判令被告人赔偿权利人经济损失〔3〕，显然，权利人未提起刑事附带民事诉讼的情形中，人民法院在刑事判决部分直接判令被告人赔偿权利人经济损失，系重大程序错误，正如沈阳市中级人民法院在其(2007)沈刑二终字第259号判决书中所指明的，“其次，本案原审被告人的行为侵犯的是商业秘密所有者知识产权权益的行

〔1〕 参见最高人民检察院2013年保护知识产权十大典型案例之四。

〔2〕 参见广东省广州市南沙区人民法院(2019)粤0115刑初646号刑事判决书。

〔3〕 参见辽宁省沈阳市中级人民法院(2007)沈刑二终字第259号刑事判决书，该案二审判决撤销一审判决关于被告人赔偿权利人经济损失的判项。

为，并非非法占有、处置被害人的财产，所扣押的设备等也不是违法所得，且并非全部是由侵权部分组成，不应适用刑法第六十四条和《最高人民法院关于刑事附带民事诉讼范围问题的规定》第五条中有关追缴、返还财产的法律规定；再次，冻结的合同款是博远公司与案外人之间的经济往来款项，不应用本案的刑事判决来调整被告人与案外人的民事法律关系。综上，本案不应在刑事判决中作出民事赔偿和财产处分的决定”。因此，当权利人提请刑事侦查程序，公安机关立案后，权利人无法直接在刑事判决中实现被告人对其进行损害赔偿的目的，但是，可以通过刑事附带民事诉讼、刑事程序中的和解程序实现嫌疑人或被告人对其进行民事赔偿的目的，而且，与单独提起民事诉讼相比，权利人在刑事诉讼程序中提出和解或附带民事诉讼，更能促成嫌疑人或被告人向权利人进行民事赔偿。但是，刑事附带民事诉讼并不能解决权利人全部的诉求，尤其是涉及共同侵犯商业秘密行为中部分侵权行为人并未被追究刑事责任的情形，权利人单独提起民事诉讼以追究该部分主体的民事责任，对于权利人利益的充分保护而言，是十分必要的，如本案中理正公司对纬纶国际公司、艺筑国际公司提出的权利主张，虽然未获人民法院支持，但是，该主张是无法通过刑事附带民事诉讼提出的。

本案中，理正公司通过刑事侦查程序完成了对相关前员工的全部调查取证工作，还完成了被诉侵权信息和涉案商业秘密的鉴定程序，理论上讲，理正公司所提民事诉讼，依据已生效的刑事判决书即可获得胜诉结果。针对计算机程序的侵权行为，权利人自行调查取证的难度极大，但公安机关调取相关证据要容易得多，这也是司法实践中大部分权利人试图通过刑事司法程序解决该类侵权纠纷的原因之一。但是，囿于当前的刑事司法环境，当事人报案难、立案更难的“瓶颈”尚未解决，权利人通过刑事司法程序维护自己的权益之路，并不如想象中的那么通畅。

二、最高人民法院关于“产科实训虚拟仿真软件”案的判决［（2019）最高法知民终773号］

软件产品销售后，附载其中的技术秘密是否必然丧失秘密性？软件著作权登记后，权利人的利益如何保护？在软件著作权保护措施和商业秘密保护措施之间，权利人该如何取舍？基于软件产品固有特性，其中的计算机程序和文档既可以通过软件著作权加以保护，也可以作为技术秘密加以保护。但是，著作权登记过程中的公示程序，将可以于技术秘密构成要件中的秘密性和保密措施直接冲突，因此权利人在其计算机技术相关知识产权保护策略体系构建过程中，需要审慎考虑。

（一）基本案情介绍

上诉人福建水立方三维数字科技有限公司（以下简称水立方公司）因与被上诉人琨朗国际贸易（上海）有限公司（以下简称琨朗公司）、复理智能科技（上海）有限公司（以下简称复理公司）、衢州职业技术学院（以下简称衢州学院）侵害计算机软件著作权、商业秘密及不正当竞争纠纷一案，不服浙江省杭州市中级人民法院于 2019 年 7 月 30 日作出的（2018）浙 01 民初 3753 号民事判决，向最高人民法院提起上诉。

原审法院认定如下事实：水立方公司与泉州医学高等专科学校（以下简称泉州医高专）于 2014 年 12 月 26 日签订《母婴护理 9 个关键护理三维虚拟仿真产品合作研发协议（第一期）》，约定合作开发融教学所有功能于一体的三维虚拟仿真产品，软件版权由双方共同拥有。水立方公司于 2016 年 2 月 15 日向国家版权局登记取得“产科护理虚拟仿真软件 V1.0”计算机软件著作权登记证书，标注开发完成和首次发表日期为 2015 年 12 月 14 日；于 2018 年 2 月 1 日向国家版权局登记取得“产科 AR 增强现实实训软件系统 V1.0”计算机软件著作权登记证书，标注开发完成日期为 2017 年 11 月 10 日、首次发表日期为 2017 年 11 月 15 日。复理公司于 2018 年 6 月向国家版权局登记取得“产科实训虚拟仿真软件系统 V1.0”计算机软件著作权登记证书，标注开发完成日期为 2018 年 2 月 28 日，登记号 2018SR440559。

水立方公司与琨朗公司于 2017 年 8 月 11 日签订《销售代理合同》，双方保证对在签订、执行协议过程中所获悉的属于对方且无法自公开渠道获得的文件及资料（包括商业秘密、公司计划、技术信息等）予以保密，保密期限为合同终止后 3 年；姚某作为琨朗公司代表签字。2017 年 5 月前姚某系水立方公司员工。

2018 年 6 月 20 日，衢州学院发布关于母婴护理实训设备项目的公开招标公告，以 174.26 万元招标母婴护理实训设备一批（其中 40 万元为环境装修)。2018 年 7 月 11 日公示预中标单位为琨朗公司。2018 年 7 月 20 日,衢州学院与琨朗公司签订《母婴护理实训设备项目采购合同》。

水立方公司在 2018 年 8 月 28 日向琨朗公司、复理公司、衢州学院分别发送的律师函中指出,琨朗公司销售给衢州学院的软件构成侵权。琨朗公司于 2018 年 9 月 10 日复函称,复理公司软件于 2018 年 6 月获得计算机软件著作权登记证书,系自主开发,相应模块功能属思想范畴不受著作权法保护。

复理公司提交的证据显示,《妇产科学》(人民卫生出版社 1980 年版、2013 年版)、《助产综合实训》(人民卫生出版社 2014 年版)教材对于四部触诊、平产接生、分娩机制、臀围助产、×××及分娩机制的流程、技术参数等有详细讲解。2017 年 11 月泉州医高专“产科护理虚拟仿真软件”招标公告、2017 年 9 月 29 日烟台市卫生和计划生育委员会“护理虚拟仿真教学系统”招标公告和 2017 年 12 月 5 日青海省卫生职业技术学院 2017 年生均拨款专项资金产科虚拟仿真系统采购项目竞争性谈判公告中,均对于四部触诊、平产接生、分娩机制、臀位助产、×××、影响产妇的四个因素等主要功能模块的软件展示内容、步骤及视角、技术参数等进行了详细要求。

(二)原审法院裁判说理的重点问题

水立方公司作为涉案软件著作权人并经共同权利人泉州医高专授权,依法对侵犯其计算机软件著作权及构成不正当竞争的行为享有诉权,琨朗公司、复理公司及衢州学院对其诉权基础所提异议不能成立。综合查明的事实和双方诉辩意见,本案的争议焦点在于:(1)被诉侵权软件是否侵害水立方公司的计算机软件著作权;(2)琨朗公司、复理公司是否侵害水立方公司的商业秘密;(3)琨朗公司是否构成其他不正当竞争。

关于第一个争议焦点,水立方公司主张被诉侵权软件的文档、说明书、动画效果(庭后主张为动画脚本)与其涉案软件实质性相似,侵害其软件的修改权、复制权、发行权、放映权。对此该法院认为,根据《计算机软件保护条例》第 2 条和第 3 条之规定,水立方公司本案中所主张保护的、软件运行所表现出的动画画面或动画脚本依法既不属于计算机程序,也不属于文档,故不属于计算机软件著作权的保护范畴;在案并无有效证据证明复理公司的软件说明书或用户手册,无法进行计算机文档比对。在本案水立方公司不主张被诉侵权软件程序本身侵害其软件著作权的情况下,仅凭说明书或用户手册,显然不足以作出该实质性相似的认定结论。

关于第二个争议焦点,水立方公司主张计算机软件程序及其运行动画构成其商业秘密。对此该法院认为,本案被诉侵权行为发生于2018年,依法应适用2017年修订的《反不正当竞争法》。本案中,水立方公司并未举出任何有效证据以证明其所主张的前述权利内容符合商业秘密的法定条件,尤其是与水立方公司主张作为其销售代表的姚某之间并无证据显示存在有效保密措施;相反,水立方公司提交的"产科护理虚拟仿真软件V1.0"计算机软件著作权登记证书显示软件开发完成和首次发表日期为2015年12月14日,即早于本案被诉侵权行为发生之前即已公开,即使其发表前构成商业秘密,发表后也已丧失秘密性。

关于第三个争议焦点,水立方公司主张琨朗公司构成不正当竞争。对此法院认为,依据琨朗公司与水立方公司之间的《销售代理合同》约定,琨朗公司依约应以自己的名义开展水立方公司软件的代理销售活动,但琨朗公司是否违反该合同约定,不在本案不正当竞争纠纷审理范畴之内。至于琨朗公司是否实施了混淆行为的问题,虽然法院在现场调查时,有案外人翁某述称以为姚某作为水立方公司的代理商与其洽谈,但法院认为:首先,翁某的陈述属孤证无法查实。其次,无证据显示姚某对于衢州学院亦作出如此陈述且对衢州学院购买琨朗公司所销售的复理公司软件产生了影响。最后,本案中,衢州学院通过公告进行软件招标,而琨朗公司以复理公司软件进行投标,在衢州学院与琨朗公司签订的采购合同中,明确标明所购买的软件品牌为"复理"。故综合上述事实,没有依据足以认定琨朗公司实施了《反不正当竞争法》规定的混淆行为并实际导致了混淆后果。

原审法院判决:驳回水立方公司的诉讼请求。

水立方公司上诉称:(1)一审法院错误认定复理公司未侵害水立方公司计算机软件著作权。水立方公司在一审中提交了著作权登记证书等一系列证据,证明开发了涉案软件和相应的著作权。被诉侵权软件与水立方公司涉案软件高度相似。复理公司未充分举证证明其实际开发被诉侵权软件及相应权利。一审法院无视软件比对情况,直接认定软件运行所表现的动画画面或动画脚本不属于计算机软件著作权的保护范畴是错误的。(2)一审法院错误认定水立方公司涉案软件丧失秘密性。水立方公司涉案软件仅出售给有教学需求的医学类院校,使用范围固定。虽然涉案软件已经发表,但并非普通大众可以接触,且软件作品销售不必然导致商业秘密的丧失。琨朗公司对涉案软件进行抄袭,并交由复理公司批量生产,侵害水立方公司的商业秘密。(3)一审法院错误认定琨朗公司不构成不正当竞争。衢州学院的老师接受一审法院询问时,承认姚某系以水立方公司的名义进行招投标。衢州学院是在到水立方公司进行现场考察之后才启动项目招投标,上述事实有询问笔录证明,但一审判决却未予以认定。

(三)最高人民法院二审裁判说理的重点问题

最高人民法院补充查明:水立方公司不主张琨朗公司、复理公司抄袭涉案软件的源代码或目标程序代码。经最高人民法院释明,水立方公司坚持主张以动画、3D 画面效果为涉案软件著作权的保护客体,其认为动画、3D 画面效果与涉案软件有密切关系,不应以美术作品、以类似摄制电影的方法创作的作品来进行保护。水立方公司主张商业秘密的秘密点,即商业秘密的范围,系涉案软件整体的动画效果,并确认涉案软件已销售给多家客户使用。

最高人民法院认为,本案在二审阶段的争议焦点为:琨朗公司、复理公司是否侵害水立方公司涉案软件著作权;琨朗公司、复理公司是否侵害水立方公司涉案软件说明书的修改权、复制权、发行权和放映权;琨朗公司、复理公司是否侵害水立方公司涉案商业秘密;琨朗公司的涉案行为是否构成不正当竞争。

1. 琨朗公司、复理公司是否侵害水立方公司涉案软件著作权

本案水立方公司主张被诉侵权软件与水立方公司涉案软件的动画、3D 画面效果相似,侵害其计算机软件著作权。涉案软件内嵌的动画、3D 画面效果是水立方公司利用图像处理软件以数字化方式虚拟分娩接生等临床环境制作的三维活动影像。当开启软件进行演示操作时,计算机程序按照其软件的功能设计调用上述动画及 3D 画面效果,并在屏幕终端上呈现出文字、图片、声音等组合而成的画面。就水立方公司请求保护的动画和 3D 画面效果而言,动画系采用逐帧拍摄对象并连续播放而形成运动的影像技术,与以类似摄制电影的方法创作的作品有着非常相似的表现形式,而 3D 画面效果系利用图

像处理软件完成的由色彩、线条、图案或者其他方式构成的立体造型画面，在一定程度上可以认定为美术作品。因此，动画和3D画面效果本质上均不属于《计算机软件保护条例》所规定的程序，也不是程序的文档，不属于计算机软件著作权的保护范畴。水立方公司关于涉案计算机软件中的动画、3D画面效果属于计算机软件，应受《计算机软件保护条例》保护的上诉主张不能成立。对被诉侵权软件中的动画、3D画面效果与水立方公司涉案软件中的动画、3D画面效果是否相似，是否侵害水立方公司对美术作品和以类似摄制电影的方法创作的作品的著作权，最高人民法院不再予以审查。原审法院基于水立方公司所坚持的诉讼主张，在认定动画和3D画面效果不属于计算机软件著作权保护范畴的情况下，未对被诉侵权软件和水立方公司涉案软件的运行界面比对情况进行说明并无不当，水立方公司关于原审法院对该部分事实认定不清的上诉主张，最高人民法院不予采信。另外，水立方公司在本案中未提供复理公司“产科分娩机制AR系统”侵害其计算机软件著作权的初步证据，原审法院经水立方公司申请亦未调查取得所述被诉侵权软件的相关证据，原审法院不存在对此节事实认定不清的情形。

2. 琨朗公司、复理公司是否侵害水立方公司涉案软件说明书的修改权、复制权、发行权和放映权

本案中，水立方公司主张复理公司的软件用户手册侵害其对涉案软件说明书的修改权、复制权、发行权和放映权，但该软件用户手册的真实性在一审中未得到琨朗公司和复理公司的认可，一审法院亦以该份证据系复印件，真实性无法核实，未确认其证明效力。故在水立方公司未就复理公司软件用户手册的证据效力进一步举证的情况下，其主张琨朗公司、复理公司侵害其涉案软件说明书的修改权、复制权、发行权和放映权，事实依据不充分，最高人民法院不予支持。

3. 琨朗公司、复理公司是否侵害水立方公司涉案商业秘密

本案中，水立方公司主张将涉案软件的整体动画效果作为商业秘密予以保护。在侵害商业秘密案件中，不为公众所知悉这一要件属于商业秘密是否成立的基础性事实，理应由权利人举证。但水立方公司在本案中并未举证证明其所主张的涉案软件的整体动画效果符合商业秘密中不为公众所知悉的构

成要件。同时，如果权利人所主张的技术信息已在各种参考文献中公开或展览、使用公开，那么技术信息也当然不具备秘密性。水立方公司涉案软件中的动画效果可以通过在招投标过程中公开演示等方式使相关公众直接观察了解，且涉案软件亦已在市场上公开销售、使用，被应用于医学教学科研等领域，为所属产科护理领域不特定的多数人所知悉，故即使水立方公司提供了涉案软件的整体动画效果不为公众所知悉的初步证据，则仍将因公开展示或者使用导致其秘密性的丧失。

4. 琨朗公司是否构成不正当竞争

水立方公司主张琨朗公司以水立方公司的名义参加衢州学院产科护理软件的招投标工作，构成不正当竞争。最高人民法院认为，琨朗公司违反《销售代理合同》中有关不得经营与水立方公司有竞争关系的同类软件产品的约定，属于《合同法》而非《反不正当竞争法》所规制的范畴。退言之，琨朗公司以水立方公司的名义参与招投标具有合同上的依据，且在衢州学院与琨朗公司签订的采购合同中，明确注明所购买的产科护理软件的供应商为复理公司，故不会导致混淆行为的发生。

综上所述，水立方公司的上诉请求不能成立，应予驳回。

（四）本案启示与重点问题解析

1. 软件内嵌的动画、3D 画面效果是否属于计算机软件，是否属于计算机软件著作权保护范畴

《计算机软件保护条例》第 2 条规定计算机软件是指计算机程序及其有关文档，第 3 条对于计算机程序定义为“为了得到某种结果而可以由计算机等具有信息处理能力的装置执行的代码化指令序列，或者可以被自动转换成代码化指令序列的符号化指令序列或者符号化语句序列”，对于计算机文档定义为“用来描述程序的内容、组成、设计、功能规格、开发情况、测试结果及使用方法的文字资料和图表等，如程序设计说明书、流程图、用户手册等”。正如本案判决书所指出的，一件计算机软件作品常常是多种类型作品的组合，其核心内容可以包括计算机程序、各种音视频、图片、文字等，由于《计算机软件保护条例》第 2 条规定的软件著作权的保护客体局限于计算机程序及其文

档，对于与计算机程序及其文档无关的，但具有独创性、符合作品的构成要件，可以受到《著作权法》保护的视频、图像、音乐等，权利人可以将其从计算机软件中单独分割出来，对应《著作权法》规定的作品类型请求给予保护。《著作权法》根据作品的类型设定了不同的保护路径，囿于作品法定类型的限制，在《计算机软件保护条例》已对保护客体作出明确限定的情况下，再将其他法定类型的作品纳入计算机软件的保护范畴，将破坏、冲击著作权法保护的体系性和协调性。

本案水立方公司一方面寻求计算机软件著作权保护，但又不对涉案计算机程序提出侵权主张；另一方面要求对涉案计算机软件中动画和动画效果等美术作品和类似电影作品加以保护，但又坚持认为其非美术作品或类似电影作品而系计算机程序软件。本质上讲，水立方公司并无有效确定其请求权基础，或者说，其主张的基本事实和理由存在自我矛盾的显著问题。虽经两级法院释明，水立方公司仍然坚持被诉侵权软件中的动画、3D 画面效果侵害其涉案计算机软件著作权，对于水立方公司的该项主张，人民法院均予以驳回。

2. 计算机软件零售类销售是否必然导致技术秘密丧失秘密性

计算机软件产品有其自身的特点，每一件产品都附载着相应的技术信息，理论上，如果权利人不采取保密措施，产品的购买人或使用人完全可能通过技术手段“破解”该技术信息。甚至，即使权利人采取了必要的保密措施，软件产品中的技术信息也可能被“破解”。不存在任何一种保密措施能够绝对避免计算机软件产品中的技术信息不被“破解”，因此，对权利人的所采取保密措施的合理性标准而言，既不宜负担过高而影响交易效率，又不宜过低而增加行业壁垒。换言之，权利人针对计算机软件产品中的技术秘密所采取的保密措施能够防止相关行业一般从业者容易获取该产品中的技术秘密，即达到合理性标准。如果权利人所采取的保密措施未达到上述标准，则无论其计算机软件产品通过何种形式销售，都将导致其中技术秘密丧失秘密性；如果权利人采取了必要的保密措施，则其计算机软件产品的销售并不必然导致其技术秘密丧失秘密性，而不论其销售形式是零售还是批发。

本案中，导致水立方公司技术秘密丧失秘密性的并不是其销售形式，而是其一方面并未采取必要的保密措施，另一方面在申报该软件著作权登记过程中已发表了该软件。公开发表计算机软件，必然导致丧失秘密性，毋庸置疑。就涉案计算机软件保护措施缺陷显著问题存在以下几个方面：一是水立方公司并未与前员工姚某签署任何保密文件，而姚某离职后所设立的公司系水立方公司的主要竞争对手之一。二是水立方公司所主张的软件产品本身并未见其设置的保密手段。三是水立方公司所主张的软件产品中，支撑软件运行的计算机程序始终未出示给法院，无法评价该程序本身是否具备起码的新颖性，无法确定该软件产品中是否存在确需保护的非公知技术。

3. 权利人依据软件著作权主张侵权人抄袭源代码与依据其他作品权主张动画效果保护，二者之间有何差异？软件中不同作品类型如何分别保护

从法律性质上讲，计算机软件程序源代码和软件中所包含的动画及动画效果分属不同的作品类型；在物理形态上，二者也完全不同。但是，在部分计算机软件作品中，确实同时需要计算机程序和相关动画及动画效果协同运转。侵权人侵犯权利人内嵌动画类计算机软件权益时，既可能是抄袭计算机软件程序源代码，也可能是抄袭或模仿动画及动画效果，还可能兼而有之。对于软件作品中的计算机程序而言，从权利保护的角度出发，在该计算机程序公开发表前，权利人既可以选择适用商业秘密保护规则主张权利，也可以选择计算机软件著作权保护规则主张权利；该计算机程序公开发表后，不再具备商业秘密的基本构成要件，权利人只能选择著作权保护规则主张权利，本质上讲，作品著作权对权利人的保护，与专利权相似，也是“公开换垄断”的路径。对于软件作品中的动画及动画效果而言，其产品销售行为直接导致该作品公之于众，丧失秘密性，因而不再构成商业秘密，权利人只能基于著作权主张权利。如前所述，计算机软件著作权所称的计算机程序和文档均具有其特定的法律属性，并非软件产品中所有组成部分都可以归类为计算机程序或文档，因此，权利人主张权利时，务必首先分清相关作品类型，然后给予相应规则主张权利，切忌“错位搭配”——将软件中的美术作品当作计算机程序主张权利。

本案中，水立方公司所主张的计算机软件由计算机程序、文档、动画及动画效果等多种作品共同组成，不同的作品对应不同的保护规则。该软件中的计算机程序技术信息，因被发表而公开，只能基于著作权主张权利，通过将该程序源代码与被诉侵权产品的计算机程序源代码进行比对后，视同一性情

况进行评价；该软件中的动画及动画效果，系美术作品和类似电影作品，因销售而公开，应基于该类作品著作权主张权利，评价被诉产品是否存在抄袭行为，而不应将该美术作品和类似电影作品当作计算机程序并主张著作权保护。

值得注意的是，本案原审法院指出，“即使水立方公司出具的证据有效，法院认为计算机软件的运行界面是其代码运行计算的结果，不排除在某些情况下、尤其是被诉侵权方拒绝提供计算机程序用于比对的情况下，人民法院在程序运行界面和计算机文档综合初步比对构成相似的基础上认定侵权，但即使这种情况下，计算机文档也是作为比对内容的一部分，在软件实质性相似的司法认定中予以考虑”。实际上，原审法院提供了一种独特的评价方法，即通过软件产品所包含的部分内容及效果的实质上相同推定该软件产品中其他技术相同，这是在特定情况下，软件产品中不同内容之间在同一性比对中的相互作用关系。一方面，适用该种评价方法的前提是被诉侵权人拒不提供可供比对的产品或信息，同时该产品的相关内容和效果相同或实质相同；另一方面，还要求用于推定的相同或实质相同的内容和效果与被推定相同或实质相同的技术之间存在技术上的因果关系。

第二节　侵犯软件技术秘密案件的管辖原则

侵犯软件技术秘密的案件，由于其侵权行为具有鲜明的互联网特点，确定其侵权行为地时，需要考察行为发生地、结果发生地、受害方所在地等因素，尤其还需要关注相关服务器所在地等因素，使该类案件的管辖确定问题相对复杂。当然，侵犯软件技术秘密的案件，由被告所在地或侵权行为地人民法院管辖，依然是基本原则。侵犯软件技术秘密的案件，除了上述互联网特征外，同样具有其他侵犯商业秘密案件的一般特点，如采用不正当手段获取软件技术秘密、非法披露、使用或许可他人使用权利人商业秘密等，因此，确定管辖法院时，同样需要考察上述一般特点。

一、最高人民法院关于“德瑞软件”管辖异议案的裁定[(2020)最高法知民辖终239号]

在确定侵犯商业秘密案件管辖问题时,除了依据《民事诉讼法》第21条第1款规定以及最高人民法院发布的相关司法解释规定[1]外,还应考虑审理便利性等问题。

(一)基本案情介绍

上诉人广州德瑞软件股份有限公司(以下简称德瑞公司)因与被上诉人张某、南山集团财务有限公司(以下简称南山公司)、兴业数字金融服务(上海)股份有限公司(以下简称兴业公司)侵害商业秘密纠纷管辖权异议一案,不服广东省深圳市中级人民法院于2019年11月8日作出的民事裁定,向最高人民法院提起上诉称:(1)本案并非重复诉讼,与上海知识产权法院受理的案件在案由、诉讼请求、被告、事实理由等方面存在差异。(2)按照上海知识产权法院要求,计算机软件著作权纠纷与商业秘密侵权纠纷须分开立案,德瑞公司故而向原审法院以不同案由及主张申请立案。(3)德瑞公司于2019年5月向原审法院提起诉讼并提出调查取证申请。(4)张某户籍地及住所地均为广东省深圳市,根据原告就被告原则,原审法院依法对本案具有管辖权。

张某、南山公司、兴业公司共同辩称:(1)本案系侵害商业秘密纠纷,无论是根据侵权行为地还是被告住所地,原审法院对于被诉侵权行为均无管辖权。(2)根据侵权行为地,原审法院也无管辖权,从德瑞公司起诉过程中明确的张某、南山公司、兴业公司的侵权行为,张某、南山公司、兴业公司的侵权行为均不发生在广东省深圳市内。(3)德瑞公司提出另案已经由上海知识产权法院受理并基本审理完毕,根据方便管辖原则,在诉讼请求、案件事实、证据等基本一致的情形下,由上海知识产权法院审理,便于查清事实,降低诉讼成本,故本案应由上海知识产权法院管辖。

原审法院经审查认为:(1)张某的户籍地址虽为广东省深圳市南山区,但其经常居住地址为上海市浦东新区;兴业公司注册地址为中国(上海)自由贸

---

[1] 本案适用最高人民法院《关于北京、上海、广州知识产权法院案件管辖的规定》。

易试验区杨高南路729号第41层;南山公司注册地址为山东省龙口市南山工业园南山南路4号。因此,兴业公司、南山公司的法定注册地址不在广东省深圳市辖区内,张某的经常居住地亦不在广东省深圳市。(2)德瑞公司在本案指控张某、兴业公司、南山公司的侵害商业秘密行为,无论是披露行为地还是使用行为地,均不在广东省深圳市。综上,本案兴业公司的住所地为中国(上海)自由贸易试验区,被告南山公司的住所地为山东省龙口市,张某的经常居住地为上海市浦东新区,三被告的住所地或经常居住地均不在广东省深圳市辖区范围。本案德瑞公司指控的侵害商业秘密的披露使用行为,也未在广东省深圳市发生。因此,原审法院对本案不具有管辖权。

鉴于兴业公司的注册地址和张某的经常居住地均在上海市辖区内,且德瑞公司请求保护的为DRL财务公司核心业务系统系列软件核心技术、核心源代码等商业秘密。德瑞公司在先起诉并已经由上海知识产权法院受理的案件与本案德瑞公司请求保护的DRL财务公司核心业务系统系列软件彼此相关联,根据最高人民法院《关于北京、上海、广州知识产权法院案件管辖的规定》、上海市高级人民法院《关于调整基层法院知识产权案件、行政案件和未成年人刑事案件集中管辖的公告》之规定,上海知识产权法院对本案具有管辖权。综上,原审法院裁定:兴业公司、张某对本案提出的异议成立,本案移送上海知识产权法院处理。

(二)最高人民法院二审裁判的重点问题

最高人民法院另查明:(1)张某向原审法院提交了多份居住登记证复印件,其中一份加盖有“上海市居住证业务受理章浦东新区塘桥街道"字样的公章。(2)张某提交的居住登记凭证和居住证照片均对地址作了部分遮挡处理,居住证载明的地址具体到了“浦东新区金高路”。(3)张某居住登记凭证载明登记日期为2018年2月6日、截止日期为2019年2月6日,居住证载明有效期为2018年8月28日至2020年8月28日,居住房屋租赁合同备案登记通知书载明的租赁期限为2018－02－01至2019－12－31止,居住房屋租赁合同载明的租赁期限为2018－9－1起至2020－8－31止,养老保险缴费情况载明的期间为2017年8月至2019年8月,个人纳税记录载明的期间为2019年1月至2019年10月,税收完税证明、个人所得税纳税清单载明的“税款所属期”为 2017 年 8 月至 2018 年 12 月。(4)另案民事起诉状显示,德瑞公司在该案中请求保护的是 DRL 财务公司核心业务系统系列软件,在本案中请求保护的亦是 DRL 财务公司核心业务系统系列软件的核心技术和商业秘密。案原告为本案原告德瑞公司,被告为本案当事人兴业公司、南山公司、张某及案外人彭某。此外,德瑞公司在二审中自述,其曾将案和本案共同向上海知识产权法院申请立案,但因本案未获受理,故而向原审法院申请立案。

最高人民法院经审查认为,本案争议焦点为本案是否应当由上海知识产权法院管辖。德瑞公司的上述主张不能成立,本案应由上海知识产权法院管辖,理由如下:

1. 根据现有证据可以认定张某的经常居住地在上海市,原审法院对本案没有管辖权

根据相关法律规定,关于本案管辖所涉经常居住地事实的认定,应当结合当事人提供的有关购房、租房、就业、缴纳社会保险等证据,按照证据规则予以综合判断和认定。本案中,根据张某提交的居住登记凭证、居住证等证据,张某最早从 2017 年 8 月起就在上海交纳养老保险和个税,从 2018 年 2 月起就在上海租赁房屋居住,张某在上海市交纳税费和租赁房屋一直延续至本案诉讼时已满一年且未曾中断。张某提交的上述证据能够形成相互印证关系,在德瑞公司未提交足以推翻前述证据证明的事实情况下,最高人民法院对德瑞公司的简单质疑不予采信。根据现有证据,可以认定张某的经常居住地为上海市,对于德瑞公司否认张某经常居住地为上海市,应以张某户籍地为管辖连接点确定管辖法院的主张,最高人民法院不予支持。由于本案另外两被告的住所地均不在广东省深圳市,且本案中亦无证据显示被诉侵权行为发生在广东省深圳市,故原审法院对本案不具有管辖权。

2. 上海知识产权法院对本案具有管辖权

《民事诉讼法》第 28 条规定:“因侵权行为提起的诉讼,由侵权行为地或者被告住所地人民法院管辖。”本案为侵害商业秘密纠纷,被告张某的经常居住地和兴业公司的住所地均位于上海市,再根据最高人民法院《关于北京、上海、广州知识产权法院案件管辖的规定》第 1 条的规定,上海知识产权法院对上海市辖区内的商业秘密纠纷民事一审案件具有管辖权,故上海知识产权法

院对本案具有管辖权。

需指出的是,考虑到便于当事人诉讼、有利于查明案件事实以及避免司法资源浪费等因素,本案也宜由上海知识产权法院管辖。本案中,首先,被告张某的经常居住地和兴业公司的住所地均在上海市,另一被告南山公司的住所地也更接近于上海市;其次,上海知识产权法院在先受理并正在审理与本案关联度较高的计算机软件著作权纠纷案件,本案移送上海知识产权法院处理可以避免重复审查相关事实,符合诉讼经济的目的,同时也有利于纠纷的协调处理;最后,原审法院已开展的部分证据保全工作以及德瑞公司已向原审法院提交的证据材料可随本案案卷材料一并移送上海知识产权法院,并不影响本案后续审理工作。

综上,德瑞公司关于本案应当由原审法院继续审理的上诉理由,事实和法律依据不足,最高人民法院依法不予支持。

(三)本案启示和重点问题解析

《民事诉讼法》第 21 条第 1 款规定:"对公民提起的民事诉讼……被告住所地与经常居住地不一致的,由经常居住地人民法院管辖";第 28 条规定,"因侵权行为提起的诉讼,由侵权行为地或者被告住所地人民法院管辖"。最高人民法院《关于适用〈中华人民共和国民事诉讼法〉的解释》第 4 条规定:"公民的经常居住地是指公民离开住所地至起诉时已连续居住一年以上的地方,但公民住院就医的地方除外";第 24 条规定,"民事诉讼法第二十八条规定的侵权行为地,包括侵权行为实施地、侵权结果发生地";第 25 条规定,"信息网络侵权行为实施地包括实施被诉侵权行为的计算机等信息设备所在地,侵权结果发生地包括被侵权人住所地"。最高人民法院《关于民事诉讼证据的若干规定》第 86 条第 2 款规定:"与诉讼保全、回避等程序事项有关的事实,人民法院结合当事人的说明及相关证据,认为有关事实存在的可能性较大的,可以认定该事实存在。"侵犯计算机软件类案件,其管辖法院的确定,当然应当遵守上述规则,但是,基于计算机软件本身固有的特性,还应充分考虑如下因素:

第一,应当详细考察涉案计算机软件发挥功能的区域。如果该计算机软件系单机处理类软件,其功用发挥并不需要接入互联网,则相关侵权行为聚焦于产品所在设备,该设备所在地即侵权行为地;如果该计算机软件需要通过接入并利用互联网方能发挥作用，则该软件所在设备以及其通过互联网发挥功能的全部区域均属侵权行为地，也即包括侵权行为实施地和结果发生地所辖全部区域。但是，显然，对于部分“全覆盖”型软件来说，这样的管辖确定规则过于宽泛，无法聚焦与案件最密切相关的法院，如即时通信软件，并不应将该软件功能所达全部区域作为确定管辖法院的连接点。

第二，具体到侵犯计算机软件的行为方式，在侵犯商业秘密的情况下，如果系不正当手段获取行为，则其管辖法院的最密切连接点应该是获取行为发生地或获取结果发生地，与软件功能所及区域无关；如果系非法使用或许可使用软件，则其使用地或许可使用地为管辖法院的最密切连接点。在侵犯软件著作权的情况下，则应充分考虑软件功能所及相关区域。

本案中，深圳市南山区人民法院究竟是否有管辖权？原审被告张某户籍地确在深圳市南山区，如张某在该户籍地外没有经常居住地，则深圳市南山区人民法院对本案有管辖权；因张某举证证实其在上海市的经常居住地后，深圳市中级人民法院裁定本案移送上海法院管辖。这个裁定是正确的。

二、天津市第二中级人民法院关于“阿波斯”案管辖异议案的裁定［（2021）津02民初194号］

权利人依据《保密协议》等文件以侵犯商业秘密为由对被诉侵权行为人提起诉讼，《保密协议》约定管辖法院受理后，发现被告住所地或侵权行为地均不在该院管辖范围内，应否移送相关人民法院审理？

（一）基本案情介绍

原告阿波斯科技集团股份有限公司与被告陈某侵害商业秘密纠纷一案，天津市第二中级人民法院于2021年2月3日立案。阿波斯科技集团股份有限公司向天津市第二中级人民法院提出诉讼请求：（1）判令被告立即停止违约行为，继续按照《保密协议》约定履行保密义务。（2）判令被告因违反《保密协议》约定向原告支付违约金50万元。（3）判令被告赔偿因违反《保密协议》约定给原告造成的损失，暂定损失金额为人民币2000万元（原告将根据最终实际损失情况予以增加）。（4）判令被告承担本案诉讼费、保全费。

原告主张的事实和理由：2020年12月，天津雷沃重工集团股份有限公司

(甲方,以下简称天津雷沃集团)与被告陈某(乙方)签署了关于 CECEL 项目的《保密协议》,陈某承诺对其从天津雷沃集团及其关联方所获悉的保密信息进行保密。《保密协议》第 5 条约定:“双方同意,如果乙方对保密信息未经授权的使用或违反本协议向任何第三方的披露或违反本协议项下其应履行的任何义务,无论乙方是否存在主观过错或过失,乙方均应当向甲方支付人民币五十万元的违约金,如违约金不足以赔偿甲方由此遭受的损失的,乙方应承担全额赔偿责任直至甲方损失全部获偿。”《保密协议》签署后,陈某获悉了大量关于天津雷沃集团及其子公司以及 CECEL 项目相关的保密信息,但天津雷沃集团发现,陈某违反保密义务泄露保密信息,严重违反了相关法律法规规定以及《保密协议》的约定,给天津雷沃集团造成了重大损失,陈某应当停止违约行为、支付违约金并承担由此给天津雷沃集团造成的损失。2021 年 2 月 8 日,天津雷沃集团变更为阿波斯科技集团股份有限公司。为保护自身合法权益,原告根据相关法律规定以及《保密协议》约定提起诉讼,请求依法判决支持原告的全部诉讼请求。

(二)法院裁判说理的重点问题

天津市第二中级人民法院经审查认为,原告主张涉案《保密协议》已经由双方签署并生效,根据原告提交《保密协议》的约定,本协议自双方签字或盖章之日起生效,但该协议中没有双方的签字或盖章,原告亦没有提供被告对该协议确认的证据加以证明,故原告主张不能成立。本案应为侵害商业秘密纠纷案件,被告住所地在北京市昌平区,天津市第二中级人民法院对本案没有管辖权。根据最高人民法院颁布的《民事案件案由规定》及北京市高级人民法院《关于北京市基层人民法院知识产权民事案件管辖调整的规定》,本案应由北京市石景山区人民法院管辖。

依照《民事诉讼法》第 36 条,最高人民法院《关于适用〈中华人民共和国民事诉讼法〉的解释》第 211 条规定,裁定如下:本案移送北京市石景山区人民法院处理。

(三)本案启示与重点问题解析

在权利人与被诉侵权人签署保密协议或同等文件的情况下,当被诉侵权人违反该协议实施侵犯权利人商业秘密的行为时，被诉侵权人既构成违约行为，又符合侵权行为构成要件，亦即违约责任和侵权责任产生竞合，权利人既可以依据合同约定追究对方的违约责任，也可以基于侵权行为追究对方的侵权责任。当权利人基于协议追究对方违约责任时，应当适用合同纠纷管辖规则确定管辖法院，如权利人与对方存在劳动合同关系时，还应遵守劳动合同纠纷仲裁前置及专属管辖只规则；当权利人以侵权为由向对方主张侵权责任时，应当适用侵权纠纷的管辖规则确定管辖法院。更进一步分析，围绕保密协议项下商业秘密权益引发的此类责任竞合案件，被诉行为一般不包括不正当手段获取商业秘密的行为，而只可能是非法披露、使用或许可他人使用商业秘密的行为，相应地，被诉行为在违约纠纷和侵权纠纷中分别对应不同的管辖法院。

当权利人以违约责任纠纷提起诉讼时，有权管辖该类案件的法院包括：保密协议约定的案件管辖人民法院、被告所在地人民法院、保密协议履行地人民法院；其中，保密协议约定的管辖法院范围包括被告住所地、合同签订地、原告住所地、标的物所在地等与争议有实际联系的地点的人民法院。如保密协议约定了管辖法院时，其他法院无管辖权；当保密协议未约定管辖法院或约定不明时，由被告所在地或保密协议履行地人民法院管辖，被告所在地相对固定，唯保密协议履行地的确定值得探讨，保密协议中当事人负担的保密义务系消极义务，无法根据其积极行为确定履行地点，只能根据协议约定的地域范围或义务人应当保密的地域范围来确定其“合同履行地”，问题是，当约定保密的地域范围过宽，且范围内存在多个法院时，如何确定管辖法院？笔者认为，此种情形下不宜机械解读合同履行地概念，而应当根据最密切联系原则确定管辖法院。进一步讨论，负担保密义务的一方实施违约行为（违反保密义务）的地点，是否可以作为确定管辖法院的依据？笔者认为，因为违约行为本身不是履行合同行为，违约行为地点不是合同履行地点，因此，不能将违约行为地等同合同履行地，进而据此确定管辖法院；同时，有关商业秘密保密义务的违约行为可能在与保密协议没有任何联系的地点发生，不宜将其作为确定管辖法院的连接点。

当权利人以侵权责任为由提起诉讼时，有权管辖该类案件的法院包括：被告所在地、侵权行为地。具体而言，侵权行为地包括披露权利人商业秘密行为地、结果发生地；使用权利人商业秘密的地点；许可他人使用权利人商业秘密的地点。实际上，侵权行为地与上述违约行为发生地发生了重合，但责任性质不同，确定管辖法院的规则不同。简言之，权利人不得在提起违约之诉时适用侵权之诉的管辖规则确认管辖法院；不得在提起侵权之诉时适用违约之诉的规则确定管辖法院。

本案的特殊之处在于，原告所主张之保密协议因无法证实其真实性而不具有约束力的情况下，虽提起违约之诉，但人民法院仍以侵权之诉规则确定管辖法院并裁定移送。该裁定值得商榷：首先，原告所提违约之诉，非经原告同意，人民法院无权将其变更为侵权之诉，人民法院只能基于违约之诉对原告所起诉案件进行审理，不得超越原告诉请范围审判，更不得擅自变更原告的诉讼请求和所主张的基本法律关系；其次，人民法院在审理案件过程中，如发现证据不足或原告未完成基本举证责任，应依法判决驳回原告诉讼请求，而非移送其他人民法院审理；最后，本案移送后，原告的诉讼请求依然系违约之诉项下的诉讼请求，如原告坚持不变更诉讼请求，仍应以证据不足驳回其诉讼请求，如原告将诉讼请求变更为侵权之诉项下的诉讼请求，实际上构成一个全新的案件，与移送之前的案件并无管辖上的牵连。

第三节　计算机软件合作与销售过程中的商业秘密保护

权利人销售计算机软件的过程中，所需保护的权益包括销售渠道等经营信息，还包括计算机软件所附载的技术信息。被诉侵权人同时侵犯权利人上述两项权益时，权利人可一并提起诉讼；当被诉侵权人只侵犯其中某一项权益时，权利人应准确界定侵权行为性质和侵犯对象，避免不恰当的诉讼请求。

一、广东省高级人民法院关于“嘉力达”软件合作开发案的判决［（2011）粤高法民三终字第141号］

软件合作开发一方违反协议将开发成果或相关商业秘密披露给他人或许可他人使用，当相关第三方明知或应知被披露的商业秘密权利人的情况下，仍使用该商业秘密的，构成共同侵权，并应承担民事责任。

(一)基本案情介绍

上诉人广州共盈能源管理技术有限公司(以下简称共盈公司)、上诉人重庆派威能源管理有限责任公司(以下简称派威公司)因与被上诉人深圳市嘉力达实业有限公司(以下简称嘉力达公司)侵犯商业秘密纠纷一案,不服广东省广州市中级人民法院于2010年2月1日作出的民事判决,向广东省高级人民法院提起上诉。

原审法院经审理查明:

2006年12月19日,嘉力达公司(甲方)与共盈公司(乙方)签订《软件开发合作协议》,该协议包括如下内容:(1)甲乙双方在《能源管理信息系统》软件开发合作项目上具有唯一性,甲乙双方都是对方唯一指定的合作伙伴,不得与其他公司签订类似的合作协议……(5)甲方不得委托第三方对合作开发的软件进行后续开发……(7)合作开发的软件所有权由甲方享有。(8)甲乙双方未经对方同意,不得将软件许可他人使用,不得向他人转让或赠送软件……(12)甲乙双方对合作项目的商业机密负有保密义务,不得向其他第三方泄露。

2007年4月12日,前述合同双方达成《软件开发补充协议》,该协议包括以下内容:……(2)乙方完成软件的操作说明书的编写,向甲方提供完整的源代码。2008年6月8日,前述合同双方再次签订《补充协议》,该协议包括以下内容:(5)技术资料及其保密。①根据原合作协议约定,甲乙双方合作开发软件成果包括知识产权在内的所有权由甲方享有,未经甲方书面同意,乙方不得将合作开发软件成果及其组成部分以任何方式披露给第三方,也不得自己或许可第三方使用或者用于本委托协议约定以外的任何用途。②乙方对于其根据软件开发合作协议所接触和涉及的甲方技术情报、资料、数据、信息和其他商业秘密有永久性的保密义务。2008年6月9日,双方对合同项下的能源管理信息系统的开发进行总结,该份总结中双方明确以下事实:2007年3月8日,共盈公司提交了第一版软件。双方确认该软件属于最底层的软件,共盈公司需要继续开发一个城市或一个垂直系统的政府和集团使用的能源管理软件,并由嘉力达公司提供主要功能的需求分析,为此双方签订补充协议。补充协议签订后,嘉力达公司招聘软件开发人员,为共盈公司提供和修改了新的软件功能和需求分析。其中绝大多数的需求分析均为嘉力达公司提供，共盈公司负责软件中的采集、传输、存储、展示功能的数据库与源代码设计等工作。嘉力达公司将能效分析的需求、引入设备台账管理和维护保养管理的需求、根据动态采集的能耗数据分析原因，并将原因形成关键字段，在专家库中进行查找的需求等需求引进能源管理信息系统。

另外，嘉力达公司向原审法院提交的保密证据5（嘉力达公司能源管理信息系统软件的设计方案）、保密证据9（国税能源管理信息系统软件项目数据库开发文档）等封面显示为嘉力达公司文档，嘉力达公司和共盈公司都在文档上盖有公章。

根据科学技术部西南信息中心查新中心2008年2月26日出具的《科技查新报告》显示，有关建筑能源监测管理平台的开发研究，已见文献报道。但涉及本项目主要特点的建筑楼宇节能管理监测平台的开发，未见文献报道。本项目主要技术特点是：具有实时监测、能源诊断、能耗统计、能耗总览、能效分析、预警管理、专家系统、能耗公示、设备管理、信息远传等。

2007年12月，派威公司开始和嘉力达公司洽谈关于代理嘉力达公司软件产品销售合作事宜，该过程中，双方有邮件往来，其中派威公司的联系人是吴某，其邮箱地址为wujp＊＊@163.com。后双方中断合作。另查明，在双方的邮件往来当中，嘉力达公司对其公司和产品进行了介绍……本公司从产业链的薄弱环节着手，自主研发了“节能监管平台”软件；……该“监管平台”可以监管一个城市或一个垂直系统的所有楼宇的能耗，具有能源统计、能源审计、能耗分析、能效管理、设备管理、专家系统等功能。

2008年1月23日，派威公司向中国版权保护中心申请计算机软件著作权登记，派威公司在申请表中声称：申请登记的软件名称为《能耗监测管理平台软件》，版本号为PV2008，开发完成时间是2007年7月18日，首次发表日期是2007年9月28日。2008年4月18日、5月15日，嘉力达公司分别对派威公司网站内容进行了公证。派威公司在其公司网站上详细介绍了《PV2008能耗监测管理平台》。此外，该网站介绍前述软件的功能时还包括报警管理、系统管理、数据库备份等。2008年5月19日，嘉力达公司再次对派威公司的网站内容进行公证，该网站出现了共盈公司法定代表人伍某参加派威公司捐款的照片。

在第四届国际智能、绿色建筑与建筑节能大会暨新技术与产品博览会上，郭某接受了记者的采访并介绍了《PV2008 能耗监测管理平台》软件。共盈公司在庭审过程中明确，该公司法定代表人伍某与郭某是夫妻关系，郭某曾在共盈公司担任总经理。共盈公司在原审法院指定期限内没有按合议庭要求提供伍某、郭某的照片等资料。

根据嘉力达公司的申请，原审法院于 2008 年 10 月 10 日到派威公司处进行证据保全，复制了派威公司的能耗监测管理平台软件源代码及开发文档资料。在庭审过程中，派威公司表示公司叫能耗监测管理平台的软件有两个，这两个软件的编程语言不同，但取了相同的名字。证据保全时，派威公司交给法院的软件与其在中国版权保护中心申请计算机软件著作权登记的软件不同。原审法院于庭后向中国版权保护中心调取了派威公司申请登记软件著作权的能耗监测管理平台软件，派威公司在申请表当中提供给中国版权保护中心的联系人是吴某，邮箱地址是 wujp * * @ 163. com。

经比对，派威公司在中国软件保护中心登记的能耗监测管理平台软件后 30 页当中有 Do Preview Chart Pie（ReportStyle：string；ChartTitle：String；MainSQL：String；Axis Left Tilte）等 30 个程序的命名与嘉力达公司的源程序相同，且这 30 个程序的语句与嘉力达公司源程序基本相同、参数也相同。后 30 页第 9 页当中有一句“//modif by huangjc 2007/07/17 for reset bug inf Operatedindex = 201”是嘉力达公司员工的修改标志，其中 huangjc 是嘉力达公司的员工黄某。

（二）一审法院裁判说理的重点问题

一审法院认为，本案争议的焦点在于嘉力达公司所主张的商业秘密是否成立以及共盈公司、派威公司是否侵犯了嘉力达公司的商业秘密。

1. 嘉力达公司所主张的商业秘密是否成立

本案中，嘉力达公司主张的商业秘密主要内容包括：（1）对软件开发时所作的需求分析；（2）软件的设计方案；（3）软件数据库的设计方案；（4）软件的源代码。

对于软件需求分析，原审法院认为，需求分析通常通过软件最终实现的功能予以反映，嘉力达公司所主张的需求分析已体现在其产品介绍当中，派威公司在其网站上也非常详尽地介绍了产品的功能特点，同时使用者在软件的使用过程中能够充分了解其所使用的软件所能够解决的问题。嘉力达公司起诉本案时，其产品已经推向市场，软件已经在国务院机关管理局进行使用，因此，本案嘉力达公司所主张的软件开发时的需求分析不具备不为公众所知悉的特点，不能认定为商业秘密。

对于软件的设计方案和软件数据库的设计方案，原审法院认为，其一，共盈公司根据嘉力达公司提出的要求编写软件，软件的设计方案和软件数据库的设计方案都是由共盈公司完成，该事实可以从双方 2008 年 6 月 8 日的资料移交清单上得到体现。双方最后的开发总结当中也没有否认上述事实。嘉力达公司仅凭其提交的软件设计方案文档和数据库设计文档上为嘉力达公司的公司文档并盖有双方的公章就主张这些方案由嘉力达公司设计证据不足。其二，软件设计和软件数据库设计是源程序编写之前的步骤，编写源程序是对整个软件设计思想的固化，体现开发者的个人风格等独创性因素主要体现在源程序的编写过程中。本案中，嘉力达公司也没有指出软件设计和数据库设计与通常的软件编写过程中所使用的一般方法存在特别之处。通常在没有可供运行的软件产生之前，软件设计和数据库设计本身不能直接为权利人带来经济利益，不能成为商业秘密的保护范畴。因此，对于嘉力达公司要求将软件的设计方案和软件数据库的设计方案作为商业秘密保护的主张原审法院不予支持。

对于软件源代码，由于涉案软件是共盈公司根据嘉力达公司的要求专门进行编写，不为公众所知悉，能够为嘉力达公司带来经济利益并且具有实用性，符合商业秘密的保护条件。根据嘉力达公司和共盈公司所签订的合同，该商业秘密的权利人是嘉力达公司。共盈公司对此也予以确认。

综上所述，嘉力达公司是《能源管理信息系统》软件源代码的商业秘密权利人，其合法权益应受到法律保护。嘉力达公司与共盈公司所签订的《软件开发合作协议》及补充协议均系双方真实意思表示、合法有效，根据协议，共盈公司对嘉力达公司的商业秘密负有永久性的保密义务。

2. 共盈公司、派威公司是否构成侵权

本案中，嘉力达公司指控共盈公司违反双方的保密协议，将所有嘉力达公司的商业秘密披露给派威公司使用,派威公司是在明知或应当知道共盈公司披露其商业秘密的权利人是嘉力达公司的情况下,仍然使用该商业秘密,并在市场上与嘉力达公司形成竞争,共盈公司、派威公司构成共同侵权。共盈公司、派威公司均否认侵权,共盈公司认为其没有将嘉力达公司的商业秘密披露给派威公司;派威公司认为其没有和嘉力达公司洽谈过合作问题,被控侵权的软件由其自主开发。

派威公司否认有吴某这个人,但根据原审法院向中国版权保护中心调取的其申请登记软件著作权的文件来看,派威公司提供给中国版权保护中心的联系人就是吴某,且邮箱地址和嘉力达公司提供的往来邮箱的地址完全相同,据此,原审法院认定,派威公司向法庭作出的陈述不属实,原审法院采信嘉力达公司提交的证据 13 – 15,确认派威公司在 2007 年 12 月曾经与嘉力达公司洽谈过要求代理嘉力达公司软件的事宜,而且双方已经达成初步的合作意向。

共盈公司否认其向派威公司披露其为嘉力达公司编写的《能源管理信息系统》软件,并否认派威公司网站上捐款人的照片为其法定代表人伍某,以及郭某参加过派威公司的产品推广活动的事实。原审法院认为:首先,派威公司网站照片上的人与共盈公司提交的法定代表人身份证上的伍某高度近似,且嘉力达公司提交的证据 21 中有“郭某”在派威公司展台前面对派威公司产品《PV2008 能耗监测管理平台》软件进行了非常详细地介绍,如果该证据中的“郭某”和伍某的丈夫郭某是两个人,共盈公司非常容易推翻该事实,但共盈公司没有在指定期间内向法院提交伍某、郭某的照片及其他资料。其次,派威公司申请登记软件著作权的软件源代码后 30 页和嘉力达公司享有商业秘密的软件源代码高度近似,且有嘉力达公司员工黄某修改的标志,共盈公司和派威公司均未能作出合理的解释。最后,在派威公司 2007 年 12 月还在和嘉力达公司进行业务洽谈的情况下,2008 年 3 月就推出了和嘉力达公司软件功能极为类似的《PV2008 能耗监测管理平台》软件,如此短的时间内进行自主开发的可能性甚小。据此,原审法院采信嘉力达公司提交的证据 20 的照片、证据 16 和证据 21,结合原审法院到中国软件保护中心调取的证据,认定共盈公司向派威公司披露了其为嘉力达公司编写的《能源管理信息系统》软件的事实。

综上所述,共盈公司违反了其与嘉力达公司所签订软件开发合作协议中的保密义务，将嘉力达公司的商业秘密披露给派威公司使用。派威公司是在明知共盈公司披露给其的商业秘密权利人是嘉力达公司的情况下，仍然使用该商业秘密，共盈公司、嘉力达公司的行为构成共同侵权，应承担相应的民事责任。

3. 本案的民事责任承担

首先，共盈公司、派威公司应立即停止侵犯嘉力达公司商业秘密的行为。

其次，对于嘉力达公司要求共盈公司、派威公司在《中国节能服务》杂志、《中国建设报》上刊登道歉声明的主张，由于嘉力达公司没有证据证明共盈公司、派威公司侵权行为对其商业信誉造成损失，故原审法院对嘉力达公司请求判令被告公开赔礼道歉的诉讼请求不予支持。

最后，关于赔偿数额。本案中，嘉力达公司的实际损失和共盈公司、派威公司的违法所得难以确定，对于嘉力达公司要求赔偿损失以及调查费、公证费、律师费，原审法院根据共盈公司、派威公司的侵权性质、主观过错程度、嘉力达公司的举证难度、共盈公司、派威公司在法庭上的不实陈述、嘉力达公司为开发涉案软件所进行的花费、涉案软件的市场价值以及嘉力达公司为本案支出费用的合理性和必要性等因素，酌情确定赔偿数额。

综上所述，原审法院判决：(1)共盈公司、派威公司自判决发生法律效力之日起立即停止侵犯嘉力达公司的商业秘密；(2)共盈公司、派威公司自判决发生法律效力之日起 10 日内共同赔偿嘉力达公司经济损失以及为本案支出的合理费用 400,000 元；(3)驳回嘉力达公司的其他诉讼请求。

(三)二审裁判的重点问题

共盈公司不服上述判决，向广东省高级人民法院提起上诉称：(1)原审法院没有考虑软件开发协议的实际情况，认定嘉力达公司已经取得涉案软件源代码商业秘密的权利违背事实和法律。(2)原审法院仅凭派威公司在中国版权保护中心所登记的软件源代码与嘉力达公司所提交的软件源代码有少数语句相似即认为共盈公司侵犯嘉力达公司的商业秘密，不符合客观事实。(3)原审法院判令共盈公司、派威公司共同承担 40 万元的经济赔偿责任没有事实和法律依据。

派威公司不服上述判决，向广东省高级人民法院提起上诉称：原审判决认定事实不清，嘉力达公司诉称的节能软件源代码不符合商业秘密的构成要件，且所称的能源管理软件与派威公司的软件两者之间是否存在一致没有经过专家鉴定，不能认定为高度近似，派威公司也不知道能源管理软件为共盈公司开发的事实，因此，派威公司没有侵犯嘉力达公司的商业秘密，不应该承担民事责任。

嘉力达公司答辩称：(1)共盈公司认为涉案软件源代码不符合商业秘密的构成要件，不属于商业秘密，没有事实和法律依据。(2)合同约定了两者之间是合作开发关系，涉案软件的权利归属于嘉力达公司。(3)原审判决赔偿40万元公平公正，共盈公司认为判赔毫无事实和法律依据的观点不能自圆其说。

另查明，共盈公司、派威公司在一审均认可源代码属于商业秘密的保护内容。

二审审理期间，共盈公司向广东省高级人民法院提交了10份证据。证据1－4，2007年1月9日、2月7日、4月13日银行进账单、2007年6月26日中国人民银行支付系统专用凭证，用以证明嘉力达公司在支付软件开发费方面严重违约。证据5－6，嘉力达公司拟用于支付最后一笔款项的支票及退票理由书，用以证明嘉力达公司利用写错支票密码的手段，诱使共盈公司向其移交软件源代码。证据7，嘉力达公司支付最后一笔款项的银行凭证，用以证明嘉力达公司在一审起诉前都未向共盈公司支付最后一笔款项。证据8，嘉力达公司现任工程师黄某的身份证、户口簿及其与共盈公司所签订的保密协议，用以证明黄某曾是共盈公司的员工，并向共盈公司承担保密义务和竞业禁止义务。证据9，黄某的工资单和奖金领取收据，用以证明黄某在共盈公司的就职时间止于2007年12月。证据10，(2009)粤穗海证经字第177号公证书一份，用以证明嘉力达公司在2008年6月8日办理开发文件移交之前就已经取得软件源代码。嘉力达公司对上述证据的质证意见为：对证据1－4的真实性无异议，但恰好说明嘉力达公司为履行协议已向共盈公司支付了15万元费用；对证据5－6的真实性无异议，证明目的有异议，嘉力达公司不是诱使共盈公司移交源代码；对证据7的真实性无异议，但恰好证明嘉力达公司发现错误后立即支付14万元给共盈公司；对证据8，因没有提交原件，对其真实性有异议;对证据9,嘉力达公司没有看到共盈公司支付补偿费的证据;对于证据10的真实性无异议,嘉力达公司与共盈公司属于合作开发关系,嘉力达公司作为合作开发方在2008年6月8日移交前也有源代码是正常的。共盈公司二审提交的10份证据均超过法定的举证期限,不属于新证据,二审法院不应采信。

广东省高级人民法院认为,本案为侵犯商业秘密纠纷。由于派威公司在法律规定的期限内没有预交上诉费,对派威公司的上诉按自动撤回上诉处理,对其上诉请求,不予审理。本案争议的焦点是:(1)嘉力达公司主张权利的商业秘密是否成立;(2)共盈公司、派威公司是否侵犯了嘉力达公司的商业秘密;(3)原审法院判令共盈公司、派威公司共同承担40万元的经济赔偿责任是否有事实和法律依据。

(1)关于嘉力达公司主张权利的商业秘密是否成立的问题。本案中,涉案软件源代码是共盈公司依据软件开发协议为嘉力达公司专门进行编写,不为公众所知悉,能够为嘉力达公司带来经济利益,具有实用性,并采取了必要的保密措施,符合商业秘密的构成要件,属于商业秘密。嘉力达公司主张其对能源管理信息系统软件源代码商业秘密享有权利,但共盈公司认为源代码的权利属于共盈公司。从双方签订协议及补充协议看,约定合作开发的软件所有权由嘉力达公司享有;《补充协议》第5条第2款约定合作开发软件成果包括知识产权在内的所有权由嘉力达公司享有;上述协议,明确了协议开发的软件源代码所有权由嘉力达公司享有。从2008年6月8日《能源管理信息系统文档资料移交与开发人员确认书》(以下简称确认书)看,"文件中关于软件开发过程的方案、设计说明、需求分析、逻辑设计、各种源代码(采集、传输、存储、展示)、数据库设计文档、数据库文件、测试报告等知识产权均属于嘉力达公司商业秘密"。确认书进一步明确了嘉力达公司商业秘密的范围。由于协议、确认书均已明确合作开发的涉案软件源代码属于嘉力达公司所有,共盈公司、派威公司也认可涉案软件源代码属于商业秘密的保护内容,且已经进行了资料移交,移交内容也包括软件开发过程中形成的、嘉力达公司主张商业秘密的各种源代码。因此,可以确认涉案软件源代码商业秘密的权利人是嘉力达公司。共盈公司上诉认为因嘉力达公司违约支付开发费,软件开发成果移交前归共盈公司所有,与事实不符,广东省高级人民法院不予采信。

(2)关于共盈公司、派威公司是否侵犯了嘉力达公司商业秘密的问题。共盈公司二审审理过程中自认其在与嘉力达公司合作期间违反了协议的保密条款同时与派威公司接触,并向派威公司泄露了涉案软件源代码,但辩称其当时是为了向派威公司证明自己研发相关软件的能力,泄露了部分软件源代码,并非将嘉力达公司的软件原封不动地交付给派威公司,且由于嘉力达公司没有完全按期履行付款义务,共盈公司有权使用和转让;同时承认派威公司网站上捐款人就是其法定代表人伍某,派威公司产品推广活动中展台前面的人有郭某,郭某参加过派威公司的产品推广活动。二审法院确认一审法院对本节事实的认定。

(3)关于原审法院判令共盈公司、派威公司共同承担40万元的经济赔偿责任是否有事实和法律依据的问题。本案中,派威公司在明知或应当知道共盈公司披露给其的商业秘密属于嘉力达公司的情况下,仍然使用该商业秘密,两者构成共同侵权,依法应当承担停止侵犯嘉力达公司的商业秘密及损害赔偿责任。至于具体的赔偿数额,由于本案中嘉力达公司的实际损失和共盈公司、派威公司的违法所得均难以确定,原审法院结合共盈公司、派威公司侵权行为的性质、主观过错程度、开发成本、涉案软件的市场价值以及嘉力达公司制止侵权行为的合理支出等因素,酌情确定为40万元并无不当。

综上,原审判决认定事实清楚,适用法律正确,广东省高级人民法院予以维持。共盈公司的上诉理由不能成立,应予驳回。

(四)本案启示与重点问题解析

1. 计算机软件开发合同约定技术成果归属条款的效力认定问题

技术开发合同,是指当事人之间就新产品、新技术、新工艺、新品种或者新材料及其系统等研究开发所订立的合同,技术开发合同包括委托开发合同和合作开发合同。在开发成果专利权归属问题上,法律关于委托开发合同和合作开发合同的规定是不同的;但在技术开发成果技术秘密归属和权益分配方面,法律关于委托开发合同和合作开发合同的规定是相同的。对于委托开发合同技术成果专利权归属而言,《民法典》第859条规定,“委托开发完成的发明创造,除法律另有规定或者当事人另有约定外,申请专利的权利属于研究开发人。研究开发人取得专利权的,委托人可以依法实施该专利。研究开发人转让专利申请权的,委托人享有以同等条件优先受让的权利”。对于合作开发合同技术成果专利权归属而言,《民法典》第 860 条规定,“合作开发完成的发明创造,申请专利的权利属于合作开发的当事人共有;当事人一方转让其共有的专利申请权的,其他各方享有以同等条件优先受让的权利。但是,当事人另有约定的除外。合作开发的当事人一方声明放弃其共有的专利申请权的,除当事人另有约定外,可以由另一方单独申请或者由其他各方共同申请。申请人取得专利权的,放弃专利申请权的一方可以免费实施该专利。合作开发的当事人一方不同意申请专利的,另一方或者其他各方不得申请专利”。对于开发成果中的技术秘密成果的使用权、转让权及收益分配办法而言,《民法典》第 861 条规定,“委托开发或者合作开发完成的技术秘密成果的使用权、转让权以及收益的分配办法,由当事人约定;没有约定或者约定不明确,依据本法第五百一十条的规定仍不能确定的,在没有相同技术方案被授予专利权前,当事人均有使用和转让的权利。但是,委托开发的研究开发人不得在向委托人交付研究开发成果之前,将研究开发成果转让给第三人”。从上述法律条文的字面意思理解,除技术成果专利申请权明确归属问题以外,法律并没有专门规定技术成果所有权归属,当然,对于技术专利申请权归属而言,其在一定程度上体现了成果所有权归属;但是,对于技术秘密,不涉及专利申请权的问题,法律应明确其成果所有权归属,上述法律条文仅对技术秘密成果使用权、转让权和收益权作出规定,而未明确所有权问题,笔者认为稍显不妥:技术秘密成果虽然不像其他物体那样具有实体形态,但是,物之有形或无形,不应该成为物之所有权存废的依据,技术秘密作为权利人的财产,在委托开发或合作开发合同中,对于技术秘密成果所有权问题应当予以明确,当法律规定没有涉及该问题时,应当允许当事人通过约定的方式确定技术秘密成果所有权归属问题。

本案中,也正因为相关法律条文对技术开发合同中技术秘密成果所有权归属没有作出规定,二审程序中,上诉人共盈公司才对涉案合同中有关技术秘密成果归属的明确约定提出质疑,并以涉案合同性质委托开发合同为由否定技术秘密成果归属约定的效力。如二审判决最终所确定的那样,上诉人对涉案合同中技术秘密成果归属约定效力的质疑不能被采信,其主要原因是:一方面,民法典虽然未明确规定技术开发合同中技术秘密成果所有权归属问题,但是,该法典并未禁止技术开发合同当事人通过约定的方式明确技术秘密成果归属,法无禁止皆可为,当事人的约定是有效的;另一方面,对于无形资产而言,法律对其使用权、转让权和收益权的规定,在一定程度上具有识别所有权的功能。总之,当事人通过约定方式建立特定交易的规则,正是弥补法律规范无法穷尽所有交易事项之天然不足,不违背法律或性质法规强制性规定的前提下,应被尊重。

2. 软件设计方案和数据库设计方案是否具备商业价值是否属于商业秘密

计算机软件设计方案和数据库设计方案,是源程序编写前的设计思路与预案,设计方案中一般都包括整体构想、平台架构、系统模块应用场景、系统功能等内容,是源程序编写的方向性意见。软件或数据库设计方案完成者基于用户需求制订相关方案过程中,如凝结智力成果使得相关方案具有创造性,则其满足商业秘密构成要件时,应作为商业秘密予以保护。当然,如果相关设计方案与公知信息没有实质区别,则其显然不满足"不为公众所知悉"的要件,不构成商业秘密。

本案中,一审法院认为,"软件设计和软件数据库设计是源程序编写之前的步骤,编写源程序是对整个软件设计思想的固化,体现开发者的个人风格等独创性因素主要体现在源程序的编写过程中。本案中,嘉力达公司也没有指出软件设计和数据库设计和通常的软件编写过程中所使用的一般方法存在特别之处。通常在没有可供运行的软件产生之前,软件设计和数据库设计本身不能直接为权利人带来经济利益,不能成为商业秘密的保护范畴"。该观点值得商榷:其一,设计方案与源代码编写二者之间并非截然独立的两个阶段,通常,设计方案中即体现开发者个人风格等独创性因素;其二,可运行的软件的确能为权利人带来经济利益,但是,设计方案作为智力成果,是能为开发者带来经济利益的,该经济利益虽然不同于软件产品投放市场流通后的经济价值,但是,依然是能够开发者带来竞争优势的利益;其三,与著作权保护规则中"保护表达而不保护思想"不同,《反不正当竞争法》有关商业秘密的保护规则对权利人具有独创性的思想是予以保护的,只是该种思想必须体现在相关载体上,计算机软件和数据库设计方案正是这种体现出来的开发思想。

3. 被诉侵权人提供多套程序源代码比对，应以哪套为准？登记的源代码还是实际使用的源代码

被诉侵权人可能同时保存多套源代码以应对权利人的调查或人民法院的调查，但是，其用以制造产品或提供服务的软件产品所载的源代码才是其谋求竞争优势获取经济利益的真实源泉。通常情况下，被诉侵权人申请登记注册时向主管机关提供的就是其实际使用的源代码，其目的是防止他人侵犯该源代码权利，同时为了对抗真正权利人对该源代码主张权利，据此，人民法院将被诉侵权人用以申请登记的源代码作为比对对象，是常用方法。但是，并不能排除例外情况下，被诉侵权人为了掩盖其真实使用的源代码，而用一套并不使用的源代码申请登记，待其使用的源代码权利人主张权利或人民法院调取源代码时，提供其不使用的源代码，使比对结论错误，掩盖并逃避侵权责任。

本案中，共盈公司同时保存了两套源代码，其向主管机关申请登记时所提交的源代码与其软件产品中实际使用的源代码一致，其向人民法院提供用于比对的源代码不是其实际使用并提交登记的源代码，人民法院及时查明该事实后，准确识别并精准确定对比对象，最后确定共盈公司侵犯嘉力达公司技术秘密。

二、北京市高级人民法院关于“中海油过程数据软件销售”案的判决[（2017）京民终50号]

经营计算机软件的企业，其销售人员离职后，向该企业的客户销售相同软件产品时，需要准确识别其侵犯权利人的何种权益，然后有针对性地提出诉讼请求。

（一）基本案情介绍

上诉人乐华建科技（北京）有限公司（以下简称乐华建公司）因与被上诉人卢某、北京厚德思成科技有限公司（以下简称厚德思成公司）侵害商业秘密纠纷一案，不服北京知识产权法院民事判决，向北京市高级人民法院提起上诉称：（1）一审法院认定上诉人未就商业秘密的具体内容提交任何证据，属于认定事实不清。（2）一审法院依据上诉人的申请调取的合同与上诉人主张的商业秘密内容高度相关，一审法院认定二者无关的结论过于草率。

卢某与厚德思成公司共同辩称，上诉人所主张的商业秘密属于技术信息，

央企的技术信息被外资企业掌握不合常理。一审法院调取的合同并未向双方展示，上诉人通过何种渠道查明合同的内容与本案有关。

一审法院认定事实如下：

1. 与乐华建公司主张的商业秘密有关的事实

2016 年 3 月 10 日，乐华建公司当庭明确在本案中主张的商业秘密为经营信息，信息的具体内容是中海油在国内海上油气项目上使用工程数据系统软件。软件的具体功能包括收发文管理、任务管理、文档管理、设计文件管理、图纸审批等模块。

乐华建公司提交了如下证据：(1)司法会计鉴定报告，用于证明其与中海油有长期业务来往，由于卢某泄密造成重大损失，其中对三个与 EPCDOC 软件有关的项目进行损失情况鉴定。(2)乐华建公司与卢某签订的劳动合同及附件，用于证明双方存在劳动合同并承诺保守商业秘密。(3)离职申请及离职证明，用于证明被告卢某离职过程，双方于 2011 年 2 月 26 日起解除劳动关系。(4)保密协议。(5)证人田某、吴某、王某的证言，用于证明卢某违反保密协议，泄露乐华建公司经营信息，从事与乐华建公司相竞争的业务。(6)警告信及检查，用于证明卢某在乐华建公司工作期间曾做过的行为。

2. 与卢某、厚德思成公司抗辩相关的事实

卢某、厚德思成公司提交了如下证据：(1)湛江南海西部石油勘察设计有限公司出具的情况说明，用于证明通过邀请招标，厚德思成公司中标荔湾 3－1 项目 EDIS 技术总包服务项目 OA 协同工作模块(二期)技术支持服务项目；(2)卢某自行出具的情况说明，用于证明其不存在侵权行为；(3)卢某 2011 年度社会保险个人缴费信息对账单，用于证明其从乐华建公司离职后，2011 年 3 月至 10 月期间未缴纳个人社会保险，2011 年 11 月开始由厚德思成公司缴纳。

3. 其他事实

一审诉讼中，乐华建公司提出证据保全申请，后予以放弃。之后，乐华建公司提出调取证据申请，请求依法向北京市公安局朝阳分局经侦大队调取其掌握的相关合同信息。一审法院于 2016 年 5 月 11 日赴北京市公安局朝阳分局经侦大队调取相关合同一份。该合同为厚德思成公司与案外人之间的

合同。

（二）一审法院裁判结果

一审法院认为，乐华建公司并未就商业秘密的具体内容提交任何证据，无法确定其所主张的经营信息的具体内容。依据乐华建公司申请调取的相关合同为厚德思成公司与案外人的合同，与确定乐华建公司所主张的商业秘密内容无关。乐华建公司对其在本案中主张的商业秘密的具体内容负有举证责任，在其未提交证据证明其所主张的经营信息的内容的情况下，其应承担败诉的不利后果。据此判决：驳回乐华建公司的全部诉讼请求。

（三）二审审理的重点问题

二审期间，乐华建公司提交了以下三份证据：

（1）《中海油及其子公司工程项目图档管理及项目协同系统软件需求》（以下简称《软件需求》），2005 年至 2014 年期间签订的相关合同及发票、收款凭证复印件，以及中海油 2012 年度报告部分内容及视频，用以证明商业秘密的内容及载体。针对上述证据，乐华建公司在北京市高级人民法院审理中再次明确，其所主张的商业秘密为中海油及其下属公司在中海油集团内所有国内海上油气开发设施上使用工程数据系统软件的业务需求信息，以及乐华建公司提出的相应解决方案。《软件需求》即商业秘密的具体内容，是其从与中海油及其下属公司签订的相关合同中提炼而来，合同是商业秘密的载体。

（2）附件为《EPCDOC 产品发展历程》的电子邮件打印件，用以证明卢某在乐华建公司工作期间作为核心研发人员参与了多个项目的实施工作，掌握中海油及其下属公司对于工程项目管理方面的需求。

（3）厚德思成公司工商登记信息查询、计算机软件著作权登记公告以及厚德思成公司网站打印件，用以证明卢某根据其在乐华建公司了解到的商业秘密编制了计算机软件，并中标中海油下属公司项目获取利益。

对当事人二审争议的事实，北京市高级人民法院认定如下：

（1）《软件需求》显示，乐华建公司在长期与中海油及其下属公司工程项目合作过程中获得的图档管理及项目协同系统软件需求，主要包括三个方面的内容：其一，针对技术文件的管理方面，包括图纸清单管理、技术文件的版本控制、在线的编校审核管理、在线的PDF批注、设备资料管理等。其二，针对项目过程的沟通和协同工作方面，包括需要支持多样化的协同模式、需要建立灵活的文件分发矩阵、能够支持移动应用。其三，针对项目精细化管理方面，包括任务管理、会议管理、工单管理等。其中，“在线的PDF批注”具体为：“在进行设校审过程中，通过使用在线PDF批注实现多人会签审核文件。可以解决传统邮件方式多人会签审核文件，无法对同一个文件进行批注的问题”。

（2）厚德思成公司工商登记信息查询显示，厚德思成公司成立于2010年7月28日，2013年10月31日法定代表人变更为卢某，2014年10月10日法定代表人变更为闫某。

（3）乐华建公司提交的附件为《EPCDOC产品发展历程》的电子邮件系打印件，真实性无法确认，不予采信；乐华建公司提交的计算机软件著作权登记公告以及厚德思成公司网站打印件，由于缺乏相应计算机软件以及项目合同予以佐证，无法查明具体内容，故亦不予采信。

北京市高级人民法院另查明：

（1）乐华建公司在一审中提交的其与卢某签订的劳动合同显示，合同期限为2009年1月1日至2010年12月31日，卢某在公司担任软件技术部门项目经理职务。

（2）卢某与厚德思成公司在一审中提交的湛江南海西部石油勘察设计有限公司出具的《情况说明》及附件一显示，该公司关于涉案项目的招标及评标情况。乐华建公司表示，上述附件一所述的工作范围与乐华建公司提交的《软件需求》内容基本一致，可以证明卢某与厚德思成公司使用了其商业秘密。对此，卢某与厚德思成公司均表示，附件一是该项目招标时招标方提供的，同时也提供给其他邀标方；附件一是招标方的需求，而乐华建公司提交的《软件需求》的内容是对需求的满足。

北京市高级人民法院认为，本案的争议焦点为：（1）乐华建公司所主张的商业秘密是否符合法定条件；（2）卢某与厚德思成公司的行为是否侵犯了乐华建公司的商业秘密。

1. 乐华建公司所主张的商业秘密是否符合法定条件

商业秘密符合法定条件的证据，包括商业秘密的载体、具体内容、商业价值和对该项商业秘密所采取的具体保密措施等。乐华建公司在一审庭审中主张，其商业秘密为经营信息，信息的具体内容是中海油在国内海上油气项目上使用的工程数据系统软件。软件的具体功能包括收发文管理、任务管理、文档管理、设计文件管理、图纸审批等模块。但是，除陈述上述概念以外，乐华建公司并未就上述具体内容提交任何证据。一审法院依据乐华建公司的申请调取了相关合同，但该合同与确定乐华建公司所主张的商业秘密的具体内容无关。因此，一审判决以无法确定乐华建公司所主张的经营信息的具体内容为由驳回其诉讼请求，符合法律规定。

乐华建公司在二审庭审中再次明确，其所主张的商业秘密为中海油及其下属公司在中海油集团内所有国内海上油气开发设施上使用工程数据系统软件的业务需求信息，以及乐华建公司提出的相应解决方案。乐华建公司为证明其商业秘密的具体内容及载体，补充提交了《软件需求》以及相关合同、发票、收款凭证等证据。对此北京市高级人民法院认为，《软件需求》及相关合同、发票、收款凭证等证据能够证明乐华建公司长期为中海油及其下属公司开发工程数据系统软件的事实，《软件需求》的内容亦能够体现出乐华建公司对其客户业务需求信息以及相应解决方案的总结提炼，可以用于证明乐华建公司所主张的商业秘密。上述业务需求信息以及相应解决方案，能够为乐华健公司带来经济利益，具有一定商业价值。乐华建公司提交的其与卢某签订的劳动合同与保密协议，可以证明乐华健公司已采取了合理的保密措施。综上，乐华建公司所主张的业务需求信息以及相应解决方案构成商业秘密。

2. *卢某与厚德思成公司的行为是否侵犯了乐华建公司的商业秘密*

乐华建公司应当举证证明卢某与厚德思成公司使用的信息与其商业秘密相同或者实质相同，以及卢某与厚德思成公司采取了不正当手段。其一，经对比，上述附件一所述的工作范围仅能体现相关业务需求，并不包含相应解决方案，与《软件需求》相比，二者不论是表述还是内容，均不构成实质相同。其二，虽然卢某曾在乐华建公司担任软件技术部门项目经理的职务，能够接触到涉案商业秘密，但因比对结果不同，不能据此认定，厚德思成公司中标前述项目与卢某披露、使用乐华建公司商业秘密之间具有必然联系。湛江南海西部石油勘察设计有限公司出具《情况说明》称,卢某与厚德思成公司所使用的信息即《情况说明》的附件一,亦为该公司所出具。厚德思成公司表示,附件一系该项目招标时招标方提供的,同时也提供给其他邀标方。卢某与厚德思成公司关于其使用的信息来源的陈述,基本符合常理,在乐华建公司无法证明卢某与厚德思成公司使用的信息与其商业秘密实质相同,以及卢某与厚德思成公司采取了不正当手段的情况下,无法认定卢某与厚德思成公司的行为侵犯了乐华建公司的商业秘密。

综上所述,乐华建公司的上诉请求不能成立,应予驳回;一审判决认定事实清楚,适用法律正确,应予维持。

(四)本案启示与重点问题解析

1.本案一审判决认定乐华建公司所主张的经营信息不构成商业秘密,是否有误

根据最高人民法院《关于适用〈中华人民共和国民事诉讼法〉的解释》第90条的规定,当事人对自己提出的诉讼请求所依据的事实或者反驳对方诉讼请求所依据的事实,应当提供证据加以证明,但法律另有规定的除外。在作出判决前,当事人未能提供证据或者证据不足以证明其事实主张的,由负有举证责任的当事人承担不利的后果。主张商业秘密权利的一方当事人应当举证证实其商业信息具有秘密性、商业价值并采取了合理保密措施。

本案一审程序中,乐华建公司作为原告,主张卢某侵犯了其商业秘密,乐华建公司首先应当举证证实涉案商业信息构成商业秘密。但是,该公司仅仅陈述其主张的商业秘密为经营信息,并陈述该经营信息为乐华建公司与中海油及下属公司之间的海上油气开发工程数据系统软件业务需求和解决方案,然后陈述了该信息具体内容模块,除了陈述之外,乐华建公司在一审并未提交涉案商业秘密内容和载体的相关证据,如涉案《软件需求》及相关合同文本、发票、收款凭证等,因此,一审法院以乐华建公司未完成举证责任驳回其诉讼请求并无不当。二审程序中,乐华建公司及时补充了证实涉案商业秘密内容和载体等证据,二审法院依法确认了乐华建公司经营信息构成商业秘密;值得注意的是,二审法院作出上述认定前,专门指出了一审判决的正确性,亦即乐华建公司在一审判决中应承担举证不能后果。

2. 究竟该如何制裁员工离职后的恶意竞争行为？适用竞业限制规则还是商业秘密规则

有关员工离职后恶意竞争行为的规制，我国法律设计了竞业限制规则和商业秘密规则两套机制，两套机制的基点都是权利人商业秘密中的竞争优势，只是适用范围和保护方式不同而已。《劳动合同法》第23条和第24条规定了竞业限制制度〔1〕，劳动者负有保密义务，是用人单位与之约定竞业限制义务的基本前提，劳动者保密义务的主要对象是用人单位的商业秘密，当然，用人单位与劳动者约定的保密事项未必均构成商业秘密，换言之，竞业限制制度所保护的用人单位的秘密范围，比《反不正当竞争法》所保护的权利人的商业秘密范围更宽。劳动者离职后不得违反竞业限制义务，不得从事与原单位竞争的活动，这个要求比商业秘密保护规则中离职员工不得侵犯权利人商业秘密之消极义务要严格得多，即在竞业限制规则下，离职员工不仅不能侵犯权利人的商业秘密，还不得从事竞争活动，甚至不得从事相同或相似行业。显然，从权利人的角度出发，如果其与被诉侵权人之间存在竞业限制协议关系，选择竞业限制规则更容易实现权利保护目的〔2〕。

本案中，卢某离职后通过厚德思成公司与原单位乐华建公司客户中海油建立了交易关系。对此，乐华建公司有三种途径维护自己的合法权益：一是适用竞业限制规则要求卢某停止相关行为并进行赔偿；二是主张卢某侵犯其客户名单商业秘密并要求其承担法律责任；三是主张卢某侵犯其经营方案商业秘密并要求其承担法律责任。乐华建公司选择了第三种途径。一审程序中，因未提交商业秘密内容和载体证据而被驳回诉讼请求，二审程序确认了乐华

〔1〕《劳动合同法》第23条规定："用人单位与劳动者可以在劳动合同中约定保守用人单位的商业秘密和与知识产权相关的保密事项。对负有保密义务的劳动者，用人单位可以在劳动合同或者保密协议中与劳动者约定竞业限制条款，并约定在解除或者终止劳动合同后，在竞业限制期限内按月给予劳动者经济补偿。劳动者违反竞业限制约定的，应当按照约定向用人单位支付违约金。"第24条规定："竞业限制的人员限于用人单位的高级管理人员、高级技术人员和其他负有保密义务的人员。竞业限制的范围、地域、期限由用人单位与劳动者约定，竞业限制的约定不得违反法律、法规的规定。在解除或者终止劳动合同后，前款规定的人员到与本单位生产或者经营同类产品、从事同类业务的有竞争关系的其他用人单位，或者自己开业生产或者经营同类产品、从事同类业务的竞业限制期限，不得超过二年。"

〔2〕当然，人民法院判决侵权人赔偿金额方面，竞业限制制度相比于商业秘密侵权责任，存在一定的"劣势"。

建公司之间长期稳定的客户关系和相应的经营方案构成商业秘密，但是，以乐华建公司未举证证实卢某等采取了不正当手段且所使用的商业信息不同为由，驳回了乐华建公司的上诉。二审法院的审判逻辑无疑是正确的：在被诉侵权信息与权利人主张的商业秘密相同或实质相同时，卢某的任职经历方可构成推定其侵犯商业秘密的条件；当二者不相同时，卢某的任职经历甚至触密经历，不能成为推定其侵犯商业秘密的条件。换个角度看，如乐华建公司在本案中主张卢某等侵犯其客户名单，则结果可能不一样，除非卢某能举证证实其独立开发中海油客户的过程，否则，根据其与中海油之间的交易关系和卢某任职经历，即可推定其侵犯乐华建公司的商业秘密，虽然涉案交易系中海油邀请招标项目，但并不能因此排除卢某利用其任职期间所掌握的商业秘密之可能性。

3. 客户需求中包含了软件技术要旨，该如何保护

计算机软件产品的研发、销售行为极具特殊性，客户在提出购买需求时，通常对软件产品的性能、参数、结构等技术要旨提出明确要求，供货方根据该要求进行研发和生产，提供解决方案。客户需求中的技术要旨之权利归客户享有，解决方案中的技术信息权益归研发或生产该产品的主体享有，这是供需双方有关软件产品商业秘密权益的划分。如果客户将其客户需求提供第三方使用，而不涉及供方解决方案中的技术信息时，除存在侵犯权利人客户名单外，被诉侵权人针对此客户需求不构成侵权行为。在现实中，普遍存在的情况是，客户所提的需求，所包含的技术要旨内容，系供需双方长期合作过程中，在供方此前提供的解决方案基础上改进而来，此时，需方向第三方提供的需求信息，就不再是其单方面享有完整权利的商业信息，如果该第三方明知该信息源自供方而加以利用，构成侵权行为。需要注意的是，软件需求分析通常通过软件最终实现的功能予以反映，权利人所主张的需求分析通常已体现在其产品介绍当中，权利人在其网站上介绍被控侵权软件时也可能详尽地介绍了产品的功能特点，同时软件的使用者在软件的使用过程中能够充分了解其所使用的软件所能够解决的问题。权利人起诉时，其产品可能已经推向市场，因此，权利人所主张的软件开发时的需求分析，将极有可能不具备不为公众所知悉的特点。

本案中，中海油提供给卢某等人的需求信息，虽然不包括乐华建公司的解

决方案,但是,如果该需求信息所含技术要旨本身系乐华建公司此前解决方案的内容,则不应排除卢某等主体的侵权责任。同时,如果卢某等主体无法举证证实其开发中海油客户的过程,不能仅仅因涉案需求信息由中海油提供而免除其侵犯乐华建公司客户名单的责任。

第四节　网络游戏软件技术秘密保护

特定的计算机程序是网络游戏软件的核心价值部分,也是支撑网络游戏软件正常运行的机理性工具。保护网络游戏软件的技术秘密,就是保护网络游戏软件产品本身。网络游戏软件权利人常常通过申请著作权登记方式保护其权益,但是,著作权保护机制对于软件技术秘密而言,存在空白地带,尤其是那些尚未达到作品表达要求但具有独创性且通过载体表现出来的游戏"思想",需要通过技术秘密保护规则加以保护。游戏软件源代码是游戏软件开发者的创作成果。游戏开发者进行游戏的上线运营以及后续开发、升级、完善等,均以源代码为基础。在现实生活中,游戏软件源代码被视为游戏公司的重要技术信息,也可作为商业秘密的客体。从行业惯例来看,在游戏软件源代码开发过程中,源代码系由多名程序员分工合作完成,并被统一保管于某一服务器,或由管理软件统一管理,以实现储存内容、记录创作过程包括修改时间等功能。直至游戏上线运营,游戏公司仍会以某种方式完整地保管游戏软件源代码。本节解析广东省高级人民法院关于"仟游科技三国页游"游戏软件技术秘密案的判决[(2019)粤知民终 457 号]。

当仅被诉侵权人持有被诉游戏软件源代码而拒不提供,且权利人已穷尽全部手段仍无法举示被诉游戏软件源代码时,仅需被诉侵权人存在一定的侵权可能性,应推定其持有的证据对其不利,进而认定被诉游戏软件源代码与权利人主张的源代码实质上相同。

(一)基本案情介绍

上诉人珠海仟游科技有限公司(以下简称仟游公司)、珠海鹏游网络科技有限公司(以下简称鹏游公司)因与被上诉人徐某、肖某、深圳策略一二三网络有限公司(以下简称策略公司)、上海南湃网络科技有限公司(以下简称南湃公司)侵害技术秘密纠纷一案,不服广州知识产权法院民事判决,向广东省高级人民法院提起上诉称:(1)一审法院证据保全不全面亦未依申请调取被诉游戏备案的源代码。(2)一审法院对举证责任分配错误,仟游公司和鹏游公司已完成举证责任:被上诉人拒不遵照保全裁定所列清单提供证据,且向法院提供篡改后的源代码的情形下,上诉人申请人民法院向国家版权局调取被上诉人源代码而不得后,提交被诉游戏与"帝王霸业"游戏的界面比对打印件,还提交了反编译出来被诉游戏客户端的源代码与"帝王霸业"游戏软件客户端源代码的比对打印件,可以推定前述两个游戏的服务器源代码构成实质相同。

徐某、肖某、策略公司共同答辩称:认可一审判决结果,但不认可鹏游公司"帝王霸业"游戏软件源代码程序及相关文档属于其商业秘密,理由如下:(1)涉案游戏代码由鹏游公司独立完成开发,仟游公司并非本案的适格原告和适格上诉人。(2)鹏游公司没有针对涉案信息制定保密制度,鹏游公司与徐某、肖某之间没有签订保密协议,因此,涉案游戏代码的源代码并不构成商业秘密。(3)本纠纷的一审用时三年多,仟游公司、鹏游公司未向法院申请证据保全,承担举证不利后果。(4)仟游公司、鹏游公司并非以确认侵权获得胜诉作为目的,而是想通过巨额诉讼打击被上诉人的合法经营。南湃公司未到庭亦未提交书面答辩意见。

一审法院查明的事实:

国家版权局对"帝王霸业""页游三国""三国逐鹿"游戏软件分别颁发《计算机软件著作权登记证书》,均记载相关游戏软件未发表。仟游公司、鹏游公司明确主张其商业秘密即"帝王霸业"游戏软件源程序及相关文档。

2011 年 6 月 11 日,仟游公司分别与徐某、肖某签订《劳动合同书》,该劳动合同附件包括《保密协议》,包括保密的内容与范围、保密期限。在庭审前,仟游公司、鹏游公司提交了《珠海市仟游科技有限公司管理规章制度》,第四章为保密制度。

在一审庭审中,仟游公司、鹏游公司提交了徐某(scott)和肖某(miles)的 SVN 中访问涉案游戏软件源代码库操作记录(电脑打印件),证明徐某、肖某有获得鹏游公司"帝王霸业"游戏软件源代码的权限和机会;仟游公司、鹏游公司还提交了南湃公司的游戏“页游三国”与涉案游戏“帝王霸业”的游戏界面与游戏源代码进行比对的打印件作为证据，证明两者的游戏软件源代码、游戏配置、游戏资源完全相同。

一审法院责令南湃公司提交“页游三国”和“三国逐鹿”游戏运营的截图。该公司未能向一审法院提交这两款游戏运营的截图。一审法院责令鹏游公司提交了“帝王霸业”游戏软件的源代码，同时责令南湃公司提交了“页游三国”和“三国逐鹿”游戏软件的源代码。徐某、肖某、策略公司对鹏游公司提交的“帝王霸业”游戏软件的源代码发表质证意见称：仟游公司提交鹏游公司源代码且由编译器生成，不确认游戏代码与本案的关联性和真实性；上千个文件中绝大部分文件修改时间统一，有篡改之嫌；不能确定其技术秘密范围以及对应的文件和文件夹；仟游公司、鹏游公司本次提交与运营游戏对应的目标代码一致性不确定。南湃公司同意徐某、肖某和策略公司的质证意见。仟游公司、鹏游公司对南湃公司提交的“页游三国”和“三国逐鹿”游戏软件的源代码发表质证意见称：南湃公司提交的游戏软件源代码因缺损而不能运行；南湃公司提交该源代码显示文件的制作时间是 2018 年 8 月 29 日，是为了本案诉讼而制作的虚假证据。

仟游公司、鹏游公司于 2016 年 2 月 2 日向广东省珠海市香洲区人民法院起诉。该法院工作人员于 2016 年 4 月 21 日向策略公司进行证据保全时，经工作人员释明，策略公司仍拒绝提供民事裁定书所列的证据事项。

一审法院依法分别向深圳市腾讯计算机系统有限公司和北京世界星辉科技有限责任公司调查取证，深圳市腾讯计算机系统有限公司《回函》主要内容是：游戏“页游三国”和“三国逐鹿”的开发商分别为策略公司和南湃公司；并罗列了该游戏在 QQ 空间（××）平台的运营收入流水，该公司 TGP 平台并未介入上述两款游戏，因此无收入流水可查。北京世界星辉科技有限责任公司针对一审法院的调查函作出《情况说明》，主要内容是：“页游三国”“三国逐鹿”为同一款游戏，上线名称为“三国逐鹿”，并用光盘罗列了“三国逐鹿”自上线开始截至 2017 年 2 月 15 日充值的逐条数据。

仟游公司、鹏游公司对一审法院调查取得的上述证据质证称：（1）从腾讯公司《回函》内容来看，策略公司和南湃公司属于共同侵权人；“页游三国”从 2015 年 7 月 1 日至 2016 年 11 月 2 日总收入是 1,165,988 元；“三国逐鹿”游戏从2015年10月1日至2016年10月31日总收入是622,389元；因本案被告在本案起诉以后没有停止侵权，所以这部分数据还不包括2017年1月至今的收入。(2)对360平台的回函，明确“页游三国”和“三国逐鹿”为同一款游戏，自2015年9月23日至2017年2月15日总收入12,870,475元。徐某、肖某与策略公司对一审法院调取的上述证据发表质证意见称：其证据形式不符合法律规定；腾讯公司出具的证明与显示情况相矛盾；360平台的情况说明书与腾讯公司回函内容相互矛盾。南湃公司对一审法院调取的上述证据提交书面质证意见称：《回函》中“营运收入流水”，剩余Q币余额的75%才是真实的营运收入流水；《回函》的营运收入流水总额并非游戏营运收入。

(二)一审法院裁判说理的重点问题

一审法院对本案争议焦点作如下分析和认定：

1. 仟游公司、鹏游公司主张的商业秘密属于哪一个权利主体

在本案中，“帝王霸业”游戏软件《计算机软件著作权登记证书》登记之著作权人为鹏游公司，其提交的证据亦不足以证实仟游公司参与该游戏软件的开发，尽管仟游公司、鹏游公司主张仟游公司与鹏游公司是关联公司，但是，仟游公司、鹏游公司不是“帝王霸业”游戏软件的著作权人；且在一审庭审中，仟游公司、鹏游公司亦确认其主张的商业秘密是属于鹏游公司的。因此，“帝王霸业”游戏软件所蕴含的商业秘密的权利人也应当是鹏游公司。徐某、肖某、策略公司主张仟游公司不具有“帝王霸业”软件的著作权，因而该公司并非本案适格原告及上诉人的抗辩理由，符合事实和法律规定，一审法院予以采纳。

2.“帝王霸业”游戏软件源程序及相关文档是否属于商业秘密

首先，鹏游公司主张其将该游戏软件的源代码程序保存在该公司服务器内，且相应《计算机软件著作权登记证书》记载为未发表、权利取得方式为原始取得。徐某、肖某、策略公司、南湃公司并未否定该游戏软件的源代码处于不为公众知悉状态，因此，一审法院认定涉案“帝王霸业"游戏软件的源代码程序及相关文档处于不公开状态。

其次，涉案“帝王霸业”游戏软件应当具有可应用性，能够上线运营，并产生积极效果，因此，该游戏软件源代码程序及相关文档具有商业价值。

最后，鹏游公司对“帝王霸业”游戏软件源代码程序及相关文档采取了合理的保密措施：第一，仟游公司与鹏游公司为关联公司。第二，仟游公司与徐某、肖某签订的《保密协议》等文件约定了保密的内容与范围。第三，在仟游公司与徐某、肖某签订的《解除劳动关系协议书》中，徐某、肖某承诺保密等。

综上，鹏游公司的“帝王霸业”游戏软件源代码程序及相关文档应当属于其商业秘密。

3. 徐某、肖某、策略公司、南湃公司是否实施侵犯鹏游公司涉案商业秘密的行为

首先，鹏游公司提交了“页游三国”与“帝王霸业”游戏的界面与源代码的对比打印件等证据，徐某、肖某、策略公司、南湃公司对其真实性不予确认，因此，该证据不能证明其主张。其次，双方当事人均确认，在诉讼中，南湃公司的“页游三国”和“三国逐鹿”游戏均已经停止运营，该两款游戏运营的游戏截图等相关信息不能取得。最后，尽管鹏游公司与南湃公司提交了各自游戏的源代码程序，但是，双方当事人对对方提交的涉案游戏软件源代码程序的真实性和关联性均不予确认，并主张涉案游戏软件源程序经过篡改，陈述了相关的理由，一审法院不能对“帝王霸业”和“页游三国”“三国逐鹿”游戏软件源代码程序进行比对或鉴定。因此，鹏游公司提交的证据不足以证实南湃公司“页游三国”“三国逐鹿”游戏软件的源代码程序与其“帝王霸业”游戏软件的源代码程序相同或者实质相同；鹏游公司提交的证据也不足以证明徐某、肖某、策略公司、南湃公司存在以非法手段获取其商业秘密并加以利用的侵权行为。

综上所述，判决驳回仟游公司、鹏游公司的全部诉讼请求。

（三）二审法院裁判说理的重点问题

广东省高级人民法院经审理查明，一审法院查明事实基本属实，予以确认。另查明。(1)仟游公司、鹏游公司涉案商业秘密载体及游戏开发情况。(2)策略公司、南湃公司的关系及被诉游戏运营情况；南湃公司的法定代表人陈某与策略公司的肖某是同学关系；被诉游戏分别于 2018 年 6 月 25 日和 2018 年 7 月 17 日从 360 平台和腾讯平台下线停止运营。(3)被诉游戏源代码及界面相关情况，一审法院于 2018 年 8 月 27 日责令南湃公司提供被诉游

戏软件源代码，经勘查，这些文件修改时间均为2018年8月29日。仟游公司、鹏游公司在一审中提交的游戏界面比对资料显示，涉案“帝王霸业"游戏与被诉游戏均是战争策略类游戏。二审法院向深圳市腾讯计算机系统有限公司（以下简称腾讯公司）发出调查函调取被诉游戏的源代码及目标代码，腾讯公司回复无法提供源代码、目标代码。仟游公司、鹏游公司在二审中向法院申请调查或签发律师调查令调取“页游三国”“三国逐鹿”游戏软件在国家知识产权局备案的源程序和文档，因在国家知识产权局备案的“页游三国”“三国逐鹿”游戏源程序只涉及被诉游戏源代码中的极少部分，广东省高级人民法院对前述申请不予准许。（4）南湃公司送达情况，一审法院曾以南湃公司工商登记住所地为邮寄地址，投递结果为“查无此人”，邮件被退回。二审期间，广东省高级人民法院亦以前述住所地为邮寄地址，投递结果仍然为“查无此人，电联无果”。仟游公司、鹏游公司在一审庭审中指称：“南湃公司没有办公地址”“我方向上海市嘉定区市场监督管理局投诉，该局于2016年12月14日将南湃公司列入经营异常名录，但被诉游戏却仍在正常运营……”

广东省高级人民法院认为，二审诉讼的争议焦点是：（1）仟游公司、鹏游公司主张保护的游戏软件源代码是否构成商业秘密；（2）仟游公司、鹏游公司是否为本案适格主体；（3）徐某、肖某、策略公司、南湃公司的行为是否构成侵害涉案商业秘密；（4）徐某、肖某、策略公司、南湃公司应承担何种民事责任？

1. 关于仟游公司、鹏游公司主张保护的游戏软件源代码是否构成商业秘密

本案中，仟游公司、鹏游公司主张保护的“帝王霸业”游戏软件服务器源代码能否构成商业秘密，取决于该源代码是否符合三个构成要件。

关于第一个构成要件，其一，在案《鉴定意见书》证明，仟游公司、鹏游公司在本案中主张保护的源代码存在不为公众所知悉的技术信息。徐某、肖某和策略公司有关保密措施的抗辩与此无关，故其反驳理由不能成立。其二，涉案游戏软件源代码是其开发者组织人力，投入资金，经过长时间创作开发而得，不属于容易获得的信息。综上，前述信息属于“不为公众所知悉”的信息。

关于第二个构成要件，该游戏能够上线运营，并为游戏运营者带来经济收益，因此游戏的源代码具有商业价值。

关于第三个构成要件，前述游戏软件源代码被放置于公司“帝王霸业”游戏的游戏库中，只有负责有关工作的人员具有访问该库的权限。另外，徐某、肖某与仟游公司签订的《保密协议》中，明确约定了该协议所指的商业秘密包括了计算机程序，徐某、肖某对仟游公司的商业秘密负有保密义务。徐某、肖某在与仟游公司签订的《解除劳动关系协议书》第4条约定具体保密事项和范围，第6条约定离职后的保密承诺。以上证据和事实，能够证明仟游公司、鹏游公司已对“帝王霸业”游戏软件服务器源代码采取了保密措施。

综上，仟游公司、鹏游公司主张保护的“帝王霸业”游戏软件服务器源代码符合前述法律规定的三个要件，构成商业秘密。

2. 关于仟游公司、鹏游公司是否为本案适格主体

本案中，国家版权局颁发的《计算机软件著作权登记证书》记载，“帝王霸业”游戏软件著作权人为鹏游公司。仟游公司和鹏游公司是关联公司，徐某作为仟游公司的副总经理、股东，肖某作为仟游公司的策划总监、股东以及鹏游公司的总经理兼法定代表人，二人均参与了涉案游戏的开发。由此可以推定，涉案游戏系仟游公司和鹏游公司共同开发。退言之，即使无前述事实，虽然涉案游戏的著作权登记在鹏游公司名下，但是，在法律无禁止的情况下，鹏游公司有权与其他主体共同享有涉案商业秘密的权益，况且，该行为并未侵害他人包括徐某、肖某、策略公司或者南湃公司的合法利益。综上，仟游公司、鹏游公司均享有涉案商业秘密的合法权益，具备本案原告主体资格。一审法院对该事实认定有误，广东省高级人民法院予以纠正。

3. 关于徐某、肖某、策略公司、南湃公司是否侵害涉案商业秘密的问题

本案中，如前所述，仟游公司、鹏游公司已证明其要求保护的商业秘密符合法定条件，其还需要举证以下两个方面的事实：一是被诉游戏服务器源代码与“帝王霸业”游戏软件服务器源代码构成实质相同；二是徐某、肖某、策略公司、南湃公司不正当地获取或者使用涉案商业秘密。对此，评述如下。

(1)关于第一个方面的事实。

广东省高级人民法院从三个方面论证被诉游戏服务器源代码与“帝王霸业”游戏软件服务器源代码构成实质相同：首先，从策略公司和南湃公司的成立时间以及被诉游戏上线运营时间可推算出被诉游戏开发历经时间，该历经

时间与行业经验相比，明显较短。因此，其独立开发的合理性存疑较大。其次，策略公司和南湃公司主张被诉游戏是由南湃公司独立开发，但其从未提交证据证明被诉游戏的开发情况及过程。而且，从仟游公司、鹏游公司的质疑以及法院送达诉讼文书的情况来看，南湃公司可能并无实际经营的固定场所，而现实中游戏公司往往有固定经营场所以便于进行开发工作和管理源代码，因此，其独立开发的合理性存疑。最后，从仟游公司、鹏游公司提供的证据资料来看，涉案游戏和被诉游戏系同类游戏，且两者的游戏模式有一定相似性。基于前述评述，结合仟游公司、鹏游公司已经举证证明其商业秘密成立，还举证合理表明徐某、肖某接触了涉案商业秘密的事实，二审法院认为，对于被诉游戏软件源代码系与仟游公司、鹏游公司涉案游戏软件源代码实质相同这一待证事实，仟游公司、鹏游公司提供的证据虽未达到高度盖然性的证明标准，但已经能够表明该待证事实具有一定可能性。

本案中，仟游公司、鹏游公司向二审法院申请调取行政机关在著作权登记程序中备案的部分被诉游戏软件源代码。二审法院认为，仟游公司、鹏游公司主张保护的范围包括整个游戏服务器源代码，而该备案的源代码只是整个被诉游戏软件源代码当中比例极小的部分。而且，该备案部分是否属于仟游公司、鹏游公司主张保护的秘密点范围，亦无法确定。因此，二审法院不予准许该项申请。但需要重申的是，二审法院不准许其申请的理由，并非该证据应当由仟游公司、鹏游公司自行收集以体现“谁主张，谁举证”的举证原则，而是该证据与其待证事实的关联性较弱。

本案中，徐某、肖某和策略公司认为，仟游公司、鹏游公司未公证取证被诉游戏的运行界面和被诉游戏的代码作为证据提供给法院，属于未尽到举证责任。对此，二审法院认为，仟游公司、鹏游公司主张保护的是服务器源代码，并不包含客户端代码，故能够被公证取证的客户端代码，与本案待证事实无关联。游戏运营界面属于间接证据且未必能够证明待证事实成立。二审期间，二审法院向腾讯公司发函调取运营服务器上的被诉游戏代码，腾讯公司答复称，腾讯公司并不掌握服务器上的被诉游戏软件源代码和目标代码，该服务器由运营商策略公司和南湃公司掌握。由此可知，在客观上，仟游公司、鹏游公司亦无能力收集这些证据。徐某、肖某和策略公司认为仟游公司、鹏游公司未尽举证责任，该理由不能成立。基于前述事实，包括仟游公司、鹏游公司已经在一审期间向法院提出保全该证据申请等事实，二审法院认为，仟游公司、鹏游公司已经穷尽其收集证据的方法，但在客观上无能力收集到证明待证事实的直接证据或者足够的间接证据。由前述事实还能表明，唯独策略公司和南湃公司持有被诉游戏软件源代码，而该证据是证明前述待证事实能否成立的直接证据。

针对本案而言，策略公司和南湃公司作为被诉游戏的开发公司，其理应保管有开发过程中不同时期不同版本的被诉游戏软件源代码，包括被诉游戏上线运营的版本。换言之，在本案中，策略公司和南湃公司在客观上有能力提供上线运营版本的被诉游戏软件源代码。另外，本案诉讼发生之后，被诉游戏仍然在线运营。从诉讼发生时起，策略公司和南湃公司应当知晓，其掌握的被诉游戏软件源代码对于查明涉案基本事实的意义，以及其唯独持有该证据的特殊地位。因此，策略公司和南湃公司应当负担该证据不灭失、不被篡改的保管义务。在法院作出保全证据裁定或者责令提供该证据时，如若违反该义务，则应当承担相应法律后果。此外，当条件成就时，策略公司和南湃公司还应当负担依法提供证据的义务。

在一审庭审中，法院责令南湃公司提供被诉游戏软件源代码，南湃公司提供了一份证据资料。查勘该证据资料即源代码文件可知，其源代码文件的修改日期均为一审庭审后，且所有源代码文件的修改时间均显示相同。二审法院认为，通常情况下，因各份源代码文件创作时间有先有后，文件的修改时间并不会统一在同一个时间点。南湃公司提供的证据资料明显不符合常理，而徐某、肖某、策略公司和南湃公司并未对此作出合理解释，且包括徐某、肖某、策略公司在内的各方当事人在一审和二审庭审中均不确认其真实性，由此可见，南湃公司并未如实履行证据披露义务，构成举证妨碍。在一审程序中，仟游公司、鹏游公司还向法院申请保全被诉游戏软件源代码作为本案证据，法院据此作出保全裁定。而徐某、肖某和策略公司在法院已经释明拒不配合保全后果的情况下，仍未依照该裁定向法院提供被诉游戏软件源代码。二审法院认为，该证据系仟游公司、鹏游公司证明待证事实的直接证据，可能对策略公司和南湃公司存在不利，而该证据唯独策略公司和南湃公司持有，策略公司和南湃公司拒不提供并无正当理由，应依法承担相应不利法律后果。

综上，仟游公司、鹏游公司穷尽其方法提供证据，已经初步证明其主张的待证事实具有一定可能性。徐某、肖某、策略公司和南湃公司持有证明该待证事实的直接证据,但其无正当理由拒不提供,该行为有违诉讼诚信原则。依据2019年最高人民法院《关于民事诉讼证据的若干规定》第95条"一方当事人控制证据无正当理由拒不提交,对待证事实负有举证责任的当事人主张该证据的内容不利于控制人的,人民法院可以认定该主张成立"之规定,二审法院推定仟游公司、鹏游公司主张的待证事实成立,即被诉游戏软件源代码与涉案商业秘密构成实质相同。

(2)关于第二个方面的事实。

徐某作为仟游公司的副总经理、股东,肖某作为仟游公司的策划总监、股东以及鹏游公司的总经理兼法定代表人,在二人正常工作范围内,均能够接触到"帝王霸业"游戏软件服务器源代码,即二人均具备充足条件获取该源代码。仟游公司、鹏游公司提交的证据显示,二人曾登录公司的管理系统对前述源代码进行修改,亦可证明此点。二人从仟游公司、鹏游公司离职后成立策略公司,以该公司名义开发、运营被诉游戏。南湃公司的法定代表人陈某与肖某系同学,南湃公司应当知晓徐某、肖某与仟游公司、鹏游公司之间的关系,亦应当知晓二人不正当获取、使用仟游公司、鹏游公司涉案商业秘密的事实,但南湃公司却与徐某、肖某、策略公司共同不正当地使用该商业秘密,南湃公司的行为亦应当认定为侵害涉案商业秘密。策略公司、南湃公司以双方的协议为证据提出抗辩,称被诉游戏系南湃公司独立开发并转让给策略公司运营,但策略公司和南湃公司并未提供独自开发的证据。两公司有利益关联,难以排除两公司系为规避法律追责而制作该协议的合理怀疑,故二审法院对该证据不予采信,对其抗辩主张不予支持。综上,依据前述事实,在策略公司、南湃公司未有足够理据反驳的前提下,二审法院认定徐某、肖某、策略公司、南湃公司共同实施以不正当手段获取、使用仟游公司、鹏游公司的商业秘密。

综上,仟游公司、鹏游公司已经举证证明涉案游戏服务器源代码属于最高人民法院《关于审理不正当竞争民事案件应用法律若干问题的解释》第14条规定的商业秘密,以及被诉游戏与商业秘密源代码实质相同,徐某、肖某、策略公司和南湃公司存在不正当行为等事实,而对方并未提出足够理据反驳,因此,二审法院认定徐某、肖某、策略公司和南湃公司构成侵害仟游公司、鹏游公司涉案商业秘密。

4. 关于本案民事责任承担的问题

（1）关于停止侵害问题。

本案中，如前所述，徐某、肖某、策略公司、南湃公司的被诉行为侵害了仟游公司、鹏游公司的商业秘密，依法应当承担相应的民事责任。虽然被诉游戏在本案一审期间已经下线停止运营，但是，考虑到涉案商业秘密已经由徐某、肖某、策略公司和南湃公司不正当获取和侵占，存在被再次使用或者披露的风险，因此，应当支持仟游公司、鹏游公司的相应诉请，判令徐某、肖某、策略公司、南湃公司停止侵害。

（2）关于损害赔偿问题。

本案中，无法获知被诉游戏支出项目具体数据，而仅有被诉游戏营业收入这一项，无法计算策略公司和南湃公司的相应获利。综上，各方提供的证据不能精确计算"因被侵权所受到的实际损失"或者"侵权人因侵权所获得的利益"。同时考虑到，从腾讯和 360 平台分别调取来的被诉游戏充值流水数据显示，仅 2015 年 7 月至 2017 年 2 月两平台总收入已经超过 1400 万元，前述数据仅仅反映侵害持续时间的一半左右，即使刨除运营成本等其他因素，结合游戏行业经验来看，策略公司和南湃公司因侵权所获得的直接利益已经明显超过 300 万元。因此，本案应当在法定赔偿上限之上，经综合考量本案证据和各项因素之后，公平合理地酌定损害赔偿数额。

在考量因素中，二审法院特别注意到以下几个因素：

第一，被诉侵害人主观恶意明显。涉案商业秘密经仟游公司、鹏游公司长时间开发，且投入了大量人力、物力、财力方得以完成。该商业秘密系两公司未来生存和发展的主要依靠。徐某、肖某作为前述两公司的股东及高管人员，明知涉案商业秘密是原公司的核心资源，在有保密协议约束的情况下，仍然明知故犯，不正当地侵占该创新成果。这一行为表明，两人不尊重他人合法权益，违背诚实信用、公平竞争的商业伦理道德。徐某、肖某从原公司离职后，短时间内成立了策略公司，并与南湃公司取得合作，共同运营被诉游戏，由此说明，前述主体为了侵害涉案商业秘密已经蓄谋已久。南湃公司明知徐某、肖某和策略公司侵害他人合法权益，仍然与之共同实施，还虚称被诉游戏系独立开发，企图以协议掩盖不正当侵占他人商业秘密的事实，其主观恶意程度同等。

第二，被诉行为持续时间长，侵害获利大。如前所述，被诉游戏上线运营长达三年,营业收入所涉金额较大。虽然无法单凭营业收入计算侵害获利具体数额,但是,营业收入与侵害获利直接相关,故能够说明被诉侵害人相应获利较大。

第三,本案被诉游戏上线运营时间是在“帝王霸业”游戏上线运营后一年左右,此时本是“帝王霸业”游戏开始进入市场黄金期,而被诉游戏却在此时持续运营三年,导致“帝王霸业”游戏的市场份额受其严重挤占。被诉侵害人不劳而获,仟游公司、鹏游公司的成本回收和可得利益实现却受到阻碍。

第四,虽然被诉游戏已经停止运营,但是,涉案商业秘密仍然由徐某、肖某、策略公司、南湃公司不正当获取和侵占,故再次发生不正当使用甚至公开披露的风险仍然存在。本案中,仟游公司、鹏游公司并无诉请法院判令销毁被诉源代码,而事实上,即使其有提出该诉请,由于被诉游戏源代码易于复制,通过销毁的方式,难以避免被诉侵害人仍有掌握涉案商业秘密。本案虽有判令被诉侵害人停止侵害,但是,从本案被诉侵害人存在主观恶意且不正当行为蓄谋已久等事实来看,判令停止侵害对于阻遏再次侵害而言收效有限,故在酌定本案赔偿金额时,应当考量施予被诉侵害人适当威慑这一因素。

第五,被诉侵害人有违诉讼诚信。如前所述,在一审庭审中,法院责令南湃公司提供被诉游戏软件源代码,而南湃公司并未如实提供。在一审程序中,法院作出保全证据的裁定。徐某、肖某和策略公司在法院已经释明拒不配合保全后果的情况下,仍未依照该裁定向法院提供被诉游戏软件源代码。前述行为不仅违反了证据披露义务,构成举证妨碍,而且,该行为系公然无视国家法律,藐视司法权威,而其目的是掩盖其不正当行为。该行为性质恶劣,应予严惩。

综上,广东省高级人民法院综合考虑涉案商业秘密的商业价值,徐某、肖某、策略公司和南湃公司主观过错程度,被诉侵权行为的规模、性质和持续时间以及仟游公司、鹏游公司为本案支出的合理维权费用等因素,酌情确定侵害损失赔偿数额以及合理维权费用为500万元。

综上所述,仟游公司、鹏游公司的上诉请求部分成立,应予支持。一审判决认定事实有误,广东省高级人民法院予以纠正。判决如下:(1)撤销广州知识产权法院民事判决;(2)策略公司、南湃公司、徐某、肖某于本判决生效之日起立即停止侵害仟游公司、鹏游公司“帝王霸业”游戏软件服务器源代码商业秘密;(3)策略公司、南湃公司、徐某、肖某于本判决生效之日十日内赔偿仟游公司、鹏游公司经济损失及合理维权费用共计500万元;(4)驳回仟游公司、鹏游公司的其他诉讼请求。

(四)本案启示与重点问题解析

1.侵犯游戏软件技术秘密,权利人所遭受的损失如何计算,被诉侵权游戏侵权收入如何确定

根据2017年《反不正当竞争法》第3条之规定,因不正当竞争行为所遭受损失的经营者赔偿数额,按其所遭受实际损失确定,实际损失难以计算的,按侵权人所获得利益确定。游戏软件权利人基于技术秘密所能获得收益通常主要包括游戏玩家充值、广告费等收入,侵权人侵犯权利人游戏软件技术秘密后,对权利人的主要损害也是其玩家用户减少、广告费等收入减少,权利人的此类直接经济损失并不易准确计算,尤其是极难将权利人收入减少与侵权人侵权行为之间的因果关系用证据锁定,因此,司法实践中,人民法院很少直接采信权利人所主张的直接经济损失数额。相比而言,被诉侵权人因侵权行为所获得的收益较易确定,但是,在确定被诉侵权人因侵权行为所获得收益数额时,同样面临收益与侵权行为直接因果关系锁定问题,即要先排除侵权人获得的与侵权行为无关的收益,并且,在与侵权行为有关的收入中,还要扣除运营、管理 、财物等成本以及相关税金、附加费等,本质上讲,该等成本和费用与侵权行为之间也不存在因果关系。另外,基于游戏软件运行网络化特点,玩家用户通常不会直接向权利人交纳货币,而是充值或购买虚拟货币等方式完成付费,在计算游戏软件收入时,一方面要考虑充值或虚拟货币转化成本问题,另一方面还要考虑该游戏其他支撑平台的分成问题。笔者认为,从更充分地保护权利人的利益,降低权利人举证责任,且增加对侵权人的威慑的角度出发,司法实践中,应从宽解释侵权人收入,而不应过于严苛要求权利人精准计算被诉侵权人总收入刨除成本与费用后的数额,甚至,完全应当以被诉侵权人因侵权行为而获得的总收入为依据确定其侵权所得。

本案中,仟游公司、鹏游公司主张以腾讯和360平台提供的被诉游戏充值流水数据来推算策略公司、南湃公司的总收入,以该总收入以及涉案“帝王霸业”游戏运营成本为依据,确定仟游公司、鹏游公司损失数额为2550万元。

广东省高级人民法院认为，仟游公司、鹏游公司对涉案游戏的运营成本，只作口头主张，并无提供证据证明运营成本的具体数额，在对方不予确认的情况下，对该项口头主张不予采信。退一步讲，即使其提供该项证据，仅凭运营成本这一项数据，也无法计算仟游公司、鹏游公司所遭受损失的具体数额。本案中，依据腾讯和 360 平台提供的被诉游戏充值流水数据，可以大概地推算出被诉游戏全部营业收入。但是，被诉侵害人因侵害行为所获得的利益，应当以其营业收入为基础，刨除运营、管理、财务等成本以及相关税金及附加费用等，以此计算出结果。在考量因素中，该院特别注意到以下几点因素：被诉侵害人主观恶意明显，诚实信用、公平竞争的商业伦理道德；被诉行为持续时间长，侵害获利大；侵权人在权利人“帝王霸业”游戏开始进入市场黄金期后长期侵权；在酌定本案赔偿金额时，应当考量施予被诉侵害人适当威慑这一因素；被诉侵害人有违诉讼诚信，该行为性质恶劣，应予严惩。

2. 被诉侵权人拒不提供侵权游戏源代码的后果是什么？人民法院根据在案证据推定被诉侵权游戏源代码与权利人源代码实质相同的依据是什么？

根据 2019 年最高人民法院《关于民事诉讼证据的若干规定》第 95 条之规定，“一方当事人控制证据无正当理由拒不提交，对待证事实负有举证责任的当事人主张该证据的内容不利于控制人的，人民法院可以认定该主张成立”。本条司法解释的适用，需要同时具备以下几个要件：其一，拒不提交证据的一方当事人对该证据达到了控制的程度，即除非其自行提供，对方当事人及人民法院穷尽手段仍无法取得。其二，对待证事实负举证责任的当事人已经完成了初步举证责任，证明于对方不利的内容存在一定的可能性，虽然达不到高度盖然性标准，但必须具有可能性。其三，控制证据的当事人系无正当理由拒不提供证据。具体到游戏软件商业秘密领域，在对被诉侵权软件与权利人游戏软件商业秘密比对时，如果被诉侵权人无正当理由拒不提供其使用的软件程序，当权利人举证指向被诉侵权人存在侵权可能时，人民法院可推定上述两组软件实质相同，进而认定侵权行为成立。更进一步分析，当被诉侵权人拒不提供侵权软件时，权利人可以提供游戏软件界面、动画及动画效果、游戏类型、游戏元素等方面的证据，证实相似性及实质相同的可能性。当然，权利人举证证实被诉侵权人掌握或接触其游戏软件的事实或机会，对人民法院推定上述实质相同结论具有积极意义。

本案中,二审法院从三个方面论证被诉侵权人存在侵权行为的可能性:首先,从涉案游戏软件开发耗时的行业经验观察,被诉侵权游戏软件从公司成立到游戏上线运行时间过短,确定其独立开发的合理性存疑较大;其次,被诉侵权人从未提交证据证明被诉游戏的开发情况及过程,且其可能并无实际经营的固定场所,确定其独立开发的合理性存疑;最后,涉案游戏和被诉游戏系同类游戏,且两者的游戏模式有一定相似性。同时,结合仟游公司、鹏游公司已经举证证明其商业秘密成立,还举证合理表明徐某、肖某接触了涉案商业秘密的事实,二审法院推定,对于被诉游戏软件源代码系与涉案游戏软件源代码实质相同这一待证事实,仟游公司、鹏游公司提供的证据虽未达到高度盖然性的证明标准,但已经能够表明该待证事实具有一定可能性。

在上述可能性的基础上,二审法院进一步结合其向腾讯公司调取被诉游戏软件源代码但腾讯公司无法提供、权利人客观上无力调取被诉侵权游戏软件源代码、权利人已穷尽收集证据的方法、被诉侵权人对该证据的唯一持有人身份等情况,认定被诉游戏软件源代码与权利人游戏软件源代码实质上相同。

尤其值得注意的是,本案二审法院进一步指出,其不准许权利人申请调取被诉游戏著作权登记源代码的理由,并非该证据应当由权利人自行收集以体现"谁主张,谁举证"的举证原则,而是该证据与其待证事实的关联性较弱。游戏开发者进行游戏的上线运营以及后续开发、升级、完善等,均以源代码为基础。从行业惯例来看,在游戏软件源代码开发过程中,源代码系由多名程序员分工合作完成,并被统一保管于某一服务器,或由管理软件统一管理,以实现储存内容、记录创作过程包括修改时间等功能。直至游戏上线运营,游戏公司仍会以某种方式完整地保管游戏软件源代码。针对本案而言,策略公司和南湃公司作为被诉游戏的开发公司,其理应保管有开发过程中不同时期不同版本的被诉游戏软件源代码,包括被诉游戏上线运营的版本。换言之,在本案中,策略公司和南湃公司在客观上有能力提供上线运营版本的被诉游戏软件源代码。另外,本案诉讼发生之后,被诉游戏仍然在线运营。从诉讼发生时起,策略公司和南湃公司应当知晓,其掌握的被诉游戏软件源代码对于查明涉案基本事实的意义,以及其唯独持有该证据的特殊地位。

3. 游戏下线或停止运行后源代码删除或篡改后比对问题如何解决，权利人应否拒绝被诉侵权人提供的虚假的源代码作为比对软件进行鉴定，被诉侵权游戏软件已下线后，权利人是否可继续主张停止侵害

根据《民事诉讼法》第 111 条之规定，“诉讼参与人或者其他人有下列行为之一的，人民法院可以根据情节轻重予以罚款、拘留；构成犯罪的，依法追究刑事责任：（一）伪造、毁灭重要证据，妨碍人民法院审理案件的；……”最高人民法院《关于民事诉讼证据若干问题的规定》第 98 条第 2 款规定，“当事人或者其他诉讼参与人伪造、毁灭证据，提供虚假证据，阻止证人作证，指使、贿买、胁迫他人作伪证，或者对证人、鉴定人、勘验人打击报复的，依照民事诉讼法第一百一十条、第一百一十一条的规定进行处罚”。任何一方当事人均不得提供虚假证据，否则，不仅该虚假证据不能证实待证事实，而且提供者还应承担相应的法律责任。据此，如果被诉侵权游戏软件源代码被删除或篡改后，被诉侵权人提供虚假的源代码时，人民法院不仅不应采信该证据，还可以追究其法律责任；对权利人而言，完全有权拒绝将该等虚假的源代码作为比对软件进行鉴定，如权利人同意将其进行比对，势必造成错误的比对结论，直接导致己方败诉。被诉侵权游戏软件下线后，权利人可以请求人民法院判令被告销毁源代码，如权利人未提出此项诉请，而游戏软件源代码易于复制，且被诉侵权人通常存在主观恶意，因此，人民法院针对已下线游戏侵权人判令其停止侵害不仅于法不背，且能更彻底惩治侵权行为。

本案中，徐某等人不仅拒不提供人民法院保全裁定所列证据，还将篡改后的源代码提交法院，该行为本应遭受司法处罚，但遗憾的是，一审法院没有惩治此类妨害诉讼的行为：一审以无法比对而无法判断被诉游戏软件与权利人软件同一性问题为由，驳回了权利人的诉讼请求，实质上支撑了被诉侵权人基于妨害诉讼行为而谋求的诉讼利益。幸而二审法院作出了纠正。

4. 被诉侵权游戏和权利人主张游戏界面比对打印件以及反编译比对打印件证据的效力问题

如前所述，游戏界面对比结果可以作为认定被诉游戏软件和权利人游戏软件是否实质相同的间接证据，如无法进行相关源代码和文档的比对，只有在

特定情况下才能证实两组软件实质相同。实践中,游戏界面的对比,除鉴定意见以外,多为当事人自行制作的文件,其打印件与盖章件在证据效力上并无实质区别,均等同于当事人的陈述。软件反编译,是指通过对他人软件的目标程序进行逆向分析后,推导出他人的软件产品所使用的思路、原理、结构、算法、处理过程、运行方法等设计要素,特定情况下可能推导出源代码。在游戏软件商业秘密侵权领域,对被诉侵权软件的反编译,尤其是在被诉侵权人拒不提供源代码的情形下,通过反编译结果的对比,评价并判断被诉侵权游戏软件与权利人的游戏软件是否实质相同,是可行的办法。从证明力强弱的角度考虑,反编译工作由有资质的鉴定机构完成最具可靠性;当然,如果当事人个人进行反编译,其过程和结论符合科学原理,也并不能仅仅因为其非鉴定意见而被排除证明力。与游戏界面比对打印件证明力相似,当事人提供的反编译文件打印件与盖章件在证据属性上并无实质区别,属于当事人陈述。

本案中,一审法院仅仅以权利人提交的游戏界面比对和反编译文件系打印件为由否定其证明力,而不考虑在案其他证据和在案其他事实指向的被诉侵权人存在的明显的侵权可能性,是不妥当的。

5. 权利人未及时对被诉侵权游戏软件采取证据保全措施而导致无法比对的后果如何

从举证责任和举证效果的角度出发,权利人确实应当及时对涉嫌侵权游戏软件进行保全措施,如权利人未及时保全证据且无其他证据证实侵权行为存在的情况下,权利人确实应当承担举证不能的后果;但是,当其他证据和事实能够证实侵权行为存在的可能性,即使并未达到高度盖然性的程度,人民法院亦不宜仅因无法比对而直接驳回权利人的诉讼请求。同时,人民法院还应重点考察被诉侵权人是否控制权利人未及时保全之证据,如控制,在权利人穷尽其他取证手段的情况下,还应根据实际情况决定是否推定被诉侵权软件与权利人软件实质相同。

本案中,一审法院仅以无法比对为由驳回权利人的诉讼请求是不妥当的,二审法院全面考察在案证据和事实,综合判断侵权行为实际情况的做法是值得肯定的。

6. 游戏软件著作权登记人与共同开发者之间的权利关系如何分配，未在著作权登记证书中现名的主体是否必然不享有权利

对于游戏软件的著作权而言，登记并非其权利取得方式，仅仅是公示手段，游戏软件著作权登记人亦并不必然是该游戏软件的唯一著作权人，从权利本质上讲，除非法律规定或当事人另有约定，所有参与该游戏软件开发的主体均系著作权人。对于游戏软件的商业秘密权而言，与该软件的著作权登记与否无关，仅与其登记时是否公开发表以及是否原始取得有关。如上一案例所解析，游戏软件共同开发人之间，有关技术秘密的权利分配，首先由当事人自行约定，未约定或约定不明，可依合同补充规则予以确定，仍不能确定的，共同享有。

本案中，一审法院以著作权登记证书记载著作权人系鹏游公司且未举证证实仟游公司为著作权人为由，否定仟游公司对该游戏软件商业秘密享有权利，进而否定其原告主体资格，该做法是错误的。二审法院从鹏游公司与仟游公司的关联关系、仟游公司高级技术人员参与涉案游戏软件开发、法律不禁止权利人与他人共享权利等方面，确定了仟游公司共享涉案游戏软件商业秘密权利的事实。

7. 游戏软件技术秘密保护措施达致何种程度方具合理性，以权利人未采取保密措施抗辩权利人商业秘密“不为公众所知悉”要素，应否支持

最高人民法院《关于审理不正当竞争民事案件应用法律若干问题的解释》第 11 条规定，权利人为防止信息泄漏所采取的与其商业价值等具体情况相适应的合理保护措施，应当认定为《反不正当竞争法》第 10 条第 3 款规定的“保密措施”。人民法院应当根据所涉信息载体的特性、权利人保密的意愿、保密措施的可识别程度、他人通过正当方式获得的难易程度等因素，认定权利人是否采取了保密措施。具体到游戏软件领域，权利人将软件程序源代码和相关文档保存在特定服务器上，限制访问人员数量并设置访问权限，与相关人员签订保密协议或同等文件，即视为采取了保密措施。当然，并不排除权利人采取更严格的保密措施。需要注意的是，权利人是否采取保密措施，与其主张的商业秘密是否具有“不为公众所知悉”的特征，分属两个不同层面，虽然权利人不采取保密措施可能引发商业秘密丧失秘密性的后果，但是，不能反向推论为“商业秘密的秘密性取决权利人所采取的保密措施”。

本案中，游戏软件源代码被放置于公司“帝王霸业”游戏的游戏库中，只有负责有关工作的人员具有访问该库的权限。另外，徐某、肖某与仟游公司签订的《保密协议》中，明确约定了该协议所指的商业秘密包括了计算机程序，徐某、肖某对仟游公司的商业秘密负有保密义务。徐某、肖某在与仟游公司签订的《解除劳动关系协议书》第 4 条约定具体保密事项和范围，第 6 条约定离职后的保密承诺。仟游公司、鹏游公司已对“帝王霸业”游戏软件服务器源代码采取了保密措施。而且，前述措施能够使其相对人注意到，权益人已采取了保密措施以及明确商业秘密的范围。该保密措施是合理、有效、具体的。退一步讲，即使双方未签订保密协议，而该行业人员在面对一家游戏开发公司的源代码之时均能知晓，源代码是一家游戏公司的重要技术信息，游戏公司为其投入了大量人力、财力，对其将来产生巨大经济利益抱有期待。在此种情况下，该行业人员包括游戏软件源代码接触者，均负有遵守商业道德的义务，不去不正当地获取或者使用该游戏软件源代码商业秘密。特别是，本案中，涉案源代码已被放置于服务器并用权限进行管理，该公司的接触者均应当知晓公司的保密意图和保密内容，不应当不正当获取或使用。

有关徐某、肖某和策略公司主张权利人未举证证实该源代码采取了保密措施，二审法院认为，《鉴定意见书》鉴定内容涉及信息是否为公众普遍知悉、是否容易获得以及商业价值方面的内容，并不涉及保密措施。是否采取保密措施与该信息是否为公众普遍知悉，并不必然有关联。

第五章

餐饮行业商业秘密保护典型案例解析

第一节 最高人民法院关于“香兰素”商业秘密案的判决
——(2020)最高法知民终 1667 号

食品添加剂市场规模庞大,原料配比和制造工艺技术含量极高,权利人掌握其中某项关键技术后,容易获得竞争优势。与之相对应,正因为该类技术能够给市场主体带来巨大的经济利益,极易诱使竞争对手不惜铤而走险,采取违法甚至犯罪行为获取或使用他人技术秘密,从而获取经济利益。2021 年 2 月 19 日,最高人民法院作出(2020)最高法知民终 1667 号民事判决书,判令侵权行为人连带赔偿权利人经济损失 155,829,455.20 元、合理维权费用 3,492,216 元,这是迄今为止,人民法院判决侵犯商业秘密行为人赔偿数额最高的案件。

一、基本案情介绍

上诉人嘉兴市中华化工有限责任公司(以下简称嘉兴中华化工公司)、上诉人上海欣晨新技术有限公司(以下简称上海欣晨公司)与上诉人王龙集团有限公司(以下简称王龙集团公司)、上诉人宁波王龙科技股份有限公司(以下简称王龙科技公司)、上诉人喜孚狮王龙香料(宁波)有限公司(以下简称喜孚狮王龙公司)、上诉人傅某、被上诉人王某因侵害技术秘密纠纷一案,不服浙江省高级人民法院于2020年4月24日作出的(2018)浙民初25号民事判决,向最高人民法院提起上诉。

原审法院查明:

1. 关于嘉兴中华化工公司与上海欣晨公司主张的涉案技术秘密

嘉兴中华化工公司与上海欣晨公司主张其共同研发了乙醛酸法制备香兰素的新工艺,两公司主张的技术秘密包括六个秘密点:(1)缩合塔的相关图纸。(2)氧化装置的相关图纸。(3)粗品香兰素分离工艺及设备。(4)蒸馏装置的相关图纸。(5)愈创木酚回收工艺及相应设备。(6)香兰素合成车间工艺流程图。

上述技术秘密载体为:涉及58个非标设备的设备图287张(包括主图及部件图)、工艺管道及仪表流程图(第三版)25张。其中,设备图的技术内容包括:设备及零部件的尺寸、大小、形状、结构,零部件位置和连接关系,设备进出口位置、尺寸、设备型式,搅拌器型式和电功率,设备、零部件和连接件的材质、耐压、耐腐蚀性、耐高温性能、耐低温性能等技术信息。工艺管道及仪表流程图的技术内容包括:各设备之间的位置关系和连接关系,物料和介质连接关系,控制点位置、控制内容和控制方法,标注的反应条件,基于上述连接关系形成的物料、介质的流向、控制参数等技术信息。

2. 关于被诉侵权行为

傅某自1991年进入嘉兴中华化工公司工作,2008年起担任香兰素车间副主任,主要负责香兰素生产设备维修维护工作。

2010年春节前后,冯××与傅某、费××开始商议并寻求香兰素生产技术的交易机会;同年4月12日,签订《香兰素技术合作协议》:落款处甲方由"嘉兴市智英工程技术咨询有限公司(筹)"签章,法定代表人处由冯××签字,乙方由"王龙集团"签章,保证人栏由冯××、傅某、费××签字。

2010年4月12日,王龙集团公司向嘉兴智英公司开具100万元银行汇票,冯××通过背书转让后支取100万元现金支票,从中支付给傅某40万元、费××24万元。随后,傅某交给冯××一个U盘,其中存有香兰素生产设备图200张、工艺管道及仪表流程图14张、主要设备清单等技术资料,冯××转交给了王某。2010年4月15日,傅某向嘉兴中华化工公司提交辞职报告,同年5月傅某从嘉兴中华化工公司离职，随即与冯××、费××进入王龙科技公司香兰素车间工作。

2010年5月9日，王龙科技公司与案外人上海宝丰机械制造有限公司签订买卖合同，购买一批非标压力容器。2010年6月4日，王龙科技公司与浙江杭特容器有限公司（以下简称杭特公司）签订买卖合同，购买一批非标设备。上述合同均约定供方按需方的工艺条件图设计图纸，经需方确认后按图施工。以上合同均已实际履行完毕。

2011年3月15日，浙江省宁波市环境保护局批复同意王龙科技公司生产山梨酸（钾）、醋酐、双乙烯酮及醋酸衍生产品、香兰素建设项目环境影响报告书，批准香兰素年产量为5000吨。同年6月，王龙科技公司开始生产香兰素。喜孚狮王龙公司自成立时起持续使用王龙科技公司作为股权出资的香兰素生产设备生产香兰素。

二、一审裁判说理的重点问题

一审法院认为：本案应适用2017年《反不正当竞争法》。上海欣晨公司作为涉案技术信息的共有人，有权与嘉兴中华化工公司共同提起诉讼，系本案适格原告。本案未超过诉讼时效，亦未构成重复起诉。涉案技术信息构成商业秘密并应受法律保护。王龙集团公司、王龙科技公司、喜孚狮王龙公司、傅某获取的技术秘密包括185张设备图和15张工艺流程图，侵权使用的涉案技术秘密包括17个设备的设计图和5张工艺流程图。

王龙集团公司、王龙科技公司、傅某以不正当手段获取涉案技术秘密，并披露、使用、允许他人使用该技术秘密的行为，喜孚狮王龙公司使用涉案技术秘密的行为，均侵害了涉案技术秘密，构成不正当竞争，王龙集团公司、王龙科技公司、喜孚狮王龙公司、傅某应当承担停止侵害、赔偿损失的民事责任。其中王龙集团公司、王龙科技公司、傅某基于共同实施的侵权行为，应当承担连带责任。喜孚狮王龙公司基于其实施的使用行为，承担部分连带责任。王某的行为并未明显超出其法定代表人职务行为的范畴，嘉兴中华化工公司与上海欣晨公司关于王某构成共同侵权并应承担侵权责任的主张依据不足。

关于赔偿数额，根据2017年《反不正当竞争法》第17条第3款、第4款的规定，综合考量涉案技术秘密的商业价值、侵权行为的性质、规模、持续时间及损害后果等因素,本案适用法定赔偿方式,酌情确定王龙集团公司、王龙科技公司、傅某连带赔偿嘉兴中华化工公司与上海欣晨公司经济损失300万元及维权费用50万元,喜孚狮王龙公司对上述经济损失及维权费用的7%承担连带赔偿责任。

原审法院判决:(1)王龙集团公司、王龙科技公司、喜孚狮王龙公司、傅某立即停止侵害涉案技术秘密的行为,即停止以不正当手段获取、披露、使用、允许他人使用涉案设备图和工艺管道及仪表流程图记载的技术秘密(详见原审判决附件2、3,即本判决附件1、2);该停止侵害的时间持续到涉案技术秘密已为公众所知悉时止。(2)王龙集团公司、王龙科技公司、傅某自本判决生效之日起十日内连带赔偿嘉兴中华化工公司、上海欣晨公司经济损失300万元、合理维权费用50万元,共计350万元;喜孚狮王龙公司对其中7%即24.5万元承担连带赔偿责任。(3)驳回嘉兴中华化工公司、上海欣晨公司的其他诉讼请求。

三、二审裁判说理的重点问题

最高人民法院所评析的焦点问题中,以下几个问题值得重点关注。

1. 本案诉讼请求是否已过诉讼时效

(1)关于停止侵害的诉讼请求。

诉讼时效的适用对象通常是债权请求权,停止侵害、排除妨碍、消除危险、返还财产等绝对权请求权不适用诉讼时效。因此,本案嘉兴中华化工公司和上海欣晨公司关于停止侵害其商业秘密的诉讼请求不适用诉讼时效。

(2)关于侵权损害赔偿的诉讼请求。

本案中,因香兰素生产技术内容较为复杂,嘉兴中华化工公司与上海欣晨公司对于其技术秘密受到侵害的范围、途径和具体侵权主体的认知实际上存在一个渐进的过程。嘉兴中华化工公司于2010年提起诉讼,但该案的被告和所依据的事实均与本案不同,没有证据表明嘉兴中华化工公司当时知道或者应当知道涉案商业秘密已经被侵犯且本案各原审被告为该侵权行为的实施者;后嘉兴中华化工公司以“本案可能涉及刑事案件”撤诉,且浙江省嘉兴市南湖区公安分局大桥派出所随后对相关情况进行过调查,表明该撤诉行为并不意味着嘉兴中华化工公司对其商业秘密被侵害采取放任态度。同理，嘉兴中华化工公司2016年1月提起诉讼针对的被告与本案原审被告亦不相同，所涉及的技术秘密的具体内容及相关诉讼主张亦不相同。直到冯××于2016年12月向公安机关反映情况并提交图纸等证据后，嘉兴中华化工公司才基本掌握初步证据，明确其可能被侵害的技术秘密内容、可能的侵害人及侵害行为。因此，本案诉讼时效应当自冯××于2016年12月向公安机关反映情况并提交图纸等证据且嘉兴中华化工公司获悉此情况时开始起算。嘉兴中华化工公司提起本案诉讼时其损害赔偿请求权的诉讼时效期间尚未届满。

退一步讲，即便嘉兴中华化工公司2016年1月提起的诉讼涉及其在本案中主张的部分技术秘密，针对该部分技术秘密的起诉也构成诉讼时效中断。事实上，嘉兴中华化工公司两次提起诉讼及公安机关的介入都表明，嘉兴中华化工公司的维权行动一直在持续，只是基于侵害技术秘密案件中普遍存在的确定和证明侵害人、侵害行为、被侵害的技术秘密范围较为困难，嘉兴中华化工公司与上海欣晨公司才无法准确针对王龙集团公司、王龙科技公司、喜孚狮王龙公司、傅某、王某更早提起侵害涉案技术秘密的诉讼。

2. 涉案技术信息是否构成技术秘密

本案中，嘉兴中华化工公司与上海欣晨公司涉案技术信息的载体为287张设备图和25张工艺管道及仪表流程图，最高人民法院经审查，认定上述287张设备图和25张工艺管道及仪表流程图均构成技术秘密。具体理由如下：

第一，嘉兴中华化工公司和上海欣晨公司的设备图（包括部件图）承载了具有特定结构、能够完成特定生产步骤的非标设备或者设备组合的参数信息，构成相对独立的技术单元，属于技术信息。工艺管道及仪表流程图记载了相关工序所需的设备及其位置和连接关系、物料和介质连接关系、控制点参数等信息，亦为相对独立的技术单元，同样属于技术信息。

第二，嘉兴中华化工公司和上海欣晨公司的设备图和工艺管道及仪表流程图属于不为公众所知悉的技术信息。首先，涉案技术信息是企业自行设计的非标设备及工艺流程参数信息，现有证据不能证明其已经在先公开。其次，对于不同香兰素生产企业而言，其使用的生产设备及连接方式、工艺流程的步骤和控制方法往往基于企业的规模、技术实力、实践经验等具有各自的特点。嘉兴中华化工公司的设备图、工艺管道及仪表流程图的尺寸、结构、材料信息是根据自身生产工艺对参数优选数值的有机组合，需要经过大量技术研发、检验筛选才能够获得。市场上并不存在标准化的成套香兰素工业化生产设备技术图纸以及工艺流程图，涉案技术信息无法从公开渠道获取，也无法通过观察香兰素产品直接获得。最后，根据（2017）沪科咨知鉴字第 48 – 1 号《知识产权司法鉴定意见书》的鉴定意见，涉案香兰素生产设备技术图纸在 2015 年 5 月 30 日和 2017 年 8 月 21 日之前分别构成不为公众所知的技术信息。

第三，嘉兴中华化工公司和上海欣晨公司的涉案技术信息具有极高的商业价值。嘉兴中华化工公司系香兰素行业的龙头企业，其投入大量时间和成本研发的生产设备和工艺流程已经实际投入生产，提高了其香兰素产品的生产效率，并为企业形成市场优势、创造可观利润，从而为企业带来经济利益和竞争优势，故涉案技术信息明显具有极高的商业价值。

第四，嘉兴中华化工公司对涉案技术信息采取了相应的保密措施。嘉兴中华化工公司制定了文件控制程序、记录控制程序等管理性文件，对公司重要文件、设备进行管理；由专人对文件的发放、回收进行管理和控制，并规定通过培训等方式向员工公开，表明其具有保密意愿且采取了保密措施。具体到涉案技术信息，嘉兴中华化工公司与上海欣晨公司之间签订的技术开发合同约定有保密条款，嘉兴中华化工公司也制定了《档案与信息化管理安全保密制度》等管理规定，并对职工多次进行保密宣传、教育和培训。傅某在原审庭审中陈述涉案图纸有专门部门保管，其无法轻易获取。由于上述保密措施，涉案技术信息至今仍未被公开。由此可见，嘉兴中华化工公司的保密措施与涉案技术信息价值基本相适应，客观上起到了保密效果。

第五，上海欣晨公司对涉案技术信息采取了相应的保密措施。上海欣晨公司管理条例中有关于保密纪律的规定，其与员工的劳动合同中也订有保密条款。上海欣晨公司自 2008 年起仅为嘉兴中华化工公司一家提供技术服务，自身并不从事实际生产，没有证据表明其在经营中或者与第三方交易中披露过涉案技术秘密，其采取的措施合理且有效。

3. 王龙集团公司等被诉侵权人是否实施了侵害涉案技术秘密的行为

被诉侵权人在生产经营活动中直接使用商业秘密，对商业秘密进行修改或改进后使用，或者根据商业秘密调整、优化、改进有关生产经营活动的，一般应当认定为使用商业秘密。

（1）被诉侵权技术信息与涉案技术秘密相同。

嘉兴中华化工公司与上海欣晨公司主张的技术秘密包括 6 个秘密点，涉及 58 个非标设备的设备图 287 张和工艺管道及仪表流程图 25 张。原审法院认定王龙集团公司等被诉侵权人非法获取的技术秘密包括 185 张设备图和15 张工艺流程图并无不当，二审法院予以确认。

（2）涉案技术秘密的侵权使用情况。

经原审法院比对，各方当事人确认王龙科技公司提供给杭特公司的设备图中有 37 张与涉案技术秘密的设备图相同，且包含在王龙集团公司等被诉侵权人非法获取的图纸范围内，共涉及 8 个非标设备。

考虑到王龙集团公司等被诉侵权人获取涉案技术秘密图纸后完全可以做一些针对性修改，故上述附 13、附 14、附 19、附 21 与涉案技术秘密中的对应技术信息虽然存在些许差异，但根据本案具体侵权情况，完全可以认定这些差异是因王龙集团公司等被诉侵权人在获取涉案技术秘密后进行规避性或者适应性修改所导致，故可以认定上述附 13、附 14、附 19、附 21 依然使用了涉案技术秘密。

原审法院在考虑本案具体情形后，认定王龙集团公司等被诉侵权人使用的技术秘密包括 17 个设备的设计图和 5 张工艺流程图，二审法院经审查对上述认定予以认可。在此基础上，二审法院进一步认定王龙集团公司等被诉侵权人实际使用了其已经获取的全部 185 张设备图和 15 张工艺流程图。具体理由是：

第一，香兰素生产设备和工艺流程通常具有配套性，其生产工艺及相关装置相对明确固定，王龙集团公司等被诉侵权人已经实际建成香兰素项目生产线并进行规模化生产，故其必然具备制造香兰素产品的完整工艺流程和相应装置设备。

第二，王龙集团公司等被诉侵权人拒不提供有效证据证明其对香兰素产品的完整工艺流程和相应装置设备进行了研发和试验，且其在极短时间内上马香兰素项目生产线并实际投产。王龙科技公司的香兰素生产线从启动到量产仅用了一年左右的时间。与之相比，嘉兴中华化工公司自2002年11月与上海欣晨公司签订《技术开发合同》等合同，到2007年2月经浙江省嘉兴市南湖区经济贸易局批复同意扩建年产10,000t/a合成香料（乙醛酸法）新技术技改项目，涉案技术秘密从研发到建成生产线至少用了长达4年多的时间。

第三，王龙集团公司等被诉侵权人未提交有效证据证明其对被诉技术方案及相关设备进行过小试和中试，且其又非法获取了涉案技术图纸，同时王龙科技公司的环境影响报告书及其在向杭特公司购买设备的过程中均已使用了其非法获取的设备图和工艺流程图。综合考虑技术秘密案件的特点及本案实际情况，同时结合王龙集团公司等被诉侵权人未提交有效相反证据的情况，可以认定王龙集团公司等被诉侵权人使用了其非法获取的全部技术秘密。

第四，虽然王龙集团公司、王龙科技公司的香兰素生产工艺流程和相应装置设备与涉案技术秘密在个别地方略有不同，但其未提交证据证明这种不同是基于其自身的技术研发或通过其他正当途径获得的技术成果所致。同时现有证据表明，王龙集团公司等被诉侵权人是在获取了涉案技术秘密后才开始组建工厂生产香兰素产品，即其完全可能在获得涉案技术秘密后对照该技术秘密对某些生产工艺或个别配件装置做规避性或者适应性修改。这种修改本身也是实际使用涉案技术秘密的方式之一。

（3）王龙集团公司等被诉侵权人侵害涉案技术秘密的行为情况。

其一，关于傅某的被诉侵权行为。傅某与王龙集团公司签订《香兰素技术合作协议》，承诺提供香兰素新工艺技术及图纸，并收取了40万元，随后将存有嘉兴中华化工公司技术图纸的U盘经由冯××转交给王某。傅某从嘉兴中华化工公司辞职后即加入王龙科技公司，负责香兰素生产线建设，王龙科技公司在短时间内完成香兰素生产线建设并进行工业化生产，全面使用了嘉兴中华化工公司和上海欣晨公司的设备图和工艺流程图。

原审判决认定傅某实施了以不正当手段获取、披露、允许他人使用涉案技术秘密的不正当竞争行为。同时，根据《侵权责任法》（已失效）第8条第1款的规定[1]，原审判决认定傅某利用涉案技术秘密为王龙科技公司、喜孚狮王

〔1〕 该款规定，“教唆、帮助他人实施侵权行为的，应当与行为人承担连带责任”。

龙公司生产香兰素提供帮助，亦构成使用涉案技术秘密的侵权行为。

其二，关于王龙集团公司、王龙科技公司的被诉侵权行为。王龙集团公司、王龙科技公司均系从事香兰素生产销售的企业，与嘉兴中华化工公司具有直接竞争关系，应当知悉傅某作为嘉兴中华化工公司员工对该公司香兰素生产设备图和工艺流程图并不享有合法权利。但是，王龙集团公司仍然通过签订《香兰素技术合作协议》，以向傅某、冯××等支付报酬的方式，直接获取嘉兴中华化工公司的涉案技术秘密，并披露给王龙科技公司使用。王龙科技公司雇用傅某并使用其非法获取的涉案技术秘密生产香兰素，之后又通过设备出资方式将涉案技术秘密披露给喜孚狮王龙公司并允许其继续使用涉案技术秘密。同时，王龙集团公司、王龙科技公司系关联企业，主观上具有共同侵权的意思联络，客观上各自分工并共同实施了获取、披露、使用、允许他人使用涉案技术秘密的行为，共同造成了侵害涉案技术秘密的损害后果，构成共同侵权。

其三，关于王某的被诉侵权行为。如果特定法人是其法定代表人或者主要负责人专门为从事侵权而登记成立，客观上该法人的生产经营本身主要就是实施侵权行为，且该法定代表人或者主要负责人自身积极参与侵权行为实施，则该侵权行为既体现了法人的意志又体现了其法定代表人或者主要负责人的意志，该法人事实上成为其法定代表人或者主要负责人实施侵权行为的工具，此时可以认定该法定代表人或者主要负责人与法人共同实施了侵权行为，并应依法承担相应的法律责任。

本案中，从查明的事实来看，王龙科技公司系其法定代表人王某和王龙集团公司专门为侵权成立的企业。首先，从王龙科技公司的成立过程来看，王某与王龙集团公司成立王龙科技公司主要目的在于生产香兰素。其次，从王龙科技公司香兰素项目生产线的筹建过程来看，王龙科技公司在傅某正式加盟后立即启动香兰素生产线的建设工作，大量定购香兰素生产线的各种设备，在此过程中王龙科技公司还从嘉兴中华化工公司挖走多名精通香兰素生产工艺的员工。最后，从王龙科技公司成立以来的生产活动来看，虽然王龙科技公司营业执照上记载的经营范围不限于香兰素的生产，但现有证据表明其从成立开始的主要活动都是围绕香兰素开展的。由此可见，从其成立过程、香兰素项目筹划过程、香兰素生产线建设过程及其成立以来的活动来看，王龙科技公司是专门为实施涉案技术秘密生产香兰素而成立的公司，其成立后也主要从事香兰素产品的制售相关活动,实际上构成以侵权为业的侵权人。

王某作为王龙科技公司的法定代表人,积极与冯××等人签订《香兰素技术合作协议》,用现金、股权等方式引诱冯××、傅某等人实施泄露涉案技术秘密的侵权行为,并亲自接受傅某通过冯××转交的记载有涉案技术秘密的U盘。在这一系列侵权行为实施过程中,王龙科技公司的法定代表人王某自身积极参与本案被诉侵权行为,其实施的被诉侵权行为既体现了王龙科技公司的意志,也体现了王某的个人意志。同时,鉴于王某专门为实施被诉侵权行为成立王龙科技公司,该公司已成为王某实施被诉侵权行为的工具,且王某与王龙集团公司、王龙科技公司、喜孚狮王龙公司、傅某存在密切的分工、协作等关系,可以认定王某个人亦实施了被诉侵权行为,并与王龙集团公司、王龙科技公司、喜孚狮王龙公司、傅某构成共同侵权,依法应承担相应的法律责任。

其四,关于喜孚狮王龙公司的被诉侵权行为。喜孚狮王龙公司确认其自成立起持续使用王龙科技公司作为技术出资的香兰素生产线。基于与王龙科技公司的关联关系,喜孚狮王龙公司应当知悉涉案技术秘密系王龙科技公司通过不正当手段获取,但仍继续使用涉案技术秘密,故其亦构成侵害涉案技术秘密。而且,喜孚狮王龙公司系王龙集团公司、王龙科技公司为侵权实施涉案技术秘密专门成立的公司,其成立及存在的目的就是实施涉案技术秘密生产香兰素产品,故喜孚狮王龙公司实际上亦构成以侵权为业的侵权人。

4. 原审法院确定损害赔偿责任、维权费用及诉讼费分担是否恰当

(1)关于责任形式。《侵权责任法》第8条规定:“二人以上共同实施侵权行为,造成他人损害的,应当承担连带责任。”据此,王龙集团公司、王龙科技公司、傅某、王某基于共同实施的侵权行为,应当承担连带责任。喜孚狮王龙公司基于其实施的使用行为,承担部分连带责任。

最高人民法院认定的王龙集团公司、王龙科技公司、喜孚狮王龙公司、傅某侵害的涉案技术秘密范围宽于原审判决认定的被侵害的技术秘密范围。同时,鉴于认定王某亦构成共同侵权,故其亦应立即停止侵害涉案技术秘密的行为。因此,原审判决认定的停止侵害的责任方式虽无不当,但是该责任方式所针对的技术秘密内容和主体范围均过窄,原审判决相应判项显有不妥,依法予以纠正。

(2)关于赔偿数额。

首先,嘉兴中华化工公司与上海欣晨公司主张的三种赔偿数额计算方式:①按营业利润计算合计178,698,829.50元,而嘉兴中华化工公司与上海欣晨公司上诉仅主张177,770,227.92元为赔偿数额;②按销售利润计算合计为155,829,455.20元;③按价格侵蚀计算高达790,814,699元。

其次,本案确定损害赔偿责任需要考虑的因素。王龙集团公司等被诉侵权人采用非法手段获取、披露、使用或许可他人使用涉案技术秘密,侵害了嘉兴中华化工公司与上海欣晨公司主张的涉案技术秘密,造成了严重损害后果,依法应当承担损害赔偿等法律责任。具体而言,在确定本案赔偿数额时,最高人民法院考虑以下因素:第一,王龙集团公司等被诉侵权人非法获取涉案技术秘密的手段恶劣;同时,傅某为个人利益出卖涉案技术秘密,主观恶意极为明显。第二,王龙集团公司等被诉侵权人非法获取及使用的涉案技术秘密数量较多。王龙集团公司等被诉侵权人不仅非法获取了大量记载有涉案技术秘密的图纸,还大量使用了其非法获取的涉案技术秘密,特别是实际使用了其非法获取的涉案技术秘密的关键技术。第三,王龙集团公司、王龙科技公司、喜孚狮王龙公司明知其行为构成对涉案技术秘密的侵害,仍然持续、大量使用侵害涉案技术秘密的设备及工艺流程生产香兰素产品,故其显然具有侵害涉案技术秘密的恶意。特别是,在原审法院作出行为保全裁定,责令立即停止侵害涉案技术秘密后,王龙集团公司、王龙科技公司、喜孚狮王龙公司等依然无动于衷,继续实施侵害涉案技术秘密的行为,不仅表明其主观恶意极深,也显属对法律与司法权威的藐视。第四,涉案技术秘密具有较高的商业价值。第五,喜孚狮王龙公司、王龙科技公司均系实际上以侵权为业的公司。此外,如二审法院在认定王某构成侵权时所述,王龙科技公司亦系实际上以侵权为业的侵权人。第六,王龙集团公司等被诉侵权人侵害涉案技术秘密的行为对全球市场形成严重冲击。第七,王龙集团公司等被诉侵权人拒绝提交侵权产品销售数量等证据,存在举证妨碍、不诚信诉讼等情节。第八,王龙集团公司、王龙科技公司、喜孚狮王龙公司、傅某拒不执行原审法院的生效行为保全裁定,裁定后既未依法申请复议,也未停止侵害涉案技术秘密行为,其在二审庭审时亦承认被诉侵权行为仍在持续。

再次,本案因当事人的诉讼请求等原因难以适用惩罚性赔偿。

从最高人民法院查明的事实来看,涉案侵权行为本可适用惩罚性赔偿,但因当事人的诉讼请求及新旧法律适用衔接的原因,本案不宜适用惩罚性赔偿。具体理由是:第一,嘉兴中华化工公司与上海欣晨公司在原审及本案二审中所主张的损害赔偿数额仅计算至2017年年底,并未包括自2018年以来仍在持续的被诉侵权行为给其造成的损失。第二,在嘉兴中华化工公司与上海欣晨公司所主张计算损害赔偿数额的侵权行为期间之后,我国相关法律才明确规定符合特定条件的侵害技术秘密行为可以适用惩罚性赔偿。2019年《反不正当竞争法》明确规定侵害商业秘密案件可以主张惩罚性赔偿,该法于2019年4月23日起施行;《民法典》明确规定侵害知识产权案件可以主张惩罚性赔偿,该法于2021年1月1日起施行。

基于上述事实和理由,本案不宜适用惩罚性损害赔偿。但需要指出的是,对于2018年以来仍在持续的侵害涉案技术秘密行为,嘉兴中华化工公司与上海欣晨公司可以依法另行寻求救济。

最后,关于本案赔偿数额的确定。

本案中,嘉兴中华化工公司与上海欣晨公司主张根据涉案技术秘密被侵害给其造成的损失确定赔偿数额,并提供了三种计算方式分别计算赔偿数额,即按营业利润计算出赔偿数额为116,804,409元、按销售利润计算出赔偿数额为155,829,455.2元、按价格侵蚀计算出损害赔偿额为790,814,699元。其中,第一种计算方式和第二种计算方式采用的嘉兴中华化工公司原审证据78等证据真实可靠,计算出的赔偿数额均有一定合理性;第三种计算方式中相关数据和计算方法的准确性受制于多种因素,最高人民法院仅将其作为参考。最高人民法院认定王龙集团公司、王龙科技公司及喜孚狮王龙公司于2011年至2017年期间实际利用涉案技术秘密每年生产和销售香兰素至少2000吨,并据此计算侵权损害赔偿额。同时,嘉兴中华化工公司与上海欣晨公司提供了其营业利润率、销售利润率和价格侵蚀的基础数据。在上述事实和数据的基础上,本案具备按照实际损失或者侵权获利计算赔偿数额的基本条件。原审法院以嘉兴中华化工公司与上海欣晨公司提交的证据不足以证明其因侵权行为受到的实际损失为由,以法定赔偿方式计算本案赔偿数额,认定事实和适用法律均有错误。

综合考虑前述本案确定损害赔偿责任需要考虑的八项因素,特别是王龙集团公司等被诉侵权人侵权恶意较深、侵权情节恶劣、在诉讼中存在妨碍举证和不诚信诉讼情节，以及王龙科技公司、喜孚狮王龙公司实际上系以侵权为业的公司等因素，依法决定按照香兰素产品的销售利润计算本案侵权损害赔偿数额。由于王龙集团公司、王龙科技公司及喜孚狮王龙公司在本案中拒不提交与侵权行为有关的账簿和资料，无法直接依据其实际销售香兰素产品的数据计算其销售利润。考虑到嘉兴中华化工公司香兰素产品的销售价格及销售利润率可以作为确定王龙集团公司、王龙科技公司及喜孚狮王龙公司香兰素产品相关销售价格和销售利润率的参考，为严厉惩处恶意侵害技术秘密的行为，充分保护技术秘密权利人的合法利益，决定以嘉兴中华化工公司香兰素产品 2011 年至 2017 年期间的销售利润率来计算本案损害赔偿数额，即以 2011 年至 2017 年期间王龙集团公司、王龙科技公司及喜孚狮王龙公司生产和销售的香兰素产量乘以嘉兴中华化工公司香兰素产品的销售价格及销售利润率计算赔偿数额。

按照上述方法计算，王龙集团公司、王龙科技公司及喜孚狮王龙公司 2011 年至 2017 年期间因侵害涉案技术秘密获得的销售利润为 155,829,455.20 元。该销售利润数额虽高于按照嘉兴中华化工公司营业利润率计算得出的实际损失，但仍大幅低于嘉兴中华化工公司因被诉侵权行为造成价格侵蚀所导致的损失数额，且与本案各侵权人侵害涉案技术秘密的恶性程度、危害后果等具体情节相适应，具有合理性和适当性。

此外，原审法院认定嘉兴中华化工公司与上海欣晨公司为本案原审诉讼支付律师代理费 200 万元，为完成涉案损害赔偿经济分析报告支付 7 万美元，折算为人民币 483,196 元，两项合计 2,483,196 元。嘉兴中华化工公司与上海欣晨公司有关其为制止侵害涉案技术秘密行为原审合理支出 2,483,196 元的主张具有事实依据，予以确认。嘉兴中华化工公司与上海欣晨公司二审主张其为本案支出了律师代理费 100 万元及公证费用 9020 元，合计 1,009,020 元，并提交了诉讼代理合同、转账凭证及发票等证据。经审查，上述 1,009,020 元确系嘉兴中华化工公司与上海欣晨公司为本案二审支出的费用，客观真实，且与本案诉讼标的额、案件复杂程度等相称，具有合理性，一并予以确认。

综合原审及二审情况，嘉兴中华化工公司与上海欣晨公司为本案支出的合理费用共计 3,492,216 元。将确定的损害赔偿数额 155,829,455.20 元加上上述合理支出3,492,216元合计为159,321,671.2元,尚未超出嘉兴中华化工公司与上海欣晨公司上诉主张的177,770,227.92元赔偿总额,故确定本案损害赔偿总额为159,321,671.20元。同时,鉴于喜孚狮王龙公司成立时间较晚,嘉兴中华化工公司与上海欣晨公司仅请求其在7%的范围内承担损害赔偿责任具有一定合理性,对此予以支持。

基于上述事实和理由,嘉兴中华化工公司与上海欣晨公司有关原审判决确定的赔偿数额不当的上诉理由具有事实和法律依据,最高人民法院予以支持并依法予以改判。综上,判决如下:(1)撤销浙江省高级人民法院(2018)浙民初25号民事判决;(2)王龙集团有限公司、宁波王龙科技股份有限公司、喜孚狮王龙香料(宁波)有限公司、傅某、王某立即停止侵害嘉兴市中华化工有限责任公司、上海欣晨新技术有限公司技术秘密的行为,即停止以不正当手段获取、披露、使用、允许他人使用涉案设备图和工艺管道及仪表流程图记载的技术秘密(详见本判决附件1),该停止侵害的时间持续到涉案技术秘密为公众所知悉时止;(3)王龙集团有限公司、宁波王龙科技股份有限公司、傅某、王某自本判决生效之日起十日内连带赔偿嘉兴市中华化工有限责任公司、上海欣晨新技术有限公司经济损失155,829,455.20元,合理维权费用3,492,216元,共计159,321,671.20元,喜孚狮王龙香料(宁波)有限公司对其中7%即11,152,516.98元承担连带赔偿责任;(4)驳回嘉兴市中华化工有限责任公司、上海欣晨新技术有限公司的其他诉讼请求;(5)驳回王龙集团有限公司、宁波王龙科技股份有限公司、喜孚狮王龙香料(宁波)有限公司、傅某的上诉请求。

四、本案启示与重点问题解析

1. 商业秘密权利人针对其遭受损失的举证责任及证明程度问题

如前所述,商业秘密案件中,由于商业秘密技术性较强、侵权形式多样、侵犯对象复杂、损失难以量化等特点,商业秘密权利人在对其所遭受损失的举证能力方面,具有一定的局限性。立法机关正是注意到这个问题,在立法时搭建了"推定"规则体系;人民法院也注意到了该问题,在司法实践中,适当运用"推定"规则,侧重保护权利人的商业秘密。一般而言,权利人应当从以下三个层面组织证据证实其遭受的损失:一是直接经济损失,包括其销售利润减少、相关成本的增加、市场份额减少价值等；二是被诉侵权人所获得的收益，包括销售侵权产品所获得利润、基于侵权产品所增加的市场份额价值等；三是被诉侵权行为的恶劣程度以及侵权人的主观过程程度等。具体而言，权利人举证证实其损失数额或对方获益数额时，不仅要提供单方制作的财务统计凭证，还需要提供相应的转账记录、发票等证据，佐证财务统计资料的真实性。

本案中，嘉兴中华化工公司与上海欣晨公司提交的原审证据78为嘉兴中华化工公司2008年至2017年产品销售毛利润数据；原审证据87为嘉兴中华化工公司2008年至2017年香兰素销售明细账，系为补强其原审证据78中的销售数量和销售单价，以证明原审证据78中销售数量的真实性；原审证据89为“关于中华化工等诉王龙集团等侵害商业秘密案的损害赔偿的经济分析报告”。上述证据均系用以证明嘉兴中华化工公司与上海欣晨公司因涉案技术秘密被侵害受到的损失或者王龙集团公司、王龙科技公司、喜孚狮王龙公司、傅某、王某因侵害涉案技术秘密所获利益。原审法院经审查认为，原审证据78、证据87系单方制作证据，在缺少税务发票、审计报告等客观证据佐证的情况下，不足以确定其数据的真实性，但对于嘉兴中华化工公司的销售数量和销售单价具有一定参考作用，故对原审证据78、证据87予以认定；对原审证据89的形式真实性予以认定，但认为原审证据89不能实现其证明目的。为了进一步补强原审证据87，嘉兴中华化工公司与上海欣晨公司二审提交了新证据2、证据2－1、证据2－2，即2009年至2017年期间嘉兴中华化工公司香兰素产品每月两笔销售转账凭证及其所附发票、平均单价统计表，进一步证明原审证据78中销售单价的真实性。为证明原审证据78中单位成本的真实性，嘉兴中华化工公司与上海欣晨公司二审提交了新证据7及证据7－1，即嘉兴中华化工公司2009年至2017年期间香兰素数量金额明细表、随机抽取的每月一笔转账凭证及其生产成本结算表、原材料分配表。因嘉兴中华化工公司与上海欣晨公司二审补充提交发票和转账记录，弥补了原审证据在真实性方面的缺憾，二审法院改变了一审的认定，采信了上述证据。

2. 商业秘密损害赔偿责任法律依据及赔偿数额确定方法问题

2019年《反不正当竞争法》第17条新增加了两个重要内容：一是增加对恶意侵犯商业秘密行为人“一倍以上五倍以下”惩罚性赔偿规定；二是将赔偿

数额上限提高至五百万元人民币。2020年最高人民法院《关于审理侵犯商业秘密民事案件适用法律若干问题的规定》第19条规定了侵权行为导致商业秘密丧失秘密性的情况下,按照商业秘密全部商业价值确定赔偿数额的规则;第20条第1款规定了参照商业秘密许可使用费确定实际损失的规则,即根据许可的性质、内容、实际履行情况以及侵权行为的性质、情节、后果等因素确定,第2款规定了权利人遭受的损失和侵权人获得利益均难以确定时,考虑商业秘密性质、价值、研发成本、创新程度、竞争优势及侵权人的过错、性质、情节、后果等因素确认。上述法律条文和司法解释规定对于侵犯商业秘密赔偿数额确定而言,已经比较周全。值得注意的是,在此之前,相关司法解释规定了参照专利损害赔偿的规则,2007年最高人民法院《关于审理不正当竞争民事案件应用法律若干问题的解释》第17条规定:"确定反不正当竞争法第十条规定的侵犯商业秘密行为的损害赔偿额,可以参照确定侵犯专利权的损害赔偿额的方法进行;确定反不正当竞争法第五条、第九条、第十四条规定的不正当竞争行为的损害赔偿额,可以参照确定侵犯注册商标专用权的损害赔偿额的方法进行。"2008年《专利法》第65条第1款规定:"侵犯专利权的赔偿数额按照权利人因被侵权所受到的实际损失确定;实际损失难以确定的,可以按照侵权人因侵权所获得的利益确定。权利人的损失或者侵权人获得的利益难以确定的,参照该专利许可使用费的倍数合理确定。赔偿数额还应当包括权利人为制止侵权行为所支付的合理开支。"2014年最高人民法院《关于审理专利纠纷案件适用法律问题的若干规定》第20条第2款规定:"专利法第六十五条规定的侵权人因侵权所获得的利益可以根据该侵权产品在市场上销售的总数乘以每件侵权产品的合理利润所得之积计算。侵权人因侵权所获得的利益一般按照侵权人的营业利润计算,对于完全以侵权为业的侵权人,可以按照销售利润计算。"

本案中,嘉兴中华化工公司与上海欣晨公司主张了三种计算方法以确定损失赔偿数额。

①按销售收入计算。如果用王龙集团公司、王龙科技公司及喜孚狮王龙公司生产和销售的香兰素产品数量乘以嘉兴中华化工公司同期香兰素产品销售价格及营业利润率,则嘉兴中华化工公司2011年至2017年期间因王龙集团公司、王龙科技公司及喜孚狮王龙公司实际利用涉案技术秘密的获利分别

为:20,223,448 元、8,011,844 元、16,906,665.60 元、13,268,102.60 元、13,311,298元、31,360,977.60 元、13,722,073.20 元,合计为 116,804,409 元。

②按销售利润计算。根据嘉兴中华化工公司与上海欣晨公司原审证据 78 表明,2011 年至 2017 年期间嘉兴中华化工公司香兰素的销售利润率分别为:18.46%、16.21%、24.51%、13.28%、13.70%、13.77%、13.29%,如果用王龙集团公司、王龙科技公司及喜孚狮王龙公司同期生产和销售的香兰素产品总量乘以嘉兴中华化工公司同期香兰素产品的销售价格及销售利润率,则嘉兴中华化工公司与上海欣晨公司 2011 年至 2017 年期间因王龙集团公司、王龙科技公司及喜孚狮王龙公司实际利用涉案技术秘密的获利分别为:28,069,537.60元、23,961,622 元、34,880,671.20 元、17,780,060.80 元、18,218,260元、16,622,042.40 元、16,297,261.20 元,合计为 155,829,455.20 元。

③按价格侵蚀计算。根据嘉兴中华化工公司与上海欣晨公司提交的二审新证据 2、证据 2-1、证据 2-2、证据 7、证据 7-1 及原审证据 78、证据 87、证据 89 所采用的计算方法,2011 年至 2017 年期间因王龙集团公司、王龙科技公司及喜孚狮王龙公司的侵权及不正当竞争行为对嘉兴中华化工公司香兰素产品的价格侵蚀导致的损害高达 790,814,699 元。

3. 除了销售收入、利润和价格侵蚀等元素以外,确定损害赔偿金额的其他因素有哪些

根据最高人民法院在本案中的观点,确定商业秘密损害赔偿数额的主要因素包括以下几个方面。

第一,侵权手段恶劣程度。王龙集团公司等被诉侵权人非法获取涉案技术秘密的手段恶劣。王龙集团公司其原本并未掌握相关技术。但是,其明知嘉兴中华化工公司掌握有关乙醛酸法生产香兰素的涉案技术秘密且为全球两大香兰素生产厂家之一,仍采取现金及股权收买等方式,策划、利诱掌握涉案技术秘密的嘉兴中华化工公司员工傅某到王龙集团公司工作,并在傅某到王龙集团公司工作后立即上马香兰素项目,其在定制香兰素生产设备时使用的图纸与嘉兴中华化工公司的相应图纸完全相同,甚至嘉兴中华化工公司特有的图纸标号也完全一致,故其非法获取涉案技术秘密的手段显属恶劣。同时,

傅某为个人利益出卖涉案技术秘密，主观恶意极为明显。

第二，被侵犯商业秘密数量。王龙集团公司等被诉侵权人非法获取及使用的涉案技术秘密数量较多。根据已经查明事实，涉案技术秘密包括了乙醛酸法生产香兰素的287张设备图和25张工艺流程图，王龙集团公司等被诉侵权人非法获取了其中185张设备图和15张工艺流程图，占64.10%。287张设备图中含有60张设备主图，而王龙集团公司等被诉侵权人非法获取了其中41张设备主图，占68.33%。更为关键的是，王龙集团公司等被诉侵权人非法获取了涉案技术秘密中最为重要的缩合和氧化步骤设备主图，并实际使用了其中最为关键的缩合、氧化和脱羧工段工艺流程图。由此可见，王龙集团公司等被诉侵权人不仅非法获取了大量记载有涉案技术秘密的图纸，还大量使用了其非法获取的涉案技术秘密，特别是实际使用了其非法获取的涉案技术秘密的关键技术。

第三，侵权人主观恶意程度。王龙集团公司、王龙科技公司、喜孚狮王龙公司明知其行为构成对涉案技术秘密的侵害，仍然持续、大量使用侵害涉案技术秘密的设备及工艺流程生产香兰素产品，故其显然具有侵害涉案技术秘密的恶意。从王龙集团公司、王龙科技公司、王某自傅某处获取涉案技术秘密以及王龙科技公司、喜孚狮王龙公司使用涉案技术秘密的过程来看，由于其获取涉案技术秘密的手段恶劣，故其应当认识到其获取和使用涉案技术秘密行为的非法性。事实上，傅某2010年5月从嘉兴中华化工公司离职后，影响到更多员工离开嘉兴中华化工公司并加入王龙集团公司，帮助王龙集团公司、王龙科技公司筹建了被诉香兰素生产线。同时，嘉兴中华化工公司在意识到其技术秘密可能被侵害后，其采取的系列维权措施也逐渐指向王龙集团公司、王龙科技公司、喜孚狮王龙公司、傅某及王某，但王龙集团公司、王龙科技公司及王某毫无收敛，继续实施侵害涉案技术秘密的行为。特别是，在原审法院作出行为保全裁定，责令立即停止侵害涉案技术秘密后，王龙集团公司、王龙科技公司、喜孚狮王龙公司等依然无动于衷，继续实施侵害涉案技术秘密的行为，不仅表明其主观恶意极深，也属于对法律与司法权威的藐视。

第四，被侵犯商业秘密的价值。涉案技术秘密具有较高的商业价值。涉案技术秘密是嘉兴中华化工公司与上海欣晨公司共同自主研发的乙醛酸法制备香兰素新工艺，创造性地采用了化学氧化法。相对于传统的“催化氧化法”,上述新工艺具有反应条件温和、反应终点更易控制、副反应少的优点,属于创新技术。涉案技术秘密研发完成后,嘉兴中华化工公司于 2005 年完成了 3000 吨产能香兰素项目的投产,2007 年生产规模扩建到年产 1 万吨。由此可见,涉案技术秘密对嘉兴中华化工公司的香兰素生产贡献巨大。王龙集团公司、王龙科技公司在非法获取并实际使用涉案技术秘密后,才成功实现了以极低成本生产香兰素,且其香兰素生产线的设计年产量和实际年产量已达数千吨,产品遍销全球市场并已占据 10% 左右的市场份额,并从中攫取了巨大的商业利益,其中涉案技术秘密的非法使用是其获取巨大商业利益的核心和关键。因此,无论对于嘉兴中华化工公司来说,还是对王龙集团公司、王龙科技公司、喜孚狮王龙公司来说,涉案技术秘密均是其香兰素产品占据全球市场份额并创造巨额利润的重要因素。

第五,是否以侵权为业。喜孚狮王龙公司、王龙科技公司均系实际上以侵权为业的公司。自王龙科技公司实施侵害涉案技术秘密生产香兰素以来,嘉兴中华化工公司开始了持续的维权行为。2015 年 11 月 20 日,王龙科技公司以实物方式出资 8000 万元成立宁波王龙香精香料有限公司,主要生产香兰素。2017 年 6 月 22 日,王龙科技公司将其所持有的宁波王龙香精香料有限公司 51% 股权出售给凯美菱科学公司、喜孚狮欧洲股份公司,王龙科技公司以设备和专利等出资占注册资本的 49%,宁波王龙香精香料有限公司的经营范围亦变更为香兰素的研发、生产、销售和交易等。随后,宁波王龙香精香料有限公司于 2017 年 7 月 26 日更名为喜孚狮王龙公司。无论是名称变更前的宁波王龙香精香料有限公司,还是名称变更后的喜孚狮王龙公司,均系王龙集团公司、王龙科技公司为实施涉案技术秘密生产、销售香兰素而成立的实际上以侵权为业的公司。此外,如最高人民法院在认定王某构成侵权时所述,王龙科技公司亦系实际上以侵权为业的侵权人。

第六,是否造成行业市场冲击。王龙集团公司等被诉侵权人侵害涉案技术秘密的行为对全球市场形成严重冲击。在王龙集团公司等被诉侵权人实施侵害涉案技术秘密行为前,全球市场上两大公司占据了 90% 左右的市场,香兰素价格也维持了一个相对稳定的水平。王龙集团公司、王龙科技公司等非法获取涉案技术秘密后,从 2011 年 6 月开始生产香兰素并持续至今,其侵害涉案技术秘密的香兰素生产设备具备年产 5000 吨以上的生产能力,其实际年生产香兰素至少为2000吨,可以满足全球10%的市场需求。同时,王龙集团公司、王龙科技公司、喜孚狮王龙公司对标嘉兴中华化工公司争夺客户和市场,以较低价格销售香兰素产品,对国际、国内的香兰素市场特别是嘉兴中华化工公司的原有市场形成了较大冲击。

第七,是否存在妨害诉讼行为。王龙集团公司等被诉侵权人拒绝提交侵权产品销售数量等证据,存在举证妨碍、不诚信诉讼等情节。原审法院在审理过程中,曾通知王龙集团公司、王龙科技公司、喜孚狮王龙公司、傅某、王某提交侵权产品销售数量方面的证据,但其拒不提交相关证据。在最高人民法院二审过程中,王龙集团公司等被诉侵权人仍未提交相关证据。无论在原审诉讼还是在二审诉讼中,当法院要求王龙集团公司等被诉侵权人提交其定制生产香兰素产品专用设备的图纸时,其始终声称除了公安机关查获的部分图纸外,其并未向相关设备生产方提供图纸。作为一个年产数千吨香兰素的生产线,如果没有完整的图纸几乎不可能够建成完整的生产线。特别是,考虑到涉案香兰素生产线还涉及大量非标设备及王龙科技公司香兰素生产线在短期内完成制造、安装、报检报备、试运行及正式运行投产的事实,王龙集团公司、王龙科技公司、喜孚狮王龙公司、傅某、王某有关即便没有设备图纸仍可在短期内制造香兰素相关生产设备的主张,明显不合常理。同时,王龙集团公司、王龙科技公司、喜孚狮王龙公司、傅某、王某虽还主张被诉香兰素生产工艺系其自行研发,但始终亦未提供任何有效证据证明该主张。因此,最高人民法院认定王龙集团公司、王龙科技公司、喜孚狮王龙公司、傅某及王某在本案诉讼中存在举证妨碍及不诚信诉讼情节。

第八,诉讼中侵权行为的持续程度。王龙集团公司、王龙科技公司、喜孚狮王龙公司、傅某拒不执行原审法院的生效行为保全裁定。由于喜孚狮王龙公司已经通过非法手段掌握并实际实施了涉案技术秘密,为及时制止侵害涉案技术秘密的行为,原审法院在作出原审判决的同时,还裁定王龙集团公司、王龙科技公司、喜孚狮王龙公司、傅某立即停止涉案侵权行为。王龙集团公司、王龙科技公司、喜孚狮王龙公司、傅某在收到该裁定后既未依法申请复议,也未停止侵害涉案技术秘密行为,其在二审庭审时亦承认被诉侵权行为仍在持续。

4. 侵犯商业秘密案件中的行为保全问题

行为保全一直是司法实践中的疑难问题，绝大多数人民法院对当事人提交的行为保全申请保持审慎的态度。一方面是因为行为保全实施相对困难，另一方面是因为行为保全错误对被保全人的损害较大。但是，在商业秘密领域，针对侵权行为的保全措施，是保护权利人合法权益最有效的手段，因此，权利人提供初步证据证实被诉侵权人存在侵犯商业秘密行为时，人民法院依法应当准予并执行权利人所提出的行为保全申请。被诉侵权人收到人民法院行为保全裁定后，依法应当执行，否则应当承担法律责任。

本案中，2019 年 1 月 30 日，嘉兴中华化工公司与上海欣晨公司向原审法院申请行为保全。2020 年 4 月 24 日，原审法院在作出原审判决的同时，一并作出（2018）浙民初 25 号之一民事裁定。该裁定记载：虽然原审判决已经责令王龙集团公司、王龙科技公司、喜孚狮王龙公司、傅某停止侵害涉案技术秘密的行为，但因原审判决尚未生效，不能立即发生制止侵权行为的效果，尚无法避免嘉兴中华化工公司、上海欣晨公司损失的扩大；本案不存在可能给社会公众利益造成损害的情形。综合考虑全案因素，本案存在责令王龙集团公司、王龙科技公司、喜孚狮王龙公司、傅某立即停止侵害行为的必要性。因此，原审法院裁定：（1）王龙科技公司、喜孚狮王龙公司立即停止使用涉案技术秘密生产香兰素的行为；（2）王龙集团公司、王龙科技公司、喜孚狮王龙公司、傅某不得向他人披露或者允许他人使用涉案技术秘密。二审判决中，最高人民法院将被诉侵权人拒不执行人民法院保全裁定，作为其主观恶意情节，纳入损害赔偿数额确定因素予以考虑。

5. 人民法院庭审过程中明确询问的事项或对方当事人陈述的事实，被询问的一方未明确表示反对或否认，人民法院是否可以直接采信询问内容

根据 2019 年最高人民法院《关于民事诉讼证据的若干规定》第 4 条的规定，“一方当事人对于另一方当事人主张的于己不利的事实既不承认也不否认，经审判人员说明并询问后，其仍然不明确表示肯定或者否定的，视为对该事实的承认”。一方面，当事人应当积极配合人民法院的审判工作，不得以沉默等方式进行实质性对抗或拖延；另一方面，对方当事人所陈述的于己不利的事实，当事人应当明确进行反驳并提供相应证据支持，这是充分保护己方权益

的必然要求。正是基于上述逻辑，审判人民人员说明并询问后，当事人一方仍不对对方陈述的事实发表意见的，视为承认对方陈述事实。

本案中，嘉兴中华化工公司与上海欣晨公司的委托诉讼代理人在二审庭审中有如下陈述：(1)香兰素的市场需求量相对稳定，在被诉侵权人生产香兰素之前，嘉兴中华化工公司占据全球香兰素市场 60% 左右的份额；法国一家生产商占据 30% 左右的市场份额。(2)被诉侵权人生产香兰素之后，很快就占据了 10% 左右的全球香兰素市场份额，嘉兴中华化工公司的市场份额则下降到 50% 左右。(3)上述法国厂家提交的证据显示，被诉侵权人自认其香兰素生产设备与嘉兴中华化工公司的香兰素产品生产设备相同。(4)傅某到王龙集团公司工作后，短期内嘉兴中华化工公司多名与香兰素生产技术相关的员工也到王龙集团公司工作，帮助王龙集团公司、王龙科技公司实现了香兰素产品的量产。(5)嘉兴中华化工公司与上海欣晨公司在本案中主张的赔偿数额仅计算至 2017 年年底，不包括被诉侵权行为 2018 年以来持续至今给其造成的损失。(6)嘉兴中华化工公司与上海欣晨公司在本案中未主张销毁记载有涉案技术秘密的相关载体，也未主张销毁相关模具等生产设备。(7)涉案技术秘密是嘉兴中华化工公司与上海欣晨公司共同自主研发的乙醛酸法制备香兰素新工艺，创造性地采用了化学氧化法。相对于传统的"催化氧化法"，新工艺具有反应条件温和、反应终点更易控制、副反应少的优点，属于创新技术。

王龙集团公司、王龙科技公司、喜孚狮王龙公司、傅某及王某对嘉兴中华化工公司与上海欣晨公司的上述陈述当庭未明确表示反对或否认。最高人民法院根据上述司法解释的规定，视为王龙集团公司、王龙科技公司、喜孚狮王龙公司、傅某及王某承认上述事实，二审法院将上述事实纳入确定损害赔偿数额的重要依据。

6. 食品添加剂技术秘密构成要件的具体判断标准和方法问题

《反不正当竞争法》第 9 条第 4 款规定[1]"不为公众所知悉"是指有关信息不为其所属领域的相关人员普遍知悉和容易获得。一般来说，普遍知悉或

---

〔1〕《反不正当竞争法》第 9 条第 4 款规定："本法所称的商业秘密，是指不为公众所知悉、具有商业价值并经权利人采取相应保密措施的技术信息和经营信息。"

者容易获得均不要求商业秘密已必然为某个具体的人所知悉或获得，只要该商业秘密处于所属领域相关人员想知悉就能知悉或者想获得就能获得的状态，或者所属领域相关人员不用付出过多劳动就能够知悉或者获得该商业秘密，就可以认定其为所属领域的相关人员普遍知悉或者容易获得。“具有商业价值”一般是指有关信息具有现实的或者潜在的商业价值，能为权利人带来竞争优势。商业秘密具有的商业价值并不限于其已经实际产生的价值，还包括其可能带来的价值。同时，商业秘密的价值既包括使用该商业秘密给其带来的价值增长，也包括使用该商业秘密为其避免的价值减损或者成本付出。“保密措施”一般是指权利人为防止信息泄露所采取的与其商业价值等具体情况相适应的合理保护措施，通常应当根据商业秘密及其载体的性质、商业秘密的商业价值、保密措施的可识别程度、保密措施与商业秘密的对应程度以及权利人的保密意愿等因素，认定权利人是否采取了相应保密措施。

本案中，最高人民法院从技术单元、保密性、商业价值和保密措施四个方面论证涉案技术信息构成商业秘密。具体而言，涉案设备图、工艺管道和仪表流程图具有特定结构、能完成特定生产步骤、相关工序所需设备及其位置和链接关系、物料和介质链接关系、控制的参数等，为独立的技术单元，属于技术信息；上述技术秘密系权利人自行研制且经鉴定不为公众所知悉；权利人采取了合理的保护措施；涉案技术秘密作为香兰素生成技术，具有极大的商业价值。

7. 食品添加剂技术设备和技术图纸比对重点是什么？改良后技术能否用于对比

食品添加剂技术设备、图纸、管道工艺、仪表流程等技术秘密，在与被诉侵权信息进行比对时，重点在该技术信息载体中的设备图、工艺流程图比较，其中，设备的结构型式、尺寸、参数、制造要求、名称编号等是设备比对的主要内容；工艺管道及仪表流程图的设备位置和链接关系、物料和介质链接关系、控制点几参数是其比对主要内容。如被诉侵权信息系对权利人技术信息改良，并不影响其侵权行为构成，相反，其改良不当获取的技术秘密本身就属于“使用”类侵犯商业秘密的行为，在进行比对时，需要关注改良技术与权利人技术秘密的比重关系。

本案中，被诉侵权技术信息载体为王龙集团公司等被诉侵权人获取的

200 张设备图和 14 张工艺流程图，经比对其中有 184 张设备图与涉案技术秘密中设备图的结构型式、大小尺寸、设计参数、制造要求均相同，设备名称和编号、图纸编号、制图单位等也相同，共涉及 40 个非标设备；有 14 张工艺流程图与嘉兴中华化工公司的工艺管道及仪表流程图的设备位置和连接关系、物料和介质连接关系、控制内容和参数等均相同，其中部分图纸标注的图纸名称、项目名称、设计单位也相同。同时，王龙科技公司提供给杭特公司的脱甲苯冷凝器设备图、王龙科技公司环境影响报告书附 15 氧化单元氧化工艺流程图虽然未包含在冯××提交的图纸之内，但均属于涉案技术秘密的范围。

关于 2015 年环境影响报告书中的工艺流程图，其中附 15 氧化单元氧化工艺、附 16 氧化单元亚铜回收工序、附 17 脱羧单元工艺流程图分别与嘉兴中华化工公司的氧化工段、亚铜氧化工段、脱羧工段工艺管道及仪表流程图相同；附 20 香兰素结晶和乙醇回收单元工艺流程图与嘉兴中华化工公司的二结及甲醇回收工段流程图相比，仅缺少计量槽和过滤机，两者构成实质性相似；附 18 香兰素萃取流程图与嘉兴中华化工公司的香兰素萃取工段流程图相比，将原有 3 个萃取塔增加为 4 个，由于该两个工段均为多个设备组成的复杂工艺流程，在其他技术信息相同的情况下，减少个别辅助设备或仅增加一个萃取塔对整个工序的工艺流程不足以产生实质性影响，该两个工段工艺流程图与嘉兴中华化工公司的工艺管道及仪表流程图构成实质性相似；附 13 碱化与缩合酸化单元流程图与嘉兴中华化工公司的缩合工段工艺管道及仪表流程图相比，缺少多个缩合塔串联的技术信息；附 14 木酚萃取单元流程图与嘉兴中华化工公司的木酚萃取工段工艺管道及仪表流程图相比，缺少甲苯回收工艺流程信息；附 19 分馏单元流程图与嘉兴中华化工公司的头蒸工段工艺管道及仪表流程图相比，将原有 3 组蒸馏装置增加为 5 组；附 21 辅助工段流程图与嘉兴中华化工公司的硫酸配置工段工艺管道及仪表流程图具有一定差异。

8. 负有保密义务的员工拒签保密协议是否可免除法律责任

正如最高人民法院在本案中所指出的，虽然傅某拒绝与嘉兴中华化工公司签订保密协议，但其理应知晓嘉兴中华化工公司提出的技术秘密保密要求。而且，傅某拒签保密协议的理由是其打算辞职，而辞职并非员工拒签保密协议的正当理由。同时，结合傅某辞职后进入王龙科技公司香兰素车间工作的事实,可以认定傅某蓄意拒签保密协议。嘉兴中华化工公司制定了文件控制程序、记录控制程序等管理性文件,对公司重要文件、设备进行管理;由专人对文件的发放、回收进行管理和控制;制定《档案与信息化管理安全保密制度》,对员工保守商业秘密提出要求。傅某知晓或者理应了解并知悉上述管理制度。涉案技术秘密不同于员工在任职期间合法掌握的一般性知识和技能,无论是纸质还是电子版图纸所承载的技术秘密属于嘉兴中华化工公司的财产,未经嘉兴中华化工公司同意,傅某无权获取、披露、使用或者许可他人使用。傅某对此理应知晓,但其仍实施了被诉侵害涉案技术秘密的行为,具有明显的主观恶意。

9. 被诉侵权人以自主研发技术进行抗辩时需要举出何种证据

被诉侵权人以其自主研发并获得相关技术为由进行抗辩时,应当针对其研发过程、研发成本、研发结果、测试试用等事实进行举证。当然,如果其自主研发的技术与权利人的技术存在实质差异,应举证证实差异的具体内容。另外,即使被诉侵权人证实了其研发过程,仍应对其技术与权利人技术相同点进行合理解释。

本案中,王龙集团公司等被诉侵权人虽然在原审中主张其香兰素生产技术系自行研发,但是其并未提供任何证据证明该主张。王龙集团公司等被诉侵权人在本案二审过程中提交了硕士论文、化工设备图册、化工设备结构图册、化工制图等证据,拟证明其使用的涉案技术秘密系公知技术。但经审查,上述二审证据均未公开与涉案技术秘密完全相同的技术信息,既不能证明涉案技术秘密已经为公众所知悉,又不能证明被诉技术信息系本领域的公知技术信息。事实上,香兰素生产技术的研发过程需要付出巨大的时间、金钱和人力成本。如果王龙科技公司的技术系自行研发,其应当能够提供设计研发的技术人员、实验数据、设备图纸、费用支出等相关凭证。但是,王龙集团公司、王龙科技公司、喜孚狮王龙公司、傅某及王某均未提交合法有效的相关证据。而且,非标设备和工艺流程通常由企业自行设计,不同企业之间的图纸内容完全相同的可能性极低。另外,王龙科技公司使用的设备图和工艺流程图上的设备图示、名称、设备号码与嘉兴中华化工公司高度一致,甚至部分图纸标注的设计单位、特有编号完全相同,且其不能对此作出合理解释。

10. 商业秘密领域，人民法院如何认定被诉侵权人为了实施侵权行为而设立公司

评价被诉侵权人所设立的公司是否为专门实施侵权行为而设，主要从设立该公司的目的、该公司的经营范围、该公司实际经营行为、该公司人员构成、该公司参与或实施侵权行为的内容及后果等方面进行考察。上述各项要素共同指向该公司为了侵权行为而设即可，而并不需要上述每一项都独立指向该公司为实施侵权行为而立。

本案中，从王龙科技公司成立过程来看，王某与王龙集团成立王龙科技公司的主要目的是生成香兰素；从王龙科技公司香兰素生成线建设过程来看，傅某加入王龙科技公司，该公司立即启动香兰素生产线的建设工作，大量定购香兰素生产线的各种设备，还从嘉兴中华化工公司挖走多名精通香兰素生产工艺的员工。王龙科技公司的香兰素生产线建设完成后随即向有关部门报检报备。2011 年 3 月 15 日浙江省宁波市环境保护局批复同意王龙科技公司香兰素建设项目环境影响报告书，批准香兰素年产量为 5000 吨，同年 6 月王龙科技公司开始生产香兰素；从王龙科技公司成立后的生成活动来看，主要围绕香兰素的生产展开，包括生产线建设、报审、投产和产品投放。

11. 如何认定法定代表人与相关公司共同侵犯权利人商业秘密

判断法定代表人与公司是否构成共同侵权行为，主要考察法定代表人是否积极参与侵权行为，同时，该侵权行为是否同时体现法定代表人个人行为，一般情况下，法定代表人代表公司完成相关行为，其后果归于该公司，只有在相关行为同时体现法定代表人个人意志时，才具备构成共同侵权行为的基本要件。换言之，法定代表人将该公司用于实施侵权行为的工具时，二者构成共同侵权行为。

本案中，一审法院所做出的王某不构成共同侵权的认定是不妥当的。原审法院认为，王某的行为并未明显超过法定代表人职务行为的范畴，因而不构成共同侵权行为。其一，法定代表人是否超过职务行为的范畴不是评价其是否与该公司构成共同侵权行为的要件，换言之，即使法定代表人在职务行为范围内作出行为，但是如果该行为本身体现其个人意志，且该公司只是行为工具，同样构成共同侵权行为。其二，王某侵犯商业秘密的意思早于王龙科技公

司设立时间而存在，该公司设立前，王某即与他人合谋侵犯权利人商业秘密。

二审程序中，最高人民法院正是发现上述问题后，认定王某构成共同侵权。最高人民法院指出，王某作为王龙科技公司的法定代表人，积极与冯××等人签订《香兰素技术合作协议》，用现金、股权等方式引诱冯××、傅某等人实施泄露涉案技术秘密的侵权行为，并亲自接受傅某通过冯××转交的记载有涉案技术秘密的U盘。随后，王龙科技公司正式启动了香兰素生产线的建设，在短期内即生产出香兰素产品并投放市场。在这一系列侵权行为实施过程中，王龙科技公司的法定代表人王某自身积极参与本案被诉侵权行为，其实施的被诉侵权行为既体现了王龙科技公司的意志，也体现了王某的个人意志。也就是说，王某个人直接实施了被诉侵权行为，被诉侵权行为也体现了王某的个人意志。同时，鉴于王某专门为实施被诉侵权行为成立王龙科技公司，该公司已成为王某实施被诉侵权行为的工具，且王某与王龙集团公司、王龙科技公司、喜孚狮王龙公司、傅某存在密切的分工、协作等关系，可以认定王某个人亦实施了被诉侵权行为，具体包括以不正当手段获取、披露、使用及允许他人使用涉案技术秘密，并与王龙集团公司、王龙科技公司、喜孚狮王龙公司、傅某构成共同侵权，依法应承担相应的法律责任。因此，原审法院认定王某不构成共同侵权，存在认定事实及适用法律错误，最高人民法院予以纠正。

第二节　最高人民法院关于“三样菜”商业秘密案的判决——(2020)最高法知民终786号

餐饮企业最重要的商业秘密包括菜谱、菜品配料及比例、菜品制作工艺、采购渠道、特定经营方式等；而餐饮企业主管菜品的负责人，如行政总厨，通常掌管各菜品的配料、配方、制作工艺等关键技术，如该类负责人离职或披露、使用该商业秘密，对餐饮企业来说，将可能遭受极其重大的损失。

一、基本情况介绍

上诉人北京合和红灯笼餐饮管理有限公司（以下简称红灯笼餐饮公司）因与被上诉人武侯区苏帮主三样菜餐饮店（以下简称苏帮主餐饮店）、朱某、苏某侵害商业秘密纠纷一案，不服四川省成都市中级人民法院于2019年12月20日作出的(2019)川01民初4583号民事判决，向最高人民法院提起上诉。

原审诉讼过程中，红灯笼餐饮公司主张其商业秘密包括技术秘密和经营秘密，其中技术秘密为“招牌素三样”“干烧鳝段”“水煮美蛙”“歌乐山辣子鸡”“疯狂大麻鱼”“豆汤豌豆苗”“酸汤肥牛”等特色菜品的加工方法、材料配方及配比等技术，经营秘密为红灯笼餐饮公司特色菜品的原材料采购渠道、特色菜品的营销方法等。原审庭审中，红灯笼餐饮公司撤回对“疯狂大麻鱼”制作方法的主张，撤回对特色菜品营销方法的主张，明确其所主张的特殊材料进货渠道是指私人订制的菜籽油和川产茂汶大红袍花椒。原审庭审中，红灯笼餐饮公司主张苏帮主餐饮店、朱某、苏某构成共同侵权。

苏帮主餐饮店、朱某、苏某原审共同辩称：(1)红灯笼餐饮公司没有明确具体的菜品制作方法和配方配比，也没有明确具体的花椒及菜籽油的采购渠道，没有明确其秘密点；(2)红灯笼餐饮公司主张的菜品仅涉及原料、主料、辅料、配料的简单组合且是公众所知悉的信息，其提交的炒锅工作站产品操作指引是2019年10月才总结的，其所主张的经营信息也没有提交证据支撑；(3)红灯笼餐饮公司没有对其主张的商业秘密载体采取保密措施；(4)红灯笼餐饮公司诉称的商业秘密是苏某作为职工在工作过程中自身积累的工作经验，已经内化为员工个人的人格组成部分，员工离职后有自主运用的自由，不构成侵权；(5)红灯笼餐饮公司主张的赔偿金额过高，明显不符合常理；(6)红灯笼餐饮公司系恶意诉讼。

原审法院认定如下事实：

1. 苏某、朱某就职情况

2010年11月24日，苏某与红灯笼餐饮公司签订《劳动合同》，约定苏某担任红灯笼餐饮公司运营总监。前述合同到期后，苏某与红灯笼餐饮公司续签《劳动合同》，约定苏某担任红灯笼餐饮公司的副总经理及行政总厨，聘用期限至2018年11月23日。其间，苏某还于2014年12月6日与红灯笼餐饮公司签订《保密协议》，约定由于苏某在关键部门工作，因工作需要接触到红灯笼餐饮公司的技术秘密和经营秘密，红灯笼餐饮公司的商业秘密包括“特色菜品”制作方法及原材料采购渠道等,包括但不限于“特色菜品”的加工方法、原材料的采购渠道、材料配方及配比、技术来源及技术培训过程、菜品日后改进方法、菜品营销方法、菜品价格等。苏某就职于红灯笼餐饮公司期间,曾参与前往四川、重庆等地考察菜品。

2011 年 2 月 26 日,朱某与北京合和红灯笼餐饮公司餐饮分公司签订《劳动合同》,约定朱某担任厨房面点岗位工作;合同到期后,双方续签《劳动合同》,约定朱某继续在北京合和红灯笼餐饮公司餐饮分公司就职。

2. 红灯笼餐饮公司主张的商业秘密情况

本案原审中,红灯笼餐饮公司主张其菜品操作方法为其技术秘密,并提交了打印的无签字和签章及形成时间的“炒锅工作站产品操作指引(一)”,其中包括“招牌素三样”“干烧鳝段”“歌乐山辣子鸡”“原味水煮美蛙”“招牌现捞粉丝”“酸汤肥牛”“豆汤豌豆苗”等菜品的原料、分量及操作方法。该“炒锅工作站产品操作指引(一)”中“招牌素三样”原料中载明有“自制酱汁”,“招牌现捞粉丝”原料中载明有“自制酱料”,“酸汤肥牛”中载明有“自制酸汤”,原审庭审中红灯笼餐饮公司陈述前述自制酱汁和自制油辣子系苏某在其工作期间改进形成的秘方,但操作指引中未反映出其制作方法。其中“歌乐山辣子鸡”的“特点特色”中还记载该菜品来源于重庆歌乐山三百梯一家路边小店推出的以麻辣为主的辣子鸡,“原味水煮蛙”做法源于渝北地区一家姓刘的乡绅大户的祖传食谱。原审庭审中,红灯笼餐饮公司陈述“炒锅工作站产品操作指引(一)”系 2019 年 10 月由红灯笼餐饮公司的厨师总结而成,红灯笼餐饮公司还陈述没有证据印证其自制菜籽油和花椒及辣椒的进货渠道。

3. 被诉侵权行为情况

苏某、朱某从红灯笼餐饮公司离职后,于 2019 年 3 月 26 日成立了苏帮主餐饮店,并经营“疯狂大麻鱼”“招牌素三样”“豆汤豌豆苗”“酸汤肥牛”“帮主仔姜蛙”等菜品,上述店铺入驻了大众点评网。

苏某、朱某、红灯笼餐饮公司提交的公证书显示,2016 年 8 月 16 日本地宝网站发布的文章“重庆 8 道经典江湖菜排名燃爆秀色餐盘(含菜谱)”记载有“歌乐山辣子鸡”“泡椒牛蛙”“干烧鳝段”等菜品的制作方法。大众点评网上搜索“歌乐山辣子鸡”“酸汤肥牛”“招牌素三样”“豆汤豌豆苗”“水煮美蛙”

“烧鳝段”等菜品名称，有多家餐厅提供前述菜品。

二、一审程序中的重点问题

原审法院认为，本案原审的争议焦点为：红灯笼餐饮公司主张菜品制作方法及原料进货渠道是否构成商业秘密？

关于经营秘密的问题。本案中红灯笼餐饮公司主张其自制菜籽油以及花椒、辣椒的进货渠道为经营秘密，但红灯笼餐饮公司未提交证据证明前述菜籽油、花椒、辣椒的具体进货渠道，故对其该项主张原审法院不予支持。

关于技术秘密的问题。本案中红灯笼餐饮公司主张其菜品制作方法以及配方配比为技术秘密。原审法院认为，红灯笼餐饮公司为证明其主张提交了“炒锅工作站产品操作指引（一）”，但该操作指引并非记录制作方法及配方配比的载体，而是本案立案以后形成，且既无签字又无盖章，其来源不明，红灯笼餐饮公司提交的证据不能反映出其所主张的技术秘密来源及权利归属情况。红灯笼餐饮公司还主张自制酱汁和自制油辣子为其秘方，但未对该秘方的具体内容予以说明，其提交的证据亦未能反映该秘方的具体构成。此外，在苏帮主餐饮店、朱某、苏某所举证据反映出“歌乐山辣子鸡”等菜品在餐饮行业属于常见菜品且红灯笼餐饮公司的操作指引中也描述部分菜品系传承他人菜品制作方法的情况下，红灯笼餐饮公司未明确其菜品制作方法和配方配比与传统菜品制作方法的区别，也未提交证据证明其菜品制作方法和配方配比是不为公众所知悉的。综上，原审法院认为，红灯笼餐饮公司主张的菜品制作方法和配方配比不符合商业秘密的法定条件，不属于商业秘密。还需要说明的是，红灯笼餐饮公司在原审庭审中还明确其前述“炒锅工作站产品操作指引（一）”是2019年10月才总结形成，此时苏某、朱某早已不在红灯笼餐饮公司或其关联公司工作，红灯笼餐饮公司提交的证据也未能反映出苏帮主餐饮店相应菜品的制作方法和配方配比。相应地，苏某、朱某、苏帮主餐饮店也没有侵害红灯笼餐饮公司的商业秘密。原审法院对红灯笼餐饮公司的主张不予支持，对相关事实也不再予以审查。

三、二审程序中的重点问题

二审中，红灯笼餐饮公司提交了以下新证据材料：（1）关于“三样菜特色菜"技术来源的说明,签字人为侯某。(2)技术转让费付款凭证。前述两证据材料欲证明其特色菜品制作技术来源于案外人,其已支付相应对价,特色菜制作技术为其所有。(3)红灯笼餐饮公司财务系统电脑保存的2011年以来菜品成本卡,欲证明其特色菜品原材料、辅料及配比系技术秘密。(4)红灯笼餐饮公司自制酸汤、酱汁、油辣椒、调料、秘制汤料说明,欲证明其菜品制作技术的独特性及秘密性。(5)苏帮主餐饮店现厨房工作人员在红灯笼餐饮公司工作时任职情况及应聘申请表、入职申请表、保密协议,欲证明知悉涉案技术秘密的员工从红灯笼餐饮公司离职后加入苏帮主餐饮店。最高人民法院认证意见为,红灯笼餐饮公司所提交的证据材料(1)、证据材料(2),欲证明其特色菜品制作技术来源于案外人,其已支付相应对价,特色菜制作技术为其所有,但无法证明其所主张的菜品制作技术信息具有秘密性、价值性、保密性。证据材料(3)系红灯笼餐饮公司单方制作,不能证明本案所涉特色菜品的具体制作方法,真实性及证明力均难以确认。证据材料(4)亦系其单方制作,真实性及证明力难以确认。对于证据材料(5),即使该些员工系从红灯笼餐饮公司离职后加入苏帮主餐饮店,其离职、入职行为本身并无法证明其实施了侵害涉案商业秘密的行为。因此,对红灯笼餐饮公司二审中提交的新证据材料,均不予采信。

最高人民法院认为,本案二审阶段的争议焦点为:上诉人主张的特色菜品制作方法是否构成商业秘密?被上诉人是否违反保密协议使用了上诉人所主张的菜品制作方法?

本案中,红灯笼餐饮公司主张其七道特色菜的主辅材料的用料、配比及所使用的自制酱料、自制辣椒的制作技术构成商业秘密,但其据以主张的"炒锅工作站产品操作指引(一)""2011年以来菜品成本卡""自制酸汤、酱汁、油辣椒、调料、秘制汤料说明"等,均系其自行制作,其证明力难以认定。并且,红灯笼餐饮公司并无证据证明三被上诉人实施了披露、使用涉案菜品制作技术的行为,且仅凭苏帮主餐饮店亦经营川菜、菜品色香味与其相近等,亦难以判定苏帮主餐饮店使用了相同或实质相同的菜品制作技术。因此,对于上诉人的其特色菜品制作方法构成商业秘密、被上诉人违反保密协议使用了上诉人菜品制作方法的主张,均难以支持。

综上所述,红灯笼餐饮公司的上诉请求不能成立,应予驳回;原审判决认定事实清楚，适用法律无误，应予维持。依照《民事诉讼法》第 170 条第 1 款第 1 项规定，判决如下：驳回上诉，维持原判。

四、本案启示与重点问题解析

1. 餐饮企业炒锅方法等技术秘密的载体究竟是什么

源于烹饪技术特性，餐饮企业菜品制作工艺极难标准化，各企业甚至各厨师对相同的菜品会有不同的制作工艺。如餐饮企业将不为人知的特定制作工艺进行总结后记载于相关载体上，并采取必要的保密措施，则该制作工艺符合技术秘密要件。客观上说，各餐饮企业所制作的供消费者食用的各道菜品，才是上述制作工艺的真正载体。显然，与其他技术秘密载体不同，上述特定制作工艺的"产品"制成即被消费，该载体制成即消失，另外，各道菜品制作完成后，并不必然附载厨师制作该菜品的制作工艺信息，即不同的制作工艺可能制作出同一道菜品。这就是司法实践中人民法院评价菜品制作工艺类技术秘密时所面临的最困难的问题。因此，如果一味苛求权利人提供菜品特定制作工艺的载体进而评价其技术秘密构成要件，极易出现利益严重失衡的局面。笔者认为，餐饮企业将菜品特定制作工艺总结后形成的书面材料，应当被认定为该技术秘密的载体：一方面，该书面材料系权利人创新成果的表现形式；另一方面，该书面材料实践中发挥着指引相关人员行为的作用，具有实用性。问题在于，该类书面材料通常系餐饮企业自行制作，能否仅因其自行制作而否定其商业秘密属性？笔者认为，在查明该书面材料真实性的基础上，除否定该证据效力的一方能够举示充分的反驳证据以外，应结合其他证据认定该书面材料的证明力，而不应直接否定其证明力。

本案中，红灯笼餐饮公司自行制作了"炒锅方法"操作指引，从实质上讲，属于相关技术信息的载体，两级人民法院否定该操作指引构成技术秘密，直接原因是其缺乏真实性，即没有盖章或签字，且形成时间晚于被诉侵权人离职时间。从结论上看，两级人民法院的认定是正确的，但是，从实体权益平衡的角度出发，红灯笼餐饮公司合法权益遭受了损害。虽然这种损害系其举证能力不够所引发，但是，本案可以参照"一定可能性 + 举证能力极限"的思路，力争更加接近事实真相的认定案件事实，即首先根据全案证据判断被诉侵权人是否存在侵权可能性，如果存在，即使尚未达到高度盖然性程度，但是，如果能结合其他证据以及权利人是否穷尽举证手段，来推定相关事实。当然，红灯笼餐厅除补足其书面材料不足外，可通过实况录像的方式对其“炒锅方法”予以固定，并将其作为涉案技术秘密载体，也正是从这个意义上讲，本案两级人民法院未支持红灯笼餐饮公司主张，在实体上和程序上均具有合理性。

2. 来源于或改良于民间菜品的新菜品，是否构成商业秘密，在有关菜品技术秘密的比对中，应将菜品配方作为主要评价元素还是制作工艺

我国民间菜品系列丰富，且大多数民间菜品的配方、制作工艺已为公众所知悉，因而不构成技术秘密；且民间菜品流传至今，常常无法准确查询其原始发明者，因而极难确定其“权利人”。相关餐饮企业针对某民间菜品进行改良后获得的新菜品，是否构成商业秘密，取决于改进技术与原菜品技术是否存在实质不同。如果并无实质差异，则不具有创造性，不构成新技术，当然也不构成技术秘密；如果存在实质差异，且符合商业秘密其他要件，则构成技术秘密。

需要注意的是，在有关菜品技术秘密比对过程中，将涉及菜品配料、配方的比对，也涉及制作工艺的比对，但是，因为菜品制作工艺的比对受限于该制作工艺本身缺乏稳定性，或相关载体难以取得，比对工作难以开展，且制作工艺与配料配方相比，对菜品的影响相对较小，因此，将菜品配料和配方作为菜品技术秘密比对内容的中心，是更加可行的选择。

本案中，红灯笼餐饮公司所主张的技术秘密主要是菜品制作工艺而非配料配方，实际上选择了最难完成比对的比对对象。其一，当事人以及人民法院很难获得被诉侵权人在相关菜品中所使用的制作工艺，因此，无法完成比对，即使被诉侵权人主动配合法院调查，现场演示其制作工艺，也因该工艺与其经营中所使用工艺同一性问题无法确定而缺乏关联性。其二，针对菜品制作工艺本身，极难实施有效保密措施，同时，因中餐烹饪技术传承历史悠久，仅就制作工艺而言，很难完成具有实质意义的创新，在此基础上，审判人员在该问题上的自由心证基础是菜品制作工艺本身易为公众所知悉。

3. 餐饮企业如何预防因厨师离职导致商业秘密泄露或被使用等损害

如前所述，餐饮企业有关菜品的技术秘密很难被人民法院所确认，而且，很难完成对被诉侵权人所使用的技术信息与权利人技术秘密的对比工作，因此，适用商业秘密保护规则保护餐饮企业的技术秘密，并不应成为权利人的首

选。如笔者在本书第一章所提出,适用竞业限制规则保护餐饮企业技术秘密,更加务实高效,简言之,通过限制相关人员的行为以达到保护餐饮企业竞争优势的目的,比通过垄断菜品技术要简便易行。

本案中,红灯笼餐饮公司原行政主厨离职后从事直接竞争的餐饮行业并经营同类菜品,如果双方签订过竞业限制协议,直接依据该协议要求行政主厨履行相关义务即可。

第六章

会计师事务所等专业机构商业秘密保护典型案例解析

客户是会计师事务所、律师事务所等专业机构最重要的资源，这种专业机构与其客户之间的合同关系应受法律保护，各专业机构基于其身客户资源所具有的竞争优势，系其立足之本。专业机构与其客户之间的合同关系包括两个层面的商业信息：一是专业机构与客户之间存在合同关系，即某客户由某专业机构提供专业服务，此乃一般信息，所属领域的相关人员交易知悉；二是专业机构与特定客户之间合同关系具体内容、交易习惯、交易过程、交易意向等深度信息，该类信息一般不为所属领域的相关人员普遍知悉和容易获得。相关专业机构主张其客户资源为商业秘密时，需举证证实其与特定客户之间存在长期稳定、多次交易的关系，同时还需举证证实该交易关系中所存在不为公众所知悉的深度信息。

第一节　上海市高级人民法院关于“A 律师所案”解析——(2016)沪民申 2679 号

律师事务所和会计师事务所的客户资源，归属于各事务所，而非律师或会计师个人。这是法律对律师、会计师等专业人员执业规范[1]的要求，即律师或会计师不得以个人名义执业，相应地，不得以个人名义招揽客户，因而无法对客户资源享有所有权。实践中，律师和律师事务所之间的关系通常包括三种情形：一是合伙人与事务所之间的投资关系；二是律师与事务所之间的劳动合同关系；三是律师与事务所之间的挂靠关系。会计师与会计师事务所之间的关系也包括这三种情形。对于客户资源归属权而言，"挂靠"关系中存在一定程度的内在冲突：律师或会计师只是"挂靠"事务所，因而其客户资源理应归相关律师或会计师个人享有，但是，法律又禁止律师和会计师以个人名义执业，因此，在名义上，"挂靠"者之客户资源"不得不"归属于事务所。某种意义上，正是基于上述关系之考量，2007 年最高人民法院《关于审理不正当竞争民事案件应用法律若干问题的解释》第 13 条第 2 款规定，"客户基于对职工个人的信赖而与职工所在单位进行市场交易，该职工离职后，能够证明客户自愿选择与自己或者其新单位进行市场交易的，应当认定没有采用不正当手段，但职工与原单位另有约定的除外"。

一、一审基本情况介绍

原审法院经审理查明情况如下：

1. 王某任职情况

2010 年 4 月 18 日，上海市 A 律师事务所（甲方，以下简称 A 所）与王某（乙方）签订协议书一份；2010 年 4 月 24 日，A 所（甲方）与王某（乙方）签订《律师劳动合同》，第 1 条约定："甲方聘用乙方担任甲方的专职律师。根据乙方要求，甲方同意乙方享受提成律师的待遇。"第 3 条约定："……对于乙方自己寻找的案源，甲方安排由乙方承办……。"第 5 条约定："凡与甲方建立委托代理关系的当事人，甲方承办的案件以及甲方的案源等相关信息，属甲方的商业秘密，乙方不得以任何方式向外界透露。"

2012 年 10 月 17 日，上海市司法局批准王某提出的律师注销登记申请。

---

[1] 《注册会计师法》第 3 条规定，"注册会计师执行业务，应当加入会计师事务所"。《律师法》第 25 条规定，"律师承办业务，由律师事务所统一接受委托，与委托人签订书面委托合同，按照国家规定统一收取费用并如实入账"。

2012 年 11 月 30 日,上海市司法局审批同意王某在 B 所专职从事律师执业。

2. 涉案合同签订及解除情况

2011 年 9 月 8 日,中国二十冶集团有限公司市政工程分公司与 A 所签订《聘请律师代理合同》,A 所接受其委托,指派王某担任其与湖南省第二工程有限公司、珠海市粤海建筑工程公司建设工程合同纠纷一案的诉讼代理人。

2011 年 10 月 9 日,中国二十冶集团有限公司浦东分公司与 A 所签订《聘请律师合同》,A 所接受其委托,指派王某担任其与九江北方兴业投资发展有限公司建设工程合同纠纷一案的诉讼代理人。

2011 年 12 月 8 日,中国二十冶集团有限公司浦东分公司与 A 所签订《聘请律师合同》,A 所接受其委托,指派王某担任其与江西德丰混凝土有限公司建设工程合同纠纷一案的诉讼代理人。

2012 年 8 月 14 日,中国二十冶集团有限公司浦东分公司与 A 所签订《聘用律师合同》,A 所接受其委托,指派王某、吴某帅担任其与江某建设工程施工合同纠纷一案的诉讼代理人。

2012 年 4 月 1 日,上海道饷建筑工程有限公司与 A 所签订《聘用律师合同》,A 所接受其委托,指派王某担任其与李某伦中介合同纠纷仲裁一案的代理人。

2012 年 4 月 28 日,上海道饷建筑工程有限公司与 A 所签订《聘用律师合同》,A 所接受其委托,指派王某、吕某担任其与上海北齐钢材有限公司建设施工合同纠纷一案的诉讼代理人。

A 所在原审中当庭承认其在王某离开 A 所时,曾向上述客户发过函,告知客户王某要离开 A 所,让客户选择继续委托 A 所还是委托王某为其服务。客户回函均表明解除其与 A 所的委托关系。

王某在原审中表示,由于 A 所已向客户发函通知王某即将离开 A 所,涉案客户均表示要与 A 所解除聘用合同。而王某当时是 A 所的合伙人,所以与三家单位的解除合同协议书上是个人签名。A 所认为王某无权代表 A 所对外签订解除合同协议书。

A 所承认,上述客户均系王某到 A 所后介绍至 A 所,A 所与上述客户的业务关系持续时间就是王某在 A 所的工作时间。B 所承认,其与上海道饷建筑工程有限公司的合作只有一个未决仲裁案件，与中国二十冶集团有限公司及其分公司还有其他业务。

3. 王某、B 所、吕某提出的时效抗辩所依据的事实

2013 年 3 月 14 日，(2012) 闸民二(商) 初字第 614 号案件证据交换笔录记载，王某提交的证据 8 为“2012 年 8 月至 2012 年 11 月王某和客户签订的解除合同协议书及函(共 9 份)，证明王某在离所前已与客户办理了解除合同手续”。2013 年 4 月 18 日的证据交换笔录第 5 页中，A 所对证据 8 发表了质证意见。A 所对此予以确认。王某、B 所、吕某认为，A 所如果认为王某侵害了其商业秘密，应当在 2013 年 3 月 14 日即已知晓，而其于 2015 年 5 月才起诉，超过了两年的诉讼时效。

二、一审焦点问题

原审法院认为，本案的争议焦点是：(1) A 所主张的客户名单及代理合同是否构成商业秘密？(2) 如果构成商业秘密，王某、B 所、吕某是否侵害了 A 所上述商业秘密？(3) 如王某、B 所、吕某构成侵权，A 所的诉讼请求是否超过了诉讼时效，王某、B 所、吕某是否应当承担民事责任？

1. A 所主张保护的四个客户和六份案件代理合同不构成客户名单商业秘密

本案中 A 所主张保护的商业秘密包括四个客户名单和六份案件代理合同，A 所认为其秘密点在于客户。经原审法院释明，A 所未能具体说明其与主张保护的四个客户之间交易的习惯、意向、内容等构成的区别于相关公知信息的特殊客户信息，而律所和委托人之间的代理关系本身并不具有秘密性，因此，A 所主张四个客户和六份案件代理合同构成客户名单商业秘密，由于证据不足，原审法院不予支持。

2. 王某、B 所并未采取不正当手段将涉案客户带离 A 所

A 所承认涉案客户原来系由王某提供法律服务，在王某到 A 所工作后将客户介绍至该所，因此可以看出，涉案客户均是基于对王某个人信赖而与 A 所建立业务关系。现有证据证明在王某离开 A 所时，A 所已向涉案客户发函告知客户在王某和 A 所之间进行选择，均发函要求解除与 A 所的委托关系，

王某和B所并未采取不正当手段带走客户。

对于王某、B所、吕某提出的A所的起诉超过诉讼时效的抗辩，原审法院认为，本案中所涉及的解除合同协议书第一次出现是在（2012）闸民二（商）初字第614号案于2013年3月14日的庭审中，该案现在发回重审期间，故对该案中所涉及的证据及其相关的权利主张应视为诉讼时效中断状态，故对王某、B所、吕某提出的本案超过诉讼时效的主张原审法院不予采信。一审判决驳回A所的全部诉讼请求。

三、二审裁判情况

上海知识产权法院评析本案焦点问题如下：

1. 关于A所在本案中主张保护的四个客户和六份案件代理合同是否构成客户名单的商业秘密的问题

该院认为，客户名单一般是指经营者在经营过程中，通过有意识地调查、收集等活动获取的反映一定数量客户产品需求、价格要求等内容的经营信息。判断客户名单是否属于"不为公众所知悉"的经营信息，主要考量该客户名单中所包含的信息中，是否具有特有的、特殊的信息，且该等信息是否经权利人花费了一定的努力和劳动获得。本案中，综观A所所主张的四个客户和六份案件代理合同及其相关证据，所反映的信息仅涉及上述四个客户委托相关律师代理诉讼，而就上述四个客户委托相关律师代理诉讼这一信息而言，容易为所属律师领域的相关人员普遍知悉和获得。A所在本案一、二审的审理中，亦未能向法院具体说明主张保护的四个客户和六份案件代理合同中存在有关委托代理案件的具体内容、其与四个客户之间的交易习惯、交易过程、交易意向等不为所属领域的相关人员普遍知悉和容易获得的特殊客户信息。而A所在上诉中所提及的《管理规定》《证人王某某的证言和陈述》等证据，亦无法反映其在本案中主张的四个客户和六份案件代理合同中存在特殊客户信息。且在原审法院的审理过程中，A所承认，其主张的四个客户均系王某到A所后介绍至A所，A所与上述客户的业务关系持续时间就是王某在A所的工作时间。可见，A所获知上述四个客户委托相关律师代理诉讼这一信息，亦未花费相关努力和劳动。因此，A所所主张的四个客户和六份案件代理合同所反映的信息不符合“不为公众所知悉”的要求,不属于商业秘密,对于A所的相关上诉主张,不予采信。

2. 关于王某、B所是否采取不正当手段侵害A所的商业秘密的问题

二审法院认为:首先,虽然,A所与王某在《律师劳动合同》中有“凡与甲方建立委托代理关系的当事人,甲方承办的案件以及甲方的案源等相关信息,属甲方的商业秘密”的约定,但鉴于《反不正当竞争法》对于“商业秘密”的构成要件有具体的规定,因此,A所与王某在其《律师劳动合同》所约定的“商业秘密”,仍应符合法定的要件。其次,鉴于A所在本案中主张的四个客户和六份案件代理合同所反映的信息不属于商业秘密,因此,无论王某是否将涉案客户带离A所至B所,均不构成对A所商业秘密的侵害。再次,2007年最高人民法院《关于审理不正当竞争民事案件应用法律若干问题的解释》第13条第2款“客户基于对职工个人的信赖而与职工所在单位进行市场交易,该职工离职后,能够证明客户自愿选择与自己或者其新单位进行市场交易的,应当认定没有采用不正当手段,但职工与原单位另有约定的除外”规定中“但职工与原单位另有约定的除外”,应当是指职工与原单位之间就某具体客户是否属于原单位的商业秘密具有具体的、明确的约定,而本案中显然没有证据表明,A所与王某就涉案四个客户属于A所的商业秘密曾有具体的、明确的约定。因此,在客户自愿选择王某及B所情形下,应当认为王某和B所没有采用不正当的手段。最后,A所上诉中所提及的《离所律师三清表》《三清案件明细表》《律师离职交接单》《反诉状》以及王某、B所、吕某在原审中提供的《上海律师协会律师事务所管理参考》等证据,仅与王某在A所是否办理过三清手续有关,并不能证明王某和B所采用了不正当的手段,侵害了A所的商业秘密。综上,对于A所的相关上诉意见不予采纳。

综上所述,该院认为,原审法院认定事实清楚,适用法律正确。判决如下:驳回上诉,维持原判。

四、再审裁判情况

A所申请再审称:二审认定事实错误,有法不依,违反了我国2012年《民事诉讼法》第200条第1款第2项、第6项、第13项的规定。(1)认定事实不

清。(2)没有正确适用法律。二审认定的四个客户委托相关律师代理诉讼,容易为所属律师领域的相关人员普遍知悉和获得没有依据,且根据 2007 年最高人民法院《关于审理不正当竞争民事案件应用法律若干问题的解释》第 9 条的规定,本案涉及的三个客户均系 A 所付出了一定代价来维护双方建立的关系,不属于“该信息无需付出一定代价而容易获得”情形,构成“不为公众所知悉”。(3)原审没有正确适用案由,本案案由应为侵害经营秘密纠纷,属于适用法律不当。

王某、B 所、吕某共同答辩称:(1)本案一、二审认定事实清楚,适用法律正确,依法应予维持。(2)再审基于 A 所对商业秘密的曲解而提出,相应理由不能成立。二审法院在判决中指出“纵观 A 所所主张的四个客户”,系 A 所的主张,并非法院的认定。(3)A 所滥用诉权,依法应当受到抵制。

上海市高级人民法院认为,本案中,A 所并未能说明其与主张保护的客户之间的交易习惯、意向、内容等构成有别于所属领域相关人员普遍知悉和容易获得信息的特殊客户信息。其所主张的客户及相关案件代理合同,反映的信息仅为上述客户委托相关律师代理诉讼,该信息容易为所属领域相关人员普遍知悉和容易获得,故不属于客户名单商业秘密。鉴于 A 所主张的客户及相关代理合同并不属于商业秘密,且上述客户是王某加入 A 所时介绍至 A 所,而王某离职时客户自愿选择王某及 B 所,A 所并未举证证明三被申请人采用了不正当手段,故三被申请人并未侵害 A 所的商业秘密。

侵害商业秘密纠纷包括侵害经营秘密纠纷和侵害技术秘密纠纷,原审法院确定本案案由为侵害商业秘密纠纷并无不当,再审申请人的该项再审理由不能成立。

关于再审申请人二审违反了我国 2012 年《民事诉讼法》第 200 条第 1 款第 13 项规定的再审主张,因其并未提供证据予以证明,故对再审申请人的该项主张不予支持。

依照 2012 年《民事诉讼法》第 204 条第 1 款、2015 年最高人民法院《关于适用〈中华人民共和国民事诉讼法〉的解释》第 395 条第 2 款规定,裁定如下:驳回上海 A 律师事务所的再审申请。

五、本案启示与重点问题解析

1. 单次合作客户商业信息能否构成商业秘密并受相应的规则保护?

根据2007年最高人民法院《关于审理不正当竞争民事案件应用法律若干问题的解释》第13条之规定,商业秘密中的客户名单,是指客户的名称、地址、联系方式以及交易习惯、意向、内容等区别于公知信息等特殊客户信息,包括汇集众多客户的客户名册以及保持长期稳定交易关系的特定客户。显然,商业秘密中的客户名单,其内核在于区别于相关公知信息的特殊客户信息,至于客户名单中所包含的客户数量,既可能是众多客户,也可能是长期稳定交易的单一客户。这个精神在2020年最高人民法院《关于审理侵犯商业秘密民事案件适用法律若干问题的规定》中得到更加明确的体现,该司法解释第1条第2款直接用"客户信息"代替了"客户名单",紧接着在其第3款中直接将原司法解释中"客户名单"的定义援用到本司法解释"客户信息"的定义中,这样的变化,本质就是从以名单为中心界定经营信息之商业秘密属性,到以特殊信息为中心界定经营信息之商业秘密属性。因此,2020年最高人民法院《关于审理侵犯商业秘密民事案件适用法律若干问题的规定》第2条直接明确规定,"当事人仅以与特定客户保持长期稳定交易关系为由,主张该特定客户属于商业秘密的,人民法院不予支持"。该条规定的意旨十分明确,即使与客户之间存在长期稳定的交易关系,但是如果并不包含不为公众所知悉的特殊信息,也不构成商业秘密中的客户信息。反向推论可得出结论:权利人即使与客户之间并存在长期稳定的交易关系,但是包含了客户交易习惯、意向、内容等不为公众所知悉的特殊信息,也构成商业秘密中的客户信息。在2020年最高人民法院出台新的司法解释之前,有关商业秘密客户名单的认定问题,司法实践中长期存在的观点是,客户信息必须同时具备"汇集众多客户"和"长期稳定交易关系"两个要件时才构成商业秘密中的客户名单;可以预见,2020年司法解释出台后,该判断标准将不再适用。更进一步分析,2020年司法解释规定更加合理,也更充分保护权利人的竞争优势,举例而言,权利人即将与某特定客户建立单次交易关系,此时,竞争对手通过不正当手段获取该客户信息后抢先与该客户建立交易关系,如果按照之前"汇集众多客户+长期稳定交易"的标准判断,竞争对手并不构成侵犯商业秘密行为,显然,这样的结论严重背离了基本的立法价值取向；相反，按照2020年司法解释精神，权利人上述客户信息包含了不为公众所知悉的信息，属于商业秘密，竞争对手侵犯了商业秘密，依法应承担赔偿责任。

律师事务所和会计师事务所的客户中，存在相当数量的客户系单次合作客户，如果按照2020年之前司法实践中的评价标准，单次合作的客户不构成商业秘密中的客户名单，即使该客户信息中包含了不为公众所知悉的特殊信息。2020年司法解释出台后，对于律师事务所和会计师事务所客户资源的保护而言，是极为有利的。即使是单次交易的单一客户，如果客户信息中包含了不为公众所知悉的特殊信息，也属于商业秘密，依法应受保护。实际上，这样的客户信息包括三种情形：一种情形是律师事务所或会计师事务所正在服务的客户信息；另一种情形是即将与律师事务所或会计师事务所进行交易的客户信息；还有一种情形是已经与律师事务所或会计师事务所完成了单次交易的客户信息。对于前两种信息，只要包含了不为公众所知悉的特殊信息，即构成商业秘密；对于第三种信息，如果该客户并无继续进行新交易的意向，则不构成商业秘密。

本案中，针对A律师事务所与中国二十冶集团等客户之间建立的法律服务交易关系，如其包含了交易关系的具体内容、交易意向、交易习惯等不为公众所知悉的信息，即使其不具备长期稳定交易关系的特点，同样构成商业秘密。稍显遗憾的是，A律师事务所自始至终并未举证证实涉案客户交易关系的商业秘密要素特征，如上所述交易内容、意向和习惯，而是一直强调该律师事务所与中国二十冶相关公司之间的委托合同本身构成商业秘密。诚如三级人民法院所言，律师事务所与客户之间的委托关系本身并不具有秘密性，是律师行业相关人员较易获悉的信息；但是，律师事务所与特定客户之间委托关系的具体内容、服务意向和交易习惯，却并非相关人员容易获得的信息。

2. 客户选择与行为人不正当手段获取客户信息之间的悖论

根据2020年最高人民法院《关于审理侵犯商业秘密民事案件适用法律若干问题的规定》第2条第2款之规定，“客户基于对员工个人的信赖而与该员工所在单位进行交易，该员工离职后，能够证明客户自愿选择与该员工或者该员工所在的新单位进行交易的，人民法院应当认定该员工没有采用不正当手段获取权利人的商业秘密”。该条规定包括以下几层意思：其一，无论客户与员工建立信任关系肇始于何时，只要客户因信任员工而与单位进行交易，如果员工离职后，该客户继续选择与该员工或其所在单位交易，即不构成不正当手段获取权利人商业秘密；其二，无论客户对员工的信任源自何种原因，即便是员工通过诋毁单位的方式获得客户信任，也不构成不正当手段获取商业秘密的行为，诚然，该等行为涉嫌其他不正当竞争行为；其三，即使该员工负有保密义务，只要客户基于信任选择与该员工或其单位交易，也不构成不正当手段获取权利人商业秘密的行为。显然，“客户选择”成为员工绕开侵犯商业秘密责任的“免死金牌”，这是不合理的。笔者认为，客户选择相关员工或其单位进行交易，相关员工不构成不正当手段获取商业秘密，必须以该员工不存在主观过错为前提，即相关员工对于该客户与原单位（交易对象）解除交易或中断合作关系，不存在故意或重大过失。否则，不能仅仅因为客户选择来免除相关员工的侵权责任，因为客户与新的交易对象进行的所有交易，必然是客户的选择，不存在客户不自愿选择而建立新的交易关系的情形，如此，结果是所有源于员工的客户流失，无论相关员工是否采取不正当手段，结果都是合法的。

本案中，中国二十冶集团等客户在王某入职 A 律所之前即与王某存在信任关系，这是排除王某主观恶意的关键因素；同时，询问客户选择交易对象系 A 律所自行发起并完成，且客户明确选择终止与该律师所的合作关系，均足以排除王某利用不正当手段获取该律所客户信息的可能性。换言之，王某比该律所更了解客户的交易内容、意向、习惯等深度信息。这恰好也是律师事务所和会计师事务所客户管理的痛点之一。

第二节　中山市第二人民法院关于中山市成诺会计师事务所被诉侵犯商业秘密案解析——（2019）粤 2072 民初 12875 号

会计师事务所接受委托人提交的作为审计基础的财务资料，或者律师事务所接受委托人提交的据以提供法律服务的证据材料，相关会计师事务所或律师事务所在履职范围内使用上述资料时，即使该等材料中包含他人商业秘密，亦不构成侵犯权利人商业秘密的行为。

一、基本案情介绍

原告中山市联华印染有限公司（以下简称联华印染公司）、中山市百花鸟内衣实业有限公司（以下简称百花鸟公司）、中山市联华制衣有限公司（以下简称联华制衣公司）与被告中山市成诺会计师事务所有限公司（以下简称成诺公司）、卢某1、卢某2侵害商业秘密纠纷一案，中山市第二人民法院于2019年9月24日立案受理，现已审理终结。

三原告向中山市第二人民法院提出诉讼请求：

（1）判令成诺公司撤销成诺公司出具的中成会字（2019）第108020号《卢某1、卢某2其他专项审计报告》；（2）三被告将其非法获取三原告的商业秘密文件归还三原告，并销毁所有的复制品，保证今后不披露、不使用或者不允许他人使用三原告的商业秘密文件；（3）三被告在《中山日报》上予以登报声明，声明确认涉案审计报告内容错误；（4）三被告在中山市级报刊上就侵犯三原告的商业秘密登报道歉；（5）三被告赔偿三原告为制止侵权遭受的经济损失人民币4.5万元。

三原告所提出的事实和理由：

（2019）粤20民初32号案中，三原告收到卢某1、卢某2提交给法庭的中成会字（2019）第108020号《卢某1、卢某2其他专项审计报告》（以下简称审计报告）及与该报告相对应的三原告共5个银行账户的对账单。三原告发现，审计报告的委托人为卢某1、卢某2，被审计对象为三名第三人总共5个银行对公账户2016年4月1日至2016年6月28日不等的银行流水，审计报告记载“卢某1、卢某2和卢某6共同出资成立了联华印染公司”“卢某6以联华印染公司股东的名义，利用职务便利，将拆迁款转给了百花鸟公司、联华制衣公司”。

三原告从未授权卢某1、卢某2委托成诺公司开展审计，而卢某1、卢某2并不是三原告的股东、董事、监事，其无权获取三原告的对公账户银行流水，更无权对外委托审计，卢某1、卢某2通过非法途径窃取并向成诺公司提供三原告对公账户银行流水的行为违法，该银行流水包括三原告的银行收支状况、客户信息、经营情况、资产状况，均为核心商业机密，具有极高的商业价值，且三原告及市场通行做法均将银行对账单作为高度机密保管,非经法定程序或指定人员无法接触。

案外人卢某6、卢某1、卢某2均非联华印染公司的股东,成诺公司未执行审计程序便做出“卢某1、卢某2和卢某6共同出资成立了联华印染公司”的不实陈述。案外人卢某6并非联华印染公司的股东,无权直接管理联华印染公司,成诺公司未经核实便作出“卢某6以联华印染公司股东的名义,利用职务便利,将拆迁款转给了百花鸟公司、联华制衣公司”的误导性陈述。该审计报告被卢某1、卢某2作为证据提供给另案法庭,传给该案多个诉讼当事人进行质证,审计对象侵犯了三原告包括银行账户收支状况、客户信息、经营情况、资产状况等核心商业秘密,该侵权行为或导致三原告在(2019)粤20民初32号案中承担不利后果,给三原告造成巨大损失。

三原告认为成诺公司作为专业的审计机构,未遵守《注册会计师法》《中国注册会计师审计准则》《中国注册会计师职业道德规范基本准则》等法律法规、行业规范执业,未保持应有的职业审慎、职业怀疑,故意接受非法委托,收取明知是他人非法获取的商业秘密作为审计证据,未保持客观、独立原则,未依据审计准则的规范执行恰当的审计程序,未获取充分、适当的审计证据,故意出具存在虚假记载及误导性陈述的审计报告,与卢某1、卢某2共同严重侵害到三原告的商业秘密。卢某1、卢某2故意委托成诺公司开展非法审计并向成诺公司提供非法获取的资料并出具审计报告,构成共同侵权。为维护三原告的合法权益,三原告向法院提起本案诉讼。

成诺公司辩称其没有侵害三原告的商业秘密:(1)本案中不存在被侵害商业秘密客体,三原告提交的证据无法证明本案涉及商业秘密,涉案的银行流水除了涉及三个原告、原告一的法定代表人卢某5、卢某6的女儿卢某3及卢某7、卢某5的兄弟卢某6这些主体之间的资金转入、转出的简单记录,也没有其他客户的名称、地址、联系方式以及交易习惯意向内容等,三原告无证据证明银行流水采取何种具体的保密措施、能为权利人带来经济利益等构成商业秘密的条件;(2)其无侵权行为,用于审计的银行流水有合法来源,是审计委托人卢某1、卢某2提供,成诺公司基于涉案银行流水作出的审计报告仅提供给卢某1、卢某2使用,不向第三方提供,没有侵害三原告的商业秘密。

卢某2、卢某1辩称:(1)本案提出管辖权异议及中止审理,请依法作出决定;(2)三原告提起诉讼指向的对象是成诺公司作出的审计报告,该审计报告的来源基于中山中院受理(2019)粤20民初32号案依法发出律师调查令,依法向相关银行调取原告收取巨额拆迁补偿款后的资金流向,成诺公司根据合法取得了银行流水记录作出审计报告,该审计报告审计程序合法、依据真实、结论正确,由于该审计报告及银行流水作为中级法院案件的证据,已经开庭并进行了质证,有待中级法院作出评判,依法调取三原告取得巨额拆迁补偿的资金的银行流水,不仅没有侵犯三原告的商业秘密,反而揭露三原告法定代表人、实际控制人、董事会成员挪用、侵占公司巨额资金的违法犯罪行为,有刑事立案告知书为证,因此,应驳回三原告的起诉或诉讼请求。

当事人围绕诉讼请求依法提供了证据,中山市第二人民法院组织当事人进行了证据交换和质证。对当事人无异议的证据,中山市第二人民法院予以确认并在卷佐证。对有争议的证据,中山市第二人民法院认定如下:

1. 三原告提供的证据

(1)撤回审计报告的函件无原件核对,且与《信访事项答复意见书》矛盾,而送达报告单、微信聊天记录与本案无关,不予采纳;(2)信访事项受理告知书,不能直接证明案件事实,不予采纳;(3)补充章程、机读档案、验资报告,涉及公司股东纠纷,应按照生效法律文书进行实质判断。

2. 卢某1、卢某2提交的证据

(1)股东协议书及补充协议,涉及公司股东纠纷,应按照生效法律文书进行实质判断;(2)立案告知书,与本案无关,不予采纳。

根据当事人陈述和经审查确认的证据,法院认定事实如下:

联华印染公司成立于2003年7月31日,属有限公司,注册资本1500万港元,经营范围为织物面料的织染及后整理加工等,登记股东为香港利华实业集团有限公司、联华制衣公司。百花鸟公司成立于2002年8月15日,属有限公司,注册资本200万港元,经营范围为生产各种针织服装、内衣裤等,登记股东为香港利华实业集团有限公司、联华制衣公司。联华制衣公司成立于1991年3月28日,属有限公司,注册资本250万元,经营范围为生产、销售服装、内衣裤,登记股东为卢某6、卢某5、李某。

成诺公司成立于1999年12月8日,注册资本200万元,企业类型为有限公司,经营范围为承办审查会计账目等。

2019年8月8日,卢某1、卢某2与成诺公司签订《审计业务约定书》,委托成诺公司对银行流水进行审计,委托方对银行流水的真实性和完整性负责。同年8月19日,成诺公司出具《卢某1、卢某2其他专项审计报告》[中成会字(2019)第108020号,以下简称审计报告],基本情况载明"卢某1、卢某2、卢某6共同出资成立联华印染公司,联华印染公司于2016年收到征地补偿款77,244,805元";审计资料1为联华印染公司兴业银行2016年4月7日至2016年4月26日的流水明细;审计资料2为百花鸟公司中国银行2016年4月1日至2016年4月19日的流水明细;审计资料3为百花鸟公司中国建设银行2016年4月7日至2016年6月29日的流水明细;审计资料4为百花鸟公司小榄村镇银行2016年4月7日至2016年6月27日的流水明细;审计资料5为联华制衣公司兴业银行2016年4月7日至2016年6月28日的流水明细;审计结论为联华印染公司转出到百花鸟公司47,424,800元、联华制衣公司1000万元,百花鸟公司转出到卢某3、卢某7、卢某6等人处。卢某1、卢某2声称审计资料1是基于其股东身份取得,审计资料2-5是基于律师调查令41-44号调取所得,审计报告和上述流水也作为证据在该案中提交。

2019年11月24日,中山市注册会计师协会《信访事项答复意见书》载明,根据《中山市联华印染有限公司股东协议书》《中山市联华印染有限公司补充协议》《中山市联华印染有限公司股东会决议》《解除已被查封资产再次申请书》《中山市中级人民法院(2019)粤20执异7号》有关材料显示,卢某1、卢某2、卢某6均为联华印染公司实际投资股东;审计资料来源正规、合理,审计证据充分、可靠,成诺公司已于2019年9月23日向卢某1、卢某2发出对原审计报告的修正函,删除"卢某1、卢某2和卢某6共同出资成立了联华印染公司""卢某6以联华印染公司的名义利用职务便利,将拆迁款转给了百花鸟公司、联华制衣公司"两项内容。

双方均未能对三原告因侵权行为而受到的损失数额以及三被告因侵权行为的获利情况进行举证。

二、一审法院裁判说理

法院审理认为:首先,三原告所述构成商业秘密的5个账户银行流水,属三原告在经营过程中形成的交易信息，不会主动公开，基本符合“不为公众所知悉”的要件；其次，三原告尽管没有举证采取具体的保密措施，虽然三原告对“采取保密措施”的举证相对薄弱，但根据日常经验，账户一般也仅限于财务人员、公司高管等知悉；最后，对上述交易消息是否具有现实或潜在的商业价值、确立竞争优势，三原告并未就此举证。综上，三原告主张上述账户银行流水属商业秘密的举证不足。

此外，即使构成商业秘密，三原告还需举证存在：(1)以盗窃、贿赂、欺诈、胁迫、电子侵入或者其他不正当手段获取权利人的商业秘密；(2)披露、使用或者允许他人使用以前项手段获取的权利人的商业秘密；(3)违反保密义务或者违反权利人有关保守商业秘密的要求，披露、使用或者允许他人使用其所掌握的商业秘密。对于审计资料1，根据查明的事实，卢某等联系联华印染公司的股东的事实已被生效法律文书确认，该两人以股东身份获取公司的财务会计资料并不违法；而审计资料2－5本质上是司法机关调查的证据，从现有证据看，交易流水均用于诉讼的目的，仅限于参与诉讼的当事人知悉，并没有向他人披露，三被告也无侵犯三原告的商业秘密。

综上，根据《反不正当竞争法》第9条、第32条，最高人民法院《关于审理不正当竞争民事案件适用法律若干问题的解释》第9条、第10条、第11条、第14条，《民事诉讼法》第64条第1款的规定，判决如下：驳回原告中山市联华印染有限公司、中山市百花鸟内衣实业有限公司、中山市联华制衣有限公司的诉讼请求。

三、本案启示与重点问题解析

1. 会计师事务所或律师事务所接受、使用委托人提供的资料时，应负担何种程度的注意义务

会计师事务所和律师事务所接受委托人提交的材料时，并不对材料的真实性负责；但是，当基于材料作出财务或法律判断时，需要尽到合理的注意义务。从法律规定层面出发，无论是《注册会计师法》还是《律师法》，均未明确规定上述注意义务的具体内容以及注意程度。《注册会计师法》第17条规定，“注册会计师执行业务，可以根据需要查阅委托人的有关会计资料和文件，查看委托人的业务现场和设施，要求委托人提供其他必要的协助”。该法

第 21 条规定,“注册会计师执行审计业务,必须按照执业准则、规则确定的工作程序出具报告。注册会计师执行审计业务出具报告时,不得有下列行为:(一)明知委托人对重要事项的财务会计处理与国家有关规定相抵触,而不予指明;(二)明知委托人的财务会计处理会直接损害报告使用人或者其他利害关系人的利益,而予以隐瞒或者作不实的报告;(三)明知委托人的财务会计处理会导致报告使用人或者其他利害关系人产生重大误解,而不予指明;(四)明知委托人的会计报表的重要事项有其他不实的内容,而不予指明。对委托人有前款所列行为,注册会计师按照执业准则、规则应当知道的,适用前款规定”。这是对注册会计师执业过程中核实义务的原则性规定,其中包含了注册会计师对委托人所提交材料真实性进行审查的义务,但是,这种审查义务并不包括提交材料的合法性审查,仅对其真实性进行审查,而且仅对注册会计师执行某项业务时已经或将要使用的材料真实性进行审查。《律师法》第 40 条规定,“律师在执业活动中不得有下列行为:……(六)故意提供虚假证据或者威胁、利诱他人提供虚假证据,妨碍对方当事人合法取得证据;……”该条规定旨在禁止律师故意提供虚假证据或协助委托人提供虚假证据,言外之意,如果律师并不知道委托人所提供的证据虚假,则并不承担责任。总体而言,注册会计师或律师在执业过程中,对委托人所提供之材料,只有故意或重大过失致人损害时,才承担责任。

本案中,成诺会计公司显然不存在任何过错,委托人所提交审计的材料,其真实性和合法性,由委托人自行承担责任,只有成诺公司明知材料虚假或违法而依然作为审计基础,才承担责任。而且,即便如此,成诺公司所承担的责任也并不是侵权责任,而是基于执业规范应承担的“专家责任”,该责任通常是会计师事务所或律师事务所对委托人承担的“因失职而负担的责任”,并不是对委托人之外的其他方承担责任,也就是说,本案原告并不属于委托人,不适用“专家责任”。

2. 委托人提供的资料中包含他人商业秘密时,会计师事务所或律师事务所是否构成侵权

当委托人提供的资料中包含他人商业秘密时,如会计师事务所或律师事务所并未参与相关材料的取得工作,也并不知晓相关材料侵犯他人商业秘密,

则不构成侵犯商业秘密的行为。但是,会计师事务所或律师事务所接受包含商业秘密的资料后,依法应承担保密义务,无论该资料中所涉及的商业秘密系委托人的商业秘密还是他人的商业秘密,均不得违法披露、使用或许可他人使用。《注册会计师法》第19条规定,“注册会计师对在执行业务中知悉的商业秘密,负有保密义务”。该条规定中所称的保密义务,不仅是指《反不正当竞争法》第9条所列的全部情形,还包括基于行业纪律和规范所应承担的更高的注意义务。因此,该法第20条规定,“注册会计师执行审计业务,遇有下列情形之一的,应当拒绝出具有关报告:(一)委托人示意其作不实或者不当证明的;(二)委托人故意不提供有关会计资料和文件的;(三)因委托人有其他不合理要求,致使注册会计师出具的报告不能对财务会计的重要事项作出正确表述的”。《律师法》第38条规定,“律师应当保守在执业活动中知悉的国家秘密、商业秘密,不得泄露当事人的隐私。律师对在执业活动中知悉的委托人和其他人不愿泄露的有关情况和信息,应当予以保密。但是,委托人或者其他人准备或者正在实施危害国家安全、公共安全以及严重危害他人人身安全的犯罪事实和信息除外”。同样,律师事务所接受包含商业秘密的材料,依法承担保密义务。

本案中,成诺公司在履职范围内使用委托人提交的材料,虽然相关材料包含部分私密信息,但是,成诺公司并未违法披露或使用,因此,不构成侵权。

第七章

机械和仪器制造业
商业秘密保护典型案例解析

最高人民法院指出[1]，由于商业秘密具有保护客体不为公众所知悉的秘密属性，其天然地不具备"可对抗不特定第三人的绝对权应予公示"的法律属性，加之"不为公众所知悉"这一事实为消极事实，商业秘密权利人难以证明，因此，为了适当减轻商业秘密权利人的举证责任，《反不正当竞争法》修改了举证责任分配的一般原则，根据《反不正当竞争法》第 32 条第 1 款之规定，"在侵犯商业秘密的民事审判程序中，商业秘密权利人提供初步证据，证明其已经对所主张的商业秘密采取保密措施，且合理表明商业秘密被侵犯，涉嫌侵权人应当证明权利人所主张的商业秘密不属于本法规定的商业秘密"。有关权利人所采取保密措施的"相应性"，2020 年最高人民法院《关于审理侵犯商业秘密民事案件适用法律若干问题的规定》第 5 条明确规定，"人民法院应当根据商业秘密及其载体的性质、商业秘密的商业价值、保密措施的可识别程度、保密措施与商业秘密的对应程度以及权利人的保密意愿等因素，认定权利人是否采取了相应保密措施"。商业秘密权利人所采取的保密措施，不是抽象的、宽泛的、可以脱离商业秘密及其载体而存在的保密措施，而应当是具体的、特定的、与商业秘密及其载体存在对应性的保密措施。

---

〔1〕 参见(2020)最高法知民终 538 号民事判决书。

第一节 最高人民法院关于兰光机电“气体透过率测试仪”案解析——(2020)最高法知民终538号

针对机械设备或仪器上所附载的技术秘密,权利人采取的保密措施所应当具有“相应性”包括“对内保密措施”、“对外保密措施”和“足以对抗反向工程”三个层面。“对内保密措施”必须施加于技术秘密及其载体上而且始终不能脱离载体;“对外保密措施”不仅要让第三方明确知晓而且还需要对该第三方具有约束力;“足以对抗反向工程”可基于技术秘密本身性质致第三方即使拆卸载体也无法分析获知技术秘密,也可基于产品等载体不可拆卸的物理手段。

一、一审情况

上诉人济南思克测试技术有限公司(以下简称思克公司)因与被上诉人济南兰光机电技术有限公司(以下简称兰光公司)侵害技术秘密纠纷一案,不服山东省济南市中级人民法院于2020年1月6日作出的(2019)鲁01民初2279号民事判决,向最高人民法院提起上诉:请求判决撤销原判发回重审或改判兰光公司停止侵权、销毁技术资料、消除影响、赔礼道歉。

1. 一审诉辩意见及法院认定的事实

思克公司原审起诉请求:请求判决兰光公司停止侵权、销毁技术资料、消除影响、赔礼道歉。其事实与理由为:思克公司研发GTR-7001气体透过率测试仪包含智能测试技术秘密,兰光公司通过恶意诉讼及保全措施拆卸设备并获取该技术秘密后,利用思克公司技术秘密生产并销售智能检测仪器。

兰光公司辩称:(1)兰光公司诉思克公司侵犯专利权诉讼中,通过保全行为拆卸并知悉思克公司设备技术信息,系合法取证行为;(2)兰光公司对气体渗透测试技术拥有自主知识产权;(3)思克公司涉嫌侵犯兰光公司技术秘密。

一审法院认定事实如下:2017年9月4日,一审法院对思克公司GTR-7001测试仪进行保全,思克公司主张该测试仪制造技术为技术秘密,密点包括智能模式、储气罐技术、电磁阀技术、弯管技术、真空泵停控技术。思克公司提交了生产图纸等自主研发证据和“私拆无效”标签等保密措施证据。

2. 一审法院对焦点问题的评析

如果权利人未采取合理保密措施，该信息不构成商业秘密。保密措施体现出权利人对其主张的商业秘密具有保密的意愿。涉案测试仪系公开销售的产品，思克公司应在售出产品上采取合理保密措施，但是，该公司通过设备采购合同和防拆标签采取的保密措施不充分：该设备采购合同并未限制购买分再次转让，亦未要求采购方采取防盗、专人使用、废弃处理等专业保密措施，测试仪承载技术可轻易为人获取，涉案技术信息不构成商业秘密。

二、二审情况

1. 二审诉辩意见及法院认定的事实

思克公司上诉称原审判决认定思克公司未采取保密措施错误：(1)思克公司对内措施包括保密协议等文件、厂区门锁及出入限制，对外措施包括与客户合同的保密条款、设备上严禁拆卸标签；(2)应以难以获得技术秘密为保密措施有效和适当的标准；(3)评价保密措施合理性应考虑行业现状。

兰光公司辩称：兰光公司诉思克公司侵犯专利权诉讼中，基于保全行为拆卸涉案设备，不构成侵犯技术秘密行为；被诉技术系兰光公司自主研发；产品新闻和说明不足以证实侵害技术秘密；济南市公安局(2019)4 号鉴定意见确认兰光公司技术秘密。

二审法院确认一审查明的事实，另查明：

(1)关于保密措施，思克公司对外销售合同中约定对方保密义务和保密技术范围；测试仪后盖与底部结合处贴“撕毁无效”标签。

(2)关于兰光公司通过诉讼保全获取思克公司技术秘密，查明(2017)鲁01 证保 25 号保全裁定内容；思克公司主张拆解可直接观察大部分密点。

2. 二审法院对焦点问题的评析

(1)本案被诉侵权行为发生于 2019 年之前但持续至 2019 年 4 月 23 日之后，应适用 2019 年修订的《反不正当竞争法》，一审引述法律条文有误，应予纠正。

（2）二审判决确认思克公司未采取合理的保护措施，具体如下：

第一，思克公司“对内保密措施”（保密制度等）与市场流通中的测试仪脱离，因而与涉案技术秘密不具有对应性。同时，兰光公司通过诉讼保全措施获悉涉案技术信息，思克公司“对内保密措施”与兰光公司是否采取不正当手段不具有关联性。

第二，思克公司“对外保密措施”（约定购买方保密）仅约束合同相对方，不约束不特定第三人，且未禁止产品转让；同时，“私拆无效”标签以安全提示为目的，并不以保密为目的。

第三，根据涉案技术秘密及其载体的性质，思克公司所采取的保密措施除因产品流通市场脱离控制而不具有“对应性”外，还不足以对抗不特定人通过“反向工程”获取该技术秘密：一方面，“私拆无效”标签不具备物理上对抗拆卸的功能；另一方面，“私拆无效”不具有保密目的，即使具备，也不能约束不特定主体（有权处分具有所有权的物品）。

三、本案启示与重点问题解析

1. 商业秘密保密措施的对应性问题

最高人民法院《关于审理侵犯商业秘密民事案件适用法律若干问题的规定》第5条第2款规定：“人民法院应当根据商业秘密及其载体的性质、商业秘密的商业价值、保密措施的可识别程度、保密措施与商业秘密的对应程度以及权利人的保密意愿等因素，认定权利人是否采取了相应保密措施。”据此，商业秘密权利人所采取的保密措施，不是抽象的、宽泛的、可以脱离商业秘密及其载体而存在的保密措施，而应当是具体的、特定的、与商业秘密及其载体存在对应性的保密措施。权利人所采取的保密措施与其主张的商业秘密之间具有对应性，这是商业秘密保密措施“相应性”的基础，如果没有对应性，“相应性”则无从谈起；在具有对应性的基础上，权利人所采取的保密手段具有合理性，才符合商业秘密保密措施相应性标准。比如，产品一旦售出进入市场流通，就在物理上脱离权利人的控制，故区别于可始终处于商业秘密权利人控制之下的技术图纸、配方文档等内部性载体，权利人所采取的“对内保密措施”与已进入市场流通的产品之间就失去了对应性，因而也不具有“相应性”。正因为权利人的“对内保密措施”与已进入市场流通产品之间不具有对应性，而已进入市场流通的产品具有外部性载体特征，且最高人民法院《关于审理侵犯商业秘密民事案件适用法律若干问题的规定》第14条第1款、第2款规定，通过自行开发研制或者反向工程获得被诉侵权信息的，人民法院应当认定不属于《反不正当竞争法》第9条规定的侵犯商业秘密行为[1]。故权利人所采取“对外保密措施”必须足以对抗不特定第三人通过反向工程方式获取商业秘密。

本案中，涉案技术秘密的载体为GTR－7001气体透过率测试仪，其进入市场流通后，脱离权利人控制，权利人所采取的“对内保密措施”不再具有对应性。同时，思克公司主张保护的技术秘密是其测试仪产品所承载的技术，其诉称兰光公司非法获取涉案技术秘密的不正当手段为“利用证据保全拆解”涉案仪器，可见，思克公司所采取的“对内保密措施”，与兰光公司是否不正当地取得并拆解思克公司产品进而获得涉案技术秘密，不具有相关性。权利人理应通过“对外保密措施”弥补“对内保密措施”缺位之不足，尤其是采取足以对抗反向工程的必要措施。鉴于涉案技术秘密载体为市场流通产品，属于外部性载体，故思克公司为实现保密目的所采取的保密措施，应能对抗不特定第三人通过反向工程获取其技术秘密。

2. 销售合同中约定的保密义务，是否属于“相应的对外保密措施”

权利人商业秘密“对外保密措施”，包括对外销售产品时在合同中约定购买方的保密义务、限制购买方的处分或再转让权、约定购买方专用范围、产品废弃处理方案、产品本身加贴保密要求标签、物理手段对抗拆卸、方向工程对抗技术手段等。上述任何一项，都可能无法完全独立达到“相应性”的标准。当然，也不能因为某一项措施证明力不完满而直接否定其保密措施的基本属性，比如，权利人在销售合同中约定购买人的保密义务，虽然该约定无法单独构成商业秘密要件之“相应的保密措施”，但是，绝不能因此而否定销售合同中约定的保密义务不属于权利人所采取的保密措施：虽然产品销售合同只能约束双方当事人，不能约束不特定第三人，但是，不特定第三人知道或应当知道销售合同中的保密约定时，负有不侵犯权利人商业秘密的义务。而且，不侵

---

〔1〕 反向工程，是指通过技术手段对从公开渠道取得的产品进行拆卸、测绘、分析等而获得该产品的有关技术信息。

犯他人权利的义务,是绝对义务,不是相对义务,无论是否有约定,或者相关约定是否对该不特定第三人具有约束力,该不特定第三人均负有不侵犯他人权利的义务;即使不特定第三人合法购得载有权利人商业秘密的产品,享有完整的物权,但是,并不意味着该不特定第三人可以视该产品上的商业秘密如不见,更不能主动采取侵犯商业秘密的行为。对于权利人所采取的防拆标签,如确系为安全需要所设,则却不属于保密措施,但是,与上述销售合同约定保密义务一样,该不特定第三人负有注意义务,不得侵犯权利人商业秘密,因而不能据此反证该不特定第三人享有侵犯权利人商业秘密的"权利"。

本案中,两级人民法院均以思克公司对外销售合同不能约束特定第三人为由,否定了该销售合同"相应保密措施"的属性。本案中,最高人民法院指出,"一方面,思克公司虽在与客户公司签订的《设备购销合同》中约定,GTR - 7001 气体透过率测试仪产品的转让不意味着客户公司取得该产品的任何知识产权,且客户公司需承担确保该产品技术机密信息安全以及不得将技术机密信息提供给任何第三方的合同义务,但是,该约定仅具有约束客户公司的效力,不具有约束不特定第三人的效力。并且,《设备购销合同》并未限制客户公司对所购买的产品进行处分、转让,故不特定第三人可通过市场流通取得该产品,且不受思克公司与客户公司签订的《设备购销合同》的约束"。笔者认为,该观点值得商榷,如上所述,权利人思克公司对外保密措施在产品销售文件环节,只能通过在销售合同中约定购买方的保密义务来实现,这也正是《反不正当竞争法》第 9 条第 3 款的适用对象之一,在该情形下,不特定第三人负有法定(不侵权)义务,除非其能证实其不明知或应知相关人员存在侵权行为。即使该销售合同尚不能达到"相应性"的标准,但是,不可否定其属于"保密措施"的基本属性,而本案判决书是基于该销售合同相对性而认定其不属于保密措施的。

3. 对抗反向工程的保密措施需具备何种条件

根据最高人民法院《关于审理侵犯商业秘密民事案件适用法律若干问题的规定》第 14 条之规定,通过自行开发研制或者反向工程获得被诉侵权信息的,不属于侵犯商业秘密的行为。与之相对,权利人为了保护自己的商业秘密,其采取的保密措施就应当足以对抗反向工程。如果权利人所采取的保密措施不足以对抗反向工程，是否就不构成"相应的保密措施"，人民法院能否就此认定权利人相关商业信息缺乏商业秘密的基本构成要件呢？笔者认为，满足"相应性"标准的保密措施，只需要达到所属行业相关人员不易获取商业信息即可，而并不一定要求足以对抗反向工程，理由是：如果权利人所采取的保密措施不足以对抗反向工程，则其自担他人基于反向工程取得其商业秘密而免责的不利后果，权利人自主选择放弃部分权利或降低其权利保护标准，法律不应干预，更不能基于该选择而否定权利人的权源；如其保密措施足以对抗他人反向工程，系"相应性"标准之上的保密措施，且专门针对不特定第三人自主研发或反向工程而设，并不具有权利构成要件的普适性之一般特点。具体而言，对抗反向工程"至少可依靠两种方式实现：一是根据技术秘密本身的性质，他人即使拆解了载有技术秘密的产品，亦无法通过分析获知该技术秘密；二是采取物理上的保密措施，以对抗他人的反向工程，如采取一体化结构，拆解将破坏技术秘密等"。[1]

本案中，思克公司认可，通过拆解 GTR－7001 气体透过率测试仪，可直接观察到秘密点或本领域技术人员"通过常理"可知晓秘密点，故涉案技术秘密不属于上述"技术拆解也无法获知技术秘密"第一种情形。同时，思克公司所采取的保密措施也不属于足以对抗不特定第三人通过反向工程获取其技术秘密的第二种情形：其一，涉案气体透过率测试仪上贴附的标签，不具有保密目的；其二，即使该标签以保密为目的，仍不能构成可以对抗他人反向工程的物理保密措施，因其并不具备物理上对抗他人拆解的功能。

4. 权利人在其产品上加贴"禁拆"类标签，是否构成"相应的保密措施"，是否足以对抗反向工程

在附载商业秘密的产品上加载标签，是权利人常见的保密措施之一，而且该类标签不仅具有对内效力，还具有一定程度的对外效力，即不特定第三方见到标签后，应当承担基本的注意义务，更不得明知仍侵犯权利人商业秘密。上述标签一方面具有提示功能，告知购买人及接触该产品的第三人，产品附载商业秘密，依法受到保护；另一方面，部分标签具有物理上的封固功能，防止购买

---

〔1〕 参见（2020）最高法知民终 738 号民事判决书。

人或不特定第三人拆卸相关产品,具有对抗反向工程的能力。需要注意的是,如果权利人加贴标签没有明确提示保密要求,该标签将被认定为非保密措施,更不足以对抗反向工程。

本案中,最高人民法院以思克公司所贴标签不具有保密目的且不具有物理上的对抗反向工程功能,而否定了标签的保密措施属性。该院指出,即使思克公司贴附在产品上的标签所载明的文字内容以保密为目的,如“内含商业秘密,严禁撕毁”等,此时该标签仍不能构成可以对抗他人反向工程的物理保密措施。一方面,通过市场流通取得相关产品的不特定第三人与思克公司并不具有合同关系,故无须承担不得拆解产品的合同义务。另一方面,不特定第三人基于所有权得对相关产品行使处分行为,而不受思克公司单方面声明的约束。《物权法》(已失效)第4条规定:“国家、集体、私人的物权和其他权利人的物权受法律保护,任何单位和个人不得侵犯。”第5条规定:“物权的种类和内容由法律规定。”第39条规定:“所有权人对自己的不动产或者动产,依法享有占有、使用、收益和处分的权利。”根据《物权法》的上述规定可知,通过市场流通取得GTR－7001气体透过率测试仪的不特定第三人,其对该产品享有的所有权的内容应由法律规定,包括占有、使用、收益和处分四项权能,而不受思克公司单方面声明的约束。这一点也正是最高人民法院《关于审理侵犯商业秘密民事案件适用法律若干问题的规定》第14条第1款、第2款关于“通过反向工程获得被诉侵权信息不构成侵害商业秘密行为”规定的法理基础。权利人基于所有权得对所有物行使占有、使用、收益和处分行为,因而对所有物上承载的知识产权构成一定限制,这不仅体现在反向工程对商业秘密的限制,类似的还有画作的所有权对画作著作权人展览权的限制。因此,根据涉案技术秘密及其载体的性质,思克公司贴附在产品上的标签并不构成可对抗他人反向工程的物理保密措施,应认定思克公司未采取符合反不正当竞争法规定的“相应保密措施”。

针对上述观点,笔者认为,《物权法》(已废止)有关所有权的规定,并不能成为所有权人侵犯该物上商业秘密的理据:首先,除买卖双方明确约定以外,所售货物之所有权仅限于物体本身,而不包括该物所附载的知识产权,更不包括商业秘密,试想,如果购买人基于购买行为获得商品中的商业秘密权,将引发何等严重的权利冲突。其次,所有权人处分物品,并不必然有权处分其中的商业秘密。最后，反向工程并不基于产品所有权才能实施，权利人所采取的对抗反向工程的保密措施也不以限制所有权为手段或目标，而是通过技术本身或物理手段，防止不特定第三人“破解”产品中的商业秘密。

5. 有关“相应的保密措施”的举证责任及转移问题

最高人民法院在本案中指出，从举证责任来看，“相应保密措施”是在侵害商业秘密民事案件中判断举证责任转移的法定要件之一。一般情况下，权利人在民事侵权案件中应当对其主张保护的权利真实存在、合法有效承担举证责任，故最高人民法院《关于审理不正当竞争民事案件应用法律若干问题的解释》第 14 条规定：“当事人指称他人侵犯其商业秘密的，应当对其拥有的商业秘密符合法定条件、对方当事人的信息与其商业秘密相同或者实质相同以及对方当事人采取不正当手段的事实负举证责任。其中，商业秘密符合法定条件的证据，包括商业秘密的载体、具体内容、商业价值和对该项商业秘密所采取的具体保密措施等。”但是，由于商业秘密具有保护客体不为公众所知悉的秘密属性，其天然地不具备“可对抗不特定第三人的绝对权应予公示”的法律属性，加之“不为公众所知悉”这一事实为消极事实，商业秘密权利人难以证明，因此，为了适当减轻商业秘密权利人的举证责任，《反不正当竞争法》修改了上述举证责任分配的一般原则，其第 32 条第 1 款作出特别规定：“在侵犯商业秘密的民事审判程序中，商业秘密权利人提供初步证据，证明其已经对所主张的商业秘密采取保密措施，且合理表明商业秘密被侵犯，涉嫌侵权人应当证明权利人所主张的商业秘密不属于本法规定的商业秘密。”根据这一规定，在侵害商业秘密民事案件中，商业秘密权利人应当首先提供初步证据证明其对主张保护的商业秘密采取了“相应保密措施”，以及被诉侵权人存在“侵犯行为”，在此基础上，商业秘密权利人无须举证证明其主张保护的商业秘密“不为公众所知悉”，而转由被诉侵权人举证证明权利人主张保护的商业秘密不具备“不为公众所知悉”这一要件，进而不属于《反不正当竞争法》规定的商业秘密。

第二节 北京市高级人民法院关于"凯赛生物"设备商业秘密案解析——(2016)京民终315号

在机器设备制造技术方面,权利人通常可以选择对相关技术申报专利以保护自己的权益,也可以通过采取保密措施保护其技术秘密。与之相对应,被诉侵权人既可能侵犯权利人的专利权,也可能将权利人的商业秘密据为己有后申报专利因而侵权。权利人需要在专利权保护和商业秘密保护之间作出取舍,人民法院需要在保护商业秘密和促进技术转化之间寻求适当平衡。本案属于商业秘密和专利权交织的典型案例。

一、一审情况

1. 一审诉辩意见及法院认定的事实

山东凯赛生物技术有限公司(以下简称凯赛生物)、雷某等七人诉曹某等七人,请求判决:(1)确认曹某等七人侵犯涉案专利发明人署名权;(2)判令曹某等人赔礼道歉、消除影响;(3)判令涉案专利权及专利申请权归凯赛生物及关联方。

一审原告提交如下证据:10份专利申请公开材料以证明被告申请了涉案专利;4份劳动合同证明相关被告曾为凯赛生物及关联方员工;5份保密合同或含保密条款的劳动合同以证明被告王某、葛某负有保密义务;企业更名材料;莱阳市瀚霖生物技术有限公司(以下简称瀚霖生物)工商资料以证明王某在凯赛生物任职期间即投资瀚霖生物且该公司经营范围首次出现涉案技术的研发与生产;涉案技术或设备设计图等32份证据以证明涉案技术系原告研发;保密制度及文件发放记录等6份证据证实原告对涉案技术采取了对内保密措施;设备合同等13份合同以证明对外保密措施且被告王某作为负责人知晓涉案技术秘密;高位职责等3份证据证实被告王某、葛某接触涉案技术秘密;原告专利申请文件以证明涉案技术系原告发明的专利;4份实验记录以证明原告后续优化涉案技术;订货合同等4份证据以证明相关设备技术的真实性及使用状态。

一审被告瀚霖生物及曹某等自然人提交如下证据：(2012)京仲裁字第0409号裁决书及中科院与凯赛生物的技术转让合同以证明涉案技术由本案原告受让所得，原告并非发明人；中科院与瀚霖生物技术转让合同等以证明瀚霖生物合法受让涉案技术并进行后续研发，拥有专利申请权；中科院8份档案以证明中科院早在20世纪80年代研发出涉案技术并工业化生产，被告王某等才是真正发明人。

一审被告黄某与刘某提交如下证据：(2013)海民初字第12406、12419号民事判决书以证明两人不同意成为涉案专利发明人并提起姓名权纠纷；(2013)民申字第232号民事裁定书以证明该裁定认定二人并未侵犯原告署名权；专利公告以证明二人已不是涉案专利发明人。

一审法院认定事实：

凯赛生物及其关联方均从事生物医药及相关设备等技术研发。七被告均曾经或正在供职于凯赛生物或其关联公司。2008年4月14日，曹某个人出资设立瀚霖生物，2010年6月16日，被告曹某、陈某、李某、王某成为瀚霖生物股东。2010年4月30日，瀚霖生物申请涉案九项专利(包括生物医药及相关设备技术)，并先后获得授权，发明人为本案七被告，专利权人为瀚霖生物。

2012年7月26日，北京市第一中级人民法院作出(2012)一中民初字第1284号民事判决书，判决确认涉案专利与在先技术实质相同，确认本案七被告侵犯他人专利署名权；后经北京市高级人民法院二审、最高人民法院再审维持该判决结果。

2015年6月10日，山东省淄博市中级人民法院作出(2012)淄民三初字第183号民事判决书，认定涉案专利与凯赛生物技术秘密基本相同，本案七被告共同侵犯凯赛生物及关联方的技术秘密。

2. 一审法院对焦点问题的评析

(1)关于涉案专利六至九是否已超过诉讼时效问题。因原告提起确认专利发明人署名权的确认之诉，同时，确认王某等人侵犯了原告发明人署名权且侵权行为持续，故不受诉讼时效限制。

(2)关于被告王某等五人是否侵犯了原告雷某等专利发明人署名权问题。原告主张的技术秘密证据形成时间均早于被告自凯赛生物离职时间，而被诉专利申请时间均晚于王某、葛某自凯赛生物离职时间，因此，王某、葛某有机会接触原告主张的技术；在案鉴定意见及相关生效裁判文书均证实被诉专利技术与原告主张的技术基本相同，而被告王某、葛某及瀚霖生物未举证证明系其自行研发，构成对原告技术秘密的共同侵权；经一审法院逐一比对，被诉各项专利权利要求与原告提交的相应的证据所载明的技术均基本相同；因无法证实中科院研究内容与涉案专利之间的关联性，被告提交的证明中科院系涉案专利技术权利人的证据不足采信。

（3）凯赛生物及其关联方是否为专利权人或专利申请权人的问题。因涉案专利系雷某等人工作期间完成本职工作作出的发明创造，系职务发明，专利权及专利申请权归凯赛生物及其关联方。

（4）关于被告黄某、刘某是否侵犯原告发明署名权问题。因涉案专利发明人中黄某和刘某署名已删除，且在案生效判决书确认瀚霖生物擅自使用黄某和刘某姓名构成侵权，黄某和刘某对涉案专利署名问题不存在过错，不应承担侵权责任。

二、二审情况

1. 二审诉辩意见及法律认定的事实

一审被告曹某、王某、葛某、陈某、傅某与瀚霖生物不服一审判决，提起上诉称：一审法院认定相关专利权属纠纷不受诉讼时效限制存在错误；被上诉人未参与涉案专利技术研发不具备诉讼资格；一审法院对上诉人提交的证据1－5不予确认存在错误；上诉人涉案专利技术来源合法，不构成侵权。原审被告黄某、刘某未提交书面意见。

二审法院确认一审已查明的事实，并根据当事人提交的新证据，查明如下事实。

一审原告提交的证据12已为二审法院（2012）高民终字第3975号民事判决书查明，如无相反证据应以该判决书确认的事实为准；一审被告在二审中改变其对一审原告提交的第六组证据的质证意见并不认可该等证据真实性，但其未提供相反证据，应以一审质证意见为准。

上诉人（一审被告）二审程序中提交了如下新证据：中国专利信息中心检索处出具的《项目分析报告》，以证明涉案专利与凯赛生物的技术方案具有实质性不同;北京紫图知识产权司法鉴定中心出具的鉴定意见,以证明涉案五个技术秘密点均为公知技术。被上诉人发表质如下证意见:新证据1并未对涉案专利从属权利要求详细比对且技术方案比对有失客观性,不予认可;新证据2之鉴定意见在一审中未被采信,不认可该证据证明目的。

2.二审法院关于焦点问题的评析

(1)关于一审判决认定涉案专利六至九权属纠纷不受诉讼时效限制是否正确的问题。无论一审原告雷某等人所提起的系确认之诉还是侵权之诉,因侵权行为持续存在,不受两年[1]诉讼时效限制。

(2)关于被上诉人是否参与涉案专利技术的研发以及是否具备涉案专利发明人和权利人诉讼资格问题。首先,雷某等人系凯赛生物及关联方工作人员,执行本单位工作任务完成涉案职务发明创造;其次,被上诉人提交的工艺流程、技术图纸等材料足以证实其参与了涉案专利技术的研发工作;最后,被上诉人一审中达成一致意见确认涉案专利技术的权利归属。

(3)关于一审程序未确认上诉人提交的证据1-5是否存在错误的问题。对于证据1-3,用于证明凯赛生物主张的技术受让于中国农科院,被上诉人不认可,至二审终结上诉人未提交该三份证据原件供核实;对于证据4-5,证明瀚霖生物自中科院受让涉案技术,但是该技术方案与涉案专利不同且中科院未对转让行为说明,真实性难以确认。

(4)关于上诉人涉案专利技术是否具有合法来源问题。上诉人提交6-13即中科院档案证明其技术来源,但是至二审终结上诉人未说明证据来源及正当性,中科院亦未做说明,且档案所在研究内容与涉案专利技术差异较大,不足以证明上诉人技术合理来源。

(5)关于上诉人二审提交两份新证据问题。其中,《项目分析报告》虽然明确了涉案技术与被上诉人技术的区别特征,且认为二者实质不同,但是,该报告的比对对象引入了案外现有技术,对从属权利要求比对后未做详细说明,尤其是上诉人未提交证明涉案专利创造性贡献的相关证据,在上诉人接触被上诉人技术方案的基础上,认定其构思源自被上诉人更具高度盖然性。《司

[1] 该判决作出之时,法律规定的普通诉讼时效为两年,现已修改为3年。

法鉴定意见书》仅为相关事实的佐证，并非一审判决认定的最终依据，不予评述。

三、本案启示与重点问题解析

1. 围绕涉案技术信息，被诉侵权人与第三方签署技术转让协议或同等文件，能否证实技术信息的合理来源

实践中，被诉侵权人获取权利人的技术信息后，通过与第三方签署技术转让协议的方式，证明其技术信息源自该转让协议中的第三方，进而证实其技术信息的合理来源，最终达到规避侵权责任的目的。根据笔者对公开裁判文书的统计，此类技术转移协议无法实现被诉侵权人的目的，主要原因是：其一，签署该协议的第三方本身不拥有被诉侵权信息的商业秘密权，甚至，该转让方自身也无法举证证实其研发相关技术的过程和结果，因而，转让对象本身就是虚构的，人民法院不会采信；其二，如果该转让方系权利人技术秘密的合法使用权人，其违约转让该技术，将可能与被诉侵权人构成共同侵权行为，因此，只有在极其罕见的情况下，技术秘密的合法使用权人才会与被诉侵权人签署技术转让协议；其三，该类协议的转让方一般不会出庭说明技术研发及转让情况，因围绕相关技术信息的纠纷已经在人民法院审理中，该等转让方必然担心其受“牵连”，或者，因其无法证实研发过程和结果但拥有被诉侵权技术信息，本身涉嫌侵犯权利人商业秘密，因而担心被权利人作为侵权行为人提起诉讼；其四，如果第三方与被诉侵权人伪造证据而签署技术转让协议，涉嫌妨害诉讼等违法甚至犯罪行为。

本案中，被诉侵权人曹某等人以及瀚霖生物与中科院签署了技术转让协议，但是，一方面，该技术转让协议约定的技术信息与涉案专利技术不同，因而，本质上与本案不具有关联性；另一方面，中科院并未出庭说明或以其他合理方式说明上述技术转让协议情况，甚至，被诉侵权人曹某等人未能提供技术转让协议原件供核实，进一步削减了该证据的证明力。

2. 被诉侵权人侵犯权利人署名权与侵犯商业秘密之间的关系是怎样的

当被诉侵权人将他人技术秘密作为自己的技术申报专利时，构成《反不正当竞争法》第 9 条第 1 款所列的“使用”及“披露”权利人商业秘密的行为；

在权利人将自己的技术秘密“公开换垄断”的情形下，被诉侵权人将他人技术申报专利的行为，涉嫌侵犯技术发明创造者的署名权。但是，权利人不能既主张专利权之发明创造的署名权又主张技术秘密权，因专利权和商业秘密权在公开与保密问题上存在天然互斥关系。在职务技术成果中，技术成果的发明者可以主张署名权，但是，如果该职务技术成果归属于其所在单位，该发明者并不享有技术成果权，因而无法向被诉侵权人主张技术秘密权。与之相对应，单位作为职务技术成果的所有权人，其本身不享有署名权，因而无法对被诉侵权人主张署名权，只能主张技术秘密权。

本案中，两级人民法院注意到了上述问题，其在判决结果中给予明确区分。判决除黄某和刘某以外，其他各自然人被告侵犯各自然人原告对署名权的同时，确认涉案专利专利权归凯赛生物及其关联方所有。因凯赛生物并未提出被告侵犯其技术秘密及赔偿请求，因而，人民法院并不能针对技术秘密及相关问题作出裁判。

第八章

医美行业商业秘密保护典型案例解析

医美行业作为新兴产业，其高速发展的同时，相应的权益保护机制并未同步发展，尤其是医疗美容机构对其客户名单和相关技术秘密的保护，更是行业性薄弱环节。一方面，由于医美机构的客户与医美机构的雇员之间关系的黏性要远大于客户与医美机构之间的黏性，这是行业特性决定，因为客户直接接受雇员的服务，其体验和感受源自医美机构雇员的技术能力和服务态度，而非该医美机构；另一方面，医美行业管理机制尚不健全，尤其是关系到整形手术类活动时，医美机构需首先完成医疗从业许可程序，而现实中，部分医美机构并未取得也难以取得相关许可，即使其商业秘密遭受侵犯，其违法经营的状态也使其不敢或不愿意维护自己的权益。人民法院公开裁判文书中原告撤诉裁定比例较高，在一定程度上体现上述特点。

第一节　侵犯医美机构客户名单秘密

客户名单是各医美机构的核心资产，是其经济收益的直接来源。权利人对其客户名单孜孜以求并加以保护，正是巩固和增强其竞争优势之必要。客户名单能够直接转化为经济收益，因而成为侵权人高频侵犯对象。

一、深圳前海中福堂国医馆连锁管理有限公司与刘某侵犯商业秘密纠纷案解析——(2019)粤0319民初553号

1. 双方诉辩意见

原告深圳前海中福堂国医馆连锁管理有限公司(以下简称中福堂国医馆)于2019年1月29日对被告刘某提起诉讼,请求人民法院判令被告返还机密文件及载体并删除电子文档,同时请求判令被告赔偿损失30万元。

原告起诉事由为:被告2018年7月21日与原告签订劳动合同,担任总经理,2018年8月20日签署保密承诺书;被告于2018年10月8日离职,带走公司客户信息、员工信息等涉密资料拒绝归还;被告离职后入职与原告存在竞争关系的企业"精诚中医馆"。被告利用原告客户信息和员工信息,诋毁公司商誉,导致原告公司50名员工离职,营业收入明显下降。

被告辩称:原告主张的商业秘密不存在。原告诉状中未明确商业秘密内容,证据无法表明其秘密点且未公知信息;原告客户信息和员工信息由门店掌握,被告无法接触;被告不负有竞业限制义务;原告并无损失。

2. 人民法院认定的事实

原告于2016年6月7日成立,从事中医保健和美容行业。被告于2018年7月21日入职,2018年10月8日离职,期间签署保密承诺书。原告主张的商业秘密内容为:(1)原告员工与被告通话录音中提及被告任职期间大会发言,但无具体发言内容;(2)客户信息和员工信息,但无具体内容,认为被告持有;(3)运行方案等公司重要文件。

3. 人民法院关于本案焦点问题的评析

(1)原告主张的信息是否属于商业秘密。有关工作录音和客户信息及员工信息之经营信息,原告未说明并举证证实具体内容,人民法院无法判断其是否构成商业秘密,原告承担举证不能之后果。

有关运行方案等公司文件,人民法院评析如下:①VIP客户档案,均为空白表格,无法体现客户名称、地址、联系方式以及交易习惯、意向、内容等特殊信息,不构成商业秘密;②薪酬方案,具有商业价值且采取了保密措施,构成商业秘密;③工作总结,系工作进展概要,原告未明确秘密点,不构成商业秘密;

④VIP资费目录及套餐表，系公开信息，不构成商业秘密。

(2)被告是否实施了侵犯商业秘密等行为。被告担任原告公司管理人员期间掌握薪酬方案，不属于不正当手段获取商业秘密行为；原告仅以被告入职竞争单位不足以证实被告披露、使用或允许他人使用商业秘密；原告指控被告不移交公司文件并散布负面信息导致原告50名员工离职，不属于法定侵犯商业秘密的行为。

4. 本案启示与重点问题解析

(1)员工信息是否属于商业秘密？属于何种商业秘密？

如前所述，医美机构包括保健机构，员工是其核心竞争力之一，客户的体验和黏性依靠各机构员工的服务技能、态度和质量。医美机构寻找、录用员工需要付出一定的成本，且各员工到岗后，需要经过专门的培训以提升服务技能，医美机构需要付出大量的成本；员工经过培训上岗后，医美机构将客户交由其服务，将客户资源价值的一部分(接触机会价值)让渡给员工，进一步加大了其对员工的投入。如此，各医美机构获得员工信息过程中付出了巨大努力，且该信息并不能为行业相关人员轻易取得，不仅具有极高商业价值，还"天然"的具有"不为公众所知悉"的秘密性。但是，仅具有这两项特征是不够的，医美机构还必须对员工信息采取相应的保护措施，该员工信息才能构成商业秘密。遗憾的是，部分医美机构员工信息商业秘密保护机制正是止步于此，未采取相应的保密措施，最终丧失了商业秘密权。进一步讨论，员工信息属于何种商业秘密？员工信息属于经营信息没有争议，但究竟属于何种经营信息，尚无定论。笔者认为，从公司运行基本元素的角度出发，员工属于公司运行的主要元素，其地位并不低于其他元素，因此，将员工信息作为经营信息中独立的一类，并无不当。

本案中，人民法院并没有否定员工信息作为经营信息，属于商业秘密的一类。但是，本案原告并未提供具体的内容，使人民法院无法评价其商业秘密构成要件。

(2)向权利人员工和客户散布负面信息是否侵犯商业秘密？

被诉侵权人向权利人员工或客户散布权利人的负面信息，涉嫌《反不正当竞争法》第 11 条所规定的诋毁商誉[1]的侵权行为，但是，不属于该法第 9 条所规定的侵犯商业秘密的行为。如果被诉侵权人并非经营者，其不能单独实施诋毁商誉的行为，须与其他经营者共同实施；如未与其他经营者共同实施而单独完成，则构成《民法典》第五章所规定的侵犯他人名誉权的行为。

本案中，被告向原告员工和客户散布负面信息的行为，原告可以另案起诉解决。但是，值得注意的是，如果被告散布的负面信息系真实信息，并不侵犯原告名誉权。

(3)通过被诉侵权人与权利人客户和员工的联络记录能否反推其持有相关信息？

被诉侵权人向权利人客户或员工散布负面信息时，必然留下联络痕迹。基于该等联络记录，虽然不能认定被诉侵权人侵犯权利人的商业秘密，但是，足以推定其掌握权利人员工信息和客户信息这个事实，权利人据此可以请求其删除全部信息。如果被诉侵权人披露、使用或允许他人使用该等信息，则侵犯了权利人商业秘密，无论其获取或掌握该等信息时是否具有合法权限。

本案中，原告主张被告向其员工和客户散布负面信息，进而主张被告侵犯了原告商业秘密，系法律适用错误；另外，原告未能举证证实被告确已实施过上述散布行为，从举证责任上看，未完成基本的举证义务。

二、浙江全人健康产业发展有限公司与杨某、宁波云医院有限公司侵害商业秘密纠纷案解析——(2017)浙 0212 民初 6100 号、(2018)浙 02 民终 1448 号

1. 双方诉辩意见

原告浙江全人健康产业发展有限公司(以下简称浙江全人健康)诉被告杨某和被告宁波云医院有限公司(以下简称宁波云医院)侵犯商业秘密一案，原告请求人民法院判令两被告停止侵权并赔偿损失 60 万元。

原告诉称：被告杨某 2015 年 6 月 16 日至 2016 年 1 月 18 日在原告公司任职，从事市场开发、客户维护及销售管理工作，接触原告体检协议等包含商

---

[1] 《反不正当竞争法》第 11 条规定，“经营者不得编造、传播虚假信息或误导性信息，损害竞争对手的商业信息、商品声誉”。

业秘密的资料。2016 年 4 月 1 日被告杨某入职被告宁波云医院，从事市场开拓与客户维护工作，其间，利用原告商业秘密与宁海县新华书店等客户签订协议；同时，将原告客户宁波海曙美莱医疗美容专科门诊有限公司信息告知周某并签署协议。上述行为被宁波市江东区市场监督管理局“甬东监处〔2016〕121 号行政处罚决定书”确认。原告认为，被告杨某使用并允许他人使用原告商业秘密并获利，被告宁波云医院明知原告前员工侵犯商业秘密仍获取并使用该商业秘密，构成共同侵权。

被告杨某辩称：(1)相关客户给予对杨某个人信任而签订体检协议而非杨某利用原告商业秘密完成；(2)被告杨某经行政处罚停止侵权并调离市场开拓岗位；(3)原告主张的赔偿金额过高，且有关律师费主张缺乏依据。

被告宁波云医院辩称：(1)宁波云医院未实施侵犯商业秘密的行为，且被告杨某在《入职承诺书》承诺保护原单位商业秘密，宁波云医院尽到了注意义务，被告杨某侵犯原告商业秘密行为不知情，系其个人行为；(2)相关市场监督管理局确认被告杨某个人侵权，与被告宁波云医院无关；(3)原告诉称流失的七家客户系宁波云医院自主开发而得；(4)原告主张的赔偿金额及计算方式无依据。

2. 人民法院认定的事实

人民法院确认了原告所诉称被告杨某的入职和离职时间、岗位职责以及入职被告宁波云医院时间及岗位等内容，并进一步明确甬东监处〔2016〕138 号行政处罚决定书所查明的被告杨某侵犯原告商业秘密的情况。同时，人民法院查明原告通过员工手册、发放保密工资等对其商业秘密采取保密措施，原告商业秘密包括客户名称、相关负责人及联系方式、业务沟通情况、员工名单、客户跟踪表、客户特殊喜好、交易习惯、推荐体检套餐、申购合同、交易金额等。另外，人民法院查明原告经营模式为，原告按照客户需求提供相应金额等体检卡，客户持该卡可以任意选择卡载体检中心进行体检，体检结束后原告与各体检中心进行结算。人民法院确认原告为本次诉讼支付律师费 37,000 元。

3. 人民法院在本案中的观点

本案原告诉请保护的客户名单包括客户名称、负责人及联系方式、体检套餐及人数等信息,具有一定的价值,能够带来收益,且不为公众所知悉并采取了保密措施,属于商业秘密。被告杨某任职期间掌握上述商业秘密,离职后违反保密义务使用上述客户名单并许可他人使用,构成侵犯原告商业秘密行为;被告宁波云医院明知被告杨某系原告前员工,让其从事与原单位相同的业务,且其获利绝大部分归被告宁波云医院,被告杨某履职行为之后果应归责于被告宁波云医院,因此,两被告应承担连带责任。原告未举证证实其遭受的损失及被告因侵权获利具体金额,故根据两被告侵犯商业秘密成交额酌定赔偿金额8万元,同时,原告主张的37,000元律师费证据充分予以支持。最终,人民法院判令两被告停止侵权并赔偿原告117,000元损失。

4.本案启示与重点问题解析

(1)针对医美行业侵犯商业秘密案件,人民法院根据被诉侵权交易额酌定损害赔偿额的合法性与合理性问题。

如前所述,医美行业中,客户名单是权利人的核心资产,且客户名单为医美行业经营主体带来了绝大部分利润。同时,基于医美行业盈利模式及盈利元素或结构特点,客户信息对于权利人利润的贡献度远超过其他元素,且权利人提供服务时所必须支出的成本相对较小。因此,在医美行业中,被诉侵权人侵犯权利人客户名单时,其与客户的成交金额即可体现其绝大部分获益,在权利人为举证证实其具体损失金额或被告因侵权所获利益金额的情形下,人民法院直接基于该成交金额酌定损害赔偿金额,具有合理性,当然,在酌定过程中,可以考虑商业秘密的性质、商业价值、研究开发成本、创新程度、能带来的竞争优势以及侵权人的主观过错、侵权行为的性质、情节、后果等因素。

本案中,人民法院直接将被告杨某和宁波云医院利用原告客户名单与案外人所签订协议的成交金额121,400元为基础,酌定两被告赔偿原告8万元人民币,并判令被告赔偿原告支付的37,000元律师费。如果按照总收入扣除成本后确定被诉侵权人侵权获利的方式,根据医美行业利润率较高的特点,两被告因侵犯原告客户名单所获利润总额极大可能与8万元金额一致。因此,与其他利润率较低的行业相比,人民法院在医美行业贯彻基于侵权交易成交金额酌定损害赔偿金额的做法,值得肯定和推广。

（2）相关员工新入职单位在录用该员工时，是否必须提示或要求其保护原单位商业秘密？

用人单位在录用员工时，确需尽到合理注意义务。其中，法律明确规定用人单位应负的注意义务包括两类：其一是《劳动法》第99条规定的对“尚未解除劳动合同的劳动者”的注意义务[1]，并明确其造成原用人单位经济损失时的连带赔偿责任；其二是《反不正当竞争法》第9条第3款所规定的对“前员工侵犯权利人商业秘密”的注意义务，即明知商业秘密权利人的前员工实施该条第1款所列的违法行为，仍获取、披露、使用或者允许他人使用该商业秘密的，视为侵犯商业秘密。在上述第一类注意义务项下的连带赔偿责任，包括尚未解除劳动合同的劳动者侵犯原用人单位商业秘密的情形；而上述第二类注意义务，仅限于前员工与新用人单位共同侵犯权利人商业秘密的情形。从合理注意义务角度出发，新用人单位招用员工前，要求员工保护原单位商业秘密，确有必要；同时，如新用人单位确实尽到了注意义务，达到了足以排除该单位明知或应知权利人员工或前员工侵犯商业秘密的程度，则可以排除其与该员工共同侵犯权利人商业秘密的基础，排除对该员工侵犯商业秘密行为承担连带责任的可能性。

本案中，虽然宁波云医院要求被告杨某签署了“承诺书”，要求其确认未携带原单位商业秘密并不得使用该商业秘密，但是，该承诺书并不足以排除宁波云医院明知或应知被告杨某持有、使用并允许他人使用原告商业秘密的可能性，相反，在案证据显示，宁波云医院对被告杨某侵犯原告客户名单的行为是明知且鼓励的，据此，人民法院判定宁波云医院共同侵犯原告商业秘密，并无不当。不可否认的是，被告宁波云医院招用员工时，通过承诺书等方式尽注意义务的方式本身是值得提倡的。

（3）医美居间服务机构所拥有的客户名单被侵犯后，其损失如何计算？

非医疗机构作为服务居间方，无法直接向客户提供医美及体检服务，只能引流至其他医疗机构，其代收医美、体检及健康管理费。当客户完成医美、体检或健康管理后，提供医美、体检或健康管理服务的医疗机构与居间方进行结

---

[1] 《劳动法》第99条规定，“用人单位招用尚未解除劳动合同的劳动者，对原用人单位造成经济损失的，承担连带赔偿责任”。最高人民法院《关于审理劳动争议案件适用法律问题的解释（一）》第27条规定了用人单位招用尚未解除劳动合同的劳动者时，新用人单位在劳动争议中的第三人资格或共同被告资格问题。

算。在这样的经营模式下,居间方的利润并不直接源自客户缴纳的医美、体检或健康管理费,而是源自相关医疗机构支付的居间费或返点等,换言之,居间方代收费用中,绝大部分要作为医疗费或服务费支付给提供医疗服务的主体。因此,在确定权利人因侵犯商业秘密所遭受的具体损失金额时,不宜直接以被诉侵权交易总金额作为基础;但是,当权利人所遭受损失无法或难以确定而通过被诉侵权人所获利益确定损害赔偿金额时,依然可以将被诉侵权交易成交金额作为基础进行确定。

本案中,人民法院在无法确定权利人所遭受的实际损失的金额的情况下,根据被告侵犯行为所成交的总金额来酌定其所获利益,其合理性和合法性正是源自权利人所遭受损失与被诉侵权人所获利益二者在确定损害赔偿金额方面不同的地位和性质。

三、郑州洪之润企业管理咨询有限公司与蒋某、赵某和张某侵害商业秘密纠纷案解析——(2018)豫01民初2941~2943号

1. 双方诉辩意见

原告郑州洪之润企业管理咨询有限公司(以下简称洪之润公司)诉被告蒋某、赵某和张某侵犯商业秘密案,原告诉称:(1)被告蒋某、赵某和张某系洪之润公司前员工,均曾于原告洪之润公司处就职并掌握原告"业务机密";(2)被告均与原告签订保密协议,约定保密义务即违约责任;(3)被告离职后均使用其了解到原告的业务机密牟利。

被告辩称:没有使用原告的商业秘密,原告主张的商业秘密必须符合法定的条件,被告不承担赔偿责任。

2. 人民法院查明的事实

原告诉称各被告任职情况属实。原告与各被告签署的保密协议中约定的保密范围包括:客户开发方式、销售渠道、销售成本、销售业绩、提成方案以及其他与客户的一切往来资料及有关信息。2018年6月25日,原告与案外人"梦果美容会所"签订《润美资讯"掘金管家"连环赢利模式合同》,约定培训活动及相关事宜;双方签署《润美模式详情》记载8种模式:(1)润美"掘地三尺"超级拓客模式;(2)润美"挖地三尺"超级拓客模式;(3)润美"掘进管家"

连环赢利模式；(4)润美项目合作；(5)润美资讯年度专案战略协议；(6)润美内拓连环拓盈利系统；(7)云丽加盟；(8)《觉知经营——今沙》。

3. 人民法院裁判观点

(1)被告均曾于原告处任职且签订了保密协议，对原告的客户资料、开发方式、销售渠道、销售成本、销售业绩及提成方案等信息负有保密义务。

(2)原告认为其客户资料即客户名单、联系方式及合作模式是其需要保护的商业秘密，并主张被告离职后一直使用其任职期间所获的客户信息为自己牟利，侵犯了原告的商业秘密。但是，原告并未举证证实上述信息中包括客户交易习惯、意向、内容等区别于公知信息的特殊信息，亦举证证实被告了解客户的特殊需求信息。且商业秘密只能是某种商业信息而不是其载体。

(3)原告提交的通话录音等证据仅能证实安阳汎歌美容店、南阳凯旋悦容店、梦果美容会所、唯美美容汝河路店与原告存在某种业务上的联系，被告亦同上述部分客户有过业务上的联系，但并未举证证实被告使用了原告的商业秘密从而获得上述客户。

4. 本案启示与重点问题解析

(1)商业秘密纠纷权利人举证方向问题。

商业秘密纠纷中，权利人作为原告，须完成基本的举证义务，其举证方向集中在商业秘密符合法定要件、被诉侵权人实施了侵犯商业秘密的行为、权利人因侵权行为而遭受损失或被诉侵权人因侵权而获益。其中，商业秘密构成要件集中在其价值性、秘密性和保密措施三个方面；被诉侵权人实施侵犯商业秘密行为主要集中在其获取、使用等行为方面；权利人因侵权行为遭受的损失主要通过其收益减少等方面予以证实，被诉侵权人因侵权而获益主要通过其收益扣除支出予以确定。

本案中，原告在举证方向上出现了重大失误。其一，原告并未准确界定其商业秘密的内涵和外延，导致人民法院找不到基本的评价对象；其二，原告并未举证证实其“业务机密”的价值性，虽原告陈述其客户信息、销售渠道等信息构成商业秘密，但并未举证证实客户信息和销售渠道真实存在，更未证实该等信息为原告带来何种竞争优势。

（2）商业模式的创新性与合法性问题。

商业模式要成为商业秘密，必须具备秘密性、价值性和保密措施三个要件。其中，商业模式的创新性是最基础的要件，如果没有创新性，其秘密性无从谈起，其价值也将因公知信息属性而不具有商业秘密上的关联性。

本案中，原告所谓“掘地三尺”模式和“挖地三尺”模式，在美容行业十分常见，且其以“培训活动”之名进行的营销活动，存在违法可能性，即使该种模式具有“创新性”，也可能不受法律保护。

第二节　侵犯医美技术秘密

医美技术与其他医疗技术不同，其主要实施对象是人体外表尤其是关系审美视觉效果的体表部分，医美技术自主研发难度要远低于其他医疗技术，因而，医美技术具有行业同质化特征，各医美机构在某一特定领域所采用的技术往往“实质上相同”，这使各医美机构以技术秘密权利人身份维护商业秘密权益的难度增大。与其他商业秘密纠纷案件相似，权利人员工和前员工是最常见的侵犯医美机构技术秘密的主体。本节解析长沙市中级人民法院（2006）长中民三初字第 0068 号民事判决书。

一、诉辩双方意见

原告胡某在其与被告杨某、张某侵犯商业秘密一案中诉称：原告投资学习假发补秃技术后，综合多家机构现有技术，创新发明了“与本人真发浑然一体，可随意梳洗、吹烫、焗油、剧烈运动而不脱落”的专业补秃技术，并创办了数十家统一“东方”字号的补发企业。原告针对其进货渠道、客户资料、技术信息等采取了系列保密措施。被告张某和杨某先后在原告所创办“长沙东方补发中心”就职，被告杨某拒签劳动合同但原告通过会议形式告知其保密义务；且两被告之工资表中明确记载“保密费”。两被告任职期间在外设立“佳钰补发中心”，带走原告商业秘密并经营相同业务。原告请求人民法院判决被告停止侵权并共同承担竞业限制违约金 20 万元。

被告杨某辩称：（1）不认同原告陈述，且被告店名错误；（2）原告提交的会议记录内容与被告陈述之内容不符;(3)被告杨某没有与原告签署劳动合同且任职期间不足两个月,不知晓原告的保密及竞业限制规定。被告张某未到庭亦未向法院提供答辩状或证据。

二、人民法院查明的事实

1. 人民法院依申请采取的证据保全措施

依原告申请,人民法院在被告“佳钰美容美发中心”提取“佳钰补发美容中心杨利经理”名片一张、“佳钰美容美发中心优惠卡”一张,并拍摄该中心内置理发工具、物品及外挂照片、广告等,该广告中有两张补发前后对比照。

2. 人民法院认定的事实

人民法院采信原告有关“东方永青补发中心”开办情况、被告张某任职情况、劳动合同及保密措施情况等全部陈述;人民法院查明被告杨某 2005 年 7 月和 8 月在原告处任职情况。

三、人民法院在本案中的裁判观点

(1)对于商业秘密而言,保密措施和内容往往由合同约定,因此,侵犯商业秘密的案件中,合同约定与侵权行为的认定密不可分,合同等保密文件是认定侵权等前提和基础,故原告依据合同约定责任形式要求被告承担民事责任并无不当。

(2)被告张某与原告约定了竞业限制期限为三年,但其任职期内擅自离职从事同业竞争行为,依约应承担责任;被告杨某任职时间仅 2 个月,虽然原告提交会议纪要证实被告杨某明知保密事项和义务,但会议后不久杨某便离开原告处,并未与原告签订劳动合同,不能视为其接受原告的保密义务。

(3)虽原告无证据证实被告杨某掌握了原告补发技术商业秘密,但是被告杨某明知被告张某具有保密义务仍聘用其利用原告技术进行补发业务,应视为侵犯原告商业秘密。

(4)本案被告张某与原告签署的劳动合同约定了违约责任,但是根据合同相对性原则,该约定不能及于被告杨某,因此,原告要求被告杨某与张某共同承担违约责任,没有事实依据。

四、本案启示与重点问题解析

1. 被诉侵权人是否接受保密义务或是否与权利人签署保密协议，并不影响其因侵犯商业秘密而应承担的赔偿责任

判定被诉侵权人是否实施了侵犯商业秘密的行为以及是否应承担赔偿责任，司法实践中一贯的标准是“接触 + 相同或实质相同 - 合理来源”，并不以被诉侵权人事先接受或与权利人签署保密协议为要件。被诉侵权人只要接触或存在接触权利人商业秘密的可能性，无论其是否拒绝签署保密协议，自接触或可能接触之时起，即负有不得侵犯权利人商业秘密的义务，进而，如其侵犯了权利人商业秘密，即使未签署保密协议甚至拒绝保密义务，依然应承担赔偿责任。

本案中，相关法院以被告杨某未与原告签署劳动合同及保密协议为由，认定杨某不构成侵犯商业秘密行为之主体，并进一步依据合同相对性原则认定被告杨某不受约束，因而不承担责任，是不妥当的。被告杨某自入职原告那一刻起，就负有不侵犯原告商业秘密的法定义务，该义务并不以双方另行约定为要件，而应严格遵照《反不正当竞争法》第 9 条第 1 款规定执行。尤其是被告杨某明知张某系原告员工，仍聘用其并鼓励其经营补发业务，属于该法第 9 条第 3 款规定的“视为侵犯商业秘密”的行为，应与被告张某承担共同侵权责任。遗憾的是，相关法院查明并认定了该事实，但错误地适用合同相对性原则排除了被告杨某的共同侵权责任。当然，相关法院上述错误，与原告诉讼请求中明确要求两被告承担违约责任而非侵权责任有一定的关系。

2. 权利人如何正确选择适用竞业限制与商业秘密维权路径

如前所述，权利人的员工或前员工侵犯商业秘密时，常常与该员工所负的竞业限制义务产生竞合。权利人既可以适用竞业限制规则维护自己的权益，也可以选择适用商业秘密规则保护自己的权利。权利人作出选择的依据是其自身的诉讼基础条件、举证能力、诉讼目标等，如果选择不当，权利人将会面临败诉或诉讼目的不达的风险。具体而言，权利人选择适用竞业限制规则时，其维权行动和目标将受到《劳动合同法》规范制约；权利人选择适用商业秘密规

则时，其维权行动和目的将受《反不正当竞争法》规范约束；不同的规范体系要求权利人承担不同的举证责任并履行不同的程序。

本案中，基于被告杨某并未与原告签订劳动合同的基本情况，原告选择适用竞业限制规则保护权利，显然于己不利，因竞业限制责任必须以劳动合同关系为前提，被告杨某与原告之间的劳动合同关系本身存疑，加之双方并未签署竞业限制协议，更无该规则适用之基础。与之相对应，如原告选择适用商业秘密保护规则，不仅完全避开被告杨某与原告之间无竞业限制协议关系之局限，还能精准对应《反不正当竞争法》第 9 条第 3 款规定的“视为侵犯商业秘密”之共同侵权情形，不仅能够增加判决书损害赔偿部分的可执行性，还能切实阻碍侵权行为，尤其是被告杨某作为侵权行为利益实际获得者，系主要的侵权行为人，本应负主要责任，权利人更希望阻止并惩罚其侵权行为。当然，如果选择适用商业秘密保护规则，权利人对于损害赔偿金额所负担的举证责任较重，如果无法完成举证责任，只能由人民法院酌定金额。